Lewald, Fanny

Reisebriefe aus Deutschland, Italien und Frankreich (1877, 1878)

Lewald, Fanny

Reisebriefe aus Deutschland, Italien und Frankreich (1877, 1878)

Inktank publishing, 2018

www.inktank-publishing.com

ISBN/EAN: 9783747776902

All rights reserved

This is a reprint of a historical out of copyright text that has been re-manufactured for better reading and printing by our unique software. Inktank publishing retains all rights of this specific copy which is marked with an invisible watermark.

Reisebriefe

aus

Deutschland, Italien und Frankreich
(1877, 1878)

von

Fanny Lewald.

Alle Rechte vorbehalten.

Berlin, 1880.
Verlag von Otto Janke.

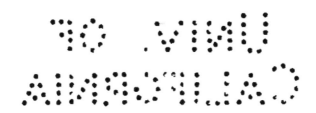

An

Frau Helene Roß
geb. Abendroth

in

Kiel.

925070

Sie, meine liebe Freundin, und manch Andere unter meinen Bekannten, haben das mir erfreuliche Verlangen gehegt, diese, während meiner letzten anderthalbjährigen Reisezeit geschriebenen Briefe, in einem Bändchen zusammengestellt zu sehen.

Wohl die Hälfte derselben entstammt den sieben Monaten, während denen, Sie und ich, im Hôtel Molaro zu Rom Hausgenossen gewesen sind, und die Erlebnisse des Tages am Abende bei mir durchzusprechen pflegten.

Heute nun, da ich in Kiel bei Ihnen weile, bringt mir die Post grade an Ihrem Geburtstage den letzten meiner Reisebriefe zur Korrektur in Ihr friedliches, von Ihnen selber und von Ihrem verstorbenen Gatten Charles Roß, so kunstgeschmückte kleine Haus.

Lassen Sie denn das Buch zunächst Ihr Eigen sein, und werde es Ihnen zugleich eine Erinnerung an Rom und an mich.

Kiel, den 26. September 1879.

Fanny Lewald Stahr.

Register.

	Seite
Erster Brief. — Von Berlin nach Dresden	1
Zweiter Brief. — Von der Selbstbeschränkung in der Dichtung	8
Dritter Brief. — Vom Kern der Dichtung	19
Vierter Brief. — Das häusliche Leben der Deutschen	27
Fünfter Brief. — In der Schweiz	58
Sechster Brief. — Vom Genfersee	65
Siebenter Brief. — Unterwegs	75
Achter Brief. — Aus Florenz	82
Neunter Brief. — Wieder in Rom	89
Zehnter Brief. — Einst und jetzt	97
Eilfter Brief. — Der Tod Victor Emanuel's	105
Zwölfter Brief. — Noch einmal Rom und Jetzt und Einst	111
Dreizehnter Brief. — Historisches Erinnern	117
Vierzehnter Brief. — Am Tage der Papstwahl	208
Fünfzehnter Brief. — Rom oder Malta?	215
Sechszehnter Brief. — Eine neue Faust-Oper	226
Siebenzehnter Brief. — Allerlei Nachahmenswerthes	239
Achtzehnter Brief. — Wie die Dinge sich hier machen	249
Neunzehnter Brief. — Verträglichkeit	270
Zwanzigster Brief. — Aus der römischen Künstlerwelt	275
Einundzwanzigster Brief. — Frühling in Rom	291
Zweiundzwanzigster Brief. — Ein Amerikaner über die Begabung der Italiener	298

Dreiundzwanzigster Brief. — Die Antiken-Gallerie des Fürsten Torlonia	308
Vierundzwanzigster Brief. — Längs dem Ufer	317
Fünfundzwanzigster Brief. — Fresko-Bilder in Rom	328
Sechsundzwanzigster Brief. — Atelier-Einrichtungen und das Atelier von Siemeratzky in Rom	340
Siebenundzwanzigster Brief. — Die Ateliers von Vertuni, Atakolski und Ezekiel in Rom	351
Achtundzwanzigster Brief. — Letzte Tage im Süden	365
Neunundzwanzigster Brief. — Die Frauen in der Familie und der Sozialismus	376
Dreißigster Brief. — An die deutschen Frauen	391
Einunddreißigster Brief. — An die deutschen Frauen	414
Zweiunddreißigster Brief. — An die deutschen Frauen	425
Dreiunddreißigster Brief. — Der neugierige Robby	437
Vierunddreißigster Brief. — Der Münster zu Altenberg und die Ruine zu Lippstadt	455
Fünfunddreißigster Brief. — Ein Tag in Soest	462
Sechsunddreißigster Brief. — In meinen vier Wänden	469

Erster Brief.

Von Hause fort!

Dresden, den 20. Mai 1877.

Man sagt wohl, der Mensch könne Alles lernen, und in den übermüthigen Stunden und Tagen meiner Jugend habe ich das auch geglaubt; jetzt aber bin ich bescheidener geworden und sage es nicht mehr. Denn obschon ich es in dem langen Lauf der Jahre erlernt habe, von Menschen, die ich liebe, ruhig Abschied zu nehmen, was gar nicht leicht ist, so lerne ich es doch nicht, von Hause ruhig fortzugehen. Seit mehr als dreißig Jahren bin ich in jedem Jahre aus meinem Heim aufgebrochen, wenn der Frühling gekommen war, immer bin ich dann einem mir erwünschten Ziele zugesteuert, und jedesmal ist mir das eigentliche Abreisen wie eine nicht zu überwindende Schwierigkeit erschienen. Der Mensch wächst in seinen Verhältnissen, in seiner Umgebung gar zu fest; und mit dem Besitz, den er sich zu seiner Bequemlichkeit anschafft, legt er sich Ketten an, die ihn fesseln, die er nachschleppen und gleichsam klirren hört, wenn er sich von Hause entfernen will.

Als ich Berlin vor ein paar Tagen verließ, sah ich eigentlich, während ich durch die Straßen nach dem Bahnhof fuhr, nicht die Häuser, an denen ich vorüberkam, sondern nur alle die Schränke, die ich zugeschlossen, alle die Sophas, die man mit Decken behing, alle die Vorrichtungen, die man zur Erhaltung „der Sachen" zu nehmen hatte; und ich dachte eines verstorbenen Schwagers, der „die Sachen" als das größte Hinderniß zu irgend welcher freien und kräftigen Ent= schließung zu bezeichnen, und mit heiterer Laune eben deshalb gelegentlich zu: verwünschen pflegte. „Das ist's ja! Die Sachen! Die Sachen!" rief er oft in komischem Zorn. „Ich bin überzeugt, die Götter haben keine Sachen gehabt! denn wie hätten sie sonst die leichtlebigen Götter heißen können!"

Noch auf dem halben Wege nach Dresden zählte ich Bettwäsche und Tischtücher im Geiste, klirrten mir die Schlüssel= bunde vor den Ohren, gab ich in Gedanken diese und jene Anordnung, erkannte ich dies und das, was noch besser hätte gemacht werden können; bis ich endlich einschlief, um nach einer Weile mit dem Gefühle zu erwachen, daß die Frei= zügigkeit doch etwas Schönes sei, daß der Wechsel von Luft und Ort eine befreiende Kraft habe, daß er dem Blute eine schnellere Bewegung, der Seele neue Schwingen gebe. Ich war nun wieder unterweges, und es ist ein Gefühl von Jugend in der Empfindung, mit der man sich in solchen Augenblicken, sein „Nun vorwärts!" zuruft. — Am liebsten möchte man sich das italienische: coraggio e avanti! („Muth und vorwärts") auf die Reisetasche schreiben. — Ich hatte das Alleinreisen, in lieber fast dreißigjähriger Gewohn= heit ganz verlernt.

Dresden nimmt sich, wenn man von der Neustadt kommt, immer noch so lieblich und so zierlich aus, als vor jenen siebenundvierzig Jahren, da ich zum erstenmale über die Elbe nach der Stadt fuhr. Heute wie damals wundert man sich, wenn man die katholische Kirche erblickt, wenn man das Schloßthor passirt, daß die Männer nicht in Schuhen und Strümpfen gehen, daß sie keine gepuderten ailes de pigeon an den Schläfen, kein Zöpfchen im Nacken, keinen Gala-Degen an der Seite tragen. Man findet es auffallend, daß die Frauen ohne Fontanges und Vertugadins erscheinen, und daß die stillen Portechaisen durch die klappernden Droschken, durch die rollenden Omnibus, und nun gar durch die Pferde-Eisenbahnen außer Thätigkeit gekommen sind. — Es dünkt Einen nicht in der Ordnung, daß Dresden, wie die meisten Städte, jetzt auch zu seinen Thoren hinausgelaufen ist, daß sich große Villen-Vorstädte gebildet haben, daß es eine Fabrikstadt geworden ist, in der wie anderwärts auch, der Kohlenstaub die Luft durchfliegt.

An den Goldmacher Bötticher, der statt des reinen Goldes, das er liefern sollte, das Gold bringende herrliche Meißener Porzellan erfand, an die Hoffeste unter August dem Starken, an üppige Lustbarkeiten aller Art, dachte man früher, wenn man nach Dresden kam. Man entwöhnt sich auch nur schwer davon, Dresden nicht mehr ausschließlich als eine Residenzstadt, als das alte Elb-Florenz zu betrachten, in welchem die Sixtinische Madonna und der Tizianische Christus einst ein so schickliches cisalpinisches Unterkommen gefunden hatten; es nicht mehr als jenes Dresden zu finden, in welchem man die Mengs'schen Abgüsse anstaunen konnte, derengleichen es in Deutschland nirgend gab. Auch die Zeiten von Kügelchen, Tiedge, Tiek, Carl Maria von Weber, der Schröder-Devrient und Emil Devrient sind lange vorüber. Aber es ist mir hier wieder recht klar geworden, daß eine gewisse Art Kunstverständniß sich nicht wie ausländische Waare plötzlich importiren läßt, wenn man seiner bedarf, sondern daß es, wo immer es auf den rohen Stamm naturwüchsiger Barbarei gepfropft war, doch einer lange Jahre unausgesetzten Pflege bedarf, um festzuwurzeln, und aus sich selbst heraus neue Triebe, d. h. das Richtige und dem Orte Angemessene zu erzeugen.

Wie ich darauf komme? — Es ist mir durch den Sinn gegangen, als ich hier den schönen Sgraffitto=Fries an der Mauer des Königlichen Schlosses, in Gedanken mit den Schinkel'schen Fresken unter der Vorhalle unseres Museums, und vollends mit der Berliner Siegessäule und ihrem unsichtbaren Mosaikbilde verglich.

Auf eine öde leere Wand, auf die Mauer eines königlichen Stallgebäudes, die sich längs einer belebten Straße häßlich hinzog, hat man hier in Dresden mit verhältnißmäßig sehr geringen Mitteln ein Bild geschaffen, das dem Volke in verständlicher Weise die Geschichte des Landes und seiner Beherrscher vorführt und in das Gedächtniß prägt.

Man hat sich mit richtiger Einsicht nicht darauf eingelassen, ein farbiges al fresco gemaltes Bild unseren Witterungsverhältnissen auszusetzen, sondern sich der alten italienischen Sgraffitto=Manier, einer Art von Radirung auf getünchten Mauern zugewendet, bei welcher auf dunkeln Grund eine helle Farbe übertragen, und in diese das Bild derart eingeritzt wird, daß das Gemälde in der Farbe des dunkelen Untergrundes auf der hellen Oberfarbe hervortritt. — Abgesehen davon, daß es erfreulich ist, das Sgraffitto wieder erweckt zu sehen, von dem wir früher nur noch in Rom, und irre ich nicht, in Genua und an einigen wenigen der an der Riviera di ponente gelegenen Villen und Paläste vereinzelte Ueberbleibsel gefunden hatten, ist das Bild an sich ein großes Kunstwerk. Die Gruppirung dieses historischen Festzuges ist höchlich zu loben. Alles vereinigt und scheidet sich übersichtlich und natürlich. Die Charakterisirung der verschiedenen Zeiten und der verschiedenen Gestalten ist bestimmt und leb=

haft, ohne das Bild unruhig zu machen; und ich fragte mich, als ich vor dem Bilde stand, mit beschämtem Erstaunen, wie es möglich sei, daß ich den Maler dieses Bildes, daß ich den Namen Ad. Walther's niemals hatte nennen hören? Es ist so schön, so geistreich, so reich und sicher ausgeführt, daß es die belebte Farbe nicht vermissen läßt.

Von Anfang des zwölften Jahrhunderts, von Konrad dem Großen, dem Begründer des Wettiner Herrscherhauses, bis zu König Albert, dem Sieger in den Schlachten des letzten französischen Krieges, und seinem Bruder Georg, ziehen sie, von ihren Mannen begleitet, an uns vorüber, die Fürsten und Beherrscher des Landes. Hie und da fällt unser Auge auf Züge und Gestalten, welche uns durch die Bilder ihrer zeitgenössischen Maler wohlbekannt sind. Friedrich der Weise, Johann der Beständige, Johann Friedrich der Großmüthige, die Fürsten aus der Reformationszeit, treten neben einander in einer Gruppe auf. Die stolze Gestalt des aus Ehrgeiz abtrünnig gewordenen August des Starken, des Polenkönigs, prahlt auf stolzem Rosse. Vom Wappenkleide fernster Vorzeit, vom Kriegsharnisch der Ritter bis zur Allongen=Perrücke, von Friedrich Christians dreieckigem Hute bis zu dem flattern= den Federbusch auf dem Helme des jetzt regierenden Königs, der den Feldherrnstab des Feldmarschalls deutschen Reiches in der Hand trägt, sehen wir die Ereignisse der sächsischen Geschichte und die Menschen, die ihre Träger waren, in ihren wechselnden Trachten einander folgen und sich ablösen. Und wie Wappenherolde und Reisige den Zug eröffnen, so be= schließen ihn die Männer aus unseren Tagen: der Bürger= meister von Dresden, Künstler, Gelehrte des Landes, Studenten, Soldaten, Landleute und Kinder, als Portraitbilder nach dem Leben gemalt. — Es ist ein sehr lehrreiches Bild, besonders in dem Sinne, daß wir daraus lernen, was man malen und aufstellen soll, um das Volk in seiner eigenen Vergangenheit Wurzel fassen und Halt gewinnen zu machen. Ich bin oftmals eigens des Weges gefahren, mich an dem Bilde zu erfreuen, und niemals, ohne eine Menge von Leuten jedes Alters, Standes und Geschlechtes in Betrachtung vor demselben stehend zu finden. Das Geschlecht, welches in dem Anschauen dieses Bildes heranwächst, wird von der Geschichte seines Vaterlandes wissen, wird die Namen und die Jahreszahlen und die Denksprüche kennen, die über und unter den betreffenden Gestalten angebracht worden sind, und sich das Seine dabei denken. Was aber soll der Ungelehrte sich denken bei den mythologisch allegorisirenden Freskobildern vor dem alten Museum? Was können sie ihm bedeuten? — Was hat er von dem schönen, aber auch viel zu allegorischen Bilde Anton Werner's unter dem Zinkdach und hinter den Granitsäulen des hiesigen Siegesdenkmals, das man mit großen Kosten eigens in Mosaik hat ausführen lassen, damit es lange so unzugänglich und so völlig unsichtbar verbleibe, wie jetzt. So weit ich herumgekommen bin, ist mir keine Siegessäule mit einem Zinkdach, und nirgendwo ein Ganzes wie diese Siegessäule vorgekommen, das sich aus schönen Einzelheiten so häßlich aufbaut und zusammensetzt. Ein Glück noch ist es, daß die Erzreliefs am Sockel dem Volke wenigstens zum Herzen sprechen, daß sie es an das Ringen und Siegen der letzten zwanzig Jahre erinnern. Und welch einen stattlichen Zug von Männern könnte der rechte Maler dem Volke von Berlin, den Preußen, aus ihrer Vergangenheit an's Licht und in das Leben heraufbeschwören! Ich habe vielfach das Experiment gemacht, Männer und Frauen aus den handarbeitenden Ständen um die Geschichte unseres Landes und um die Namen der preußischen Könige zu befragen. „Wir haben das Alles in der Schule gehabt und gelernt, aber so etwas behält man ja nicht!" habe ich regelmäßig zur Antwort bekommen. — Sähen sie die Gestalten aber vor sich, so würden sie nicht vergessen, was sie „gehabt haben" und das kleine Kapital ihrer Erinnerungen würde ihnen große Zinsen tragen.

Eben so selbstredend wie dieser Sgraffitto-Fries ist das Denkmal, das man dem Bildhauer Rietschel auf der Terrasse, dem Akademiegebäude gegenüber errichtet hat. Niemand kann zweifeln, was der Mann gewesen ist, der das kleine Modell der schönen Lessing-Statue in Händen hält; und das Standbild hat obenein das große Verdienst der sprechendsten Aehnlichkeit. Es ist und bleibt ein ergreifender Eindruck, einen Menschen, mit dem man in engem freundlichem Verkehr gestanden, als einen Hingegangenen und doch in die ferne Zukunft hinein Mitlebenden und Wirkenden, so „vor allem Volk erhöht" zu sehen. Es ist das ein Großes und ein Schönes! Es ist ein Stückchen Unsterblichkeit; und wie sehnt sich das Herz nach einer solchen für die Menschen, die es liebte, bewunderte, verehrte.

Nehmt die paar Blätter als einen ersten Gruß aus der Ferne. — So auf sich selbst gestellt, mit ein paar Koffern voll Sachen als ganzen Besitz, von Andern versorgt, hellt die Phantasie sich auf, und Immermann's „Bist beim ersten Meilensteine, Tausend Meilen weit entkommen", das Stahr mir oft vorgesprochen, macht sich auch heute schon an mir geltend.

Ich bleibe nur ein paar Tage in Dresden, in einer der Villen-Vorstädte, im Waldpark, dem ehemaligen Blasewitz, bei einer mir werthen Freundin. Dann will ich hinaufziehen nach Loschwitz, oder vielmehr nach dem über Loschwitz gelegenen „Weißen Hirsch". Das ist auch eine an sich nicht eben schöne Villenkolonie; aber man soll dort oben, wie die

Dresdener behaupten, gute Luft und Stille haben, die ich nöthig brauche.

Auf eine eigentliche, fest zusammenhängende Reisebeschreibung rechnet bei dieser ganz auf das Bedürfniß und die Eingebung des Augenblicks gestellten Reise, diesmal nicht. Ich schreibe, um den Zusammenhang mit Euch und den Freunden auch in der Ferne zu erhalten, Euch Allen durch die Zeitung; und wie sich die Mosaik aus den kleinen einzelnen Steinen zu einem übersichtlichen Gesammtbilde zusammensetzt, so geben hoffentlich diese Briefe Euch in ihrer Gesammtheit, wenn Ihr sie einmal überlesen werdet, das Bild dessen, was ich fern von Euch erlebte, dachte, empfand, und schauend und lesend in mich aufnahm. Laßt Euch gefallen, was ich Euch zu bieten habe und begleitet mich wie sonst mit Eurer Theilnahme.

Zweiter Brief.
Von der Selbstbeschränkung in der Dichtung.

Weißer Hirsch bei Dresden, 4. Juni 1877.

Warum dies Terrain hier oben der weiße Hirsch heißt, das könnt Ihr Euch wohl denken. Es hat hier irgend einer der Landesherren ein Jagdschlößchen gebaut, an der Stelle, an der er einen weißen Hirsch geschossen. Das Schlößchen ist im Laufe der Jahre ein Wirthshaus geworden, einige andere Wirthshäuser sind dazu gekommen. Dann hat man, als „das Gründen" epidemisch geworden war, hier Häuser und Villen aller Art gebaut, und wenn ich die langen Häuserreihen zu beiden Seiten der Chaussee entlang gehe, die über die Höhen führt, und danach in die schattigeren Seitenwege einbiege, sehe ich, daß fast die ganze Kolonie, mit wenigen Ausnahmen zu vermiethen und zu verkaufen ist. Viel Reize bietet sie nicht dar. Das Kiefern-Wäldchen mit seinen Anlagen ist klein, ein Hochwald, von dem man mir gesprochen, liegt wohl fern, denn ich habe ihn noch nicht entdeckt. Ein anderes Wäldchen, das sich nach Loschwitz hinunterzieht, ist noch kleiner. Es ist dasselbe, in welchem der liebenswürdige Maler Gerhard von Kügelchen erschlagen wurde. Der einzig wahrhaft schöne Punkt ist die Höhe, von welcher man in das Elbthal niederschauend, Dresden zu seinen Füßen liegen sieht, und weit hinausschaut in die Lande, durch deren waldige Höhenzüge die Elbe in sanften Windungen sich ihren Weg sucht. Abends im Licht des Sonnen-Unterganges mahnt das Bild wirklich an das Arnothal, und es wundert mich, daß unsere Veduten-Maler den Punkt nicht mehr benutzten.

Was uns überall hier fehlt, auch in dem kleinen Frieda-Bad, in dem ich wohne, das ist Schatten. Wir sind dadurch für die heißen Stunden hinter die Jalousien der Zimmer gebannt, und auf unsere Bücher angewiesen. Da sind mir im Lesen neuer Dichtungen allerlei Gedanken gekommen, und ich bin wieder einmal an Heine erinnert worden. Denn wie sehr meine Vorliebe für viele seiner Arbeiten auch abgenommen hat, im Verkehr war er eine der unvergeßlichsten Erscheinungen, und wenn man sich daran gewöhnt hatte, aus seinem scherzenden Wort den von ihm verspotteten Ernst herauszuhören, kam man immer reich bedacht von ihm zurück.

Einmal, als wir im Jahre 1855 in Paris eines Morgens bei ihm waren, kamen wir auf den deutschen Stil und gleichzeitig auch auf die Art und Weise des Schaffens und Darstellens überhaupt, zu sprechen.

Heine war in jener Zeit schon sehr verändert. Mit ganz geschlossenen Augenlidern ruhte er auf einem Lager von übereinandergelegten Matratzen in der Nähe des geöffneten Fensters, und nur wenn er mit der halbgelähmten Hand das eine Augenlid emporhob, vermochte er zu sehen. Das andere Auge war schon lange erblindet. Aber seine satirische Laune war ganz dieselbe wie vordem, und mit seinem Spott verschonte er Niemand, auch sich selber nicht. Er war darin unerschöpflich. Ich habe in jener Zeit gegen meine Gewohnheit viele unserer Unterredungen in unserem Tagebuche aufgeschrieben, und bewahre sie als eigenartige Erinnerungen an jene Tage und an Heine.

„Können Sie denn noch schreiben," fragte er uns einmal, „ich meine, frischweg schreiben wie vordem? Mir ist das ganz unmöglich. Ich habe alle Unbefangenheit verloren, seit die Censur aufgehoben ist. Früher setzte ich mich vor so einem Blatt Papier hin und schrieb was mir einfiel und wie es mir um's Herz war. Kam mir mitunter dabei vor, Dieses oder Jenes möge am Ende doch nicht recht zu sagen sein, so hielt ich mich damit nicht weiter auf. Ich dachte, was gehts dich an? das ist des Censors Sache! und schrieb wie ein freier Mensch frisch darauf los. Aber jetzt?"

Wir lachten, und auch über sein Gesicht flog ein zuckendes Lächeln; indeß er unterdrückte es rasch und setzte mit gemachter Ernsthaftigkeit hinzu: „Lachen Sie nicht, denn da ist gar Nichts zum Lachen, die Sache ist, wie ich Ihnen sage. Mit der Censurfreiheit hat man uns unsere persönliche, dichterische Freiheit genommen. Früher war der Censor verantwortlich, jetzt sind wirs! Das ist ein elender Zustand. Früher mußte der Censor sich fragen: Kann das vor dem Gesetz und vor der öffentlichen Moral passiren? Jetzt soll ich selber mich das fragen. Wie kann ein Mensch aber frei und unbefangen schaffen, wenn er sich dazwischen alle Augenblicke fragen soll: Ist das nicht eine Majestätsbeleidigung? Ist das nicht gesetz- oder polizeiwidrig? Ist das sittlich oder unsittlich? Ist das schicklich? — Ich sage Ihnen, es ist ein ganz verwünschter Zustand! Wie kann ich in Paris es wissen, was sie in Deutschland gerade für Gesetze geben? Wie kann ich absehen, was sich in all den kleinen Nestern all der kleinen Staaten schickt, und was für Sittenbegriffe sie dort haben? Hundert Mal schon habe ich in meinen schlaflosen Nächten den alten Gott meiner Väter angefleht: Herr Gott! gib mir meinen Censor wieder! Denn glauben Sie mir, nächst der Gesundheit ersehne ich Nichts so sehr, als die baldige Wiedereinführung der alten, ordentlichen Censur!"

Er fing darauf zu erzählen an, was ihm Alles mit der Censur begegnet sei, gab die ergötzlichsten Anekdoten von seinen verschiedenen Censoren zum Besten; und da er die Sprache auch in der Unterhaltung meisterhaft beherrschte, mußte man sich immer selber daran mahnen, daß er krank sei, um ihn zur rechten Zeit zu verlassen, und seiner Aufforderung, ihm Gesellschaft zu leisten, nicht zu seinem Schaden nachzugeben.

An diese Unterhaltung mit Heine habe ich seitdem oft gedacht, ohne deßhalb, wie er die Censur auch nur im Scherze zurück zu verlangen, wenn ich bei dem Lesen von Romanen oder Erzählungen auf Motive oder Schilderungen gestoßen bin, die mir für das sittliche Gefühl beleidigend erschienen; und ich habe mit ein paar unserer ausgezeichnetsten Romandichter und Novellisten, in deren Dichtungen mir dergleichen hier und da entgegengetreten war, zu verschiedenen Malen darüber gesprochen und gerechtet, ohne zu einem eigentlichen Verständniß mit ihnen gekommen zu sein.

Wenn ich ihnen vorhielt, daß grade sie, bei der Lebhaftigkeit ihrer Erfindung und ihrer Kraft des Darstellens derselben, es am wenigsten nöthig hätten, zu so bedenklichen Reizmitteln zu greifen, oder direkt und für reine Naturen verletzend zu schildern und auszusprechen, was sie verstanden haben wollten, so sollte ich mich darüber erklären, ob ich denn der Sinnlichkeit ihre Berechtigung in der Dichtung überhaupt nicht zuerkannte, und ob ich glaube, daß der wirkliche Dichter ein volles, großes Bild des Lebens wie es ist, entwerfen, daß er sich und reifen, das Leben kennenden Menschen genug thun könne, wenn er sich dazu verdamme, während des Schaffens an irgend etwas Anderes zu denken, als an sein Werk, oder auf irgend etwas Rücksicht zu nehmen, als auf die innere Nothwendigkeit der Dichtung und ihrer Gestalten.

Die erste Frage bedurfte kaum einer Antwort, denn diese verstand sich von selbst. Auf die zweite erlaubte ich mir die Einwendung, es verstehe sich eben so von selbst, daß der Dichter mit Nothwendigkeit dem Zuge jenes seinen Gestalten innewohnenden Müssens während des Schaffens nachgebe; daß ich aber glaube, wir hätten die Pflicht, unsere Arbeit, wenn sie vollendet vor uns liege, einer möglichst strengen sittlichen Kritik zu unterwerfen, und bei dieser Kritik an die verschiedenen Arten unserer Leser zu denken, wenn wir während des Schaffens nur auf die Dichtung und unsere persönliche Befriedigung gestellt gewesen wären. Wir konnten uns darüber nicht ins Gleiche setzen; und da ich mir bewußt bin, trotz unserer Meinungsverschiedenheit jenen Dichtern und ihren Dichtungen einen sehr warmen Antheil entgegenzubringen, so getröste ich mich des Gleichen denn auch von ihnen, ungeachtet unserer Meinungsverschiedenheit.

Trotzdem will ich es einmal versuchen, mich hier über diesen Gegenstand auszusprechen, der eigentlich darauf hinausläuft, daß Freiheit, auf allen Gebieten des Lebens, für die Dauer nicht ohne die freiwillige, sittliche Selbstbeschränkung bestehen kann, welche der Einzelne sich aufzuerlegen hat.

Daß sich während unserer Lebzeit, in unseren gesellschaft=

lichen Zuständen, in unserem häuslichen und Familienleben, in dem Verkehr der Geschlechter miteinander, durch alle Schichten unseres Volkes, wie in den sittlichen Gesammtanschauungen besselben, eine wesentliche Veränderung vollzogen hat, das wird Niemand ableugnen können, der offenen Auges auf die letzten dreißig, vierzig Jahre zurückblickt. Ist er nicht eingerostet in den Begriffen, in welchen er herangewachsen, ist er nicht mit dem Alter grämlich und ungerecht geworden, so wird er zugeben müssen, daß Vieles, sehr Vieles jetzt besser ist als in den Tagen seiner Jugend.

Das ganze Leben ist in Fluß gekommen, ist bewegter, ist farbiger geworden. Die Eisenbahnen und die Telegraphie haben es möglich gemacht, daß man die Masse dessen, was ein Mensch innerhalb seines Daseins vordem zu erleben vermochte, verdoppeln und verdreifachen kann; und wie auf diese Art fast für die Allgemeinheit zugänglich und erreichbar geworden ist, was durch eigene Anschauung kennen zu lernen, früher nur wenigen besonders Begünstigten zu Theil werden konnte, so hat auch durch die völlig veränderte Technik des Druckereibetriebes die Verbreitung von Zeitschriften in einer unvorhergesehenen Weise zugenommen, während die veränderten politischen Verhältnisse des Vaterlandes einem jeden Manne die Theilnahme an dem öffentlichen Leben zur Pflicht, und damit das Lesen der Zeitungen zur Nothwendigkeit gemacht haben.

Sehr deutlich erinnere ich mich der Zeit, in welcher selbst in den gebildeten Familien des höheren Bürgerstandes außer dem Hausvater Niemand, ohne eine ganz besondere Veranlassung, die Zeitung in die Hand nahm; wo eine Frau schon sehr müßig sein mußte, wenn sie nach der Zeitung griff; wo Schüler und Gymnasiasten kaum an die politischen Vorgänge in dem eigenen Lande, geschweige an die der fremden Länder dachten, und wo für die meisten Mädchen die Zeitung nur in so fern in Betracht kam, als Verlobungs=Anzeigen oder Anzeigen für Ankäufe darin zu finden waren.

Jetzt werden von Jung und Alt aus allen Ständen die Zeitungen gelesen. Wohin man kommt, liegen Zeitungen auf dem Tisch. In der geringsten Kellerwohnung, in dem kleinsten Materialladen gucken Frauen und Mädchen in die Tages= blätter; und da die illustrirten Unterhaltungsblätter geringsten Grades, eben so wie andere nicht viel werthe Fabrikate, von Hausirern durch alle Städte und Dörfer getragen, und die besseren und guten Zeitungen oftmals von mehreren un= bemittelten Familien gemeinsam gehalten werden, so ist der Einfluß der Druckschriften, im Besonderen der Zeitungen und Journale, höchst wichtig geworden, und die Wirkung, die sie oft ganz unmerklich üben, gar nicht zu berechnen. Es hat mich bisweilen erschreckt, was Kinder und junge Frauen= zimmer in Folge gewisser Anzeigen und Anerbietungen aus den Zeitungen herausgelesen haben, und ich bin gegenüber ihren in aller Unschuld an mich beßhalb gerichteten Fragen oft in peinlicher Verlegenheit und in noch größerer Sorge gewesen.

Eine Beaufsichtigung und Beschränkung nach dieser Seite hin ist wohl kaum zu ermöglichen, aber für die Art der Wirkung, welche z. B. die genaue Wiedergabe der criminalgerichtlichen Verhandlungen in den Zeitungen auf das Volk ausübt, das grade diese Dinge mit großer Vorliebe verfolgt, dafür will ich, weil es so schlagend war, ein Beispiel statt vieler erzählen.

Ich hatte ein junges, kaum der Kindheit entwachsenes Mädchen eines Tages abgeschickt, unseren kleinen Enkelsohn zu uns zu holen. Sie waren den Kanal entlang gegangen und hatten gesehen, wie man die Leiche eines neugeborenen Kindes aufgefischt. Den Kleinen hatte das sehr erschreckt, und er erzählte mir ganz aufgeregt, gleich beim Eintritt, die Ge=

schichte mit dem Zusatz: „Es war ein ganz kleines, ganz kleines, nacktes Kind, und denke Dir, Großmutter, N. hat mir gesagt, das Kind ist ungezogen gewesen, und da hat's die Kinderfrau in's Wasser geschmissen!" Ich ging sofort hinaus, stellte die junge Magd über die Unvernunft zur Rede und setzte hinzu: „Ueber etwas so Entsetzliches hättest Du den Knaben rasch fortbringen müssen, denn Du weißt recht gut, daß dies sicherlich das Kind einer verführten Frauensperson gewesen ist, die nun mit Schimpf und Schande beladen wahrscheinlich ihr Leben dafür verlieren wird!" — „Ach nein", entgegnete sie ganz vergnügt, „ich habe das oft gelesen, dafür wird Keiner hingerichtet, das ist so schlimm nicht, höchstens wird das Frauenzimmer eingesperrt!" Und das junge Mädchen war ein Geschöpf, das keinem Thier ein Haar hätte krümmen können und das ein vortreffliches Frauenzimmer geworden ist. Aber die Gewohnheit, das Gräßliche zu lesen, hatte sie gegen dasselbe abgestumpft; denn man kann durch Gewöhnung an das Schlechte die Sittenbegriffe nnd das Urtheil der Einzelnen wie der Massen durch alle Stände bis zu einem kaum glaublichen Grade verwirren und verrohen.

Indeß neben dieser in den Zeitungen drohenden und schwer zu beseitigenden Gefahr für das sittliche Bewußtsein der Massen, kommt die feinere, und darum wie ich glaube, noch gefährlichere Verführung und Begriffsverwirrung durch die Dichtung hinzu, seit es zur Sitte geworden ist, in den besten wie in den geringen Tagesblättern Erzählungen und Romane zu veröffentlichen. Als vor jenen vierzig oder fünfzig Jahren das erste sogenannte Pfennigsmagazin herausgegeben wurde, sah man es in den Familien sehr genau darauf an, ob es dazu geeignet sei, frei im Hause aufgelegt zu werden; denn man überwachte damals das Lesen der Jugend mit ernster Achtsamkeit, und wie ich glaube, mit großem Recht.

Das ist jetzt weit schwerer möglich als vordem. Man sagt freilich, die erzählende Dichtung, die Novelle und der Roman, schöpfen ihre Stoffe zumeist aus dem Leben ihrer Zeit; sie schildern doch in der Regel nur Dinge und Zustände, für welche in der Wirklichkeit das Gegenbild zu finden sei, das eben deshalb auch dem Auge der Mitlebenden nicht verborgen bleibe und nicht verborgen bleiben könne. Das ist bis zu einem gewissen Grade richtig. Aber wenn der Roman somit seinen Ursprung in dem Leben der Nation findet, so giebt er dafür derselben, was er in einem vereinzelten Falle, was er vielleicht in gewissen Bereichen als eine mehr oder weniger anerkannte, gutgeheißene, oder auch geduldete Ausnahme angetroffen hat, nun seinerseits, und zwar durch die Kraft und die einschmeichelnde Gewalt der Dichtung gesteigert, als ein Allgemeines an die Allgemeinheit zurück. Der Dichter wird zum absichtlichen Vermittler zwischen dem besonderen Falle, dessen er sich bemächtigt hat, und der Allgemeinheit. Er bestimmt mit seinem Urtheil über den besonderen Fall das Urtheil der Leser für alle ähnlichen Fälle. Er will gutgeheißen und getadelt haben, er will zur allgemeinen Geltung bringen, was er in der Dichtung tadelt oder gutheißt; und er am wenigsten kann begehren wollen, daß der Leser nicht an die Dichtung wie an ein Selbsterlebtes glaube, daß er die Dichtung von dem Leben abtrenne, daß er den Dichter nicht wie einen zuverlässigen Freund betrachte, dessen Urtheil er vertrauensvoll zu dem seinen macht.

Auf dieser Forderung, welche der Dichter mit Nothwendigkeit und eben deshalb unwillkürlich stellen muß, beruht seine Verantwortlichkeit gegenüber seiner Nation; aber nicht allein die Verantwortlichkeit des Dichters, sondern die eines jeden Künstlers, der sein Werk der Oeffentlichkeit übergiebt. Denn wenn einer Seits der Maler uns durch die reine

Schönheit der nackten menschlichen Gestalt entzückt und erhebt, so begeht auch er einen Angriff und ein Verbrechen gegen das sittliche Bewußtsein seines Volkes, wenn er Vorwürfe zu seinen Bildern wählt, von denen man das Auge mit Scheu und Ekel abwenden würde, falls man das Mißgeschick hätte, ihnen im Leben zufällig zu begegnen — und es hat an solchen Bildern nicht bei uns gefehlt.

Ich habe nicht nöthig, sie zu kennzeichnen, wo ich eben nur eine wohlgemeinte Warnung auszusprechen wünsche. Ich glaube aber, die Sittlichkeit einer Gesellschaft ist ernst bedroht, in welcher man von jungen Frauen und Mädchen aussprechen hören kann, daß sie für Dobet's allerdings meisterhaft dargestellten Roman „Fromont jeune et Risler ainé" „schwärmen"; und in der man Männer findet, die es gelassen mit anhören, wenn ihre Frauen und Töchter „entzückt sind" von dem eben so meisterhaft gemalten Bilde Herrmann's in welchem zwei öffentliche Dirnen einen betrunkenen Wüstling zwischen sich mit fortzerren; denn es ist nicht wahr, daß dem Reinen Alles rein sei. Die Phantasie eines jeden Menschen, und vornehmlich die der unverdorbenen Jugend, ist sehr leicht aufzuregen, sehr früh zu verwirren. Es ist nicht weniger als gleichgiltig, worauf sie sich richtet, wohin ihr Begehren sich wendet.

Freilich erzählte mir einer unserer ausgezeichnetsten Germanisten einmal, daß er als Tertianer die Wahlverwandtschaften gelesen und nichts an dem Buche ihn so lebhaft beschäftigt habe, als die Parkanlage, die er immer und immer wieder in seines Vaters Garten nachzubilden versucht. Ich hingegen bin mir des unheimlichen, mich aufregenden Eindrucks sehr bewußt, den ich von den nichtverstandenen, geheimnißvollen Andeutungen in den Wahlverwandtschaften und im Wilhelm Meister empfangen habe; und jene Andeutungen bleiben weit zurück gegen die beschönigende Rechtfertigung von manchen Motiven und Darstellungen, denen man in neueren Dichtungen hier und da quälend genug die Stirn zu bieten hat.

Wir haben uns in Deutschland der Zucht und Sitte unserer Frauen und Mädchen gerühmt und gefreut. Wir sind stolz gewesen auf die Sittenreinheit der Jünglinge und Männer, die einst als Anhänger des Tugendbundes und der Burschenschaft, Deutschland aus seiner tiefsten Erniebrigung befreit, und festgehalten haben an dem Banner deutschen Geistes und Sinnes, das nun endlich auch staatlich aufgerichtet und zu seiner Ehre gekommen, uns im Vaterlande und im Auslande schirmt. Es ist etwas Großes und Erhabenes um ein Volk von ernstem Sinne, von sittlichem Bewußtsein, von festem, sich selbst beherrschendem Charakter! Und ich glaube, wir begehen eine Sünde gegen das Vaterland wie gegen uns selbst, wenn wir — ich meine die Schriftsteller und Künstler — uns nicht selbst das Gesetz auferlegen, das Unschöne und Unsittliche von der Darstellung in der Oeffentlichkeit so fern als möglich zu halten.

Ich glaube nicht, daß der Dichter, der Maler, für ihr Schaffen, für ihre Wirkung auf ihre Zeit wesentliche Einbuße erleiden, wenn sie die Elemente aus ihren Werken fernhalten, die sich — obschon in der Wirklichkeit vorhanden — doch vor dem Auge der anständigen Gesellschaft verbergen. Das alte Wort, daß die Heuchelei eine Huldigung ist, welche das Laster der Tugend darbringt, ist sehr wahr; und man sollte diese Huldigung nie aus den Augen setzen, am wenigsten, ich wiederhole es, in solchen Werken, welche durch die Art ihrer Veröffentlichung der allgemeinsten Kenntnißnahme nicht zu entziehen sind.

Was hat Frankreich durch jene Romane und Dichtungen gewonnen, welche die Franzosen selber l'apothéose de la courtisane nannten? Einer der edelsten französischen Schriftsteller sagte einmal zu uns: „Unsere Dichter, und er nannte große Namen seines Volkes, haben durch ein Menschenalter vorbereitet, was wir in den Tagen der Commune mit Entsetzen erlebt haben. Und was hilft es uns, daß wir glücklicher Weise auch noch eine bürgerliche Gesellschaft haben, die in Ehrbarkeit und Arbeit dieses Unheil von sich abzuwehren trachtet? Die rohe Masse ist bei uns geflissentlich genußsüchtig, gleichgiltig gemacht worden gegen jedes Gesetz, und gewaltig nur in dem Verlangen nach schrankenloser Willkür! Und wir Alle haben diese Dichtungen gelesen, haben sie zum Theil bewundert, aber an ihre verderbliche Wirkung haben wir nicht gedacht. Wo finden wir das Gegengewicht, wo den Halt, der uns vor weiterem Verderben wahrt?"

Er war wirklich nahe daran, mit großem, sittlichem Ernste zur Erhaltung des Staates die Censur zurück zu wünschen, wie Heine es im Scherz gethan hatte. Ich meine aber, vor der Nothwendigkeit, eine solche zu ersehnen, sollten und könnten Künstler und Dichter zum allgemeinen Besten sich sehr leicht bewahren, ohne deshalb Schaden zu nehmen an der eigentlichen Seele ihres Schaffens.

Dritter Brief.
Vom Kern der Dichtung.

An Herrn § in Köln.

Weißer Hirsch bei Dresden,
den 16. Juni 1877.

Verehrter Herr! Mir geht heute hier in meiner ländlichen Einsamkeit auf einer der Höhen, die das Elbthal umgeben, die Anzeige zu, welche Sie in Nr. 163 der Kölnischen Zeitung von meinen Neuen Novellen zu machen die Güte gehabt haben. Ich freue mich, daß die Erzählungen Ihren Antheil gewonnen, daß Sie diesem Antheil einen mir so günstigen Ausdruck gegeben haben, und ich danke Ihnen dafür.

Aber während ich des mir öffentlich gespendeten nnd mir sehr werthen Lobes froh bin, kommt mir doch der Gedanke, der schon bei gar vielen ähnlichen Anlässen in mir aufgestiegen ist, wie das Urtheil unserer besonderen Richter, der Kritiker von Fach, und auch das der Leser im Allgemeinen, dem Dichter oftmals, soll ich sagen zuviel Ehre oder Unrecht thut, wenn es in seinen Arbeiten durchaus eine bestimmte Tendenz oder gar in den Aeußerungen und Thaten der Personen, welche sich in dem Rahmen der Dichtung bewegen, die persönliche Meinung des Dichters herausfühlen will. Darüber, verehrter Freund! möchte ich mich einmal gegen Sie, und zugleich auch gegen meine und Ihre Leser aussprechen, weil ich glaube, daß ich dadurch nicht nur mir, sondern den Romandichtern und Erzählern im Allgemeinen, eine Art von Dienst leiste und in gewissem Sinne das Verhältniß des Dichters zu seinen Lesern aufkläre.

Sehe ich auf meine eigene langjährige schriftstellerische Thätigkeit zurück, frage ich mich, wie es sich mit den Vor= würfen für meine verschiedenen Arbeiten verhalten habe, und wie ich überhaupt zu dem erfindenden Darstellen gekommen bin, so begegne ich zuerst „der Lust am Fabuliren", die Goethe seiner Mutter zuschrieb, welche niemals, so viel ich weiß, irgend eine Erzählung niedergeschrieben hat.

Ich schrieb gelegentlich die oder jene kleine Geschichte auf, um mir die Zeit zu vertreiben, und ich hatte an mir dabei von Anfang an das Sonderbare zu beobachten, daß ich nur für mich ganz allein und mit der Feder in der Hand zu fabuliren vermochte, nicht aber mündlich und wenn mir Jemand als Zuhörer gegenübersaß. Dies ist auch alle Zeit so geblieben, und ich habe selbst vor meinem Manne, bevor ich eine Erzählung niederschrieb, oder während ich an derselben arbeitete, niemals vermocht, von dem Inhalt meiner Arbeiten zu sprechen. Ich habe, wenn ich ihm von dem Stoff und Gang einer größeren Arbeit Kenntniß geben wollte ehe sie beendet war, einen kurzen Abriß auf ein paar Blätter hinschreiben müssen. Ich hatte vor dem mündlichen Erzählen meiner Dichtungen eine geradezu unüberwindliche Scheu, die sich nie verloren hat.

Als ich dereinst anfing für den Druck zu schreiben, und verhältnißmäßig noch nicht eben viel erlebt hatte, gründeten meine Erfindungen sich meist auf einen bestimmten Gedanken; und, wie ich das in meiner Lebensgeschichte angegeben habe, die vielen Lesern dieser Blätter bekannt sein wird, war man vollkommen berechtigt, Romane wie „Jenny", wie „Die Lebensfrage" oder eine Erzählung wie „Der dritte Stand", welche für die Gleichstellung der Juden, für das Recht der Ehescheidung, und für die Rechte der arbeitenden Stände mit mehr oder weniger Einsicht kämpften, als Tendenzarbeiten zu bezeichnen.

Indeß je mehr das Erfahren in mir zunahm, je weniger war es mir, soweit ich mir dessen bewußt bin, darum zu thun, einer bestimmten mir persönlichen Meinung mit meinem Dichten in den besonderen Arbeiten eine besondere Geltung verschaffen zu wollen; und ich glaube, das Unrecht, das dem Dichter im Allgemeinen geschieht, besteht darin, daß man ihn mit den von ihm geschaffenen Gestalten zusammenwirft, daß man ihm persönlich alle die Meinungen zuschreibt, welche die von ihm gebildeten Personen ihrer bestimmten Eigenthümlichkeit nach nothwendig haben müssen. Der Dichter müßte ja ein wahres Kaleidoskop von Ansichten sein, ein Meinungsdurcheinander ohne Gleichen, wenn alle verständigen und thörichten Aeuße=

rungen seiner Figuren seine Lebensansicht und die Norm für seine persönliche Lebensführung sein sollten.

Ich möchte vielmehr behaupten, daß mit der wachsenden Freiheit in der schöpferischen Erfindung von Gestalten, die Neigung, sich selber und seine eigene persönliche Meinung immer wieder kund zu geben, mehr und mehr zurücktritt; daß die Lust, fremde Charaktere zu erkennen, uns unähnliche Gestalten zu erschaffen, sich steigert, und daß der wesentlichste Vortheil, welcher aus dem Dichten erwächst, der eigentlichen Bildung des Dichters selbst anheimfällt.

Wenn wir aus innerer Nothwendigkeit uns damit beschäftigen, Naturen darzustellen, deren Eigenart von der unsrigen verschieden, deren Lebensführung und Meinung den unseren entgegengesetzt sind, so zwingt uns dies, nach der inneren Berechtigung solcher entgegengesetzten Denk- und Handlungsweise zu forschen; und indem wir dieselbe dem Leser klar und annehmbar zu machen bemüht sind, erweitern wir unser eigenes Verständniß der menschlichen Natur, unsere eigene Einsicht in die Zustände und Verhältnisse der verschiedenen Charaktere und Lebensverhältnisse. Wir werden durch diese erweiterte Erkenntniß gerechter und nachsichtiger. Wir kommen so allmälig dahin, wenn man sich des Ausdrucks bedienen darf, „unsere Sonne über Gerechte und Ungerechte scheinen zu lassen", wenn irgend ein Zufall sie in unserer Einbildungskraft hervorgerufen, und die fast unwillkürliche Beschäftigung mit solchen ohne unser bewußtes Zuthun entstandenen Gestalten uns dieselben als selbstständige Wesen gegenüber gestellt hat.

Als ich jung war, pflegte ich über Frau Paalzow zu lachen, wenn sie ihre Arbeiten als ein „ihr von Gott Gegebenes" bezeichnete und sie damit in gewisser Weise auf den Standpunkt der Offenbarungen stellte. Ihr Ausdruck lief aber bei ihren religiösen Vorstellungen im Grunde auf Goethe's Erklärung hinaus: „es ist etwas Anonymes dabei!" wenngleich dieser Hellseher in der eigenen Seele, sicherlich in den meisten Fällen es genau genug gewußt haben wird, wo er die ersten Anregungen für seine Dichtungen zu suchen, wo er sie gefunden hatte. Und wenn es wohl Keinem von uns in den Sinn kommen wird, einen Vergleich zwischen sich und Goethe machen zu wollen, so wird doch fast Jeder von uns mit ihm sagen dürfen, wie auch er die Erfahrung gemacht habe, daß in dem „Erschaffen" neben allem bewußten Wollen ein anonymes Müssen vorhanden sei.

Sind die Gestalten einmal da, so haben sie auch neben unserem Willen ihren eigenen Willen, oder besser ihr nothwendiges Müssen. Sie haben je nach den Verhältnissen, in denen sie erwachsen sind und in denen sie sich zu bewegen haben, ihre daraus entstandenen nothwendigen Ansichten, Meinungen und Vorurtheile, und — um auf den Ausspruch in Ihrem Urtheil über meine letzten Novellen zurückzukommen — die Heldin der Erzählung „Ein Freund in der Noth", die sich nach dem Tode ihres Mannes mit dem Geliebten ihrer Jugend verheirathet, thut dies eben so nach ihrem innern Müssen, als Martina aus ihrer Ueberzeugung dem Geliebten ihrer Jugend sich versagt. — Wollte ich scherzen, so könnte ich sagen, das Eine und das Andere gehe mich gar Nichts an. Nur das muß ich mit Bestimmtheit aussprechen, daß es mir völlig fern gelegen hat, mit einer dieser Arbeiten eine Erklärung für den bürgerlichen Protestantismus oder für das Sakrament der Ehe in der katholischen Kirche zu machen. Der „Freund in der Noth" ist vor zehn Jahren am Genfersee geschrieben und verdankt seine Entstehung eben so einer zufälligen Anregung, als Martina, die ich im vorigen Jahre rasch und in einer Art von heftiger Erregung auf das Papier warf, nachdem ich eine meisterhaft geschriebene Novelle gelesen, die mich aber peinlich berührt hatte, weil die Hingebung einer Frau an die Liebe eines Mannes, für mein persönliches Gefühl, in derselben leichtfertig behandelt worden war.

Ich preise oder table weder die Handlungsweise von Irene noch die von Martina. Ich habe nur getrachtet, Beide zu verstehen, und nachdem mir dies gelungen, auch den Lesern, so weit es mir eben möglich war, klar zu machen versucht, wie Beide aus voller innerer Berechtigung gehandelt, ohne im entferntesten ein Gegenbild aus ihnen machen oder einen Vergleich zwischen ihnen ziehen zu wollen.

Ich glaube, man vergißt es zu leicht, daß des erzählenden Dichters Beruf und Müssen zunächst eben jenes „Fabuliren" ist, und man „geheimnißt" aus der Dichtung eben deshalb viel zu oft Absichten heraus und in sie hinein, die dem Schaffenden in der Lust behaglichen Erfindens wer weiß wie fern gelegen haben.

Die Art, in welcher eine Dichtung in uns, d. h. dem Dichtenden, angeregt wird, ist sonderbar genug sehr verschieden. Es ist mir begegnet, daß ich in ein ganz verfallenes Landhaus in der Gegend von Stettin gekommen bin, in dem von der früheren Behaglichkeit desselben Nichts, aber auch gar Nichts zurückgeblieben war, als eine alte Roccoco-Spieluhr und ein Treibhaus ohne Dach und Fenster, was beides neben der ärmlichen Bauernwirthschaft sich sehr befremdlich ausnahm. Aus dem brütenden Nachsinnen, wie dieses Haus verfallen, und wie die Uhr darin zurückgeblieben sein könne, entstand die Erzählung der „Seehof", die man immer auf bestimmte Memoiren zurückführen wollte.

Ich war in Westpreußen auf großen Gütern zum Besuch. Die Hausfrau klagte über schlechte Dienstboten und erwähnte, das einzige ehrbare Mädchen, das sie im Hause gehabt, sei von den Knechten für eine Hexe gehalten worden, weil es von den Männern Nichts habe wissen wollen. Das gab mir die erste Anregung zu dem „Mädchen von Hela".

Bei einem Aufenthalte in Neu=Ruppin sah ich in einem alten Ziethen'schen Schlosse das Bild einer Frau im Roccoco= Costüm, mit einem höchst geistreichen aber böswilligen Gesicht, von der Niemand zu sagen wußte, wer sie gewesen wäre — und sie wurde die Hauptgestalt im „Graf Joachim".

Dann wieder hatten wir einmal, noch im Anfange der vierziger Jahre, in Rom davon gesprochen, wie ungerecht es sei, den Menschen, der im Laufe des Lebens aus wirklicher Ueberzeugung seine Ansichten verändere, eigentlich, wenn er entwicklungsfähig sei, naturgemäß verändern müsse, deshalb des Abfalls von sich und seiner Ueberzeugung zu beschuldigen; und der Gedanke, die „Wandlungen" zu schreiben, war dadurch rege in mir geworden. In ähnlicher Weise hatte eine Unter= haltung mit alten Edelleuten, über die guten Eigenschaften und die Fehler, welche das Zurückblicken auf eine lange Reihe von Vorfahren in dem Charakter des Menschen aus= zubilden pflege, den ersten Anlaß zu dem Roman „Von Ge= schlecht zu Geschlecht" gegeben, den auch zuerst die Kölnische Zeitung gedruckt hat.

Ein Sommeraufenthalt in Engelberg, bei dem wir all= abendlich die Klosterschüler der Benediktiner=Abtei an der lebenslustigen Gesellschaft der in dem Bergthale weilenden Kur= gäste mit pflichtmäßig gesenkten Blicken vorüberziehen sahen, erschuf den „Benedikt"; und die in vertrautem Kreise von einer zärtlichen Mutter lebhaft ausgesprochene Behauptung, sie würde, wenn man ihr ihr Kind genommen hätte, es mit dem nicht irrenden Gefühl der Mutterliebe unter allen Ver= hältnissen herausgefunden haben — ein Glaube, welchem von eben so zärtlichen Müttern eben so lebhaft widersprochen wurde, brachte mich dahin, dies Thema zu durchdenken, aus dem dann „Die Stimme des Blutes" hervorging.

Natürlich wird und muß sich aus jeder Dichtung eines ernsthaften Menschen eine Erfahrung, ein Grundsatz, oder doch das Bild bestimmter Lebenszustände herausstellen, die, wenn wir der Dichtung gedenken, in uns nachwirken; und wenn Kant den Ausspruch that: „Es ist klug, die Menschen zu seinen Zwecken zu benutzen, und weise, sie zu guten Zwecken zu benutzen", so ist es sicherlich die Aufgabe und Pflicht des Dichters, seinen Leser wo möglich mit guten, erhebenden und reinen Gedanken zu entlassen. Dies zu thun, hat der Dichter aber kaum eines besonderen Wollens nöthig, wenn der Brunnen klar ist, aus dem er schöpft.

Dasjenige aber, ich wiederhole es, was ich mit diesem Brief erreichen möchte, ist, daß man uns nicht mit unseren Geschöpfen in jedem besonderen Falle zusammenwirft. Ich glaube die Frage, welche der Leser in jedem besonderen Falle sich vorlegen muß, lautet zuerst: sind die Gestalten, sind die Verhältnisse, welche der Dichter uns vorführt, wahr und möglich? Die zweite: wie müssen eben diese Gestalten in den gegebenen Verhältnissen ihrer Anlage nach denken und handeln? Deckt dann die Erzählung oder der Roman diese beiden Fragen zufriedenstellend, so kommt des Verfassers persönliches Meinen weiter dabei nicht in Betracht; und soll ich Ihnen ein ehrliches Bekenntniß machen, so finde ich seit langen Jahren mein größeres Vergnügen daran, Charaktere auszugestalten, die etwas Fremdes für mich haben. Es wird aber Anderen gewiß gerade so ergehen. Denn mit sich selber und mit den Engeln und Teufeln des Anfängers wird man gar bald fertig; und obschon ich recht widerwärtigen Naturen und auch widrigen Zuständen genug begegnet bin, habe ich mir und meinen Lesern doch mit ihnen nie viel zu schaffen gemacht.

Ueber dasjenige aber, was ich von der sittlichen Pflicht des Dichters gegen seine Leser und seine Nation denke, schreibe ich Ihnen nächstens mehr, da ich einmal auf diese Erörterungen gekommen bin.

Für heute Lebewohl und Gruß und freundlichen Dank.

Vierter Brief.
Das häusliche Leben der Deutschen.

> Was bringt zu Ehren?
> Sich wehren!
> Goethe.

Hof Ragaz, den 17. Juli 1877.

Quer durch Deutschland hin, trug uns in einem Zuge die Dampfmaschine von Dresden nach dem Bodensee. Als ich gegen den Mittag hin auf dem Balkon des Gasthofes zum Bairischen Hof stehend, auf den schönen See hinabschaute, fiel mir das „Ruck! ein anber Bild!" ein, mit welchem Ausruf die Guckkasten-Männer in meiner Kindheit uns vom Erdbeben in Lissabon nach dem Brand von Moskau zu versetzen pflegten. Aber wie Viele leben noch, die vor den Fenstern eines Guckkastens gestanden und sie angestaunt haben, wie wir Alten später die Lokomotive und die Eisenbahn.

Einen Tag und eine Nacht am Bodensee, dessen Reize wir lange nicht genug preisen und genießen, dann am andern Morgen nach Ragaz, in den Hof Ragaz und in die gemächliche Ruhe einer Badekur.

Aber mitten in den Frieden des Badeortes und dieses noch friedlicher in seinen grünen Baumesschatten liegenden Hauses, in dem ich nun schon zum britten Male wochenlang verweile, so daß es mir wirklich zu einer Art von Heimat geworden ist, ist mir ein Buch in die Hände gekommen, das mich aus meiner Seelenruhe aufgerüttelt hat.

Es führt den Titel „German Home Life" hat in England drei Auflagen erlebt, hat in der deutschen Presse von bedeutenden Kritikern Beachtung gefunden, und ich war dadurch begierig geworden, es kennen zu lernen. Und es lohnte auch des Lesens, da es in der That geeignet ist, eine Art von Erstaunen, namentlich von Seiten der deutschen Frauen, zu erregen. Denn das Buch macht sich viel zu schaffen mit unserer Erhebung aus unserer tiefen Niedrigkeit, während es zugleich die Engländer über unser häusliches Leben zu unterrichten bestimmt ist.

Das sind schöne gemeinnützige Absichten eines mitleidsvollen Herzens und eines viel umfassenden Sinnes.

> Rise, Teuton woman! claim Your right denied
> To nobler labour; show Your strenght defied,
> And on Germania's mighty forhead place,
> The absent touch of glory and of grace!*)

ruft das Titelblatt uns deutschen Frauen mahnend zu; und aus meiner harmlosen, halbwegs selbstzufriedenen Sicherheit durch diese pomphaften Verse aufgeschreckt, habe ich mich sofort hingesetzt, um, mit dem Buche als Leitfaden in der Hand, wenigstens für meine Einsicht in unsere Unwürdigkeit, und womöglich auch für meine Erhebung aus derselben, Etwas zu thun. Denn was der Einzelne Gutes an sich selber fördert, das vollbringt er zugleich für die Gesammtheit. Aber es giebt eine Anmaßung und eine Selbstverblendung, die für den un-

---

*) Erhebt Euch, deutsche Frauen! fordert das Euch vorenthaltene Recht zu edlerer Arbeit; zeigt Eure Kraft herausgefordert, und drückt auf Germania's mächtige Stirn den fehlenden Stempel des Ruhmes und der Anmuth.

vorbereiteten Beobachter im ersten Augenblicke etwas Verblüffendes haben; und da ich nach dem heldenhaften Zurufe an die deutschen Frauen, natürlich zunächst das ihnen im Besonderen gewidmete Capitel las, brauchte ich eine Weile Zeit, mich von der Verwunderung zu erholen, die es mir erregte. Doch will ich gleich bemerken, daß diese Verwunderung nicht der mir neueröffneten Einsicht in unsere Zustände, sondern vielmehr Derjenigen galt, welche es, ohne sich zu nennen, unternommen hat, sie darzustellen.

Sie hatte es gar nicht nöthig, zu erklären, daß sie eine Frau sei. Das Buch trägt fast durchweg das Gepräge gerade jener übelen Eigenschaften, welche man den Frauen zuzusprechen pflegt: scharfes, übelwollendes Beobachten fremder Mängel bei völlig mangelnder Erkenntniß der eigenen Fehler, und aburtheilendes Verallgemeinern des gelegentlich beobachteten Einzelfalles.

Dem gegenüber drängt sich uns zunächst die Frage auf, wer ist die Frau, welche die deutsche Kultur und Gesittung, das deutsche Familienleben und die deutschen Frauen so breist und hart verurtheilt? Ein Urtheil gewinnt oder verliert an Gewicht, je nach dem Werthe dessen, der es ausspricht. Wer ist die Frau, welche es schicklich findet, sich für die in deutschen Familien und von deutschen Frauen genossene zutrauensvolle Aufnahme und Gastlichkeit, mit der ganz unumwundenen Erklärung zu bedanken, daß — einzelne kleine Annehmlichkeiten abgerechnet — es im Grunde für eine Engländerin wie sie, in Deutschland, unter deutschen Frauen und in der deutschen Gesellschaft, bis hinauf in die Gesellschaftskreise der kleinen Höfe, nicht wohl zu leben sei? Denn — wir wohnen, und zwar durch ganz Deutschland und sammt und sonders, ungehörig und schlecht. Wir essen schlecht, obschon unsere Rehbraten, Maibowlen u. s. w. von der Anonyma genießbar ge=

funden wurden. Mit Ausnahme der Polinnen und Ungarinnen Oesterreichs, die flottweg als Deutsche angesprochen werden, sind die deutschen Frauen schwächlich, kränklich, unfähig ihre Kinder, zu säugen. Sie sind unreinlich, halten ihre Häuser, ihre Kinder eben so unreinlich. Alle unsere Dienstboten taugen Nichts, und schließlich sind die deutschen Hausfrauen, welche in der Regel von ihren Männern nicht aus Liebe, sondern nach Berechnung und Uebereinkunft der Familien geheirathet werden, Nichts als die ersten Dienstmägde ihrer Männer. Alle diese Männer aber gehen in Uniform, wenn sie nicht im Schlafrock und Pantoffeln zu Hause in die Töpfe gucken, damit kein Pfennig unnöthig verausgabt werde; und dann ziehen sie die Uniform an, gehen Morgens auf die Parade, Abends in das Wirthshaus, liebäugeln auf den Straßen mit fremden Frauen, an den Brunnen mit den Mägden — und das ist das deutsche Familienleben!

Es ist in der That ein Jammer um unser Vaterland und um die deutsche Frau! Die Ungenannte fühlt auch Mitleiden mit uns; jenes schöne Mitleid, von welchem ihre und unsere Nachbarn, die Franzosen, zu sagen pflegen: „Es liegt in dem Unglück unserer Freunde immer ein Etwas, das uns schmeichelt und gefällt!" Schade um dieses große Mitleid, das wir nicht begehren, weniger noch bedürfen! Noch einmal aber, wer ist diese barmherzige Ungenannte? Denn in solchem Falle möchte man doch wissen, mit wem man es zu thun hat, und da sie's uns nicht sagt, sind wir auf unsere Vermuthung angewiesen.

Sie nennt sich eine „Lady". — Ob sie „a real Lady" ist, als welche meine Londoner Hauswirthin mir diejenigen begüterten Frauen meiner Bekanntschaft anzumelden pflegte, die in eigenem Fuhrwerk zu mir kamen, das möchte ich bezweifeln. Leute, die in ihrer Heimat an festbegründetes Wohlleben gewohnt sind, pflegen die zeitweilige Entbehrung desselben in der Fremde nicht sonderlich zu beachten und zu vermissen. Ich habe wahrhaft vornehme Frauen, z. B. bei den Mißständen früherer italienischer Reisen, auch in unbequemen Lagen viel leichter befriedigt und heimisch gefunden, als ihre Kammermädchen, die sich nicht wie Jene, an dem Wesentlichen für das Entbehren des Unwesentlichen zu entschädigen vermochten.

Nach den Aussagen ihres Buches scheint die Ungenannte zu verschiedenen Malen und unter verschiedenen Verhältnissen in Deutschland gelebt zu haben. Sie ist einmal, ohne Deutsch zu können, nach einem „kleinen trostlosen Städtchen an den schwarzen Ufern des Baltischen Meeres verschlagen worden, wo vor Kälte die Vögel vom Himmel fielen", was sie sicherlich so wenig erlebt hat als ich, obschon ich die ersten dreißig Jahre meines Lebens im höchsten Norden Deutschlands zugebracht habe. Dort hat sie an einer deutschen Uebersetzung von Vanity fair ihr Deutsch gelernt, dessen sie sich bei ihrem erneuten Aufenthalte in Deutschland so mächtig fühlt, daß sie sich gemüßigt findet, die verschiedenen Provincial-Dialekte in einer Weise zu verspotten, als ob es keinen schottischen, keinen Yorkshire-Dialekt, kein cockney Englisch gäbe, und daß sie es schließlich unternimmt, unsere Klassiker — Schiller, Goethe u. s. w. als Stilisten zu beurtheilen und zu verurtheilen, wie sie denn unsere Klassiker auch als Menschen vor ihr Sittengericht zieht und zur Linken, zu den Sündern weist.

Bei diesem ihrem zweiten Aufenthalte in Deutschland ist sie anscheinend in eine Garnisonstadt, in einen Kreis von wenig bemittelten Leuten, in Familienbeziehungen zu ärmlich und vielleicht schlecht erzogenen Frauenzimmern der mittleren Stände, vielleicht auch in arme Offiziers- und Beamtenfamilien gekommen. Sie hat dann unter ähnlichen Verhältnissen in Deutschland bald hier, bald dort gelebt — wenn sie auch gelegentlich einen Ausflug gemacht und reichere Leute kennen gelernt hat —, und nach diesen Erfahrungen wird nun frisch darauf zu Gericht gesessen über das Familienleben eines ganzen großen, gebildeten Volkes und vor Allem über die sämmtlichen Frauen desselben, über deren geistigen Werth, wie über all ihr Thun und Treiben.

Hätte die Anonyma die Augen in ihrer Heimat aufthun wollen, so hätte es ihr dort sicherlich an Gegenbildern für fast Alles, was sie an den deutschen Frauen tadelt, nicht gefehlt. Aber sie verstand in jedem Sinne die Aufgabe eines Beobachters anders, als ihr großer Landsmann Bulwer, der sich zunächst in seiner Heimat umsah, und der mit seines edlen Namens Unterschrift, sein „England und die Engländer" stolz seinen Landsleuten entgegenhielt, ehe er daran ging, über eines fremden Volkes Sitten den Stab zu brechen, wie die anonyme Verfasserin dieses neuen Buches es thut.

Bei ihrem zweiten Aufenthalt in Deutschland ist sie unter uns erschienen, mit einem schwächlichen Kinde, ohne Wärterin für dasselbe; bewaffnet mit einem Kinderwagen und mit dem felsenfesten Glauben, daß in England Alles ganz vollkommen sei, daß es in jedem civilisirten Lande gerade so sein müsse wie in England, und daß es in allen Lebensschichten eines fremden Volkes gerade so und nicht anders hergehen müsse wie in den Familien wohlhabender Engländer. Vorstellungen, wie ein Chinese sie nicht besser aus dem Reich der Mitte auf seine Reise in die Welt hinausnehmen könnte.

Sie besitzt ein Kleid von wasserdichtem Stoff, dicke Stiefel, einen Filzhut, einen unübertrefflichen Plaid; sie ist gut zu Fuß. So viel zu ihrer äußeren Bezeichnung. Sie hat Vielerlei gelernt, spricht verschiedene Sprachen, kann sogar lateinisch wie es scheint, denn sie klimpert, wo es sich nur thun läßt, mit lateinischen Brocken; und als Kunstschätze, die sie eben so

wenig entbehren kann, als das rosa Unterfutter ihres Ankleide=
tisches, führt sie einige Albums, einige photographische An=
sichten und die süßlichste aller Frauenbüsten, die Klythia, in
einem Gypsabgusse mit sich — Schätze, wie sie unbekannt sind
in den unwirthlichen Gefilden, in denen eine Zeit lang aus=
zuhalten ihr hartes Schicksal sie verdammt. Aber eine Unter=
haltung und ein süßer Trost bleiben ihr bei alle dem: sie
verwundert sich von früh bis spät. Sie verwundert sich über=
all und über Alles, und sie wiegt sich unablässig in dem Ge=
fühle ihrer unbezweifelbaren Ueberlegenheit über uns.

Sie wundert sich, daß man in dem „trostlosen Städtchen
an den schwarzen Ufern des Baltischen Meeres" nicht einmal
die Tauchnitz=Ausgabe der englischen Romane zum Kaufe
findet; als ob in den entlegenen Städtchen von England,
Irland oder Schottland billige Ausgaben der zeitgenössischen
deutschen Romane bei jedem Stationer zu haben wären? Sie
kommt bei ihrem zweiten Aufenthalte nach einem Orte, an
welchem man noch keine Kinderwagen kennt. Das muß bei=
läufig sehr lange her und ein sehr weitentlegener Ort ge=
wesen sein. Sie findet an dem Orte die Sitte, daß die
Wärterinnen, wie es in Sachsen und in Thüringen vielfach
heute noch üblich ist, halb lange Mäntel, und in diesen die
Kinder auf den Armen tragen, um die kleinen Körper vor
Erkältungen zu schützen, was reichlich so berechtigt ist, als sie
in der Kälte mit nackten Beinchen umherlaufen zu lassen,
während sie dicke Federhüte auf den Köpfen tragen; und sie
ist empört über die dumme Widerspenstigkeit der deutschen
Mägde, weil ihre Magd aus Furcht verlacht zu werden, es
ihr weigert, das Kind in dem Kinderwagen durch die Stadt
zu fahren. Aber versuchen Sie es doch, Verehrte! Ihrer voll=
kommenen englischen Wärterin den sächsischen Kindermantel
umzuhängen und sie damit nach Regent=Quadrant hinaus=

zuschicken! Ob Miß Mary gehen, ob Sie Gehorsam finden würden?

Als ich bereinst in Manchester bei meiner Freundin, der englischen Schriftstellerin Miß Geraldine Jewsburry verweilte, muthete eine der dort zahlreich lebenden deutschen Frauen ihrer englischen Köchin irgend Etwas zu, das dieser gegen ihre Tabulatur verstieß. Die Köchin verließ also sofort das Haus. Miß Jewsburry's alte Peggy klagte uns das Leid, und setzte, zu mir gewandt, arglos und vertrauensvoll hinzu: „I tell You Miss Lewald, those German ladies are all together mad!" (Ich sage Ihnen, Fräulein Lewald, diese deutschen Hausfrauen sind sammt und sonders verrückt.) „Ländlich sittlich" dachte ich in meinem Sinne. — Wie schade aber, daß die Ungenannte dieses Sprichwort nicht gekannt hat! Es hätte ihr viel Verwunderung, es hätte ihr, bei einigem Nachdenken, ihr halbes Buch ersparen können.

Es will der Ungenannten nicht in den Sinn, und sie findet es widerwärtig, daß bei uns verschiedene Familien unter demselben Dache wohnen, und Niemand wird ihr leugnen, daß es behaglich ist, ein eigenes, breit hingelagertes Haus allein für sich zu haben. Aber daß wir, eben so wie die Franzosen, die Schweizer und die Italiener, die doch auch civilisirte Völker sind, nach den unter uns herrschenden Lebensgewohnheiten in einem sechs, acht Fenster breiten Hause, in einem Stockwerk weit bequemer wohnen als die englische Hausfrau, die in ihrem ein oder zwei Fenster breiten Heim von der Küche bis zu den Kinderstuben, durch drei oder vier Stockwerke, wie der Vogel auf den Sprossen seines engen Käfigs, sich beständig auf und nieder zu bewegen hat, das hat die Ungenannte nicht bemerkt. Sie hat auch die zahlreichen Anzeigen in den Häusern von Edinburg niemals gesehen, in denen „a flat to let" (ein einzelnes Stockwerk abzugeben) angeboten wird. Daß es einer

Gattin, einer Mutter erwünschter sein muß, den Mann und die Kinder in wohlgehaltenen Zimmern neben sich, als in anderen Stockwerken von sich entfernt zu haben; daß die breite Etage uns viel Dienstboten und diesen sehr viel Arbeit spart; daß eine Reihe aneinander stoßender und geöffneter Zimmer für das Gesellschaftsleben bequemer ist und sich stattlicher darstellt als die Wanderung Trepp auf und ab, zu welcher die englische Sitte die englische Gesellschaft selbst in den Häusern der reichen Leute vielfach nöthigt, das hat sie nicht bemerken mögen. Ihr Wahrnehmen und ihr Aufpassen sind überhaupt fast immer einseitig. Bei sich zu Hause hat sie sich nicht so genau als in Deutschland damit abgegeben.

Mit bitterem Tadel hebt sie den Unsegen des Klatsches und der Zwischenträgereien hervor, welche das Zusammenleben verschiedener Familien in einem Hause gelegentlich erzeugen kann, obschon wir sehr häufig in den großen Städten die Mitbewohner in unseren Häusern kaum dem Namen nach kennen und Nichts von ihnen erfahren; und obschon in den kleinen Städten, und ich kenne gar viele solche, gute Nachbarschaft zu herrschen pflegte. Aber woher nahmen und nehmen die englischen Dichter, wie Thackeray, Dickens und George Elliot, die Vorbilder zu ihren, in dem niedrigsten Geklätsch und engsten Kleinkram sich bewegenden Frauengestalten, als aus dem Leben der Engländerinnen, die jede in schöner Selbstständigkeit ihr Haus für sich allein bewohnen?

Sie wundert sich über die unerläßliche und redliche Arbeitsamkeit unserer Hausfrauen, als ob in England Frauen mit beschränkten Mitteln, wenn sie die Ihren reinlich und ordentlich gekleidet und mit Essen wohlversorgt sehen wollen, nicht eben so nähen, flicken, plätten und auf die Küche Achtung geben müßten! Und fragen wir uns schließlich, worauf die sämmtliche Verwunderung der Ungenannten benn zuletzt hin=

3*

ausläuft, so ist es auf die Bemerkung, daß England reicher ist als Deutschland.

Das ist eine unleugbare, aber keineswegs eine neue Wahrheit. Es ist eben so eine Wahrheit, daß wohlhabende Leute für ihr häusliches Behagen mehr thun können, als weniger bemittelte, und daß begüterte Frauen, wenn die persönliche liebevolle Fürsorge für ihre Familie ihnen kein Herzensbedürfniß ist, sich derselben zu entziehen wissen und vermögen. Das thun manche reiche Frauen bei uns eben so wie in England zum Nachtheil ihrer Männer und ihrer Kinder; und daß gar manche gut erzogene und wohlunterrichtete Frau in engen häuslichen Verhältnissen verkümmert, das wird auch jenseit des Kanals und wird nirgend fehlen in der Welt.

Solcher Wahrheiten und ähnlicher finden sich in dem German Home Life eine Fülle, aber fast alle Beobachtungen sind wie durch einen verzerrenden Spiegel und mit böswilliger Spottlust gemacht, so daß es mir, die vor Jahren eine ganze Reihe von Briefen für und wider die Frauen" veröffentlicht hat, wohl zusteht, jetzt in ein paar Briefen gegen die häßliche und sehr ungerechte Verunglimpfung unseres Familienlebens und meiner Landsmänninnen zu protestiren, und zwar um so mehr, als das Buch der Ungenannten von der deutschen Kritik nicht die ihm gebührende Zurückweisung erfahren hat.

Wenn man sich einerseits, sofern man es mit den Angriffen einer Unbekannten zu thun hat, zuerst damit beschäftigt, wer sie sein mag, so legt man sich danach die Frage vor, „wes Geistes Kind ist sie?" und darüber läßt die Lady uns in keinem Zweifel.

Sie ist eine Frau, der Reichthum und Luxus, der die Bequemlichkeit des Lebens als das eigentliche Glück erscheinen; die in den zur Gewohnheit gewordenen Schicklichkeitsgesetzen der vornehmen englischen Gesellschaft das Moralgesetz findet, dem sich Jeder und unter allen Verhältnissen zu unterwerfen hat. Der Werth und die Vornehmheit einer Frau beruhen für sie zum großen Theil auf deren möglichst wenigem Thun und Leisten. Je reicher, je müßiger, um so mehr ladylike; und was die Ehe in ihren Augen, was sie ihrem Herzen ist, darüber klärt sie uns gleich am Eingang ihres Capitels „über die Ehe" sehr unumwunden auf. Sie sagt: „Die Ehe ist der goldene Schlüssel zu den himmlischen Pforten der Freiheit!"

Nach diesem Ausspruch kann sie denn freilich unter uns Deutschen ihrem Ideal von der Ehe, zu dessen Verwirklichung noch eine Menge von Unerläßlichkeiten gehören, nicht begegnen. Denn wir Armen in unserer Unkultur leben noch heute des Glaubens unserer Väter und Mütter, daß mit dem Eintritt in die Ehe, für den Mann wie für das Weib, die Zeit der Freiheit, des eigenwilligen Beliebens, des Glücksuchens nur für sich selbst, zu enden, und die Zeit der Gebundenheit für beide Theile zu beginnen habe. Wir leben des Glaubens, daß in der Ehe, in welcher der Mann der Erwerbende ist — und das ist doch fast durchweg der Fall, da die Zahl der von ihren Einkünften müßig lebenden Männer bei uns gering ist — der Frau die Pflicht obliegt, das Erworbene durch treue Mitarbeit im Hause gewissenhaft zu verwalten. Und dies erwartet bei uns mit Recht selbst der reichste und vornehmste Mann von seiner Frau; um wie viel mehr der Mann, der eben nur zu schaffen vermag, was des Lebens Nothdurft fordert. Sehe ich mir nun die Aussprüche der Lady prüfend an und suche ich mir klar zu machen, wie eine Lady nach ihren Begriffen sein und was sie haben und thun, und nicht thun muß, um diesen Ehrentitel zu verdienen, so finde ich etwa Folgendes. Eine Lady muß in einem Hause allein mit ihrer Familie wohnen. Sie muß Teppiche in ihren Zimmern, Kaminheizung, große zweipersonige Betten, gute

Wasch- und Ankleidetische haben, die letzteren mit weißem roth gefütterten Mousselin bezogen, ohne den es eben nicht, gehen kann. Sie muß ein Treibhaus mit Cloxilien, Verbenen, Calzolarien u. s. w., muß aus demselben immer blühende Blumen in ihren Zimmern haben. Zahlreiche und lauter vortreffliche Bedienung darf so wenig fehlen, wie reiche und solide Kleidung. Dies vorausgesetzt, muß die Lady früh am Morgen gleich für den ganzen Tag angekleidet sein; denn der Kodex der Ungenannten gestattet keinen Morgenanzug. Auf dem Frühstückstische müssen alle Tassen gleich sein und das Geräth überhaupt möglichst elegant. Die Lady muß am Morgen Nichts zu thun haben. Am Vormitttage müssen Vettern und Cousins kommen, sich nach ihrem Befinden zu erkundigen, sie zu Spaziergängen abzuholen u. s. w. Denn: „die Ehe ist der goldene Schlüssel zu den himmlischen Pforten der Freiheit."

Ja! damit sieht es nun unter den verkommenen Frauen Deutschlands und für dieselben mißlich aus. In diesem Sinne werden nicht allzu viel Ladies unter uns zu finden sein, und, mit ehrlichem gutem Bewußtsein, sage ich für meine Landsmänninnen, wie einst Franz v. Gaudy in seinem spottenden Gedichte gegen die Gräfin Hahn-Hahn:

> In diesem Punkt entschuldigen Sie mich,
> Da bin ich bürgerlich, sehr bürgerlich!

Ein Ausspruch, den, wie ich unsere deutschen Frauen zu kennen glaube, ihre Mehrzahl selbst in den Palästen der Reichen und Hochgeborenen wiederholen wird.

Eben weil die Engländerin das ihr fremde Land immer nur, nicht mit unserer Elle, sondern mit ihrem Yard mißt, weil sie Alles mit der Brille ihrer konventionellen Vorstellungen betrachtet, übersieht sie zunächst völlig die Verschiedenheit in den Grundbedingungen des deutschen und des englischen Familienlebens. Dadurch, daß wir nicht, wie es in England so gar häufig geschieht, um des eigenen Hauses willen weit außerhalb des Mittelpunktes der Städte leben, ist unser Familienleben enger und fester in sich beschlossen. Wir haben es nicht nöthig, unsere Söhne frühzeitig in Schulen und Erziehungsanstalten außer dem Hause unterrichten zu lassen, nicht nöthig, die Töchter in Pensionsanstalten zu thun. — Wir entschließen uns dazu nur in den Ausnahmefällen, wie in den Familien der Gutsbesitzer u. s. w., welche, auf dem Lande lebend, keine Lehranstalten erreichbar haben. Und wie wir die Kinder des Hauses so lange als möglich in demselben zu behalten gewohnt sind, so leben auch unsere Männer, soweit es angeht, in demselben. In England fährt der Mann vielfach am frühen Morgen in die Stadt, kommt spät am Abend heim, und meist so abgearbeitet heim, daß der Lehnstuhl am Kamin den Müden aufnimmt. Londoner und Manchester Kaufleute und Geschäftsleute haben es, ebenso wie ihre Frauen, oftmals bedauernd gegen mich ausgesprochen, daß sie ihrer in den Colleges heranwachsenden Söhne kaum noch froh würden, daß die Väter ihre jüngeren Kinder, außer am Sonntage, immer nur früh Morgens oder schlafend am Abend zu Gesicht bekämen; daß die Frau den ganzen Tag einsam sei, daß ihr Leben beständig auf die Eisenbahnzüge gestellt sei, daß es zwischen dem Kommen und Gehen der Männer in lästigem Aufpassen und Erwarten vergehe. Mir selber ist das auch während meines Aufenthaltes in England trotz der vortrefflichen Verbindungsmittel zwischen Stadt und Land keineswegs als etwas Wünschenswerthes, wenn auch durch die dortige Sitte Nothwendiges erschienen; und wo sich in Deutschland bei dem mächtigen Wachsthum der Städte, die Neigung zu solchen zwischen Stadt und Land getheilten Einrichtungen kund gegeben hat, habe ich immer davon abgerathen, weil das Familienleben und die Wirksamkeit der Frau in der That Abbruch durch dieselbe leiden.

Daß nun aber eine Hausfrau, welche, je nach der Jahreszeit, um 7 oder 8 Uhr ein paar Knaben und ein paar Mädchen in die Schule zu schicken, und vielleicht mit einer Magd oder mit zwei Mägden, für die Familie um 1 Uhr die Mahlzeit bereit zu halten hat, weil die Kinder zum Theil um 2 Uhr wieder in die Schule und der Mann wieder an seine Geschäfte zurück gehen müssen, daß eine solche Frau nicht früh Morgens wie eine englische Lady in full dress am Frühstückstische sitzen, daß sie nicht alltäglich Morgenbesuche und Spaziergänge machen, nicht frei über ihre Zeit verfügen könne, das ist der Engländerin nicht eingefallen; oder es ist ihr, wo sie daran gedacht hat, als bemitleidenswerth erschienen. Weil sie irgendwo einer oder einigen unsauberen Haushaltungen und Hausfrauen begegnet ist, weil sie gelegentlich kränkliche, bleichsüchtige Mädchen gesehen hat, bricht sie den Stab über die Gesammtheit wie in jedem Falle. Sie sagt: die jungen Mädchen stecken Tag über hinter den geheizten Oefen, werden bis zum Krankwerden mit Süßigkeiten überfüttert; und sie hat nie gesehen, wie unverzagt und brall und rothbäckig die jungen Dinger von ihrem siebenten Jahre ab auf ihren festen Beinchen, Winter und Sommer bei jedem Wetter, ganz allein am frühen Morgen in die Schule gehen, welchen Weg sie je nachdem zwei- oder viermal täglich zurückzulegen haben, während es in den Schulen jetzt selten an einem Spielraum für die Zwischenstunden fehlt. Sie hat auch keine jener Tausende von Haushaltungen kennen gelernet, in denen die Hausmütter, wie es das Sprüchwort nennt, "mit einem Dukaten einen Reiter zu vergolden verstehen". Sie hat die Tüchtigkeit, die Wohlanständigkeit nicht bemerken wollen, mit welcher unzählige Frauen von Professoren, von Beamten, von Kaufleuten, von Gewerbtreibenden aller Stände, bei genauer Berechnung und mit feinem Schönheitsſinn, das Haus zu führen wiſſen. Denn die im Haushalt arbeitende Frauen ſind gar keine Ladies. Und was ſind für ſie die Frauen, wenn ſie keine Ladies in ihrem Sinne ſind? Gegenſtände eines ſpottenden Mitleids — weiter Nichts!

Es iſt gewiß zu tadeln, und welcher Verſtändige unter uns tadelt es nicht? wenn Frauen, denen Muße für ihre Bildung bleibt, dieſe nicht für ihre Fortentwicklung verwenden, wenn ſie ſich plan- und zwecklos in Hausarbeit verlieren, für welche ihre Männer ihnen Dienſtboten unterhalten, die, vernünftig angeleitet, den Hausfrauen die Mühe erſparen und ſelber dadurch für das Gemeinwohl nützlicher gemacht werden würden. Derlei Irrthum und Verkehrtheit findet ſich bei uns und iſt vom Uebel.

Aber daß Mädchen der gebildeteſten Stände, die eine gute Erziehung genoſſen haben, denen der Sinn für das Höchſte nach keiner Seite fehlt, ſich frohen Herzens an den häuslichen Herd eines geliebten unbemittelten Mannes begeben, um als treue Dienerin des Mannes und des Hauſes Alles und Jedes zu leiſten, was des Lebens Nothdurft für Mann und Kinder von ihnen fordert, das iſt mir immer als etwas eben ſo Natürliches wie Schönes erſchienen. Das habe ich, trotz meiner in früherer Zeit auch für den Erwerb mir nothwendigen Thätigkeit, durch lange Jahre mit Glücksempfindung unausgeſetzt gethan. Drei Treppen hoch, im einem von acht Familien bewohnten Hauſe, in einer halben Etage von vier Stuben wohnend, mit einer Dienſtmagd arbeitend, bin ich mir und meinen Freunden deshalb nicht weniger ladylike erſchienen, als irgend eine reiche und müßige Frau; und das freundliche Dankeswort, das mein verſtorbener Gatte, Adolf Stahr, unter den Jahresabſchluß unſeres damals ſehr beſcheidenen Budgets zu ſchreiben pflegte, wenn ich ihm denſelben am 31. Dezember vorlegte, hat mir durch die gesegneten 22 Jahre unserer Ehe wohler gethan, mich mehr erhoben, als irgend eine der literarischen Anerkennungen, an denen es mir nicht gefehlt hat. — Und Gottlob! ich bin nicht die einzige Frau, die in Deutschland so empfindet. Die Mehrzahl fühlt wie ich.

Auch war es einer unserer feinsten, gemüthvollsten Lyriker, es war Justinus Kerner, der in spätem Alter noch „die verarbeiteten Hände seiner Frau" besang; die Hände des guten, alten, schwäbischen „Rikeles", das, selber schon hinfällig und schwach, noch seine Stütze und sein Stab war, als seiner Augen Licht erlosch.

Spotten Sie immerhin über uns Mylady! denken Sie so gering von uns als Sie nur mögen, es ficht uns wenig an. Wir sind im Kerne unseres Wesens ein demokratisches, ein bürgerliches Volk. Wie jeder Mann neben seinen anderen Berufspflichten und Thätigkeiten auch Soldat und Vertheidiger seines Landes ist, so ist und soll jede Frau, was immer sie außerdem auch kann und leistet, vor allem Andern Hausfrau, Haushälterin sein unter ihres Mannes Dach; und wir rühmen das und heben es mit Lust hervor, wo wir es finden. Bei des Handarbeiters, bei des reichen Mannes Frau, bei der Schauspielerin und bei der Schriftstellerin, wie bei der Königstochter von England, die an des deutschen Kronprinzen Seite einst deutsche Kaiserin sein wird.

Weil die Engländerin es darauf abgesehen hat, uns deutschen Frauen unsere unwürdige Behandlung durch die Männer und unsere unglückliche Stellung in unserem Vaterlande recht nach allen Seiten klar zu machen, stellt sie unsere Verhältnisse und die der Männer von Jugend an scharf einander gegenüber. Sie strebt uns zu beweisen, wie wir von ihnen völlig abgetrennt, eine Art von Haremsleben innerhalb der Kaffeegesellschaften führen, zu denen die Männer keinen

Zutritt haben, und innerhalb der Konzertgärten, in welchen die
Männer sich auch abgesondert von uns halten. Kaffegesellschaften
aber kennt die jetzige Gesellschaft wohl nur in den allerkleinsten
Städten; und in unseren Konzertgärten, die eine gar nicht
üble Einrichtung sind, pflegte es munter und ungezwungen genug
herzugehen — von den Konzerten in den Provinzialstädten bis zu
denen der zoologischen und der Flora=Gärten in Berlin, in
Köln und in Frankfurt; und es leben Engländer genug, die
es dort angenehmer gefunden haben, als ihre anonyme Lands=
männin.

Daß bei uns die Erziehung im Vaterhause die Knaben
und die Mädchen mit den Freunden und Freundinnen der=
selben von früh auf in einem ununterbrochenen Verkehr
erhält, aus welchem oft, sehr oft Freundschaften für das ganze
Leben erwachsen, daß die gemeinsamen Tanzstunden der
Knaben und Mädchen, die Eisbahn und die Familienbälle
diesen Verkehr weit in die Jugendjahre hineinführen und
manche Ehe auf dem Boden solcher Jugenderinnerungen
erwächst, das hat die Lady, wie es scheint, zu erfahren nicht
die Gelegenheit gehabt. Sie spricht zwar von den fröhlichen
Schülern und Studenten, die das Ränzel auf dem Rücken
das Land durchwandern, die gute Turner, gute Schwimmer,
treffliche Schlittschuhläufer und Reiter sind; aber daß die
Mädchen in den Schulen ebenfalls turnen, daß sie fast sammt
und sonders gute Schlittschuhläuferinnen sind, daß man sie
kalt baden und schwimmen läßt, wo sich dazu die Möglichkeit
findet — und sie fehlt kaum irgendwo — daß sie reiten
lernen, wenn sie reich genug dazu sind, das weiß sie wieder
nicht. Sie will gut und überall bei uns zu Hause sein,
lange unter uns gelebt haben, und ist doch weder in der
sächsischen Schweiz, noch im Harze oder in Thüringen und
im Schwarzwalde den jungen Mädchen und jungen Frauen

begegnet, welche während der Sommmerfrischen die Wander=
gefährten ihrer Brüder und Männer machen. Das ist auf=
fallend genug! Es paßte aber nicht in ihre vorgefaßte
Meinung, sie hat es also nicht gesehen.

Um uns endlich den schlagendsten Beweis für die Gering=
schätzung zu geben, die wir erdulden, gipfelt sie ihre Be=
merkungen in dem Satze, daß in Deutschland die Ehe=
schließung Sache der Familienübereinkunft, nicht der Liebe
ist, und zieht daraus Schlüsse, die noch verwunderlicher sind,
als dieser Ausspruch selber. Sie sagt: „In den höheren
Ständen wird das Ehebündniß, wenn nicht ganz, so doch
schließlich von dem Vermögen abhängig gemacht. Es ist ein
Theil von dem eigenthümlichen prosaisch praktischen (und
doch so verhängnißvoll unpraktischen) Programme, welches
das Gesetz der gegenwärtigen deutschen Natur zu sein
scheint, daß, wenn in einer Familie Geld vorhanden ist,
es aus derselben nicht herausgelassen werden darf." Dadurch
gehen die Familienheirathen von Generation zu Generation.
Dadurch entsteht denn auch, wie sie behauptet, die Entartung
der deutschen Race, und eben deßhalb giebt es in keinem
Lande „so viel Kröpfe, so viele von Scropheln entstellte
Hälse, so viele Rückenkrankheiten, so viele schlechte Zähne und
einen im Allgemeinen so mangelhaften Knochenbau als
in Deutschland!"

Das scheint jedoch nach ihrer Meinung nur von den
Frauen Geltung haben zu sollen, denn die Engländerin ist
voll Bewunderung für die prachtvollen Gestalten, die breite
Brust, die stolze Stirne und für die mächtige Stimme
unserer Offiziere. Die deutschen Offiziere läßt sie gelten!
Daß aber die prächtigen Offiziere, daß die hunderttausend
kriegstüchtigen, jungen Männer, die alljährlich aus allen
Ständen in den Reihen unseres Heeres eintreten, und nach

abgelegtem Dienste, wohlgeschulten Körpers, in das Gebiet des bürgerlichen Lebens, hinter den Pflug, in die Werkstatt, in das Comptoir, auf die Bühnen der Theater wie auf die Katheder der Schulen und der Universitäten, auf die Kanzel und in die Säle der großen Welt zurückkehren, daß diese stattlichen Männer und Bürger nicht nur die Söhne ihrer Väter, sondern auch die ihrer Mütter sind, diesen kleinen Umstand hat sie nicht bedacht. Daß aus Ehen, an denen die Liebe nicht den ersten und höchsten Theil hat, daß von Müttern so verkommener Art, die ihre Kinder nicht zu säugen, nicht zu pflegen verstehen, die selbst so völlig nichtig sind, ein solches Geschlecht von Männern entstammen kann, das ist es eigentlich, worüber die Engländerin allein Grund gehabt hätte, sich zu verwundern; und das hat sie leider unterlassen.

Aber beruhigen Sie sich! Die Liebe hat unter uns bei dem Zustandekommen der Ehe den vollen Theil, der ihr gebührt. Im Gegentheil, wir haben in den Familien des gebildeten und bei uns eben nicht reichen Mittelstandes, oft genug darauf zu achten, daß frühe Liebe nicht zu voreiligen Verlöbnissen verleitet und daß die ernste Gewissenhaftigkeit, mit welcher solche Verlobungen fast durchweg eingehalten werden, die jungen Männer nicht veranlaßt, vorzeitig zu heirathen und ihre volle freie Entwicklung durch die Sorge für eine Familie zu beeinträchtigen. Was danach in dem German Home Life noch von dem Zusammenhalten des Geldes innerhalb der deutschen Familien gefabelt wird, ist vollends thöricht, wenn schon es in den Familien der zahlreich unter uns lebenden, und zu einem bedeutend mitzählenden Faktor gewordenen Juden häufiger vorkommt. Aber auch innerhalb dieser Kreise hätte die Lady es beobachten können, wie die reichen Väter kaum einmal anstehen, ihre Töchter mit unbemittelten Männern aus allen Lebensbereichen zu verbinden, wenn es eben tüchtige

Männer sind und sich sonst Glück aus solcher Heirath für die Töchter, und umgekehrt für die Söhne, erwarten läßt.

Unwahrer noch ist es, was über die rücksichtslose Behandlung der Frauen in der Ehe berichtet wird. Der Lady müssen ganz besondere Erfahrungen zu Theil geworden sein. Doch ist bei den Anschauungen, welche sie von der Ehe hat, darüber mit ihr nicht wohl zu rechten, denn es scheint, als fehle in ihrer Seele das mächtige Wort: „Und er soll Dein Herr sein!" Wir hingegen tragen es im Herzen und dienen gern — — wo wir lieben! Wir wollen emporblicken zu dem Manne, dem wir uns zu eigen geben, nicht nur ihn zu unseren Füßen sehen. Es ist auch kein Zeichen von der Geringschätzung des weiblichen Geschlechtes, wenn man es, wie in Frankreich und in Deutschland, frühzeitig daran gewöhnt, die kleinen Dienstleistungen zu üben, welche die Bewirthung der Hausgenossen und der Gäste fordert. Es steht der weiblichen Jugend sehr wohl an, mit Anmuth sich gefällig gegen das Geschlecht zu erweisen, aus dem sie einst ihren Gatten wählen wird, der ihr Ernährer, der Herr des Hauses, des Weibes treuester Freund und seine Stütze sein soll. Es freute mich, als ein sehr selbstständiges, junges Mädchen sich einmal in meinem Beisein weigerte, sich von einem seiner Bewerber, der ihm werther war als alle Anderen, den Shawl und den Schirm nachtragen zu lassen. „Ich kann mir's selber tragen, sagte es keck und wohlgemuth, und kann's nicht leiden, wenn die Männer sich einbilden, mir zu gefallen, indem sie die Bedienten machen!" Es war das eine jugendliche Uebertreibung, aber es wahr doch immer ein Symbol. Es wollte lieber dienen und verehren, als herrschen und gebieten! Und das war gut und richtig; denn die Gegenseitigkeit der freien Anerkennung, der freien Leistung, bildet in ihrer wahren Schönheit und Vollendung erst die Zeit im Verlaufe der Ehe ganz heraus.

In dem weiten großen Kreise meiner Bekanntschaft —
und ich kenne mein Vaterland vom Norden bis zum Süden,
und kenne meine Landsleute sehr genau — sind mir sehr
wenig unglückliche Ehen und noch viel seltener Ehescheidungen
selbst in den Fällen vorgekommen, in denen die Ehe meinem
Ideal von einer solchen nicht entsprach. Ja, ich wüßte, nament=
lich in den begüterten Familien, weit häufiger von ver=
wöhnten Frauen, von so anspruchsvollen Frauen zu berichten,
daß sie nach dem Maßstabe der Engländerin für Ladies gelten
können, als von schlecht und hart behandelten. Und wenn
die Lady sich hier und da einmal herbeigelassen hätte, den
öffentlichen Festen beizuwohnen, die unser Volk im Winter
in seinen Vereinen, oder im Sommer im Freien zu begehen
liebt, wenn sie in der Pfingstzeit, wenn sie bei den Singfesten
und Spazierfahrten, wie bei den winterlichen Handwerkerfesten
die arbeitenden Stände hätte betrachten mögen, so hätte ihr
die Genugthuung nicht fehlen können, das schickliche Betragen
der jungen Leute für ihre Liebsten und die zärtliche Sorgsam=
keit der jungen Männer für ihre Frauen und Kinder wahr=
zunehmen. Ein Fest wie Greenwich fair irgendwo in Deutsch=
land angetroffen zu haben, entsinne ich mich nicht; obschon es
sicherlich an Rohheit unter uns so wenig fehlt, als es an
guten, warmherzigen Ehen unter den Arbeitern von England
fehlen wird.

Um es dann aber an großen Beispielen darzuthun, was
man von der Ehe in Deutschland zu halten habe, weist die
Ungenannte mit geflissentlicher Schärfe darauf hin, daß Goethe
eine ihm nicht ebenbürtige Frau geheirathet, nachdem er sich
lange in Herzensverirrungen mancher Art bewegt, daß
romantische, ungesetzliche Verbindungen, daß einzelne Ehe=
scheidungen in dem Leben bedeutender und hochgestellter
deutscher Männer und Frauen vorgekommen sind. Und wieder

vergißt sie es, zurückzublicken in die eigene Heimat, mit deren moralischem und religiösem Standpunkte sie doch so sehr zufrieden ist.

Sie tadelt den sittenlosen Lebenswandel Friedrich Wilhelm's II. von Preußen, den man bei uns nicht milder beurtheilt als sie; aber sie vergißt, in welcher Weise Heinrich VIII. von England sich zu helfen wußte. Sie vergißt auch das Leben des Prinz-Regenten, und sie trägt daneben der Geistesrichtung am Ende des 18. Jahrhunderts keine Rechnung, welches sich durch die Ehe nicht in der Freiheit des persönlichen Beliebens beschränken ließ, sondern gerade wie die ungenannte Lady die Ehe „als den goldenen Schlüssel zum Paradiese der Freiheit" ansah. Und doch erkennt selbst die Bibel den Zusammenhang des Einzelnen mit dem Geiste seiner Zeit feierlich durch die Worte an: Er war ein großer Mann in seiner Zeit! — Jene Männer aber lebten und handelten nach dem Geiste ihrer Zeit.

Sie versteht es auch nicht, daß Ehescheidungen in gewissen Fällen die Folgen eines großen Idealismus, daß sie die fromme Scheu vor einem Ehebruch, daß sie, wie Arnold Ruge es in einer seiner Abhandlungen ausgesprochen hat, unter gewissen Verhältnissen eine That ernstester Sittlichkeit sein können. Sie bedenkt es nicht, daß Menschen von einer großen, oft unerwarteten Entwicklungsfähigkeit, von stärkerer Leidenschaft, von größerer Gefühlstiefe als das Mittelmaß der Menschen sie zu besitzen pflegt, in ungewöhnliche Verwicklungen gebracht, durch diese gezwungen werden können, sich unter den vom Staate anerkannten und sehr schweren Bedingungen aus jenen Verwicklungen zu befreien, um nicht Schaden zu nehmen an ihrer Seele. Indeß ich muß es wiederholen, es ist schwer, dafür ein Verständniß zu finden bei einer Frau, welche „die Ehe für den goldenen Schlüssel zu dem Paradiese der Freiheit" ansieht, während sie daneben gelegentlich die Ehe ganz im katholischen

Sinne als ein Sakrament und die Lösung derselben als eine Sünde zu betrachten scheint.

Sie fragt sich auch nicht: War Shakespeare's Ehe glücklich? War Byron ein Vorbild für die eheliche Treue? Existiren Yorik's Briefe an Eliza nicht? Hat Dickens in seiner Gattin sein Ideal gefunden? Hat Lady Bulwer nicht ihren Cheveley geschrieben? Karoline Norton nicht ihren Schmerzensschrei gegen die Schwierigkeit der Ehescheidung in die Welt hinausgestoßen? Und fehlt es unter den jetzt lebenden bedeutenden Engländern an Beispielen dafür, daß der „treuen Liebe Pfad nicht immer sanft hinfloß?" — Aber welchem verständigen Deutschen ist es eingefallen, gering zu denken von dem moralischen Sinne der Engländer und hart und verwerfend abzuurtheilen über die Ehe und das Familienleben eines ganzen großen Volkes, weil einzelne Menschen, weil verschiedene Eheleute desselben in ihrer Ehe nicht das Glück des Predigers von Wakefield gefunden haben?

Ich bin sehr weit davon entfernt zu glauben, daß in Deutschland die Frauen durchweg dasjenige sind, was die Frau in ihrer höchsten Durchbildung zu sein vermag; aber ich kenne kein Volk, das lauter weibliche Ideale aufzuweisen hätte, und ich darf mit ruhiger Zuversicht behaupten, daß in der großen Masse die deutschen Frauen und die deutschen Ehen es an Redlichkeit, an Tüchtigkeit und an innerer Würdigkeit mit den Frauen und mit den Ehen aller gesitteten Völker unbedenklich aufnehmen dürfen; daß wir uns weder über Mangel an Liebe, noch über Mangel an Achtung von Seiten unserer Männer zu beklagen, daß wir das Mitleid der Lady keineswegs nöthig haben.

Was will's daneben groß besagen, wenn deutsche Männer es gelegentlich versäumten, der fremden Dame ihren Mantel oder ihre Kapuzze aus dem Ankleidezimmer rasch herbeizuholen?

Ueber berlei fehlende Beachtung ist's garnicht klug zu klagen; denn unsere gemeinsamen Nachbarn, die Franzosen, von deren Sarkasmus die Lady eine starke Ader hat, könnten in solchem Falle leichtlich fragen: Wer trägt daran die Schuld, Madame?

Und von dem „Sarkasmus" unserer mitleidsvollen Lady noch ein Wort.

Die Spottlust der Engländerin richtet sich, wo man ihr Buch auch aufschlägt, immer wieder gegen die Aermlichkeit unseres häuslichen Lebens und gegen den Mangel an festen Formen für den geselligen Verkehr.

Daß unsere Mittelstände vielfach ärmer sind als die englischen Mittelstände, hat man ihr, wie gesagt, ohne Weiteres zugegeben. Die Schilderungen jedoch, welche z. B. Miß Bronte von ihrer Jugend macht, und viele andere Schilderungen, denen wir in englischen Romanen begegnen, thun es doch auch sehr unwiderleglich dar, daß neben den engen Wohnzimmern der armen verfallenen Pfarrhäuser, daß unter den Dächern der Provinzialstädte auch nicht überall die Treibhäuser zu finden sind, deren ausländische Pflanzen die Lady in Deutschland in den Wohnungen ihrer unbemittelten kleinstädtischen Bekannten so schmerzlich vermißte, als käme in England jeder Eingeborene in einem Palaste zur Welt. Ich aber habe englische Schriftsteller, deren Name ein Gegenstand der Verehrung für die ganze Welt ist, in den bürgerlich bescheidensten Verhältnissen lebend gefunden; und zu ihrem nicht geringen Ruhme, stolz begnügt in ihrer Einfachheit. Sind doch auch Thomas Moore, Dickens, Robert Chambers, Lewes, George Elliot, und wie viele Andere, nicht aus der Mitte des Luxuslebens hervorgegangen, sondern aus Bereichen, für deren Gehalt, Goethe seinem Faust die Worte auf die Lippen legt: „In dieser Armuth welche Fülle!"

Was wollen die seelenlosen Prachtgemächer, die Teppiche

und Thürvorhänge, die oft nur aus Prunksucht zusammengekauften Gemäldesammlungen mancher Reichen bedeuten, neben den engen Räumen, in welchen der ängstliche und liebevolle Sinn treuer Elternliebe den Kindern frühzeitig die Werthhaltung des bescheidenen Hab und Gutes einprägt, das zu beschaffen so viel Arbeit und Sorge nöthig war, und unter welchem „Urväter Hausrath" hoch gehalten, von der eben so treuen Arbeit vorangegangener Geschlechter spricht! Welch ein Heiligthum die alten Tassen, aus denen die Eltern noch getrunken! die verblichene Tischdecke und der kleine Schemel, welche die Großmutter und der Mutter jung gestorbene Schwester stickten! Welch ein Besitz, der Schrank voll Bücher und das Klavier und jene Noten, die zu kaufen der Vater sich jahrelang in doppelter Arbeit abgemüht. Wie viel freundliche Pflege in dem Epheu, in den Rosen, die in unsern kleinen Städchen das Haus umwuchern, und in der Kresse, der Myrte, dem Goldlack und der Fuchsia, die in den öden grauen Mauern unserer großen Städte an dem Fenster der Dachkammer wie in der Kellerwohnung selten einmal fehlen!

Und auch da wieder wie überall haben die deutschen Frauen ihren vollen Antheil an dem Guten, das sich kund gibt in dem deutschen Volke. Auch nach dieser Seite hin, ist es bei uns so, wie es in England ebenso ist, und nicht anders sein kann. Aus den Häusern dieser in ihrem Besitz oft eng genug beschränkten Familien, ist eine große, ja man dürfte sagen, die größte Anzahl unserer Denker, Helden, Staatsmänner, Dichter, eine Anzahl unserer größten Industriellen hervorgegangen. Aus dieser Sphäre gehen auch die jungen Frauenzimmer meist hervor, denen man in England die Erziehung der Töchter so vielfach und mit glücklichem Erfolge anvertraut. Könnte man das, dürfte man das thun, wenn unsere Frauen, wenn die weibliche deutsche Jugend so verkommen, so untüchtig und so nichtig wäre, als es der Verfasserin von German Home Life beliebt, sie darzustellen?

Ich wiederhole es: vollkommen sind sie nicht, unsere jungen Frauenzimmer; aber sind es die Engländerinnen alle und in Allem? — Die Verfasserin spottet darüber, und hier wieder einmal mit Recht, daß unsere Mädchen sich für den Ausdruck ihres Wohlgefallens und ihrer Bewunderung, halbwegs feststehender und übertriebener Ausdrücke bedienen. Sie findet es abgeschmackt, wenn Alles „reizend", „entzückend", „himmlisch", genannt wird, wenn man sich für Gleichgültiges zu begeistern behauptet; und wir selber finden das auch geschmacklos, wir tadeln es, wo es uns begegnet. Aber Uebertreibung ist das Zeichen der Unreife und der Jugend, und ein Zeichen der reifen großen Bildung ist es auch nicht, wenn Engländerinnen ihr maßvolleres „nice" von einem Manne, von einer Frau, von einem Dichterwerke, von einer schönen Gegend wie von einem Pudding gleichmäßig gebrauchen.

Dem Ausländer fällt überall in dem Wesen und Behaben eines fremden Volkes ihn Befremdendes auf. Mich bünkt jedoch, es ist die Aufgabe des gebildeten Beobachters, daß er zu verstehen trachtet, was ihm fremd erscheint, daß er die Quellen zu erkennen strebt, aus welchen die Gewohnheiten eines ihm fremden Volkes hervorgehen, daß er das Wesen desselben zu ergründen, nicht die von den Gewohnheiten seines eigenen Volkes abweichenden äußeren Gewohnheiten der Fremden zu verspotten, sich angelegen sein läßt.

Es geht übrigens durch die Gesellschaft aller Kulturvölker in unserer Zeit eine Neigung zu ungehörigem Gebrauch der Abjektiva, von welcher England keineswegs frei sein muß. Denn es fiel mir auf, als ich vor ein paar Jahren Bulwer's Kenelm Chillingly einmal in Händen hatte, wie er zum Lobe seiner Heldin es geflissentlich hervorhob, sie habe zwar keine der Modekünste zu üben vermocht, mit welchen die Mädchen sich in der Gesellschaft zu zeigen lieben, aber man sei sicher gewesen, von ihr bei ernster Unterhaltung wohl verstanden zu werden, und nicht von ihr hören zu müssen, daß sie sich awfully (oder frightfully) amused hätte, und daß the bishop a nice swell sei.

Ich bemerke hierbei jedoch ausdrücklich, daß ich das Bulwer'sche Buch nicht bei mir, überhaupt kein Buch hier zur Verfügung habe, und nach allen Seiten hin völlig auf mein Gedächtniß angewiesen bin.

Es ist immer und immer wieder der Rückblick auf ihre heimischen Verhältnisse, welcher der Engländerin fehlt und sie selbst da, wo sie die äußere Thatsache richtig gesehen hat, zu falschen Urtheilen verleitet. Wenn sie bei Erwähnung unserer vermögenslosen Mittelstände die Neigung der Frauen tadelt, sich mit billigem Putze unnöthig zu behängen, so vergißt sie, wie das in England unter gleichen Verhältnissen, und wir sehen davon die Beweise oft auf dem Kontinente, grade so geschieht. Der Ausdruck shabby gentility deutet, wenn ich ihn recht verstehe, auf die gleiche oder doch eine ähnliche Thorheit unter ihren eigenen Landsmänninnen hin.

Wenn sie die deutschen Frauen unselbständig nennt, wenn sie ihnen vorwirft, daß sie ihren Männern als hülflose Geschöpfe auf dem Halse lägen, eben jenen Männern, von denen sie doch als Haussklaven behandelt werden, so bedenkt sie nicht, daß die lächerliche alte Jungfer: the unprotected female des Punch, eine englische Karikatur, und das child-wife eben so eine nach dem Leben gebildete Schöpfung von Dickens ist, wie Lenette eine solche Schöpfung von Jean Paul.

Weit mehr hat man ihr zuzustimmen, wenn sie es tadelt, daß Deutschland keine festen Formen für den Umgang und Verkehr besitzt; denn das natürliche Sichgehenlassen ist nur

da zu loben, wo die Natur so schön und so vollkommen durch=
gebildet ist, daß alle ihre unwillkürlichen Kundgebungen,
wie es bei romanischen Völkern meist der Fall ist: schön sind
und erfreulich wirken. Diese angeborene schöne Form fehlt
im Allgemeinen den germanischen Volksstämmen, bei den Eng=
ländern mehr noch als bei uns. Es ist also lobenswerth, daß
die Engländer sich nicht mit ihrer Naturwüchsigkeit begnügen,
daß sie nicht, wie die Deutschen oftmals, sich mit dem:

>Wir sind bieder und natürlich,
>Und das ist genug gethan!

abzufinden trachten. Feste Regeln für den geselligen Verkehr
erleichtern das Leben nach allen Seiten. Es wäre daher wohl
zu wünschen, daß sich auch unter uns eine Form feststellte,
welcher, von dem Gebildeten bestimmt, der Ungebildete, der
Unerzogene, sich wie einem Gesetze unabweislich zu unterwerfen,
mit der er seine Unkultur in Fesseln zu schlagen hätte, um
nicht Anstoß zu geben und nicht zu verletzen. Daß aber eine
solche Regel neben ihrem Segen auch ihre bedenkliche Seite
hat, daß sie im schlimmen Sinne einförmig macht, wenn sie
nicht durch Geist und Eigenthümlichkeit belebt wird, das ist
nicht fortzuleugnen; und selbst in dem, was die Engländerin
von der Formlosigkeit der Deutschen ihren Landsleuten be=
richtet, ist eine geflissentliche Uebertreibung, welche den Tausen=
den von Engländern, denen es in Deutschland und mit uns
wohl geworden ist, kaum entgehen dürfte.

Ebenso verhält es sich mit den satirischen Bemerkungen
über die Titelsucht der Deutschen. Auch darin, wie in dem
ganzen Zuschnitt unseres Lebens, ist sehr Vieles anders ge=
worden, als die Verfasserin es gekannt zu haben behauptet.
Unser Leben ist reichlicher, ist breiter, ist viel bewegter gewor=
den; und jene Titulaturen, die ihr so lächerlich erschienen,

sind in der That seit einem Menschenalter unter Gebildeten nicht üblich. Wir schreiben nicht mehr: Wohlgeboren, Hochwohlgeboren, Hochgeboren u. s. w. Indeß ich möchte dennoch fragen, ob man in Italien nicht heute noch das Illustrissimo und ähnliche Prädikate braucht? und ob auf keinem englischen Briefe ein Esq. geschrieben wird? ob kein Honourable, Right Honourable, kein Reverend auf englischen Briefen zu lesen sind? ja, ob diese Zusätze nicht ein Gefordertes in England wären? — In Lessing's Nathan heißt es: „Drum muß der Knorr den Knubben hübsch vertragen."

Nirgend aber erscheint die Spottlust, und diese ist die hervorragendste schlimme Eigenschaft des Buches, in häßlicherem Lichte, als wenn die Verfasserin desselben, Deutschland mit unverkennbarem Spotte immer als „the fatherland" bezeichnet.

Das Deutsche Reich, wie es sich zu unserem Heile endlich als Einheit herausgebildet hat, das Vaterland, wie wir es lieben und im Herzen tragen, hat nicht das Glück, sich ihrer Anerkennung zu erfreuen, denn sie hat sich ihre Meinung über unsere politischen Verhältnisse offenbar in partikularistischen, dem Deutschen Reiche abholden Kreisen zusammengeholt. Sie will es eben deshalb auch nicht verstehen, weßhalb der Deutsche keine höhere Bezeichnung für sein Land kennt, keine, die ihm das Herz höher schlagen macht, und keine, in welcher sich seine Liebe für die Heimat, für die Familie, voller und einheitlicher ausspricht, als indem er das Land, in welchem er geboren, nicht wie der Engländer „sein Land", sondern das Land seiner Väter „sein Vaterland", und die Sprache, welche er redet, nicht die Nationalsprache, sondern die Sprache der Mutter nennt, von der er sie erlernte, „seine Muttersprache!"

Einer Frau aber, die dieses nicht als etwas Schönes und Erhabenes empfindet, der muß es freilich schwer fallen, deutsches

Wesen und deutsches Familienleben zu verstehen; der muß es
schwer sein, die in sich beschlossenen deutschen Frauen nach
Gebühr zu würdigen, die trotz ihrer Mängel, trotz ihrer
Schwächen und Unvollkommenheiten, die in aller Beschränktheit
ihres „verwaschenen, verkochten und vernähten Lebens" es oft
sehr wohl verstehen, die Gedanken ihrer Männer nachzudenken,
und ihre Kinder in dem Sinne zu erziehen, der in den Worten
des ihnen allen in das Herz gewachsenen Dichters gipfelt:

> An's Vaterland, an's theure schließ dich an!
> Das halte fest mit deinem ganzen Herzen,
> Dort sind die starken Wurzeln deiner Kraft.

Es leben aber glücklicher Weise auch jenseit des Kanales
Männer und Frauen, die Deutschland und die deutschen
Frauen anders kennen, besser würdigen, als die Ungenannte
es für gut befindet und vermag. Es leben Engländer und
Engländerinnen, die Zeugen davon waren, wie diese schlichten
deutschen Hausfrauen, diese für sich ganz anspruchslosen
Mütter, in den Tagen des letzten über uns frevelhaft herauf=
beschworenen Krieges mit heldenhafter Selbstverleugnung ihre
Gatten, Söhne, Brüder in das Feld ziehen sahen.

Es ist hart, sagte mir, die Thränen zurückdrängend,
eine noch schöne, noch junge Frau, als ihr einziger Sohn sich
vor ihrer Thüre auf das Pferd schwang, es ist hart, daß ich
ihn scheiden sehe, aber ich muß ja Gott danken, daß er
gesund ist und gehen kann, seine Schuldigkeit zu thun! —
Und wie die Eine, sagten es die Hunderte, sagten es Alle.

Wahre Wunder aufopfernder Treue und Hingebung sind
in der Pflege der Kranken und Verwundeten, sind von den
Frauen in der Ergebung geleistet worden, mit welcher sie die
Verluste ertrugen, die so Unzählige zu beklagen hatten! In
der That, es bedurfte nicht des pomphaften Zurufes auf dem

Titelblatt von Seiten der Ungenannten, die deutschen Frauen zu ihrer Erhebung ermahnend zu erwecken; sie waren erhaben genug in schwerer Zeit.

Wir leben, arbeiten, entwickeln uns eben aus unserer Natur heraus, nach unserer Weise, und wir ehren das Gleiche in jeder anderen Nation. Wir fügen dazu den allerdings sehr weiblichen Wunsch, daß allen Frauen von ihren Männern Liebe zu Theil werden möge, je nachdem sie es verdienen, Liebe wie sie so Vielen von uns zu Theil wird; denn ich weiß nichts Besseres.

Daß daneben Denen, welchen das Glück der Liebe und der Ehe nicht zu Theil wird, oder jenen Andern, die es nöthig haben, für den eigenen Unterhalt oder gemeinsam mit dem Manne für den Unterhalt ihrer Familie zu arbeiten, eine freie Bethätigung ihrer Kräfte ermöglicht werde, dies zu erreichen sind wir in Deutschland überall bemüht, von wackern Männern in unserm Bestreben vielseitig gefördert. Wir bedürfen also durchaus nicht der Ermahnung einer fremden Frau, und ihres Mitleids noch weit weniger. Sie mag uns ruhig und unbekümmert unserem Schicksal und uns selber überlassen. Wir wissen, was uns obliegt, was wir wollen und müssen.

Eine Lehre aber könnten und sollten die deutschen Frauen vor allen andern aus dem Leben der Engländer sich anzueignen trachten: eine verständige Vorsicht in der Auswahl der Fremden, denen sie in ihren Häusern Gastlichkeit gewähren und ihr Zutrauen arglos schenken.

Fünfter Brief.

In der Schweiz.

Vernex près Montreux,
im September 1877.

Wundert Euch nicht, einen Brief von den Ufern des Genfersee's zu erhalten, und wundert Euch auch nicht, daß ich in diesem Jahre nicht mehr nach Hause komme, daß ich mich weiter von der Heimat entferne, als es in den letzten zehn Jahren geschehen ist. Und nun ich den Entschluß gefaßt habe, ist es mir noch lieber, daß mir durch meine alte Freundin, die „Kölnische Zeitung", die Möglichkeit geboten ist, während dieser längeren Abwesenheit mit Euch und den andern Freunden und Theilnehmenden mehr im Verkehr bleiben zu können, als es ohne sie thunlich werden würde.

Allerdings hat es jetzt der briefschreibende Reisende nicht leicht, wenn sich die Aufgabe stellt, Neues, Ungekanntes zu berichten. Die Erde ist klein geworden seit die Eisenbahnschienen und Telegraphendrähte sie umspannen. Alle Welt hat die Welt gesehen. Das Reisen ist ein Geschäft geworden wie ein anderes, das Reisebeschreiben eben so; und es wird von so Vielen so gut gemacht, daß man viel guten Glauben und viel Zutrauen zu sich selber haben muß, wenn man sich der Einbildung hingeben will, etwas Ueberraschendes zu vermelden, etwas Unbekanntes mitzutheilen: es sei denn, daß man eine Wanderung quer durch Afrika macht, oder durch das ewige Eis nach dem Nordpol vordringt. Daß ich weder das Eine noch das Andere vorhabe, brauche ich nicht zu versichern. Ich gehe einfach nach Rom, um wieder einmal einem nordischen Winter auszuweichen, um unter grünen Sträuchern und blühenden Bäumen auf dem Monte Pincio, statt auf der schnee- und regennassen Straße vom Brandenburger Thor nach der Hofjäger-Allee zu gehen, um noch einmal die Stätten wiederzusehen, mit denen meine Erinnerungen so tausendfach verknüpft sind; und wie ich vor zehn Jahren von Rom aus ein paar Mal in jedem Monat einige Blätter nach Hause gesandt habe, so denke ich es auch jetzt wieder zu thun.

Freilich sollte man meinen, in einer Zeit, deren charakteristische Eigenschaft das Massenhafte ist, müßte das Persönliche am Ende ganz und gar verschwinden. Indeß das Einzelwesen behauptet mit dem Trieb der Selbsterhaltung doch sein Recht des gesonderten Bestehens und Erlebens, und darauf beruht, wie ich glaube, die Hoffnung, daß wir unter der Herrschaft des Massenhaften nicht in Barbarei versinken. Wir müssen hoffen, daß die großen Welt-Ausstellungn, die Monstre-Konzerte — wie bezeichnend ist der bloße Name! daß die Gesammtreisen, bei denen man sich in Massen von einem Unternehmer durch und um die ganze Welt herumführen läßt, bei denen Scharen zum Vergnügen scharenweise ganz dasselbe sehen, nicht noch schlimmer wirken, nicht noch mehr verflachen, als sie es wirklich thun. Denn es muß dem eigenartigst ausgeprägten Menschen, dünkt mich, schwer werden, in solcher unzusammenhängenden und doch zusammen gehörigen Gemeinschaft, sich in sich selbst zurückzuziehen. Wer aber vollends noch wie ich z. B. die schöne Selbstherrlichkeit gekannt hat, mit welcher man vor 40, 45 Jahren, zur Zeit der damals fertig gewordenen Chausseen, im eigenen Wagen nach eigenem Belieben in voller Sicherheit durch die Länder fuhr, der kann sich nicht recht darein finden, wie die Menschen sich jetzt zum Vergnügen freiwillig dessen berauben mögen, was man sonst als den größten Reiz des Reiselebens ansah, des Glücks, an jedem Tage in gänzlicher Freiheit Dasjenige zu thun und zu unterlassen, was in dem gegebenen Augenblicke zu thun oder zu lassen Einem eben das Erwünschte schien.

Schon in den großen, prächtigen Gasthäusern betreffe ich mich in der allgemeinen Hast und unruhigen Gleichgültigkeit oft auf dem Gedanken, daß es nachgerade dankenswerth sein möchte, statt der immer wachsenden Zahl der kasernenhaften Hotels, hier und da kleine Einsiedeleien für den Sommer einzurichten, in denen ein paar gebildete und befreundete Menschen in stillem, ruhigem Genusse der schönen Natur und ihrer selber froh werden könnten.

Nie mehr als eben in diesen rastlos gewordenen Zeiten habe ich es begreifen können, wie man eine „voyage autour de ma chambre" oder etwa „Reisebriefe eines stillsitzenden Reisenden" schreiben könne; und auf etwas der Art wird es mit den Briefen wohl hinauslaufen, die Ihr von mir empfangen werdet. Das Reisen wird ganz etwas Anderes, wenn man die Gegenden, die Orte, die man berührt, nicht mit dem Auge der Neugier, der Ueberraschung betrachtet, wenn man aus einem Touristen, so zu sagen, ein vergleichender Reisender geworden ist, wenn man neben der Gegenwart die von ihr so weit verschiedene Vergangenheit unwillkürlich im Sinne hat, wie man sie zuerst kennen lernte.

Ich weiß nicht, ob Ihr Euch aus dem Skizzenbuche von Washington Irving der Geschichte von Rip van Winkle erinnert? Mich hat sie in meiner Jugend sehr gerührt. Sie erzählte von einem Manne, der durch Berggeister von der Welt abgetrennt worden war, in welcher er gelebt und gewirkt hatte. Als er dann nach langen, langen Jahren in dieselbe zurückversetzt wird, kann er sich nicht mehr in ihr zurechtfinden. Er kennt Niemanden, ihn kennt Niemand. Und es läuft dann damit auf die uralte Klage über die Vergänglichkeit des Menschen und alles Irdischen hinaus, auf die Klage, der Walther von der Vogelweide den rührenden Ausdruck gegeben hat:

> Oh weh! wo sind geblieben meine Jahre?
> Sind sie mir geträumet oder sind sie wahr?
>
> Die mit mir waren jung, sind worden grau und kalt,
> Vertreten ist das Feld, verhauen ist der Wald —
> Nur daß das Wasser fließet, wie es weiland floß!

und selbst das ist jetzt oftmals nicht mehr der Fall, und man braucht nicht nach Menschenaltern, sondern häufig nur nach Jahrzehnten an die Orte wiederzukehren, die man früher gekannt hat, um Straßen und Quais und Wege und Bauten zu finden, wo man einst vor Wiese und Wald, vor Moor und Teichen, vor Flußausläufen und an Seen gestanden hat. Aber, und dies hat man mit Genugthuung festzustellen, in der Schweiz, in welcher ich diesen Sommer über verweilt habe, ist es durchweg eine Wandlung zum Besseren, die ich zu beobachten gehabt habe.

Wenn ich mich z. B. an das Ragaz erinnere, das ich vor zwanzig Jahren zuerst gesehen, so ist der Abstand zu dem jetzigen sehr belebten Badeorte ungemein groß. Damals war der ehemalige alte Bischofssitz das eigentliche Kurhaus. Es lag ganz allein auf dem weiten Platze und sah mit seinen grauen Mauern, mit seinem schweren Dache, mit seinen in Stein gefaßten breiten niedern Fenstern eben so würdig und wohnlich, als ernsthaft unter seiner Reihe von großen Pappeln hervor. Eine Anzahl von Orangenbäumen in Kübeln waren die ganze Zierde des Platzes. Eine durch die Möglichkeit des Untergebrachtwerdens sehr beschränkte Zahl von Kurgästen saß auf

einzelnen Bänken vor der Thüre. Das Ganze hatte etwas
feierlich Langweiliges und Melancholisches. Der Anbau wollte
nicht viel bedeuten, und der einzige andere Gasthof, das
Taminahotel, in dem wir Quartier nehmen mußten, war so
schmutzig und widerwärtig, daß wir froh waren, als wir am
andern Tage, nach pflichtmäßiger Besichtigung der Schlucht
und der Quellen, den unwirthlichen Aufenthalt wieder ver=
lassen konnten.

Und jetzt? — Jetzt ist Ragaz zwar kein Badeort mit
rauschenden Vergnügungen, wie die Spielbäder sie ihren Be=
suchern einst zu bieten hatten, aber es ist, abgesehen davon,
daß es wirklich eine Art von Jugendbrunnen ist, ein äußerst
angenehmer, friedlicher, jedem Bedürfniß begegnender Aufent=
halt; und es ist das Alles durch die außerordentliche Thatkraft
und den unternehmenden Sinn eines schweizer Bürgers ge=
worden, den, wenn Herr Simon ein Engländer wäre, Smiles
sicherlich in die Reihe der „selbstgemachten Männer" aufge=
nommen haben würde, welche er in dem „Help yourself" (Hilf
dir selber) seiner Nation zum ermuthigenden Beispiel aufge=
stellt hat. Was ich von ihm und seinem Lebenswege weiß,
ist nicht eben viel, denn er spricht nicht viel von sich selber,
auch wenn man ihn dazu veranlaßt; aber es ist doch interessant
und der Erwähnung einmal durchaus würdig.

Herr Simon ist der Sohn ganz unbemittelter Leute aus
dem Kanton St. Gallen, wenn ich mich nicht irre. Sein
neunzigjähriger Vater, seine greise Mutter leben noch. Früh
als einfacher Maurer in die Welt und nach Rußland gegangen,
mußte er sich selber an Wissen und Kenntnissen aneignen, was
er bedurfte, um aus einem Maurer ein Baumeister zu werden,
der mehr und mehr Kundschaft und Vertrauen erwarb, so daß
endlich einer der reichen russischen Großen ihm den Bau eines
Palastes übertrug. Das war der Anfang, der Herrn Simon

weiter führte, bis er bauend und schaffend sich selber ein Vermögen erschaffen hatte, mit welchem er, verheirathet mit einer Russin aus guter Familie und Vater mehrerer Kinder, in die Schweiz und in seine Heimat zurückkehren konnte, um seine Kräfte und sein Kapital in derselben weiter zu verwerthen. Er hat das gethan in einer wahrhaft großartigen Weise. Denn das jetzige Ragaz ist thatsächlich von ihm geschaffen, seitdem die Regierung ihm den Distrikt und mit ihm die Quellen und ihre Verwerthung auf, wie ich meine neunzig Jahre, gegen einen entsprechenden Entgelt überantwortet hat.

Er hat den prächtigen Quellenhof aufgeführt, den Hof Ragaz mit dem inzwischen entstandenen Helenenbade verbunden, das Konversationshaus, die neuen Bäder, die Kolonnaden errichtet, die Quellenleitungen verbessert, Gärten angelegt, Springbrunnen geschaffen, Villen gebaut und ein ödes Thal in eine lachende Gegend verwandelt. Seine Neubauten nöthigten danach die anderen Gasthofbesitzer zu gleichem Vorgehen. Privathäuser für Badegäste wurden zum Bedürfniß, weil der Besuch des Bades, seit es angenehm geworden, in beständigem Wachsen war; und so ist allmählich ein sehr ansehnlicher und freundlicher moderner Badeort entstanden, wo vor zwanzig Jahren eben nur der Anfang eines solchen vorhanden war.

Aber das Alles ist nicht leicht zu erreichen gewesen, denn nicht nur mit den Menschen und den Verhältnissen, mit den großen Naturgewalten gab es hier zum Oefteren den furchtbaren Kampf zu bestehen. Wenn die Rheinüberschwemmungen das Thal durchströmten, wenn die Wasserfluthen aus den Bergen die schäumende und tobende Tamina schwellten, daß die Röhrenleitungen und die Quellen selber in Gefahr der Zerstörung standen, galt es sich zu bewähren. Und Freunde von mir, die in solchen Zeiten den kleinen Mann, Tag und Nacht im Wasser stehend, gebietend, ordnend, für jeden neuen

Zwischenfall und Unfall eine neue Hülfe findend, unter seinen Arbeitern gesehen haben, sprechen noch heute mit Bewunderung davon.

Aber auch jetzt noch rastet er nicht, wo er in der Mitte seiner liebenswürdigen Familie sich der Ruhe wohl erfreuen könnte. Die ganzen sechs Wochen hindurch, die ich dort verweilte, bin ich es nicht müde geworden, mich an dem Orte und an seinem Emporkommen zu erfreuen; es nicht müde geworden, dem kleinen, rührigen Manne mit dem schwarzen Krauskopf nachzusehen, dem man seine 60 Jahre gar nicht anmerkt; der vom frühen Morgen bis zum späten Abende als der wahre „Genius des Ortes" überall zu finden ist: in den unvergleichlich gehaltenen Gemüse- und Obstgärten, in den Steinbrüchen, die ihm auch gehören wie das ganze Gebiet, und die ihm das Material zu seinem noch fortbauernden Bauen liefern. Er ist überall: in den Bureaux, in den Hotels, die von seinen Geranten musterhaft verwaltet werden; in den Weinbergen, in Wald und Feld, denn der Ort versieht sich so weit als möglich aus sich selbst, mit dem, was er sich eben schaffen kann; und wohin sich das Auge des Herrn in raschem Vorüberstreifen wendet, sieht er das Fehlende, weiß er es herzustellen und hervorzubringen.

Solche Männer, die ihren Weg gemacht haben, während sie dem Allgemeinen nützen, haben mich immer ungemein angezogen, und ich glaube, neben den „Heldenbüchern", deren wir ein ganzes Theil besitzen, wäre es wol an der Zeit, zur Ermuthigung für die aus Dürftigkeit emporstrebende Jugend ein andres „Hilf dir selbst" für Deutschland zu schreiben, wie Smiles es für die Engländer geliefert hat. An Stoff dafür ist auch unter uns kein Mangel. Ich aber würde glauben, recht etwas Gutes gethan zu haben, wenn ich mit diesem ersten Vorschlag einem Befähigten die Anregung dazu gegeben hätte.

Was ich weiter von erfreulichem Fortschritt in Zürich, Bern und hier in Montreux wahrgenommen habe, davon berichte ich, ehe ich noch meinen Weg südwärts über die Alpen weiter gehe.

Sechster Brief.
Vom Genfersee.

Vernex, 9. October 1877.

Es ist nicht nur die schöne Gegend, die das Reisen in der Schweiz so anmuthig macht, sondern es sind eben so die vielen hübschen, emporkommenden, zum Theil geradezu prächtig gewordenen Städte, deren Wasserreichthum ihnen einen ganz besonderen Reiz verleiht, namentlich für denjenigen, der in Berlin diesen Segen der Natur zu entbehren hat. So oft ich die Klageworte der Bibel gehört habe: „An den Wassern von Babylon saßen sie und weineten" habe ich gedacht: „Die hatten doch wenigstens Wasser und wir haben keines!" Und ich habe mich nie der Vorstellung entschlagen können, daß Berlin, ganz abgesehen von seiner ungünstigen Anlage, schon um seiner Wasserarmuth willen niemals zu einer wirklich schönen Stadt werden könne, wie Paris und London, wie Wien und Frankfurt, wie Hamburg, oder gar wie das von Fontänen durchrauschte ewige Rom. Dazu will mich's bedünken, als ob bei uns die Wandlungen zum Neuen und zum Schönen sich viel langsamer vollzögen als an anderen Orten.

Ich habe z. B. das alte Lille im Laufe weniger Jahre zu einer völlig anderen und viel schöneren Stadt sich entfalten gesehen; und wenn ich betrachte, wie das enge, früher so ganz in sich zusammengekauerte Zürich, wie Bern, wie Luzern und

wie selbst hier Vernex, Clarens und Montreux in den letzten
zehn Jahren großartig und schön geworden sind, so macht mich
das betroffen im Hinblick auf die Heimat. Es ist erstaunlich
und sehr lehrreich, was diese kleinen, selbstherrlichen Städte
in sicherem Vorwärtskommen leisten. Und wie wird Zürich erst
stattlich werden, wenn es den Quai am See besitzen wird, den
man früher oder später zu bauen beabsichtigt.

Dafür hat man es denn an solchen sich fortentwickelnden
Ortschaften natürlich auch vielfach zu bemerken, daß selbst das
Wasser „nicht mehr fließet, wie es einstmals floß." Doch was
will das bedeuten! Der See blaut noch in aller seiner
Lieblichkeit zwischen den Reihen von Hügeln, die ihn um=
spannen. Die grüne funkelnde Limat und die Sihl stürzen
noch so rasch und brausend zu Thale, als könnten sie es gar
nicht erwarten zueinander zu kommen; aber von dem Gasthof
zum Schwan in Neu=Münster, in dem ich auch diesmal wieder
wohnte und aus dessen Fenstern man früher über den hübschen
Garten und über die Wiesen des Seefeldes hinweg, hinab=
schaute bis zum See, breitet sich jetzt ein ganzes belebtes
Stadtviertel aus. Da, wo wir einst, Johann Jacoby und ich,
durch stille Wiesenpfade schlendernd, meinen Mann und meinen
im Exil lebenden Vetter, Heinrich Simon von Breslau, den
wir Drei aus Deutschland zu besuchen gekommen waren, zum
Bade hinabbegleiteten, kreuzen sich jetzt ansehnliche Straßen,
liegen Villen an Villen inmitten schöner Gärten; und als
sollte ich recht an den Wechsel der Zeiten und an das Hin=
scheiden der drei theuren Menschen erinnert werden, sangen
ein paar Knaben, die des Weges gingen, ein mir ganz fremdes
Lied nach der Melodie von: „Was ist des Deutschen Vater=
land?"

Nun, unser Vaterland brauchen wir jetzt glücklicher Weise
nicht mehr fragend zu suchen; aber wie wir es in der Heimat

oft mit Schmerz beklagt, daß Heinrich Simon den Tag des neuen Deutschen Reichs nicht mehr erlebt hat, so that ich es bei dem Gange, und in jener andern Stunde lebhafter als je, da ich vom Wallensee hinaufsah zu dem schönen Denkmal, das Freundestreue und Verehrung ihm oberhalb Murg in der Fremde aufgerichtet. Denn Niemand hätte fester zu dem geeinigten Deutschland gestanden, darüber sind alle seine ihn überlebenden Freunde einig, als dieses durchaus deutschen Mannes starkes Herz. Wir haben allen Grund, uns recht häufig die bittenden Worte in das Gedächtniß zu rufen, die einst Theodor Körner, wie im Vorgefühl des eigenen Schicksals, für diejenigen ausgesprochen hat, die redliche Kämpfer gewesen sind in ihrer Zeit, und denen es nicht beschieden ist, den Tag des Sieges zu erleben: „Vergeßt die treuen Todten nicht!"

Ich ging bewegten Sinnes einsam den einsamen Pfad. Sie waren Alle hin, mit denen ich ihn sonst gewandelt! Aber der steinerne Kaiser Karl der Große saß noch so wie sonst auf seinem erhabenen Throne an der Wand des Münsterthurmes, und sah hernieder wie er es gethan durch alle die Jahrhunderte.

Wie er sich wundern muß, daß dicht vor den engen Straßen, die den Thurm umgeben und in die nie ein Sonnenstrahl hineindrang, sich jetzt die majestätische sonnenbeschienene Brücke in Straßenbreite über die Wasser der Limat spannt? Wie erstaunt er sein muß, über die prachtvolle Bahnhofsstraße, über den mächtigen Bahnhof und über all den Dampf, der nicht wie zu seinen Zeiten in seinen duftigen Wölkchen den Weihrauchbecken der Chorknaben entsteigt, sondern riesigen Maschinen, welche die lebenslustigen Reisenden aus allen Welttheilen hinüberführen zu seinem alten Zürich, zu den reizenden fluthumspülten schattigen Gärten des Hauses Bauer am See, einem der anmuthigsten

5*

Punkte diesseits der Alpen, an welchem die reiche Reisegesellschaft, aber eben auch nur diese, zu rasten gewohnt und im Stande ist.

Von Zürich in bequemer halbstündiger Eisenbahnfahrt hinauf nach dem Uetliberg, den Blick auf den See und die Alpen zu genießen. — Ein kurzes, eintägiges Verweilen an dem Prachtquai des gastfreundlichen Luzern; ein paar Tage in dem ernsthaften, in dem gebieterisch aussehenden, trotzigen Bern, dessen Münster mit seinem gewaltigen Unterbau sich mit Ehren sehen lassen kann neben allen großartigsten Bauwerken der neuen Zeit. Man sollte meinen, Cyklopen hätten diese Steinmassen aufeinandergefügt, hätten sich die Riesenmassen des Gebirges drüben zum Vorbilde genommen. Ein mächtiges Denkmal des Mittelalters und der Kirche, in ihrer ganzen Kraft und Großheit!

Und kraftvoll und ausdauernd sind sie auch die Strebepfeiler, welche durch die Hauptstraßen der Stadt die Lauben vor den Häusern stützen. Nur zu wandeln unter diesen Lauben, oder gar zu wohnen in den düstern Räumen, die sie überschatten, muß man nicht verpflichtet sein! Oberhalb der Lauben, wo die Fenstersitze sich gegen die Straße öffnen, wo auf rothen Polsterkissen hübsche Mädchen in den Nischen bei der Arbeit weilen, sieht es freilich hübsch und südlich und sogar ein wenig nach dem römischen Corso aus; aber es ist mit den sehr alten Häusern doch ein mißlich Ding. Denn wie sehr unser auf das Erhalten des Bestehenden, des uns Werthgewordenen gerichteter Sinn sich auch dagegen sträubt, es ist etwas Wahres in der Behauptung des nun auch gestorbenen Amerikaners Hawthorne, daß ein Wohnhaus, um gesund zu sein, nicht länger als hundert Jahre stehen und erhalten bleiben dürfe.

So lachend Zürich, so tüchtig Bern sich darstellt, haben

doch beide Städte neben der Schönheit ihrer neuen Stadttheile noch ein gut Theil Straßen, Gäßchen, Winkel und Baulichkeiten, in denen eine gesunde menschliche Existenz durchaus nicht möglich ist; und solche bedenkliche Reste aus alten Zeiten fehlen in keiner unserer Städte. Nicht bei uns in der noch gar nicht alten Reichshauptstadt, nicht in Jena, nicht in Weimar, in denen ich Häuser, Flure, Treppen gesehen zu haben mich erinnere, in die nie ein Sonnenstrahl hineingedrungen sein kann, und die gar kein Recht des Bestehens mehr haben in einem Jahrhundert, das es erkennen gelernt hat wie sehr wir Menschen Kinder des Lichts sind, wie wir nicht gedeihen können ohne Licht und Luft.

Licht und Luft haben wir nun hier in Montreux, Vernex und Clarens die Hülle und die Fülle, in diesem Jahre für die Kranken sogar weit mehr frische und bewegte Luft als sie begehren und gebrauchen können. Aber wie sind die drei Ortschaften, die man unter dem Gesammtbegriff Montreux zusammenfaßt, emporgekommen, seit ich sie vor zehn Jahren verlassen habe!

Von Clarens bis hinter Veytaux zieht sich die Reihe der Häuser fast ununterbrochen am See entlang. Wo wir im Herbst und Winter früher unterhalb Montreux bei unseren Spaziergängen sorgfältig zu probiren pflegten, wo man gehen und mit Sicherheit hintreten könne, folgt die feste, mit erhöhtem gepflastertem und breitem Trottoir versehene Fahrstraße, schön gehalten, dem Ufer ununterbrochen durch alle Ortschaften am See; eine der schönsten Promenaden, die ich kenne. Von den Höhen der Berge hat ein Verein von Aktionären vor etwa sieben Jahren die reichen Wasserquellen der Avants in's Thal hinabgeleitet, daß man an allen Ecken und Enden die Schläuche einlegen und das Wasser in reicher Fülle zu Tage kommen sieht. Die Wege, deren Staub in trocknen Zeiten früher eben so lästig war, als ihre Zerfahrenheit in schlechter Jahreszeit, werden reichlich gesprengt; in allen Häusern hat man des Wassers im Ueberfluß. Nach Charney hinauf, das sonst zu Wagen kaum zu erreichen war, ist eine neue breite Fahrstraße angelegt, die durch die ganzen Bergzüge fortgesetzt werden und eine bequeme Verbindung zwischen den sämmtlichen Ortschaften, bis hinauf zu den Avants herstellen sollen. Von Montreux ist ein sehr pittoresker Spaziergang durch den Chaudron nach Glion hinauf gebahnt worden; nur die Fahrstraße nach Glion selbst, dem besuchtesten Orte auf der Höhe, ist in ihrem oberen Theile noch eben so schlecht, noch eben so steinig und so bedenklich schmal als vor zehn Jahren, so daß es zu verwundern ist, wie keine Unglücksfälle auf derselben vorgekommen sind.

Oben in Glion, in Charney, auf den Avants sind neue und sehr gute Gasthöfe entstanden, und unten in Clarens und Vernex ist so viel gebaut worden, daß mich bedünken will, es müsse jetzt weit mehr Unterkommen für Fremde vorhanden sein, als Fremde es zu benutzen. Namentlich unterhalb Clarens hat ein Herr Vincent Dubochet, der Besitzer der Schlösser Chatelard und des alten Chateau des Crêtes, eine Colonie — um nicht richtiger zu sagen einen Klumpen — von etwa zwanzig Villen in den wunderlichsten, buntesten Stilarten erbaut, die auf das Eleganteste in französischem Geschmack mit vollkommenem Hausrath ausgestattet, je nach ihrer Größe zu verhältnißmäßig nicht zu hohen Preisen für den Winter oder für das ganze Jahr zu vermiethen sind. Ein Haus mit Salon und Speisesaal, mit vier herrschaftlichen und so und so viel Schlafzimmern für die Dienerschaft, mit acht Tischgedecken, sechs Dutzenden Servietten, mit Silber, pariser Lampen 2c. 2c., war z. B. nach Aussage des Castellans für das halbe Jahr für 3500 Frcs. zu haben. Aber einen drolligeren Anblick als diese durch kleine Gärten unter-

brochene Häusermasse, zwischen dem See und dem augenblicklich
noch trocknen steinigen Flußbett, kann man sich kaum denken. Es
sieht aus, als hätte ein Gigantenkind eine Häuserschachtel ausge=
schüttet. Doch mag es sich in den einzelnen Villen recht behaglich
wohnen lassen, wie geschmacklos ihr Gesammtaussehen auch ist.

An Luxusmagazinen, an Remisen mit den elegantesten Wagen,
die jedoch recht theuer sind, ist jetzt hier Ueberfluß vorhanden;
und wie ich vor zehn Jahren oft mit stillem Vergnügen beob=
achtet habe, was alles in dem einen kleinen Laden von Madame
Fabre zu haben war, die jetzt auch ein Hotel auf dem Höhen=
wege gebaut hat, in dem sie Pensionäre hält, so bin ich jetzt
gar häufig mit Erstaunen vor den zahlreichen Magazinen stehen
geblieben, in benen für Kleidung, für vollständige Wohnungs=
einrichtungen, wie für jede Art von Ansprüchen an Kost= und
Tafelfreuden, vorgesorgt ist wie in den größten Städten. Es
fehlt Nichts: nicht Kunsthandlung, nicht Buch= und Musikalien=
handlung; und wenn Vernex und Montreux mit allen diesen
Dingen auch am reichlichsten versorgt sind, so ist auch der
untere und landeinwärts gelegene Theil von Clarens nicht
zurückgeblieben, und man findet auch dorten Alles, was der
Fremde nöthig hat.

Ein stattliches Schulhaus, ein Krankenhaus sind neu er=
baut. Selbst in dem lieben, alten, winkligen Montreux, das
für Veränderungen in seinem Winkel unter dem Rigi Vaudois
am wenigsten geeignet ist, hat man die Straße stellenweise
verbreitert, hat man — und schwer genug — Raum gefunden
für ein neues, ganz respektables Stadthaus. Und das Alles
haben diese kleinen Gemeinden aus sich selbst erzeugt. Allein
für das auf dem oberen Wege nach Clarens sehr frei und
gesund gelegene Krankenhaus haben sie 90 000 Frcs. zusammen=
gebracht; und was ein gutes Zeugniß für die Eingeborenen
gibt, man hört auch jetzt wieder keine Klagen von den Fremden.

Jeder ist in seinem Pensionshause, in seinem Gasthofe mehr oder weniger zufrieden, Jeder kehrt in der Regel gern in dasselbe Haus zurück. Felix Mendelssohn hatte wohl Recht zu sagen, dieser Theil des Waadtlandes ist eines der anmuthvollsten Fleckchen Erde auf der Welt.

Am wenigsten verändert hat sich, wie gesagt, das alte Montreux, das mir am meisten in das Herz gewachsen, und im Winter weitaus für Kranke der wärmste und gesundeste von all den Orten ist. Da kauern die Häuser sich noch wie sonst unter dem Bergwinkel zusammen; da decken die altdeutschen berner Dächer noch die alten Häuser; da blitzen noch die alten, blanken Kugeln auf den das Dach überragenden Zinken; und unter dem Bogen der hochgelegenen Brücke strömt zwischen den üppig bewachsenen Felsenmassen noch wie sonst die Baye von Montreux in den See hinunter. Alles ist dort so wie sonst, und das ist so schön, das thut so wohl in all dem Wechsel um uns her, wenn wir ihn auch zu loben haben.

Heute wie vor zehn Jahren um diese Zeit sammeln sich die letzten Züge der von Norden kommenden Schwalben zu ihrem Zug gen Süden. Die Bergamasken steigen wieder mit den Scharen ihrer großköpfigen Schafe von den Bergen herab, und seit der Schnee die Gipfel des Dent de Jamand, der Rochers de Naye und des Kübli wieder bedeckt, hören wir auch wieder das Läuten der Herden, die, von den Matten in ihre Stallungen zurückgekommen, oben vor dem alten Hause Visinand an dem großen zweiröhrigen Brunnen Abends zur Tränke gehen. Dazu steht die bleiche Sichel des Neumonds über dem Grammont; die in purpurner Flammenglut hinter dem Jura versinkende Sonne spiegelt sich in dem tiefblauen Wasser wie eine Feuersäule und macht die schneeigen Gipfel des Dent du Midi mit hellrothem Scheine in prachtvollen Wiederschein erglühen. Ganze

Schwärme von schimmernden Silbertauchern fliegen hin und wieder, bis hinein in die Gärten, in denen, trotz des Wetters verhältnißmäßiger Rauhheit, noch die Rosen und die Daturen, der Laurus und die feuerrothe Silvia splendente blühen. Die auf dem See in Naturfreiheit heimischen Schwäne klatschen in einer Reihe hintereinander in niedrigem Fluge dicht über dem Wasser hinstreichend, mit ihren mächtigen Flügeln das Wasser, daß man ein Dampfschiff kommen zu hören glaubt. Es ist das alles in der Natur wie es vor Jahren war; und wir gewöhnen uns, auf ihr Bestehen und auf ihre strenge Regelmäßigkeit so zuversichtlich zu vertrauen, als hätten nicht vorgestern in der Morgenfrühe uns Erdstöße aus dem Schlaf geweckt, die alle Telegraphen des Hauses in hellem Klingen laut ertönen machten. Aber das war ein flüchtiger Moment, und wir haben es nöthig, solche Störungen zu vergessen. Wir haben es nöthig, uns zu sagen: die Sonne geht morgen auf! Die Sterne ziehen ihre stille Bahn, die Schwalben werden wiederkehren. Wenn der Herbst vorüber und der Winter vorüber sein wird, kommt Alles mit dem Frühling wieder! „Nur der Mensch, wenn er hingeht, der kommt nicht zurück!"

Und wieder ist Einer hingegangen, der nicht wiederkehrt! Man bringt mir die Zeitung in das Zimmer: Eduard Devrient ist todt. Er war der Letzte der drei Brüder: ein edler Mensch, ein hochgebildeter Mann, ein feiner Künstler, ein tüchtiger Schriftsteller, der in sich die Kunst in Ehren hielt und ehren zu machen wußte.

Es sind volle fünfundvierzig Jahre her, daß ich bei meinem ersten Aufenthalte in Berlin ihn auf der Berliner Bühne, ich glaube zum ersten Male als Correggio, sah. Lemm spielte den Michel Angelo. Es war die große Zeit des Berliner Theaters. Später habe ich ihn noch oft gesehen. Als Saladin neben der Crelinger, welche die Sittah spielte; als Clavigo mit Charlotte von Hagen als Marie, mit Seydelmann als Carlos; als Richard Savage, während die Crelinger die Lady Maxwell machte; und ganz unübertrefflich als Riccault de la Marlinière.

Er hatte nicht das schöne Aeußere von Emil, nicht dessen klangvolles Organ. Seine Gestalt war schmächtig, sein Auge nicht eben groß und lebhaft, seine Simme nicht eben stark. Aber wo seine Mittel seiner Aufgabe entsprachen, wußte er jene mit sicherem Verstande zu gebrauchen, und diese sehr klar und sehr bestimmt zu lösen. Für einen Saladin war er namentlich neben der Crelinger nicht heroisch und nicht feurig genug; aber den Clavigo konnte man sich kaum anders denken, wenn man ihn in der Rolle einmal gesehen hatte; und eben so war es mit dem Riccault. Dabei las er ganz vortrefflich, ohne Profession davon zu machen; und ich denke mit Vergnügen an die Art und Weise zurück, in welcher ich ihn zu verschiedenen Malen im Kreise einer ihm befreundeten Familie, einzelne dramatische Werke und ihre Aufführung in mündlichem Gespräche kritisiren hörte. Alles war dabei klar, gemessen, überzeugend. Sein Urtheil war bestimmt, ohne deshalb hart zu sein. Man fühlte, er hielt etwas auf sich, und er erwartete auch Anerkennung von den Anderen. Das gab ihm, da er verhältnißmäßig langsam sprach, einen leichten Anflug von Pedanterie; aber Jeder, der ihn auf der Bühne gesehen oder ihn im Leben gekannt hat, wird seiner und der Zeit, in welcher er dem Berliner Theater angehörte, mit erhebenden Erinnerungen gern gedenken.

Siebenter Brief.

Unterwegs.

Florenz, den 16ten Oktober 1877.
Lungarno della Zecca Vecchia.

Ich schrieb Ihnen neulich, daß man es jetzt schwer habe, wenn man aus der Ferne den Freunden in der Heimat etwas Neues mitzutheilen wünsche. Dafür aber hat man den Vortheil, daß man sich, so lange man unterwegs ist, kurz fassen kann, weil so viele Leute einmal des gleichen Weges gegangen sind, und der Telegramm-Stil, diese kurzathmige Erfindung unserer Zeit, dafür vollkommen ausreicht. Ist man nachher an Ort und Stelle, kommt man wieder zur Einkehr in sich selber, so hat man dann seine doppelte Genugthuung daran, sich in Ruhe ruhig ausdrücken und mit seinen entfernten Freunden in einen verständigen Zusammenhang setzen zu können.

In acht Stunden von Montreux nach Chambery, mit immer wiederholtem Wagenwechsel, mit einer jener Zollvisitationen in Bellegarde, an der französischen Grenze, die mehr als jemals zu unnützen Quälereien geworden sind, da Niemand daran denken kann, das ganze Gepäck der Hunderte von Reisenden, welche mit einem Courierzuge herangebraust kommen, in Wirklichkeit zu untersuchen. Es lief also auch in diesem Falle nur auf ein paar in der Eile zerbrochene Koffer und Schlösser hinaus, und am andern Tage bei der italienischen Zollvisitation in Modane war es ganz genau dasselbe. Das sämmtliche Gepäck der Reisenden erlitt ein Besehen, bei welchem gar Nichts besehen wurde. Nur die Blumensträuße, welche Freunde mir zahlreich von Montreux auf den Weg mitgegeben und von denen meine Dienerin noch einige in Händen hatte, beanstandete ein junger Zollbeamter, weil „die Einfuhr von Blumenbouquets verboten sei". Ein älterer Kollege des gewissenhaften Jünglings kam mir jedoch zu Hülfe, und meine letzten Schweizer Sträuße sind glücklich hier gelandet in der Stadt der Blumen, in Florenz.

Am Spätabend des ersten Reisetages, in herrlichem Mondschein vorüber an dem wellenschlagenden Wasser des Sees von Bourget. In Chambery im Hotel de France zehn Grad Wärme in den Stuben, daß man das Feuer die ganze Nacht zu unterhalten hatte, um aus dem Zimmer nur einigermaßen die dumpfe Eiseskälte auszutreiben; und es waren gleichzeitig mit mir verschiedene Kranke angekommen, Brustleidende, die den Süden aufsuchen und nach Mentone und St. Remo gehen sollten. Wenn die Aerzte es nur bedenken wollten, welchen Gefahren und Unbequemlichkeiten namentlich die Nichtbegüterten und die alleinreisenden Kranken unterwegs ausgesetzt sind! Sie behielten ein gut Theil derselben wahrscheinlich zu Hause. Und wenn sie andererseits beobachten könnten, wie Brustkranke z. B. am Genfer See oftmals an klaren, aber kalten und windigen Tagen die halben Tage auf dem Wasser, die Böte selber rudernd, zubringen; wie bei den Traubenkuren pfundweise so saure Trauben gegessen werden, daß der Magen eines gesunden Menschen der Säure kaum widerstehen könnte — sie würden noch schlechter von der gesunden Vernunft ihrer Patienten denken, als sie es jetzt schon in der Regel thun. Es wird viel gesündigt von den Aerzten so wie von den Kranken!

In Chambery am frühen Morgen ein Spaziergang durch die Stadt. Sie ist ansehnlich und stattlich. Breite Straßen, herrschaftliche Wohnhäuser, ein schönes Stadthaus. Aus den alten Festungsmauern ist eine mit mächtigen Bäumen bestandene

Ringstraße gemacht worden. Ein Markt, welcher in derselben abgehalten und auf welchem Lebensmittel, Hausrath, Kleibungsstücke zu sehr billigen Preisen feilgeboten wurden, brachte viel Leben und Bewegung hinein.

Mitten in diesen Boulevards erhebt sich in der Rue de Boigne das Denkmal des 1831 verstorbenen Generals Boigne. Wie das vortreffliche Handbuch von Gsell=Fels uns lehrt, welches im Verein mit Bädecker und Murray der reisenden Menschheit zu einem so schönen, gemeinsamen und gleichmäßigen Wissen verhilft, daß man einander unterwegs nicht eben viel zu sagen und kaum Jemand um Etwas zu fragen hat, weil Alle ziemlich dasselbe wissen und glauben — wie also Gsell=Fels uns lehrt, hat General Boigne in Indien sich ein großes Vermögen erworben, von dem er einen beträchtlichen Theil seiner Vaterstadt zu wohlthätigen Zwecken hinterlassen hat. Diese hat ihm zum Dank dafür ein Denkmal aufgerichtet, das an Absonderlichkeit, soweit ich Denkmale kenne, nicht seines Gleichen, und an Häßlichkeit nur Eines zum Nebenbuhler hat. Wo dieses Letztere aber steht, „das verschweigt des Sängers Höflichkeit" aus Vaterlandsliebe.

Das Denkmal des Generals Boigne hat als Unterbau einen großen Sockel von weißem Marmor. Auf allen seinen vier Seiten sind thorartige Nischen eingemeißelt, und jede dieser Nischen ist ausgefüllt mit dem Körper eines bronzenen Elephanten, dessen halber Leib aus der Nische in ganzer Koloßalität hervortritt. Was ist das? Ist das ein Elephanten=Stall? fragt man sich unwillkürlich. Denn als Träger des Blockes können diese vier Riesenthiere unmöglich gelten, da sie nach den vier verschiedenen Himmelsgegenden hinausmarschiren zu wollen scheinen. Ueber dem Block erhebt sich der Stamm eines mächtigen Palmbaumes, und oben, wo sich die Krone desselben mit ihren Blättern entfalten müßte, trägt dieser Palmbaum eine Galerie, in deren und über deren Eisengitter die Statue des Generals in militärischer Kleidung und parademäßiger Haltung hoch hervorragt. Man kann sich kaum einen überraschenderen Anblick denken. Das Standbild gehört wirklich in die barocken Gebilde der Villa Palagonia hinein.

Von Chambery in immer romantischerer Umgebung, von Tunnel zu Tunnel, durch das graue Felsgestein des Gebirges nach Italien.

An allen vier Seitenwänden der Eisenbahnwagen war in italienischer, französischer und englischer Sprache eine Mittheilung der Regierung oder der Bahnverwaltung angeschlagen. Sie besagte, daß seit dem 14 ten Januar dieses Jahres Reparaturen in dem größten Tunnel, dem Tunnel von Col de Frejus, nöthig geworden wären. Zu diesem Zwecke habe man Gerüste an verschiedenen Stellen aufschlagen müssen, und habe man Sprengungen nöthig. Die italienischen, englischen und französischen Reisenden werden also in ihren Muttersprachen dringend gewarnt, nicht ihre Köpfe oder Arme zu den Wagenfenstern hinauszustrecken, und freundlich gebeten, sich nicht zu erschrecken, wenn sie Schüsse hören sollten, sondern ruhig auf ihren Plätzen sitzen zu bleiben. Das fand ich sehr rücksichtsvoll für die drei Nationen, die sich vorzugsweise die Kultur-Nationen zu nennen belieben. Aber ich war eben daran, es Unrecht zu nennen, daß wir Deutschen und die anderen Barbarenvölker uns nach Gefallen den Hals brechen und erschrecken sollten, als mir noch glücklicher Weise einfiel, wie man ja überall und überall sich darauf verläßt, daß unsere gute Erziehung uns Deutsche mit vielseitiger Sprachkenntniß auszurüsten pflegt. Denn es ist sehr selten einmal der Fall, daß man in Gasthäusern, in Bahnhöfen, oder wo es immer sei, die Mittheilungen, welche man den Leuten zu machen hat, in deutscher Sprache ausgedrückt findet; und doch war zum Beispiel in diesem Jahre in der Schweiz die Zahl der deutschen Reisenden, wie mir schien, eine überwiegend große. Da es aber immer verständig ist, sich Alles zum Guten auszulegen, und sich nicht gekränkt zu glauben, wo man sich mit etwas gutem Willen geschmeichelt fühlen kann, so freue ich mich des schönen Zutrauens, das man in uns setzt, und freute mich auch, als wir aus dem Dunkel des Tunnels zum Licht des Tages hinauskamen, das sich freilich — es war gegen den Abend hin — inzwischen etwas verdunkelt hatte.

Es war ein heftiger Südwind aufgekommen. Er trieb die Wolken um den Gipfel des Berges rasch zusammen. Als wir vor zehn Jahren über den Mont Cenis von Italien heimkehrten, geschah es in brodelndem Regen, in einem Postwagen, den vierzehn Maulthiere mit Schellengeklingel über die vielgewundenen Bergespfade führten. Jetzt brausten wir im raschen Zuge vorwärts, durch den starrenden Fels. Die einzelnen kleinen Häuser, die kleinen Ortschaften, die sich mit den Steinbelegen ihrer flachen Dächer wenig von dem Felsen unterscheiden, machten denselben Eindruck der Weltabgeschiedenheit wie vordem auch neben der Eisenbahn.

Von einer Höhe, auf welcher eine kleine Kirche lag, stieg ein Priester hinab, das Abendmahl zu einem Kranken, einem Sterbenden zu tragen. Der Weg war steil, den er zu gehen hatte. Er war ein bejahrter Mann. Sein langes, weißes Haar flatterte unter dem Barett im Winde. Das Kreuz, das man ihm vorantrug, leuchtete in dem gelblichen Scheine der unter Wolken niedergehenden Sonne. Es war ein rührendes Bild!

In solcher Einsamkeit, vor solchen Hütten, in denen man sich nicht mit dem philosophischen Wissen eines David Strauß, nicht wie dieser mit Goethe und mit Beethoven das verzagende Herz zu erheben vermag, da muß man das Kreuz vor dem trostbringenden Priester einhertragen sehen, um es sich ernstlich zu Gemüth zu führen, daß es nicht wohlgethan ist, ein positives, noch für Millionen von Menschen wirksames und erhebendes geistiges Element vorzeitig anzutasten, so lange man nicht ein für die ganze Gesammtheit eben so wirksames Mittel der halt= und hoffnunggebenden Tröstung an die Stelle zu setzen vermag. In Zeiten, in welchen wir darauf mit geforderter Wachsamkeit halten, daß Niemand zu glauben genöthigt werde, was er nicht glauben kann und will, muß man, wie mich dünkt, doppelt vorsichtig sein, Jemanden zum Nichtglauben zu veranlassen, der im Glauben noch die geringste Befriedigung zu empfinden vermag. Und wie ich hier an dem trüben Abende in dem sturmburchtönten Gebirge den Priester gelassen seines Weges wandeln sah, fiel mir das Wort von Dubois=Reymond ein: „Trösten Sie einmal in einem Krankenhause einen Saal voll krebskranker Frauen mit Beethoven und mit Goethe!" Aus dem Munde eines solchen Mannes aber hatte der warnende Ausruf ein doppeltes Gewicht.

Am Morgen heller Sonnenschein über Berg und Thal. Kastanienbäume, Cypressen und auch schon Pinien an allen den Castellen auf den Höhen, in den Mazzarien am Wege. Ortschaft rasch der Ortschaft folgend, bis wir um acht Uhr Morgens den Bahnhof des sonnigen Florenz erreichten, und eine halbe Stunde später der Wagen mich glücklich am Lungarno landete, in der Pension Luchesi, in welcher ich mir meine Wohnung während meines Aufenthaltes in Florenz bestellt hatte.

Aber wie schön ist dieses Florenz! Seit einer Stunde sitze ich jetzt wieder im Abendglanz in meinem Zimmer und sehe still hinaus, mich an der Fülle der Schönheit zu ergötzen, die hier der Rahmen eines allerdings sehr hohen und sehr breiten Fensters in sich schließt.

Unten rieselt über dem Geröll des breiten Flußbettes das jetzt nur spärlich zuströmende Wasser des Arno langsam hin, während von dem Wehr zur Linken das Rauschen leise bis zu mir hinüber tönt. Jenseits an dem andern Ufer dehnt sich die neugebaute Kaistraße mit ihren Magazinen im Erdgeschoß, mit den für die Bedürfnisse unserer Zeit eingerichteten wohnlichen Häusern bis zu dem alten Thorbau aus; und hinter ihnen erhebt sich ein Theil der schönformigen Hügelkette, welche die Stadt in weitem Kreise schirmend umgibt, ohne sie beengend einzuschließen.

Auf ihrer Höhe zieht sich die Via de Renai hin, an welcher die Villa von Caroline Ungher-Sabatier gelegen ist. Aus dem silbern schimmernden Grün der Olivenbäume sahen die Villen mit ihren flachen Dächern hell hervor. Hohe schlanke Cypressen, eine prachtvolle Ceder, immergrüne Eichen heben sich mit ihrer kräftigeren Farbe gegen das mattere Graugrün der Olive ab. Eine alte, halbversteckte Kirche, deren viereckiger Thurm aus dem Grün hervorsieht und dessen Glocken zu mir hinüberklingen, ein paar rothbraune krenelirte Thürme von den alten Festungsmauern, nicht eben fern davon, schließen das Bild zur Rechten ab.

Wende ich das Auge nach der anderen Seite, so trifft es auf der Höhe die Langseite der Kirche von San Miniato. Der Cypressenhain ihres Friedhofes entzieht mir den Anblick der marmornen, doppelfarbigen Façade. Dafür aber sehe ich die ganze Weitung des Michel-Angelo-Platzes an dem neuen Wege, der Viale bei Colli, die über die Höhen um die Stadt zur schönsten Spazierfahrt angelegt ist. Eine schön gegliederte Terrasse leitet vom Ufer, neben dem uralten, vereinzelt bastehenden Stadtthore beginnend, zu dem Michel-Angelo-Platze in gelinder Steigung bequem hinan, und oben über der Balustrade, die den Platz umgibt, richtet sich, schlank und gebietend, gegen den klaren Abendhimmel die mächtige Gestalt von Michel-Angelo's David auf, in und mit welcher man dem Meister in fein gefühlter Huldigung sein Denkmal aufgerichtet hat. Denn wer oder was könnte ihn mehr ehren, als sein eigenes großes Werk?

Es ist ein Zusammenwirken von Natur und Kunst, von Landschaft und Architektur, das eben so lieblich als erhaben, eben so schlicht als historisch bedeutend ist, und das zu betrachten ich alle diese Tage nicht müde geworden bin: sei es, daß die Pracht des Sonnenunterganges ihren Farbenzauber darüber ausgoß, oder daß der helle Mondschein, der uns hier stets geleuchtet, die Gegend in seine duftigen Schleier hüllte und die hoffende Sehnsucht nach dem klaren Licht des nächsten Morgens anregt.

Achter Brief.
Aus Florenz.

Den 19. Oktober 1877.

Als wir vor elf Jahren nach Florenz kamen, war es die Hauptstadt des neugeeinigten Italiens geworden. Man feierte mit großer Erleuchtung der Stadt die Einverleibung Venedigs in das Reich; und gegen das stille, in sich abgeschlossene Florenz, der toskanischen Großherzöge erschien uns die Stadt in ihrem geräuschvollen Leben und Treiben völlig fremd. Jetzt kommt sie mir wesentlich stiller vor als bei unserem letzten dortigen Besuche, und doch waren wir damals genau an demselben

Zeitpunkt des Jahres in Florenz, in welchem wir uns jetzt befinden. Die Uebersiedelung der Regierung, des königlichen Hofes nach Rom, die natürliche Erhebung Roms zur Hauptstadt des Reiches, haben Florenz wieder stiller und einsamer gemacht, ohne ihm deshalb seinen früheren sanften Charakter völlig wiederzugeben.

Auch klagen die Leute, daß die Geschäfte darnieder liegen, was sie freilich überall thun, daß der Preis der Miethen, der Werth der Häuser um mehr als ein Drittel gesunken sei. Aber sie sagen sich nicht, was wir uns auch in Deutschland zu sagen alle Ursache hätten, daß Zeiten eines großen augenblicklichen Aufschwunges für die Phantasie etwas Berauschendes haben, daß dieser Rausch die Menschen sammt und sonders zu „hoffnungsvollen Thoren" macht, daß die Ernüchterung aus einem solchen Rausche immer unbehaglich ist und überwunden sein will.

In Florenz hat man, wie mir scheint, viel, wohl über das Bedürfniß hinaus, gebaut. Man baut noch immer, und so sind denn die Wohnungspreise selbst guter neuer Häuser im Vergleich zu den unseren in Berlin jetzt in der That gering. Aber in einem italienischen Hause zu wohnen, auch unter den Bedingungen eines italienischen Klimas, ist für deutsche Hausfrauen gewiß nicht leicht, wie denn das Akklimatisiren überall eine schwere Sache ist. Aufgefallen ist mir's, daß man in Florenz jetzt mehr als je zuvor von Almosen Begehrenden angesprochen wird, daß die Kutscher der Fiaker mir ein paar Mal, als ich an ihnen vorüberging, mit einem Zuruf ihr Gefährt unter dem Tarifpreise angeboten haben, was mir bisher nie und nirgend begegnet ist; und daß die Zahl der freundlichen Blumen-Verkäuferinnen, die ihre Sträuße gleichsam wie Geschenke anzubieten pflegten, sehr abgenommen hat. Indeß anmuthig ist Florenz doch immer noch wie sonst.

Der großartige mittelalterige Hintergrund, gegen den die

Lieblichkeit der Gegenwart freundlich absticht, wie die Federnelken und der Goldlack, die mit Epheu durchzogen von den Mauern alter Schlösser uns entgegen lächeln, gibt Florenz einen durchaus romantischen Reiz; und wenn wir die herbe Art und Weise unseres Volkes gegen die Freundlichkeit der heißblütigeren Florentiner vergleichen, so wünscht man auch unserem Norden ein gut Theil mehr von jener weichern Luft und von jener mildern Sonne, welche die Sitten angenehm machen, wie sie die Kraft der Leidenschaft auch steigern mögen. Was können Sie einem Menschen Unfreundliches sagen, den Sie, wie ich heute einen Diener des Hotels, wegen einer wiederholten Versäumniß tadeln, wenn er Ihnen darnach freundlich und bescheiden die Antwort gibt: „Sie haben Recht, es thut mir leid!" Eine ganze nordische Stadt mit all ihren großen und kleinen Gasthöfen könnte man, glaube ich, durchwandern, ohne einer solchen Entschuldigung zu begegnen.

Daneben denke hier ich oftmals darüber nach, was wir eigentlich damit meinen, wenn wir von den Künsten sprechen, die des Friedens zu ihrem Gedeihen bedürfen; während doch all das Große, das Unvergleichliche, das wir hier bewundernd anstaunen, in den Zeiten der wildesten Parteikämpfe, in Tagen hervorgegangen ist, in welchen Italien fortdauernd von dem Hereinbrechen fremder Kriegsheere bedroht war und die Bürger selten einmal dazu kamen, das Schwert von der Hüfte abzuthun, oder mit Zuversicht auf eine noch so kurze Zeit des Friedens und der Ruhe rechnen zu können. Eben so auffallend erscheint mir der Umstand, daß jene kriegerische Gegenwart, daß alle jene Kämpfe innerhalb der Städte, auf das Schaffen der damaligen Künstler so wenig Einfluß gehabt haben, daß man im Verhältniß zu den zahlreichen Schlachtbildern, welche unsere Ausstellungen uns darbieten, ungemein wenig Bilder aus jenen Tagen findet, in welchen kriegerische Scenen, Kampf=

scenen, dargestellt worden sind, oder in welchen die schlachten=
schlagenden Sieger die Verherrlichung ihrer Erfolge auf die
Nachwelt zu bringen bemüht gewesen wären. Und jene Kämpfe
waren doch so viel malerischer als die gegenwärtigen Schlachten!

Ich frage mich, ohne eine mir genügende Antwort darauf
zu finden: War jenen Künstlern der Kampf etwas so Gewohntes,
daß sie ihn nicht als ein besonderes Ungemach empfanden,
daß er auf ihre Phantasie gar keinen Eindruck machte, daß er
sie im Schaffen nicht mehr störte? Oder war selbst in der
Seele dieser, dem Sinnenleben doch leidenschaftlich zugewandten
Männer, die Erfüllung durch die Vorstellungen des christlichen
Kultus so überwiegend, daß sie immer und immer wieder zu
der Darstellung eben der biblischen Vorwürfe zurückgekehrt
sind? Freilich, der Künstler hatte damals, so wie immer und
wie jetzt auch, nicht nur sich selber zu genügen, er hing von
dem Auftrag des Bestellers ab. Aber woher kam es, daß
z. B. die siegreichen Mediciäer nach der überwundenen Ver=
schwörung der Pazzi nicht darauf verfielen, die Ermordung
Julian's im Dom, oder irgend etwas der Art darstellen zu
lassen? daß sie eben so wie ihre Gegner sich damit begnügten,
ihre Triumphe in symbolischer Gestalt verherrlichen zu lassen?
Daß sie zum Zeichen ihrer wiedergewonnenen Herrschaft über
die Republik den Benvenuto'schen Perseus mit dem abgeschlagenen
Haupte der Medusa vor den Augen der Besiegten aufstellen
ließen, und nicht, wie es in unseren Tagen wahrscheinlich ge=
schehen sein würde, das Bild des Siegers? Eine psychologische
oder eine in der damaligen Kultur wurzelnde Ursache hat diese
Erscheinung ganz gewiß, ich aber vermag sie nicht zu finden.

Wenn man übrigens wieder einmal die Galerie der Uffizien
oder die Prachtsäle des Palazzo Pitti durchwandert und sich
an den Werken der großen Meister die Seele erhoben hat,
in deren Namen sich der Inbegriff des höchsten künstlerischen

Vermögens verkörpert, so hat man daneben über das große, allgemeine Können ihrer künstlerischen Zeitgenossen fast noch mehr zu erstaunen, als über die größten Genien selber. Vor Allem ist ihnen eine zwingende Glaubwürdigkeit wie eine Gesammtbegabung eigen.

Während ich in den Uffizien nach einem der hinteren Säle ging, die kleine, das Kind anbetende Madonna von Correggio zu suchen, welche man zum Zwecke des Kopirens von ihrem Platze genommen hatte, fielen mir zwei zusammengehörige Bilder von Ghirlandajo aus dem Leben des heiligen Zenobius auf, von dem Sie wahrscheinlich eben so wenig wissen als ich, und die also um ihres Gegenstandes willen nicht anziehen konnten. Sie waren beide etwas hart in der Farbe, aber dafür von großer Tiefe derselben. Das eine stellte die Grabtragung des Heiligen dar. Eine Grabtragung, wie man sie mit dem von bunten, brokatenen Decken überhängten Sarge, mit den geistlichen Grabträgern in festlichen Ornaten auch heute noch in katholischen Ländern sehen kann. Die Gestalten waren, wie mich dünkt, kaum zwei Fuß hoch. In den Männern, welche die Leiche tragen, spricht sich keine besondere Hingebung oder Vertiefung an und in ihr Thun aus; aber es ist ein Leben und ein Ausdruck in allen diesen Köpfen, ein so persönliches, charaktervolles Wesen in jedem einzelnen derselben, daß jeder dem Betrachter so zuverlässig wahr, so zweifellos glaubwürdig erscheint wie das Dasein des Nachbars, den man seit langen Jahren kennt. Man fühlt sich überzeugt, gerade so und nicht anders habe eben dieser Mann sich in jenem Augenblicke nach einem Vorübergehenden umgesehen, gerade so habe der Andere, mit sich selbst und mit seinen Gedanken beschäftigt, das Haupt gesenkt. Man vergißt es, daß ein Maler diese Leute einst zum Behuf des Malens vor sich hingestellt, daß man ein Gemälde vor Augen hat. Man meint den an sich nicht eben anziehenden Vorgang zu erleben. Es ist die Wahrheit, der Realismus, um diesen Ausdruck zu gebrauchen, der uns fesselt und gewinnt; aber freilich der durch die Kunst verklärte Realismus, ohne welche Verklärung die Kunst keine Kunst mehr ist, sondern sich mit mühsamer Arbeit unter das Vermögen der Daguerre'schen Maschine stellt, die doch wenigstens auf ihre Leistung nicht so viel Zeit verwendet und unverantwortlicher als die Menschen das Unschöne hervorbringt. Und eben so wie mit der edlen Glaubwürdigkeit jener genrehaften Heiligengeschichten von Ghirlandajo ist es mit der zweifellosen Glaubwürdigkeit der Portraits, für die ich eine besondere Vorliebe habe, weil ja in jedem ein Menschenleben sich für uns wiederspiegelt. Es sind lauter Offenbarungen aus ferner Zeit, ans Licht hervortretend und Licht über die Vergangenheit verbreitend. Ich habe mir ihrer — und nicht nur von den größten Meistern — ein gut Theil angesehen.

Da ist z. B. im Venussaale Nr. 138 von Federnigo Zuccaro das Bildniß des Guidobaldo bi Monte Felice. Ein Mann in schwarzem Wamms mit rothen Aermeln. Ein schmales, viel durchfurchtes, längliches Gesicht mit schwarzem Krauskopf, schwarzem krausem Spitzbart, etwas gesenkten Hauptes, zwei große Hunde neben sich. Da ist Nr. 353 die Bella Simonetta von Botticelli, das Profilbild einer nichts weniger als schönen Frau. Nr. 351 von Aurelio Luini eine andere eben so wenig schöne Frau in schwarzem, schlichtem Kleide, in schwarzem Schleier, mager bei entblößtem, mit verschlungenen Goldketten geschmücktem Halse, strengen Angesichts, mit schönen Händen — und man kommt mit dem Auge von diesen Bildern gar nicht los, während es nicht die Schönheit, sondern die bloße Wahrhaftigkeit ihrer Erscheinung ist, die uns an sie fesselt. Man fragt sich: Wo habe ich dieses Gesicht gesehen? Denn ich kenne es von Alters. So wie diese Menschen uns von der Kunst vorgestellt werden, sind sie uns sofort vertraut. Wir lassen sie uns gefallen, wie sie sind, wir verlangen sie gar nicht schöner, gar nicht anders. Denke ich dann, vor diesen Bildern stehend, an die Portraitmaler in unserer Zeit, so glaube ich, unsere persönliche Eitelkeit erschwert es ihnen oftmals, so gute ehrliche Bilder zu machen, wie die alten Meister es thaten. Wir wollen Alle, der Eine mehr, der Andere weniger, von dem Maler so wie wir selber uns erscheinen und denken, also in einem Idealbilde auf die Leinwand gebracht werden. Damit zwingen wir den Maler, sein richtigeres Sehen unserer Selbstgefälligkeit zu opfern, und so entstehen Bilder, an welche die Originale derselben mit Behagen denken, an die aber die Nachwelt schwerlich so unbedingten Glauben haben wird, als wir an die Bilder der Altvordern, an der alten Meister Werke.

Bettina von Arnim sagte einmal zu mir, von den Gestalten eines damals viel besprochenen Romanes redend, den sie nicht gelten lassen wollte: „Wissen Sie denn noch Etwas von den Kerlen? Erdichtete Figuren, die ich nicht wider meinen Willen so sicher im Gedächtniß behalten muß, wie das Gesicht der Nachbarn, aus denen ich mir vielleicht gar Nichts gemacht habe, die sind auch Nichts werth, und das ganze Gesindel aus dem Roman hab ich lange schon vergessen!"

Ich glaube diesen Ausspruch kann man umgekehrt, als beweisführendes Urtheil für die Portraitbilder der alten Meister anwenden. Man vergißt sie nie, und sieht man sie nach langen Jahren wieder, so ist es mit der Freude, mit welcher man alte Freunde begrüßt, die sich wohl erhalten haben.

Es kommt für Jeden, dem ein längeres Leben beschieden ist, die Zeit, in welcher er nur in dem Todten, oder soll ich es nennen in dem ewig Lebenden,. in der Kunst und ihren Werken, ein Altgeliebtes unverändert wiederzusehen hoffen darf.

Auch in Rom, wohin ich morgen aufzubrechen denke, werde ich sie nicht wiederfinden die Genossen meiner jungen Jahre, ihn nicht neben mir sehen, den theuren Mann, der mit seinem Werke für so Viele der begeisterte und begeisternde Führer durch das von ihm geliebte Land, durch die von ihm so geliebte ewige Stadt gewesen ist, der mir Rom einst zu der Heimat meines Herzens machte.

Aber die großen Gebilde der Kunst werden noch dort stehen, wie das Auge Winckelmann's und Goethe's sie erschaut! Und die Sonne, die ihnen einst geleuchtet — und auch uns geleuchtet in glückseliger Zeit — wird wiederscheinen so wie sonst über die Stadt der Städte, über das heilige Rom, das wiederzusehen ich mit zagendem Bangen immer lebhafter ersehne, je mehr ich dem geweihten Boden jetzt mich nahe!

Neunter Brief.
Wieder in Rom.

Hôtel Molaro Via Gregoriana,
den 25. November 1877.

Volle fünf Wochen bin ich jetzt zum dritten Male wieder hier in Rom, und obschon es mir so vertraut ist, als wäre es meine Heimat, bin ich noch an jedem Tage unter dem sich immer wieder erneuernden, unter dem überwältigenden Eindruck der Erhabenheit, der Herrlichkeit, der Schönheit, die mich hier umgeben.

Fast elf Jahre ist es her, seit ich im Frühjahr von Achtzehnhundertsiebenundsechszig Rom verlassen habe, und als ich jetzt wieder auf der Höhe des Monte Pincio stehend hinabschaute auf die Stadt zu meinen Füßen und in das Land

hinaus bis zu den fernen Punkten, an welchen die schönen
Züge des Gebirges dem Auge seine Schranke ziehen, da war
mir's, als hätte ich mich nie von Rom entfernt, als wäre ich
alle die Zeit hindurch immer nur in Rom gewesen. Und doch
empfand ich das Glück des Wiedersehens, doch klangen mir,
nur mit noch verstärkter Empfindung wie vor elf Jahren, die
Worte Goethe's in der Seele:

> Das Wiedersehn ist froh, das Scheiden schwer,
> Das Wieder-Wiedersehn beglückt noch mehr,
> Und Jahre sind im Augenblick ersetzt!

Elf Jahre, und welche ereignißvollen Jahre eben auch
für dieses Land und diese Stadt! Rom ist seit sieben Jahren
die Hauptstadt des Königreichs Italien geworden. Vom
Quirinale weht die italienische Königsflagge durch die Luft;
aber das Kapitol und das Kolosseum ragen aus der
Häusermasse eben so hervor wie sonst, und im Südwesten
liegen sie noch da, die stolze Peterskirche und der riesige,
geheimnißvolle Vatikan, wie eine Sphinx, deren Räthsel
noch zu lösen ist. Eine breitausendjährige Vergangenheit hat
dieser Stadt ihr mächtiges Gepräge aufgedrückt. Was wollen
daneben die Wandlungen bedeuten, welche sich im Laufe
weniger Jahre zu vollziehen vermögen? Ob eine weltliche,
ob eine kirchliche Macht die Herrschaft ausübt über diese Stadt,
ihr Charakter ist, soweit es sich im Aeußern kundgibt, bis
jetzt noch nicht wesentlich verändert worden. Rom ist als
Hauptstadt des Königreichs Italien immer noch das alte, das
mit keiner andern Stadt zu vergleichende Rom. Es ist und
bleibt das alte Rom, welches ein Jeder, der es einmal voll
und ganz erfaßt hat, als das „ewige Rom" im Herzen trägt,
als den Ort, nach welchem man die Sehnsucht niemals los
wird, der Ort, nach dem es uns hinzieht und hinzieht, auch

wenn wir nicht danach verlangen, uns den Segen des Papstes ertheilen zu laſſen.

Der und jener meiner Freunde hat mich, seit ich hierhergegangen bin, wohl gefragt, was es denn sei, das auch mich immer wieder nach Rom ziehe und mich auf's Neue so unwiderstehlich an Rom fessele, daß ich jetzt kaum daran denken mag, wie ich es einmal wieder verlassen werde? Ich soll sagen, ob es das Klima, ob es die Schönheit des Landes, ob es die Kunstwerke, die hiesige Gesellschaft, oder was überhaupt es sei, das Rom so anziehend und so bindend mache? Darauf aber ist mit wenig Worten die Antwort nicht zu geben, und ich habe im Grunde nur zu wiederholen, was ich an verschiedenen Stellen des von Stahr und mir geschriebenen „Ein Winter in Rom" über diese Dinge ausgesprochen habe.

Ja, das Klima von Rom — mehr als bedenklich für den Leidenden — ist für den leiblich gesunden Menschen mit Ausnahme der eigentlichen Sommermonate ein sehr erwünschtes, wenn man sich seinen Bedingungen anpaßt, wie die Römer selbst es thun. Wir haben die fünf Wochen hindurch fortdauernd schönes Sommerwetter, kaum fünf Tage mit leichtem sciroccosem Regen gehabt, und immer noch 14 bis 16 Grad Wärme in meinen gegen Süden gelegenen Zimmern. Dazu ist die Gegend von der höchsten Anmuth, lieblich und großartig zugleich. Das gesellige Leben ist bequem. Es ist unterhaltend durch den großen Zusammenfluß von Fremden aus allen Gegenden der Welt, und es ist jetzt offenbar bedeutender geworden als vordem, da Rom jetzt eine feststehende bürgerliche Beamtenwelt und eine Gesellschaft aus den gelehrten Ständen bekommen hat, die ihm früher fehlten. Die hiesigen Kunstschätze sind eine ganz unerschöpfliche Quelle des Genusses. Die großartigen Bauwerke aus den verschiedensten Zeitaltern geben unablässig neuen Anlaß zum Bewundern, zum Erstaunen.

Dieses Alles jedoch, so wesentlich mitwirkend es ist, würde allein nicht hinreichen, Rom zu dem zu machen, was es ist, ohne den großen geschichtlichen Hintergrund, ohne — wie ich selber es vor Jahren schon bezeichnet habe — die weltgeschichtliche Perspektive, welche sich hier überall vor uns aufthut und die uns, eben weil wir in ihr weit mehr umfassen, als es uns zu thun sonst irgendwo vergönnt ist, für Augenblicke ein Gefühl von Unendlichkeit, von Allwissenheit verleiht.

Dabei hört bis zu einem gewissen Grade das Erwägen des Kleinen, des Einzelnen auf. Man kommt dahin, große Zeiträume, gewaltige einander ablösende Ereignisse gleichsam summarisch zu erfassen und zu überschauen. Man lernt in dem Wechsel der Zustände ein Dauerndes, ein Fortwirkendes erkennen. Man hat hier das Werden, das Vergehen und das Neuwerden schichtenweise abgelagert vor seinen Augen; und es ziehen damit in die Seele eines Jeden, der die nothwendige Vorbedingung für Rom, einen historisch gebildeten Sinn, mitbringt, ein Gleichmuth und eine Ruhe ein, die man sich immer zu empfinden wünschen muß. Ich bin fern von Rom sehr glücklich gewesen, aber die in sich vollkommen beruhigte Stimmung, die Rom in mir stets hervorgerufen hat, habe ich nirgend sonst gefühlt. Und nicht mir allein ist es also ergangen.

Man hat oft davon gesprochen, daß selbst in dem Leben eines Goethe der Aufenthalt in Rom zu einem seine ganze spätere Entwickelung bestimmenden Abschnitt geworden sei — und das ist sehr erklärlich. Rom macht, wenn ich den Ausdruck brauchen darf, das Auge des Geistes fernsichtig. Es bringt den Menschen dahin, das Kleinste, das er betrachtet, mit dem großen Ganzen im Zusammenhang zu denken, und während er es eben deshalb nach Gebühr würdigen lernt, es doch nicht zu überschätzen. Dies gilt von den Werken des Menschen wie von den Thaten desselben; von dem aber, was man jetzt mit dem Namen der politischen Vorgänge bezeichnet, zu allermeist. Welche Schlachten sind hier geschlagen, welche die Welt umgestaltende Ereignisse hier vorbereitet und zum Austrag gebracht worden, „und immer zirkulirt ein neues, frisches Blut"! Man hat sich dem gegenüber in der That dagegen zu wehren, nicht gleichgültig gegen die Vorgänge und Kämpfe des Tages zu werden, nicht den Ausspruch Alexander's I. von Rußland über Napoleon: „c'est un torrent qu'il faut laisser passer", auf Alles anzuwenden, was in dem Augenblick die Zeit und die Geister bewegt, und von allem Vergänglichen absehend, sich ausschließlich demjenigen zuzuwenden, was man in dem allgemeinen Vergänglichen relativ als das Dauernde bezeichnen kann. Naturen, die nicht auf den Kampf angelegt, die zum betrachtenden Genießen, zum stillen Schaffen des Schönen angelegt sind, laufen in Rom sicherlich die Gefahr, sich von dem Leben des Tages, von den Vorgängen in der Gegenwart achtlos abzuwenden, sich in die Vergangenheit zu versenken, in die Zukunft hinauszuschauen und es mit einer Art von Befremdung zu gewahren, wie es Menschen gibt, die sich der unruhigen, mühevollen und oft undankbaren Arbeit unterziehen mögen, das aus der Vergangenheit unbrauchbar Gewordene zu zerstören, und Neues, Brauchbares für die Zukunft auf und aus den Trümmern aufzurichten. Glücklicher Weise aber finden sich solcher mit energischer Entschlossenheit auf das Nächste gestellter Arbeiter auch in Italien die Menge; und es ist ganz unverkennbar, daß Vieles sich hier in Rom neben dem alten, erhabenen Bleibenden sehr entschieden zum Besseren verändert hat.

Hält man sich zunächst an das ganz Aeußerliche, so ist Rom eine reinliche Stadt geworden, und sie hat das bei der Fülle des Wassers, die sie als ein unschätzbares Erbe aus der Vergangenheit besitzt, weit leichter als irgend eine andere mir bekannte Stadt. Die Häuser in den belebten Straßen sind sauberer gehalten, was allmählich in die entlegeneren Stadttheile nachzuwirken nicht verfehlen kann. Die Stadt ist viel besser erleuchtet als vor elf Jahren, und die große Zahl elend und zerlumpt gekleideter, ja, zum Theil kaum bekleideter Menschen, die uns damals hier erschreckte, ist nicht mehr vorhanden. Freilich wollen die Anhänger des früheren Regiments behaupten, daß die Noth im Volke jetzt weit größer sei als früher, daß man die Armuth nur verhindere, an das Licht zu kommen. Das sind aber Redensarten und Nichts mehr. Keine Regierung der Welt kann es hindern, daß die Frauen und Männer und Kinder auf die Straße gehen, die Besorgungen für das tägliche Leben zu machen; und in diesen fünf Wochen habe ich nicht so viel schlechtgekleidete Menschen gesehen, als dazumal an einem Tage.

Auch kann es bei der großen Menge von Bauten und von öffentlichen Arbeiten, die man hier ausführen sieht, an lohnender Beschäftigung schwerlich fehlen. Ein ganzes neues Stadtviertel, man könnte sagen eine neue Stadt, entsteht in dem nordöstlichen Theile von Rom, auf dem Boden der ehemals den Jesuiten gehörenden großen Vigne Macao, im Bereich der Thermen des Diocletian und zwischen St. Maria Maggiore und dem Lateran; und da die hier angesiedelten Piemontesen und Neu-Italiener von ihren Gegnern mit dem Spottnamen der buzzuri bezeichnet werden, so nennen dieselben denn auch das neue Stadtviertel mit gleichem Spotte Buzzuropolis. Dieses Stadtviertel bekommt oder hat sehr weite Plätze, sehr breite Straßen, die, soweit sie fertig oder in der Anlage begriffen sind, für mein Auge von den Neubauten in aller Herren Länder sich nicht unterscheiden, und gleich vielen dieser neuen Straßen und Plätze förmlich nach baldmöglichster Bepflanzung mit Bäumen zu flehen scheinen, um ihrer Oede abzuhelfen. Große historische

Namen, Erinnerungen an große Ereignisse bilden die Straßen=
bezeichnungen: Piazza bell' Indipendenza, Via Manzoni, Via
San Martino, Via Nazionale, Via Solferino, Via Cavour
steht es in der Neustadt an den Straßenecken zu lesen. Auch
in der innern Stadt sind die oft so nichtssagenden und häß=
lichen Namen der Straßen jetzt verändert worden, was sich
aber mitunter komisch und gelegentlich auch geschmacklos aus=
nimmt, wenn der große Name der gar zu jämmerlichen Gasse
in keiner Art entspricht. Indeß nicht nur neue Stadtviertel
werden errichtet, es wird auch in den alten Stadttheilen viel
gebessert, namentlich eine ganz unerläßlich nothwendige Ver=
breiterung des Corso ist beabsichtigt, und es hat mich neulich
sehr unterhalten, die Verhandlungen in den Zeitungen zu lesen,
welche von Seiten der Stadtbehörden geplant und von ihnen
gefordert werden. Neue Brückenbauten, Durchbrüche von Straßen
sind im Werke. In den Vorstädten sollen die hohen Mauern
allmählich niedriger gemacht werden, welche die Villen, Vignen,
Mazzarien einschließend, dem Auge den freundlichen Einblick
in dieselben, der Luft den erfrischenden Durchzug entziehen,
und kein Tag vergeht, ohne daß man mit lobenswerther Acht=
samkeit die Behörden in den Zeitungen auf Sünden gegen die
Reinlichkeit aufmerksam macht, wo sie sich zeigen.

Daß man mit den Neubauten im Nordosten allmählich
die Trümmer der Diocletians=Thermen vollkommen fort=
räumen wird, ist gewiß. Aber schon bei den bisherigen
Grundlegungen ist man, wie ich höre, unter den Fundamenten
der Diocletians=Thermen auf andere Mauerwerke gestoßen,
die wahrscheinlich auch Thermen gewesen sein sollen, und
was diese ersten Thermen sich von dem Zeitalter des Diocle=
tian geschehen lassen mußten, das werden die Diolectians=
Thermen sich mit Naturnothwendigkeit von dem Zeitalter,
das die Eisenbahnen, die Telegraphie, und nun vollends zu

allerseitiger Erleichterung und Beunruhigung gar noch die Thelephoni erfunden und entdeckt hat, eben so gefallen lassen müssen.

Glücklicher Weise aber wird man von den Wandlungen, die sich jetzt in baulicher Hinsicht in Rom vollziehen, in dem alten unerfaßbaren Durcheinander das wir Rom nennen und als das alte Rom lieben, mit all seinen Unzuträglichkeiten dennoch lieben, nichts Störsames gewahr.

Man hat eine große Straße hinuntergebahnt vom Quirinal zum Korso. Wer merkt das, wenn er sie nicht gerade geht? Und ist sie ihm, wenn er sie geht, eine Verkürzung des Weges — um so besser! Man zieht an einer Stelle des Korso, gegen den Palazzo Venezia hin, bei einem nöthigen Umbau die Vorderwand des Hauses beträchtlich zurück. Daß muß Jeder heilsam nennen, denn das Gewirr der Wagen ist in der engen Straße wirklich oft bedenklich. Auf Piazza San Silvestro hat man das alte Nonnenkloster niedergerissen, aus dem seiner Zeit, als Garibaldi dort sein Hauptquartier gehabt, sechs Nonnen mit sechs Kanarienvögeln und sechs Katzen ihren Auszug gehalten haben. Aber wer beachtete je im Vorübergehen das alte Kloster, das mit seinen grauen Mauern, wie so viele andere graue Mauern, schweigend dalag?

Es ist eben noch Rom! Mag die Straße, die an der Aqua Felice vorüber nach Porto Pia leitet, wie früher Via di Porta Pia, oder wie jetzt Via del 20 Settembre heißen, es ist eben die Via di Porta Pia, die hinausführt zwischen den langen hohen Mauern all der Vignen und Villen, über welche die Cypressen und die Pinien hervorragen, über denen die jetzt reifen Früchte der Orangen- und Citronenbäume goldig niederhängen und an deren Ende das Gebirge uns auch noch in dieser Zeit des Jahres in die Ferne lockt. Es

ist noch immer Rom. Aber heut richtet man nicht weit von
seinen Gränzen zu Mentana das Denkmal für die Söhne
Italiens auf, die dort vor zehn Jahren für die Freiheit und
die Einigung ihres Vaterlandes ihr Blut vergossen, ihr
Leben gelassen haben.

Schon gestern sah man Fahnen tragen und viel Leben
in den Straßen; und auch das Leben in den Straßen hat
seinen eigentlichen alten Charakter noch bewahrt, obschon es
sich geändert, doch nicht zu seinem Nachtheil verändert hat.
Indeß davon erst in meinem nächsten Briefe.

Zehnter Brief.
Einst und jetzt.

Rom, Hôtel Molaro, 16. Dezember 1877.

Wer weiß es nicht, daß der Spanische Platz in Rom mit=
ten in dem sogenannten Fremdenviertel gelegen ist? Wenn
man, vom Korso kommend, die Via Condotti hinan geht,
langt man grades Wegs auf dem Spanischen Platz an, und steht
vor dem Springbrunnen, der sich aus einem steinernen Kahne,
aus der Navicella, in mäßiger Höhe, aber wie überall in Rom,
in reicher Wasserfülle erhebt, während man an der entgegen=
gesetzten Seite des Platzes die majestätische doppelarmige
Spanische Treppe vor sich hat, die, in breiten Terrassen empor
steigend, bis zu dem Platze hinaufleitet, auf welchem oben
auf der Höhe des Monte Pincio die große, dem französischen
Nonnenkloster gehörige Kirche von Trinità di Monte gelegen
ist. Eine ganze Fülle von Schönheit und Herrlichkeit wird
für den, der einmal an jener Stelle gestanden, mit diesen
bloßen Ortsbezeichnungen lebendig; eine Fülle von Sehnsucht

für jene Andern, denen nur die Namen vertraut das Ohr berühren. Aber wer in jetziger Zeit über den Spanischen Platz geht, der wird noch weit mehr als in vergangenen Tagen davon zu sagen wissen, wie schwer es ist, ihn zu überschreiten, ohne auf demselben einen kleinen Einkauf gemacht, ohne einige Soldi ausgegeben zu haben und dafür irgend ein Etwas in der Hand zu halten, das man eigentlich durchaus nicht braucht und das man eigentlich gar nicht haben wollte, wenn es nicht gerade Blumen sind, die man gekauft hat, und die nicht haben zu wollen, man eben ein Barbar sein müßte.

Rom ist bis jetzt von Fremden noch immer leer. Man sagt, die Fremdenzeit beschränkte sich jetzt auf die drei ersten Monate des Jahres, Rom sei allmählich auch nur ein Ort für Durchreisende geworden, wie die anderen Städte Italiens, seit die Eisenbahnen und die Tunnels vom Fels zum Meer führen. Früher war das freilich anders.

Wer nach Italien reiste, trachtete die Alpenpässe zu überschreiten, ehe der Schnee und die Kälte sie unbequem machten, und man hütete sich, über die Alpen nach Norden zurückzukehren, ehe die Wasser des Frühlings sich verlaufen hatten. Man ging mit der ernsten Absicht eines langen Verweilens nach Italien, man ließ sich in Rom für den ganzen Winter häuslich nieder. Man hatte eine für fünf, sechs Monate feststehende Fremden-Gesellschaft, man lebte sich fest mit einander ein und schied in der Regel von Rom, wie man meist vom Leben scheidet, mit dem schmerzlichen Bewußtsein, bei allem guten Willen mit seiner Aufgabe nicht fertig geworden zu sein. Man mußte sich damals sein Wissen von den Dingen auch noch ziemlich mühselig selber zusammensuchen. Das Umhertreiben in den Straßen und auf den Plätzen war aber leichter und bot doch noch mehr des Ueberraschenden für den Fremden als jetzt.

Rom war damals eigentlich eine stille Stadt zu nennen. Rechnete man die wenigen Stunden ab, in welchen auf dem Corso oder auf der Passeggiata des Monte Pincio spazieren gegangen oder gefahren wurde, so traf man wenig Leben und Bewegung in den Straßen. Die schweren, reich verzierten großen Kutschwagen der Kardinäle mit dem rothen Federschmuck ihrer wohlgefütterten Rappen, mit den dicken Kutschern und den hintenaufstehenden drei Bedienten, die Heilbutt in seinen Bildern so ergötzlich dargestellt und damit lebendig erhalten hat, fuhren in gemessenem Schritt über die Höhen und durch die Straßen. Miethswagen auf den öffentlichen Plätzen waren in sehr geringer Zahl vorhanden. Dann und wann am Tage fuhr ein Omnibus nach S. Paolo fuori le Mura hinaus. Handel und Gewerbe machten sich wenig sichtbar. Von den päpstlichen Truppen kam auch nicht viel zum Vorschein im Innern der Stadt; aber vor den Häusern saßen die römischen Matronen und römischen Mädchen Abends auf der Thürschwelle und kämmten einander das herrliche schwarze Haar. Die rothen Flanelljacken, der seidene Busto, das weiße, hinten am Halse zurückgestochene Halstuch, das auch in den scharfen Wintertagen die schönen braunen Nacken freiließ, bekam man eben so wie den silbernen Kamm und die silberne Haarnadel noch überall zu sehen, am Brunnen wie in der Kirche, auf der Passeggiata wie auf der Piazza Montanara am kleinen Tisch des Scrivano publico, des allgemeinen Briefschreibers. Spät an schönen Abenden schlenderten die jungen Männer, die Montangaren und die Minenten von Trastevere, in dem kleidsamen blauen Beinkleid, die lose Jacke über die Schulter geschlagen, den spitzen Filzhut, den Come ci pare auf dem Scheitel, singend, die Mandoline, die Flöte und die Guitarre spielend, leichten Schrittes durch die stillen nächtlichen Straßen; während Winters in dem Morgengrauen schon die

Pfeife und der Dudelsack und der Gesang der Pifferari hörbar wurden, die, von einem Madonnenbilde zu dem andern ziehend, das Herannahen der Weihnachtszeit verkündeten.

Von dem Allem war schon vor eilf Jahren, als die französischen Zuaven das Regiment des Papstes hier noch unterstützten und aufrecht hielten, viel verloren gegangen, und jetzt ist noch weit weniger davon übrig geblieben. Indeß es ist doch immer noch ein Rest davon vorhanden.

Rom ist mit seinen 280 000 Einwohnern eine sehr lebensvolle Stadt geworden, und die große Enge, die Winkligkeit der Straßen, die sich im Innern der Stadt fast mäandrisch durcheinander schlingen, macht, daß die Stadt eben in ihren mittleren Theilen noch weit volkreicher erscheint, als es in gleich weitem Umkreise und bei gleicher Menschenzahl in einer besser gebauten Stadt der Fall sein würde. Dazu ist der Kleinhandel hier in hohem Grade üblich. Jung und Alt, Mann und Weib bieten ihre Schätze schreiend an und aus, und zwar in langen, kadenzirten Sätzen, die sich in den absonderlichsten, meist sehr häßlichen Formen bewegen. Bisweilen wechseln sie mit einander ab, dann überschreien sie einander nach Kräften; und was die rauhen römischen Stimmen, wahre Stentorstimmen, in diesem Fache an Beharrlichkeit zu leisten vermögen, das setzt mich täglich in Erstaunen, von Morgens sechs Uhr bis nach zehn Uhr Abends. Und nicht allein die Menschen schreien, die Thiere, vor Allen die sonst so geduldigen Esel stehen ihnen darin bei, während über all den Spektakel hinweg, hoch über unsern Häuptern, die Glocken der zahllosen Kirchen ihr klingendes Spiel in den Lüften erschallen lassen. Aber in all dem Gelärm fehlt mir ein Klang, der mir so lieb, der so ganz römisch war und den gewiß alle diejenigen vermissen, die ihn sonst gehört hatten: es sind keine

Pifferari mehr in Rom! und auch die Drehorgeln habe ich noch nicht gehört wie sonst.

Die Regierung duldet die Pifferari nicht, ohne daß ich erfahren kann, wodurch die ergötzlichen Schelme ihre Verbannung verschuldet haben, die mir in allen Ecken und zu allen Stunden fehlen, und von denen erweckt zu werden lieblich war. Jetzt weckt statt ihrer mich ein Esel mit der fürchterlichen Regelmäßigkeit eines unfehlbaren Chronometers punkt fünfeinhalb Uhr, der wahrscheinlich an einem Milchkarren oder an einem ähnlichen Institut seinen Posten hat. Eine Viertelstunde später schallen drei schwere Glockenschläge von San Guiseppe Capo le Case zu mir herüber, sechs mattere Schläge folgen. Dann hebt auch oben im Kapuzinerkloster, wo der Ordensgeneral seinen Sitz hat, und im Kloster auf Trinità di Monte und in San Andrea delle Fratte das Läuten an, und nun tönt und tönt es weiter, bis sich das Klingen wie Bienengesumme durch die ganze Luft verbreitet und man, wenn man Glück hat, wieder einschläft, um nach einer oder zwei Stunden später durch das Schreien der Zeitungsverkäufer alles Ernstes für das Tagewerk geweckt zu werden. Danach wirds nicht wieder still bis gegen Mitternacht. Ja, noch über diese hinaus hört man die zwei, drei, vier gewaltigen Schläge, welche die nachtschwärmenden Bewohner gegen die Hausthüren führen, um sich zu den verschiedenen Stockwerken der im Innern fast nirgend erleuchteten, meist ganz finstern Häuser den Einlaß und Licht für das Ersteigen der Treppen zu erklopfen. Rom ist viel lauter als Berlin geworden. Aber, obschon die Straßen reinlich gehalten werden — die Segnungen der Civilisation, ordentliche Wohnhäuser, reinliche Treppen mit Geländer, Hausklingeln und vollends Gasbeleuchtung in den Häusern fehlen Rom auch heute noch! Elende Stalllaternen, die an dünnen Stricken von den Decken niederhängen und immer wieder gestohlen werden, sind auch heute in den Fremdenwohnungen noch ein Luxus, wenn man sehr vereinzelte Fälle abrechnet, in denen es etwas besser ist. Und es ist die Unreinlichkeit der meisten Privathäuser, die mich bestimmt hat, den Winter in dem vortrefflich gehaltenen Gasthofe zu verweilen.

Von der Volkstracht keine Spur mehr in dem Volke selber. Sogar der Carretiere, der auf seinem überdachten Wagen seine Weinfässer von den Kastellen nach wie vor zur Stadt bringt, hat ein Ding an, das einmal ein Paletot gewesen ist, hat einen Hut vom Trödler auf dem Kopfe. Nur sein Spitz läßt sich noch sein altes Fell gefallen, und bisweilen hat der dienende Junge die haarigen Ziegenfelle zum Schutz der Beine noch behalten. Dafür aber putzen die begüterten Römerinnen ihre Ammen und Wärterinnen in den reichsten Albaneser- und sonstigen Kostümen aus, und auf der Spanischen Treppe so wie oben an der Ecke auf dem Wege nach der Porta Pinciana und vor einer der Kirchen in der Via Sistina kann man oft Gruppen von zehn, zwölf Modellen jedes Alters und von beiden Geschlechtern auf den Stufen und auf den Ecksteinen sitzen und herumliegen sehen. Aber — die Kultur hat auch sie beleckt. Sie sind Statisten und nichts weiter.

Vuole la mia fotografia? rief mir neulich ein bildschöner zwölfjähriger Junge nach, und hielt mir seiner Bildnisse ein ganzes Pack vor Augen. Die Frauenzimmer haben zu frieren gelernt, woran sie früher niemals dachten. Sie haben, was ihnen gewiß sehr heilsam ist, aber sehr komisch aussieht, bei schlechtem Wetter schottische Plaids und alte Shawls um; und neulich fand ich ein hübsches aber nicht mehr ganz junges Modellmädchen oben an der Ecke der Via Sistina so tief ins Lesen versunken, daß es die Augen nicht erhob, obschon ich dicht an ihm vorüberging. Wenn Ernst Meier, wenn einer der alten Römer, einer von benen, die schon die Alten waren, da wir Rom als Neulinge betraten, wiederkommen könnte! Ein lesendes Modell! Seinen Augen würde er nicht trauen.

Vuole? Wollen Sie? Das ist die eigentliche Parole des hiesigen, doch immer noch bunten und den Nordländer erfreulich überraschenden Straßenlebens. Vuole? rufen die an allen Ecken und Plätzen zahlreich vorhandenen Kutscher, die mit unfehlbarer Sicherheit den Fremden augenblicklich erkennen, während sie von rechts und links, ohne die Antwort abzuwarten, die Peitsche als Signal emporhebend, rasch auf uns zufahren und beängstigend dicht vor uns umwenden, wenn wir sie abwehrend von uns weisen.

Vuole? ruft auf dem Spanischen Platze der Bursche, der eine Reihe kolorirter Ansichten von Rom, den Papst immer an der Spitze derselben, wie eine Fahne vor uns niederschießen läßt! Vuole? fragt sein Nachbar, der Zündhölzchen zu verkaufen hat. Vuole? lächelt der alte Jude, der Couverts und Schreib= papier feilbietet. Vuole bei mandarini? (ein Dutzend für 40 deutsche Pfennige) Port in cas! (Ich bringe sie Ihnen in das Haus.) Vuole Mädäm! fragen die Krämer mit ihren offenen Kasten voll Mosaiken, Gemmen und Korallen geringer Art. Vuole Mädäm! und auf dieses Mädäm legen sie, als müsse es uns ein heimisch verlockender Klang sein, einen besonderen Werth und einen bewunderungswerthen englischen Akzent. Vuole Mädäm! Rose! Viole! Nespole! Narzisse! Gelso= mine! Vuole Reseda? — Ganz große Päcke für wenig Groschen! Ja, das ist der schwache Punkt!

Du stehst vor diesen Blumen auf dem Spanischen Platz immer wie Zerline im Don Juan! pflegte Stahr oft im Scherz zu mir zu sagen: Vorrei e non vorrei! (Ich möchte und möchte nicht), wenn seine Güte mit der Ausgabe von einigen Soldi meinen täglichen ökonomischen Bedenken ein rasches Ende machte.

Aber es ist ja für einen Nordländer auch gar nicht möglich, nicht zu wollen und nicht zu kaufen, wenn man ihm mitten im Dezember in goldenem Sonnenschein diese Fülle von Farben, diese Fülle von Duft entgegenbringt. Also das schmutzige Papiergelb — es gibt Scheine von 40 deutschen Pfennigen — und das noch schmutzigere Kupfer, für das ich mir einen eigenen Beutel zur Schonung meines Portemonnaies genäht habe, nur rasch hervor und Blumen in das Haus!

Und Vuole? rufen auch heute noch wie vor dreißig Jahren der Fruchtverkäufer und die Gemüseverkäuferin, der Fruttajole und die Erbajola, vor ihren offenen Läden, wenn sie, den feuerentfachenden Flederwisch in Händen, die Broccoli sieben, die Kastanien rösten, während die Granatäpfel in Viertheile aufgeschnitten, die Apfelsinen, die Birnen, die Aepfel neben den weichen Sorben von Neapel in den Körben liegen, und die Trauben, die Cerase Marina, die kleinen neapolitanischen Tomaten, mit Käsen, mit Würsten, mit Geflügel und mit allen möglichen andern Eßwürdigkeiten untermischt, an Schnüren, in langen Bündeln und Festons unter der Thürbrüstung, über den Fässern voll Häringen und Sardinen niederhängen.

Inzwischen hört man das Pfeifen von der Eisenbahn. Von allen Ecken fahren die Omnibusse, die Wagen zur Station hinauf. Ich zählte neulich elf Omnibusse in wenig Augenblicken auf der Piazza Barberina. Durch die sonst so stille Via di Tritone jagt es hinauf über den Barberinischen Platz nach den Thermen des Diocletian zum Bahnhof; während unterhalb des Platzes, vom Quirinal kommend, Victor Emanuel, der König von Italien, in schlichtem zweispännigem Wagen, er und sein Abjutant beide in bürgerlicher Kleidung, nach der Promenade auf den Pincio fährt. Helle Militärmusik, die dort wie früher von 3 bis 4 Uhr täglich sich vernehmen läßt, tönt durch die Luft. Die blau und gelben Federn auf den

Hüten der Bersaglieri, der Gebirgsschützen, flattern im leichten Winde. Hübsche Uniformen, glänzende Offiziere, Wagen, Reiter, Geistliche aller Orden, Jesuiten mit ihren Schülern, aber auch viele Lehrer und Lehrerinnen weltlicher Lehranstalten, die es früher hier nicht gab, ziehen an einander mit ihren Zöglingen zwischen der römischen Gesellschaft und der Fremdenwelt einher; und da unten liegt der Vatikan wie sonst, da unten hebt sich die Kuppel der Peterskirche wie sonst gegen den blauen sonnendurchglühten Himmel empor. Was mag man da drüben wohl denken, planen, hoffen? fragt man sich. Was wird noch alles vorüberziehen an dem stolzen Riesenbau dort drüben?

Aber es ist spät und mein Brief ist lang geworden. L'Italie! ruft eine Stimme aus. Il Corriere! La Capitale! Fanfulla! L'Indipendenza! tönt es von hier und dort. Vor elf Jahren hatte Rom nur zwei Zeitungen, wenn ich mich nicht irre. Rauhes, unmelodisches Singen, um es mit einem sehr unverdienten Euphemismus zu bezeichnen, klingt dazwischen. Die Tage der Mandolinen und der Ritornells sind wohl vorbei für Rom. Nur deutsche Männer habe ich hier neulich ein hübsches Ständchen einer deutschen Familie bringen hören. Aber trotzdem und alledem ist Rom doch Rom und wird es ewig, ewig bleiben!

Eilfter Brief.
Der Tod Victor Emanuels.

Rom, Hôtel Molaro, 5. Januar.

Eben jetzt, am 5ten Januar, da ich mich hinsetze, Ihnen mit den besten Grüßen und Wünschen in diesem Jahre den ersten Brief gen Norden zu senden, bricht durch das leichte Gewölk, welches den Himmel heute bisher bedeckte, die Sonne plötzlich hervor. Möge ihr helles Glänzen uns und allen, welche diese Briefe lesen, eine gute Vorbedeutung sein. Es hieße ja von den Ueberlieferungen des Bodens abfallen, auf welchem wir uns hier befinden, wenn man nicht an Vorbedeutungen glauben wollte und an Zeichen! Und warum auch nicht, sofern sie uns erfreuen?

Im Grunde stehen wir doch alle an des Neujahrs Pforte, wie die Kinder vor der verschlossenen Thüre des Gemaches, hinter welcher sie die Herrlichkeit des Weihnachtsbaumes erwarten; nur daß wir uns nicht mehr wie die Kinder sicher fühlen, unser Wünschen und Hoffen erfüllt zu sehen. Und doch hoffen wir! Ja, der Mensch muß nothwendig auf Etwas hoffen, selbst wenn er, zu wünschen aufhörend, nicht mehr weiß, worauf er eigentlich hofft. Und selbst „noch am Grabe pflanzt er die Hoffnung auf!"

Ich betreffe mich manchmal darauf, wenn ich hier durch die Straßen und vor die Thore hinausfahre, daß ich im tiefsten Innern den Gedanken hege: jetzt werde plötzlich irgend Jemand kommen, den zu treffen mir eine große Freude bereiten werde; oder ich werde unerwartet Etwas erblicken, das zu sehen mir ein ganz besonderes Vergnügen gewähren werde. Aber es kommt natürlich keins von beiden. Es sind das Augenblicke, in welchen das Freudebedürfniß der Jugend und die Resignation des Alters in uns gleichzeitig und ganz wunderbar lebendig sind, so daß man es mit Ueberraschung wahrnimmt, wie in unserem Wesen und in unserem Leben die Gegensätze aneinanderstoßen.

Donnerstag, den 9ten Januar, Nachmittags 5 Uhr. — Das Blatt war liegen geblieben — und heute? — Der Wunsch guter Vorbedeutung hat sich nicht erfüllt. Das Land, in welchem wir verweilen, ist in die tiefste Trauer versetzt worden — Victor Emanuel ist todt.

Am verwichenen Freitag, als wir um vier Uhr von der Passeggiata heimkehrten, fuhr er im offenen zweispännigen Wagen mit seinem Adjutanten dicht neben uns durch die eiserne Gitterpforte an der Villa Medici. Er sah wie die Gesundheit selber aus. Eine ältere Dame mit einem jungen Mädchen, ihrer Erscheinung nach den gebildeten Ständen angehörend, trat an den Wagen heran, das Mädchen überreichte einen Brief, der König nahm ihn selber ab. Als die Kutsche dann nach dem Umbiegen wieder an uns vorbei kam, hielt er denselben geöffnet in der Hand und las ihn.

Am folgenden Tage schon hörte man, der König, der eben von Turin gekommen, wo seine Gemahlin schwer darniederlag und wohin er eben deshalb zurückzukehren gedachte, sei selber ernstlich erkrankt. Aber obschon die Berichte sich mit jedem Tage beunruhigender gestalteten — man hoffte doch, die starke Natur des Königs werde den Sieg davon tragen. — Man hoffte, was man wünschte.

Heute war ein trüber Tag, einer jener Tage, in denen ein langwährender Scirocco in Tramontane übersetzen will und bei denen die kalte Feuchtigkeit unangenehm empfindlich ist. Es war ein Gewitter gewesen, hatte geregnet, gehagelt. Es waren wenig Leute hier oben auf der Straße. Ich kam um drei Uhr aus dem Hause. Wenig Schritte von demselben traf ich einen schon lange in Italien ansäßigen Engländer mit seiner in Italien geborenen Tochter. Er sah sehr traurig aus, das junge Mädchen schwamm in Thränen.

„Vor einer Viertelstunde ist der König gestorben!" sagte er mir, „ich will nach Hause, es erschüttert mich aufs tiefste." — Es fiel auch mir aufs Herz.

> Rasch tritt der Tod den Menschen an!

sangen die Mönche im Wilhelm Tell. Und das schwer lastende

schmerzlich bange Gefühl, das den Einzelnen in einem Hause überfällt, in welchem ein Menschenleben erloschen ist, lagerte sich mit gesteigerter Gewalt über die Stadt und über das Land, das in seinem Könige den Mann verloren hat, unter dessen entschlossener Führung es sich aus der Zerstückelung zur Einheit, aus der Ohnmacht zur Kraft, aus der Gewalt der Frembherrschaft zur Selbständigkeit herausgearbeitet, und begonnen hat, sich auch aus der geistigen Knechtschaft zu befreien, in welcher es seit Jahrhunderten mehr und mehr die Errungenschaften seiner großen Renaissance=Zeit hat einbüßen müssen.

Mein Weg führte mich in die Stadt hinunter, ich traf verschiedene Bekannte. Alle hatten das Wort auf den Lippen: der König ist todt! Alle bedauerten seinen frühen Hingang. Selbst ein entschiedener Gegner der jetzigen Zustände, ein unbedingter Anhänger des Papstes und der weltlichen Herrschaft desselben, sagte: „Der Papst wird das Ende des Königs bedauern. Es war nicht Victor Emanuel's Wille, der dem Papste anthat, was ihm geschehen ist. Der König fügte sich einer ihm hart fallenden Nothwendigkeit, und der Papst hat ihm gestern seinen Almosenier geschickt, ihm seine Vergebung zu verkünden. Er war ein guter Katholik und ist gestorben wie ein solcher!"

Wenn das wahr ist, und Viele behaupten, daß es wahr sei, um so größer das Verdienst des Königs, daß er sich zum Vollbringer dessen machte, was Italien bedurfte, daß er den Willen des Volkes, das Verlangen der Gesammtheit höher achtete, als sein eigenes Wünschen, als seine persönliche Meinung; daß er sich, wie unser alter Fritz, als den ersten Diener des Staates, und, wie unser Kaiser Wilhelm, als die Wacht betrachtet, die das ihm anvertraute Schützeramt mit nicht wankender Treue und auch mit Selbstverleugnung übt.

Man muß es mit erlebt haben, als Augenzeuge es erlebt haben, was Italien vor einem Menschenalter war; man muß die erschreckende Unwissenheit der unteren Volksklassen in Genua vor dreißig Jahren beobachtet, man muß das bleierne, angstvolle Schweigen, das scheue Mißtrauen gekannt haben, das damals auf der Lombardei lastete; man muß die Verzweiflung im Stillen haben knirschen hören, mit welcher man 1846 hier in Rom in den Zeitungen von den Hinrichtungen in der Romagna, von den Hinrichtungen der beiden Brüder Baniera, die Kunde las, um zu wissen, welche Erinnerungen der Tod Victor Emanuel's in den Herzen der Italiener wachruft, um zu begreifen, wie wahr die Worte des tiefsten Schmerzes sind, in denen heute die Zeitungen dem Empfinden des Volkes Ausdruck geben, das erst unter diesem Könige wieder zu einem selbstherrlichen Volke geworden ist. Man muß die Männer, die unter ihm gekämpft haben, erzählen hören, wie er sich rückhaltslos in den Schlachten preisgegeben, um zu verstehen, wie man ihn den besten Italiener heißen konnte.

Als am Tage von San Martino — so erzählte uns einmal ein Augenzeuge — die Position kaum haltbar schien und alles von dem Besitze San Martinos abhing, setzte der König sich selber an die Spitze der stürmenden Kolonnen und rief den Truppen lachend in piemontesischem Dialekt die Worte zu: „Jungens! wenn wir nicht San Martino nehmen, werden sie uns San Martino machen!" und man erzwang den Sieg. Der Martinstag ist eine der Ziehzeiten in Italien, in denen zahlungsunfähigen Miethern, wie überall, ein kurzer Prozeß gemacht und sie hinausgeworfen werden.

Wie in einem Trauerhause ward es still in der Stadt. Die Musik auf dem Monte Pincio verstummte plötzlich. Alle Läden, selbst die Kaffeehäuser, wurden geschlossen. Hier oben bei uns in den Straßen standen einzelne Gruppen vor den Werkstätten in ernstem Gespräche bei einander, hinaufblickend zu dem Quirinal und seiner gesenkten Flagge. Unten im Corso, wo die Menschen durch einander wogten, überall lebhaftes aber leises Sprechen. Wagen nach Wagen fuhren zum Quirinal hinauf, wo die dichtgedrängte Menge ihnen kaum das Durchkommen gewährte.

Und nun? — Eine Fermate in der an Dissonanzen so überreichen Harmonie, die wir die Weltgeschichte nennen. Ein Moment, der uns zum Rückwärtsblicken, zum Erinnern zwingt. Ein warmer Herzschlag der Verehrung für ein stillstehendes Königsherz, dessen Streben, dessen Ziele mit den unseren zusammenfielen. Ein Dank, daß er verwirklichen helfen, was wir in unserer Jugend für Italien wie für uns selbst ersehnten; daran sich knüpfend die Hoffnung, daß das für Europa und damit für die Menschheit so wichtige gute Einvernehmen zwischen Deutschland und Italien, die gleichzeitig zu ihrer Einheit gelangt sind, fortbestehen, wachsen und sich kräftigen möge. Und Victor Emanuel wird eingereiht werden in die Namen der guten Regenten, welche die Geschichte zu verzeichnen hat, und wie vor dem Standbilde Marc Aurel's, das auf dem Capitol seine Hand noch heute segnend über das Land ausbreitet, werden kommende Geschlechter voll Verehrung stehen vor dem Standbild Victor Emanuel's — des ersten Königs von Italien.

Zwölfter Brief.
Noch einmal Rom und Jetzt und Einst.

Rom, 18. Januar 1878.

Das Begräbniß Victor Emanuel's ist in schöner, würdiger Feier vorübergegangen. Noch flattern die italienischen Fahnen mit den schwarzen Kreppstreifen von den Fenstern nieder, Fremde und Landvolk und Militärs aus allen Theilen von Italien fluten durch die Straßen und über die Plätze. Ueberall riecht es nach den Lorbeerzweigen, die man gestern über den Sarg und vor demselben niederwarf und streute, und von denen heute noch die einzelnen Zweige unter dem Tritt der Menge ihren Duft verbreiten. Indeß das Alltagsleben tritt bereits wieder in sein gewohntes Recht. Die Menschen sind, sofern sie arbeiten, zu ihrer Arbeit, die Müßigen und die müßigen Fremden zu ihrem hinschlendernden Genießen zurückgekehrt. „Mondo!" (das ist der Weltlauf) pflegte unsere Signora Lucia vor Jahren zu sagen, und auch wir haben heute wieder einmal in dem herrlichen Wetter eine der Ausfahrten gemacht, bei denen die weite Umschau etwas Herzbefreiendes hat.

Wir waren nach der Villa Pamfili hinaus- und hinaufgefahren. Sie ist als Parkanlage und um ihrer Aussicht wegen eben so die schönste Villa, wie Villa Albani, die jetzt der Fürst Torlonia besitzt, die schönste der Villen ist in Bezug auf die Pracht und stilvolle Vornehmheit des Schlosses und der andern Baulichkeiten — abgesehen von den Kunstschätzen, die sie in sich schließt.

Aber nicht nur der Aufenthalt in Villa Pamfili ist ein Genuß; schon der Weg durch die Stadt vom Monte Pincio bis Ponte Sisto ist ein Vergnügen. Er bringt einem das ganze Rom des 16. und 17. Jahrhunderts in so auffallender Weise vor Augen, daß man sich unwillkürlich, von dem freilich in der Menschennatur begründeten Verlangen ergriffen fühlt, das Unmögliche möglich zu machen. Man möchte den entfernten Freunden mit der Feder begreiflich machen, oder eine Vorstellung davon geben, was an Rom so durchaus anders ist als an allen andern Orten. Man weiß, daß man dies nicht kann, und vermag es doch nicht, den Versuch zu unterlassen.

Zunächst hat Rom nur sehr wenige lange, grablinige Straßen, und auch diese sind im Verhältniß zu den Straßen der neueren und zu denen vieler alten Städte äußerst schmal. Wie die mit dem Auge nur schwer zu verfolgenden Linien einer orientalischen Arabeske, so schlingen und winden die kurzen, engen Gassen sich in- und durcheinander. In Zeit von zehn Minuten ist man um sechs, acht Straßenecken gebogen, durch so und so viel Winkel, über so und so viel kleine Plätze gefahren: alle einander ähnlich an Eigenartigkeit, alle von einander verschieden in derselben. Häuser, die den Namen von Häusern in unserm Sinne gar nicht verdienen. Hohe glattwandige Kasten mit schmalen Fenstern. Die einen mit so dicken, schwarzgrün angestrichenen, mit Eisenstangen und eisernen Buckeln beschlagenen Thüren, mit schwarzen, schweren eisernen Klopfern daran, daß man Grabgewölbe oder Pulverkammern dahinter vermuthet. Sie müssen nothwendig aus Zeiten herstammen, in denen jedes Haus sich gelegentlich gegen Aufläufe und Straßenkämpfe zu vertheidigen hatte. Dann wieder Häuser, im Erdgeschoß ganz offen, mit höhlenartigen Räumen unterwölbt, in deren unergründlicher Finsterniß, gegen das Licht hin, sofern dasselbe überhaupt in diese engen Gassen und Spelunken jemals bringen kann, alle ersinnlichen Gewerbe und Hantirungen getrieben werden. Hier eine, in irgend eine Ecke oder in die grade Straßenreihe hineingebaute Kirche mit verfallener Treppe, mit verloschenem Freskobilde über dem Portale; schräg über, ein paar Schritte weiter, wieder eine solche oder eine große und stattliche Kirche. Dann eine lange, lange Mauer. Ueberall wuchert aus ihrem Mörtel üppiges Geranke lustig hervor. Färber trocknen davor an aufgestellten Stangen dicht am Fahrweg ihre Wollen und gefärbten Stoffe, oder Wäscherinnen und Familien ihre Wäsche, während über die Mauer Cypressen und Orangenbäume emporragen, in deren Zweigen die goldenen Apfelsinen und Mandarinen zwischen den glänzenden Blättern funkeln. Drüben ein Einblick in den feuchten, säulenumgebenen Hof eines ehemaligen Palastes mit dem nie fehlenden, von Venushaar umrankten sprudelnden Wasserquell, und über den mit schwerem, oft sehr schönem eisernem Gitterwerk versperrten Fenstern des Erdgeschosses, aus den Fenstern der oberen Gestocke, zum Lüften und Trocknen aufgehängt, ein unsagbarer Plunder von alten Röcken, Hosen, Betttüchern und Gott weiß was noch alles!

Von Bürgerstiegen im Innern der Stadt gar keine Spur. Man hat zu sehen, wie man durchkommt durch das Gedränge der kleinen und größern zweirädrigen Karren, auf denen die ganze Zufuhr für die große volkreiche Stadt besorgt wird, sofern sie nicht zu Wasser geschieht — wo sie doch auch noch der Weiterbeförderung durch die Karren bedarf.

Sie wollen vorwärts? Da knarrt ein Eselwagen, thurmhoch mit Wasserrüben, mit Rabies, mit anderm Grünkram beladen, auf dessen Gipfel der Fuhrmann liegt. Maulthiere mit Schellen und buntem Feder- und rothem Wollbüschel-Schmuck, die Holz und Kohlen zur Stadt bringen, fahren mit den Botti, den zahllosen offenen Straßenkabriolets zusammen, und versperren der prächtigen Equipage einer Fürstin den

Weg, daß auch wir halten müssen, und Zeit gewinnen, drüben an dem alten verfallenen Gebäude die prächtige Marmortafel zu bemerken, und die pomphafte Inschrift zu lesen, wie einst der und der Pontifex Maximus (Papst) aus dem oder jenem vornehmen Geschlechte, hier an dieser Stelle, diese oder jene Verschönerung oder Verbesserung ausgeführt hat. Endlich wird auf das Einschreiten der Stadtpolizisten, mit ihren flatternden bunten Federbüschen an den Hüten, Luft geschaffen, für die schon lange wartenden Omnibusse. Die Menge, die sich gestaut hat, kommt vorwärts; und das Lärmen, Schreien, Hausiren, wie ich es Ihnen neulich beschrieben, hebt wieder auf das Neue an.

Das geht so fort, bis man endlich, die Mauern der Stadt verlassend, in das Freie kommt!

Nun verbreitert sich der Weg! Nun sieht man Licht! Nun überwölbt uns plötzlich ein Himmelsdom, so blau, wie ihn der Norden niemals sieht. Ein heller, heißer Sonnenschein umfluthet uns. In dem frischen Luftzug, der von dem weiß beschneiten Gebirge über die weite Fläche der Campagna her=
überweht, wiegen sich die Zweige der immergrünen Bäume. Die dicken, phantastisch aneinander gereihten Scheiben des Feigenkaktus setzen schon neue Früchte an, die neue Mispel=
blüthe verbreitet ihren vanillenartigen Geruch. Die starre Aloë läßt die Riesenstengel ihrer letzten Blüthe wie bewimpelte Masten gen Himmel steigen. Sie schauen stolz hinab auf die niedere, unzählbare Schaar von dunkelroth und weiß blühenden Maßliebchen und Tausendschön, welche, als die Vorläufer der Anemonen, jetzt schon überall zu Tage kommen, wo nur ein Stückchen Rasenland zu finden ist.

So geht es den Weg zum Janiculus hinauf:

Wo fünfströmig hervor aus der Pracht der Marmor-Arkaden
Stürzet der Paola Fluth, nieder ins Becken mit Macht.

Seit wir vor elf Jahren hier gewesen sind, ist dieser Weg in eine weit schönere und breitere Straße verwandelt worden, die man so gemächlich hinauffährt wie die Viale bei Colli in Florenz; und wie oft man auch hier oben an dem Riesenbecken der Aqua Paola gestanden haben mag, ihr Rauschen, ihr Wellenschlagen, ihre Frische und das Funkeln der Sonnenstrahlen in und über ihrem Wasser, haben immer wieder etwas Wundervolles. Immer wieder betreffe ich mich vor all diesen römischen Fontainen auf Stahr's Worten:

> Wie vielen Herzen hat der Quell gerauscht!
> Wie vielen Herzen wird der Quell noch rauschen!

Hier oben vor Porto S. Pancrazio, in den Gärten und Gehegen der Villen Giraud, Savorelli, Doria Pamfili, und vor allem in dem, und um das kleine Vascello ist 1849 der verzweifelte Kampf der Italiener gegen die Armee der Franzosen gekämpft worden, welche sich während des Waffenstillstandes verrätherisch aller festen Plätze bemächtigt hatten. Hier hat Garibaldi sein letztes Hauptquartier gehabt, und Via Garibaldi heißt jetzt die Straße, welche man nach Villa Pamfili hinauffährt. Es sind schöne Gartenanlagen auf dem kleinen abgeplatteten Platze, unterhalb dem noch in Trümmern liegenden Vascello, angelegt worden, von denen das Auge mit Entzücken die Stadt in allen ihren Theilen, die Campagna und die jetzt mit Schnee bedeckten Gebirge überschaut. Aber während in der Villa Pamfili Doria noch immer das schlimme Marmordenkmal steht, mit welchem der Besitzer der Villa, Fürst Doria, das Andenken der hier im Kampfe gegen die italienische Einheit gefallenen Franzosen feiert, bezeichnet auf der Via Garibaldi, unterhalb der Villa Corsini, jetzt eine schöne Marmortafel die Kampfesstätte, auf welcher die Massimo, Menara und viele Andere mit ihnen, ihr Herzblut und ihr Leben dem Vaterlande opferten. Ihre Inschrift lautet in der Verdeutschung: „Wenige gegen eine sehr große Anzahl, ohne Hoffnung zu siegen, kämpften hier, die nicht aus der Art geschlagenen Söhne von Rom und von Italien, unter Garibaldi's Führung einen ganzen Monat lang. Ein Beispiel für die kommenden Geschlechter, daß den Feind nicht zählt, wer für die Freiheit streitet und für das Vaterland. Belagerung von Rom 1849. Gestiftet von den Nichtwählern des 5. Bezirks 1875."

Die Angabe, daß die „Nichtwähler" diese Denktafel den Gefallenen errichtet, verkündet, daß die unbemittelteren Bürger von Trastevere sie gestiftet haben, da das Wahlrecht an einen bestimmten Census geknüpft ist.

Zwei ähnliche Tafeln befinden sich an der Stadtmauer zwischen Porta Pia und Porta Salara, an den Stellen, an welchen die Italiener 1870 in Rom eindrangen. Die Stadtmauer ist erneuert in der Gegend. Die Inschrift der ersten Tafel, von Porta Pia aus, lautet: „Die Namen der italienischen Soldaten, welche, die Einigkeit ihres Vaterlandes mit ihrem Blute besiegelnd, hier am 20. September 1870 ruhmvoll fielen, weiht und überliefert die Nationalgarde von Rom der Geschichte."

Die zweite trägt die Worte: „Durch diese Mauer zog das siegreiche italienische Heer am 20. September 1870 in Rom ein, die lange gehegten Gelöbnisse und Wünsche der Römer erfüllend, und dem Lande Italien den Besitz seiner Hauptstadt sichernd. Zur dauernden Erinnerung an diese Thatsache stiftete die Kommune diese Tafel am 4. Juni 1871."

Wer sie gekannt hat, die Männer, deren ganze Seele an der Erreichung dieses Zieles hing: die Pellico, Mazzini, Garibaldi, Cernuschi, Mannin, und so viele, ihrer weniger hervorragenden Gesinnungsgenossen; wer noch die Zeiten erlebt hat, in denen Silvio Pellico und Maroncelli auf dem Spielberg unter haarsträubenden Leiden schmachteten, und jene späteren Tage, in denen vornehme mailändische und venetianische Frauen ihre Vaterlandsliebe in Kerkerzellen büßten, kann nicht ohne tiefe, freudige Bewegung vor diesen Tafeln der Geschichte stehen. Aber er wird auch vor ihnen, wenn er ein Deutscher ist, mit seinen Erinnerungen in das eigene Vaterland, in die Zeiten von 1815—1866 zurückversetzt, in welchen es in Deutschland ebenfalls je nachdem für Schwärmerei oder für ein Verbrechen galt, die Einigung Deutschlands herbeiführen zu wollen, auf die nothwendige Errichtung eines mächtigen Deutschen Reiches hinzuarbeiten und auf das große Deutsche Kaiserreich zu hoffen. Es hat auch in unserem Vaterlande nicht an Märtyrern aller Art gefehlt!

In einem meiner nächsten Briefe schreibe ich Ihnen einmal von einer Opern-Aufführung, der ich dieser Tage im Theater Apollo beigewohnt und von der ich einen sehr sonderbaren Eindruck mit nach Haus genommen.

Dreizehnter Brief.
Historisches Erinnern.

Rom, am 28. Dezember 1877.

Niemals bin ich hier in Rom, durch die Via di Venti Settembre gegangen, die nach der Porta Pia und den Diokletiansthürmen hinauf führt, ohne des erhaben trotzigen Ausspruchs zu gedenken, des stolzen „e pur si muove!", das ich einst erschütterten Gemüthes an dem großartigen Denkmal Galilei's las, als ich vor zweiunddreißig Jahren zum erstenmale die geweihten Hallen der Kirche von Sta. Croce in Florenz betrat. Daneben taucht dann auch gleichzeitig in meiner Seele immer wieder der schöne Herbstmorgen auf, an welchem uns in dem kleinen märkischen Städtchen Eberswalde, vor sieben Jahren der elektrische Funke die geflügelte Botschaft brachte: „Die Italiener sind in Rom eingerückt, die dreifarbige Fahne flattert von dem Capitol, Pius der Neunte hat sich in die Engelsburg geflüchtet, die weltliche Macht des Papstes ist gestürzt!"

So lange man diese Wandlung auch erwartet und ersehnt, sie hatte damals doch noch etwas Ueberwältigendes, und die Art und Weise, in welcher sie sich vollzog, gab ihr das Gepräge eines ethischen Gerichtes. Denn vor den Mauern von Metz und von Sedan, an den Ufern der Mosel und der Maas hatten die Deutschen den Stoß gethan, der den päpstlichen Königsthron in dem Augenblick zertrümmerte, in welchem der Papst ihn auf dem Infallibilitätsdogma höher und fester als je zuvor zu gründen glaubte. Der alte Kampf zwischen Deutschland und Rom, zwischen deutschem und römischem Geiste war anscheinend am 1. September für Deutschland siegreich ausgefochten; der alte Kampf der Welfen und Ghibellinen hoffentlich für immer beendet worden; und was in diesem Jahrhundert ein deutsches Fürstengeschlecht, was das Haus Habsburg und Lothringen an den Italienern gesündigt, das hatten die deutschen Völker auf den böhmischen und französischen Schlachtfeldern jetzt vollauf gesühnt. Italien war geeinigt. Deutschland vollzog die That seiner staatlichen Einigung, und deutschem Geiste, dem Geist der freien Forschung, der freien Entwicklung, dem Geiste der wahren Menschlichkeit und bürgerlichen Gesittung, wird jetzt von den stolz wallenden Wogen der Ost- und Nordsee bis zu den schönen südlichsten Inseln des Mittelländischen Meeres voraussichtlich keine Schranke mehr gesetzt sein.

Vor zweiunddreißig Jahren aber sah es in dem vielfach

zerſtückelten, geiſtig geknechteten Italien freilich anders aus als jetzt, und es war damals keine Uebertreibung in dem Ausſpruch eines meiner Bekannten, daß man in Italien nicht zwei Stunden fahren könne, ohne von einem Beamten die Worte: Dogana und Passaporto zu hören.

Ich war im Herbſte 1845 vom Simplon nach dem Lago maggiore gekommen. Wir fielen alſo mitten in die Herrſchaft des öſterreichiſchen Polizeiſtaates und des politiſchen Mißtrauens hinein; und wenn damals in Deutſchland die Beläſtigung mit den Aufenthaltskarten und Paßbeſcheinigungen in den verſchiedenen Ländern und Städten auch noch groß genug war, ſo war ſie in der Lombardei geradezu unerträglich. In jedem Orte, in dem man übernachtete, wurden die Päſſe abgefordert und viſirt. Das koſtete jeden Abend einen oder mehrere Liren, und da die Taxe für das Viſa in den verſchiedenen Orten nicht gleich war, ſo war man obenein in das jemalige Belieben des Gaſtwirths, des Lohndieners und des Polizeiboten gegeben, die Einem gelegentlich Abends um neun Uhr den Paß abnahmen, um ihn am Morgen im letzten Augenblick vor der Abreiſe zurückzubringen, in welchem man die Möglichkeit eines Einſpruches gegen Uebervortheilung gar nicht mehr beſaß. Am Ende eines vierzehnmonatlichen Aufenthaltes in Italien war es uns beluſtigend, das Paßbüchelchen durchzuſehen, und nachzurechnen wie viel Leibzoll wir gezahlt hatten. Die Zahlen ſind mir entfallen, ſie waren aber ſo hoch, daß man, um Glauben zu finden, das Buch vorlegen mußte. Und dazu kam noch das Viſitiren nach verbotenen Büchern ꝛc. Man brauchte kaum ein Reiſetagebuch zu führen. Die Paßviſitationen vermerkten jeden Aufenthalt von ein paar Stunden und jedes Nachtquartier, ja faſt jedes kleinſte Städchen, durch deſſen Thore man ein- und ausgefahren war.

Die erſte große italieniſche Stadt, in welcher wir einen

längeren Aufenthalt machten, war das vornehme Mailand. Es war voll von österreichischen Soldaten und Polizeibeamten, und das Kastell auf der Piazza b'Arme streckte aus seinen Schießscharten die Kanonenschlünde über die Weitung des Platzes aus, auf dem österreichische Korporale, den Prügelstock an der Seite, vom frühen Morgen bis zum späten Abend deutsche, sclavische und ungarische Soldaten exerziren ließen. Die italienischen Soldaten wurden meist außerhalb Italiens verwendet, wie man uns sagte.

Ich hatte mein Italienisch an Silvio Pellico's unvergleichlicher Schilderung seiner Gefängnißleiden erlernt, welches Buch, um seiner erhabenen Einfachheit willen, seitdem eines meiner Lieblingswerke geblieben ist; und die Worte: „Il venerdi 13 ottobre 1820 fui arrestato a Milano e condotto a Santa Margherita" (am 13 Oktober 1820 wurde ich in Mailand verhaftet und nach Sancta Margherita geführt), mit denen er seine Schilderung anhebt, waren mir lebhaft gegenwärtig, als ich in Mailand ankam. Ich wollte also die Gefängnisse von St. Margherita sehen, mit ihren „camere di là, camere di quà" (Zellen hier, Zellen dort), wie das zu einem Gefängniß eingerichtete ehemalige Nonnenkloster sie aufwies. Ich wollte wo möglich die Zelle sehen, in welcher man Silvio gefangen gehalten und in der er durch den sanften traurigen Gesang eines ebenfals eingesperrten jungen Frauenzimmers, durch das:

„Chi rende alla meschina
La sua félicità?"

(wer giebt der Unglücklichen ihr verlorenes Glück zurück?) so erschüttert und so gerührt worden war.

Wir, d. h. meine ältere Reisebegleiterin und ich, waren in dem damals von Deutschen besonders gern besuchten Hotel

Reichmann auf dem Corso bi Porta Romana abgestiegen, hatten dort unerwartet einen Bekannten von mir, den berühmten Zoologen Staatsrath Karl von Bähr aus Petersburg getroffen, der früher in meiner Vaterstadt Königsberg Professor gewesen war, und da er gleich uns darauf aus war, Mailand kennen zu lernen, machten wir uns in der Regel des Morgens gemeinsam mit dem Plane in der Hand auf unsere Wanderungen. Dabei sollte es denn endlich an einem Mittage auch nach St. Margherita gehen; und da wir uns nicht hinzufinden vermochten, fragten wir Vorübergehende um unsern Weg. Aber während man uns sonst auf ähnliche Fragen stets sehr freundlich und dienstwillig Bescheid gegeben hatte, sah man uns bei diesem Ansuchen mit Verwunderung an; und als ich endlich auf die Erkundigung: „Was suchen Sie in St. Margherita?" unumwunden die Antwort gab, ich wolle sehen, wo „der Pellico" gefangen gewesen sei, verneigte der Gefragte sich kurz und meinte, er bedaure, mir nicht dienen zu können.

Am Abend sprachen wir davon mit unserm Wirth. Der zuckte mit den Schultern. „Sie sind in Mailand, meine Herrschaften!" sagte er. „Hier ist eine andere Luft als bei uns jenseits der Alpen. Man darf hier Niemand um solche Namen fragen. Einer hält den Andern hier für einen Spion; das ungeheure Mißtrauen der Regierung macht hier Jeden vorsichtig. Man weiß wirklich nicht, wie das hier einst noch werden wird. Sie können sich ja immer das alte Klostergebäude von außen betrachten, wenn Sie das interessirt, aber fragen Sie nicht nach Pellico: Sie könnten sich in der That Verdrießlichkeiten damit zuziehen!"

Mailand sah übrigens damals sehr reich und glänzend aus. Die Abendfahrt im Giardino publico zeigte eine sehr elegante Gesellschaft. Vor dem adeligen Kasino, der Scala gegenüber, saßen schöne, vornehme Männer in dem Café; in den Logen der Scala bewegte man sich frei und heiter wie in einem Gesellschaftskreise, denn die Logen waren zum großen Theil hypothekirtes Eigenthum der Familien, die sie inne hatten; aber Mittags und Abends zogen unter Trommelschall österreichische und ungarische Soldaten in beträchtlichen Massen durch alle Hauptstraßen der Stadt, als sollten die Einwohner es nicht vergessen, in wessen Hand und Macht sie wären. Und es waren keine freundlichen Blicke, mit denen man die Soldaten begleitete.

In Genua, wo wir wie in Florenz längere Zeit und in größerer landsmännischer Gesellschaft verweilten — außer Herrn von Bähr war noch der gelehrte und liebenswürdige Kunstforscher Geheimrath Schnaase mit den Seinen zu uns gestoßen — athmete man freier auf. Das Militär in Genua bestand aus Eingeborenen. Von den unheimlichen täglichen Märschen durch die Straßen war keine Rede, dafür wimmelte die Stadt aber von Mönchen; und bei den verschiedensten Anlässen hatten wir Gelegenheit zu merken, wie das Lesen zu den Dingen gehörte, mit deren Kenntniß die handarbeitenden Stände nicht, oder doch nur sehr ausnahmsweise, gesegnet waren. Dabei waren die Schiffer und Arbeiter im Hafen auffallend streitsüchtig, alltäglich sahen wir die heftigsten Schlägereien vor unseren Fenstern und die Stille, das gefällige Betragen, die höfliche und gute, ja poetische Redeweise der Florentiner fiel uns nach der Roheit der Genueser später doppelt angenehm auf. Um mir einen jungen schlanken Dänen zu bezeichnen, der öfter bei mir gewesen war und dessen Namen sie nicht wußte, nannte ihn unsere Florentiner Wirthin: „jener Jüngling hoch und schlank wie der Campanile!" — (Der schöne Glockenthurm am Dome.)

Florenz hatte damals auf seiner Oberfläche noch etwas

träumerisch Friedliches. Es war noch die Stadt der Blumen; und wenn man im Giardino Boboli hinter der großherzoglichen Residenz, durch die langen, schattigen Alleen von immer grünen Eichen an den langen Taxuswänden hinging, wenn die Marmorgebilde so feierlich aus dem Grün hervorsahen, wenn von den Blumenterrassen der Heliotrop und die Tuberosen und das Zitronenkraut dufteten, und von der Höhe des Gartens die prachtvolle Kuppel des Domes und der stolze Thurm des Palazzo Vecchio sichtbar wurden, so vergaß man unwillkürlich, in welcher Zeit man lebte. Man vergaß das neunzehnte Jahrhundert, man vergaß die politischen Kämpfe, die Zahl der Märtyrer, welche die verschiedenen revolutionären Erhebungen in den verschiedenen Staaten der Halbinsel in den Tod und in die furchtbarsten Kerker geschickt hatten — und man sagte sich, dieser Garten, diese Natur, und die von ihnen erzeugte Stimmung müßten es gewesen sein, die Goethe einst für seinen Tasso die Schilderung von Bel Riguardo eingegeben hätten. Es war äußerlich ein von allem Gegenwärtigen verschiedener Eindruck, eine in das Leben getretene, völlig eigenartige Welt voll Poesie und bestrickendem Zauber.

Unter dieser sanften Oberfläche barg sich aber in den Kreisen der gebildeten und gelehrten Männer eine lebhafte Betheiligung an den Bestrebungen für die Wiedergeburt Italiens; und in den Seitenzimmern des Café Vieusseux fand sich eine Gesellschaft zusammen, die es wußte, daß sie, wenn auch mit verschleierter Strenge, genau beobachtet wurde. Eines der Mitglieder dieses Kreises, Doctor Thomas Gar, ein Trientiner, hatte länger in Berlin gelebt und war mir bekannt. Später ist er als Oberbibliothekar der Bibliothek von S. Marco in Venedig gestorben. — Im Uebrigen waren die Paßvisitationen und die Zoll- und Polizeiüberwachung im Großherzogthum Toscana ebenso peinlich wie in der Lombarbei und wie in Piemont, und von dem Augenblick ab, in welchem man das päpstliche Gebiet betrat, wurden diese Uebel wo möglich nur noch ärger.

Es war in dem letzten Lebensjahre Gregor's des XVI., und der finstere, mißtrauische Sinn dieses beschränkten, aber gelehrten Kamalbulensermönches lag wie ein Bann über Rom und dem Kirchenstaate. Eben erst war eine revolutionäre Erhebung in der Romagna niedergeworfen worden, zahlreiche Todesurtheile waren vollstreckt. Die beiden Brüder Baniera, Söhne eines unter österreichischen Fahnen in Venedig dienenden Generals, waren hingerichtet worden, die Gefängnisse und die Galeeren waren voll sogenannter politischer Verbrecher. In Rom mißtraute Einer dem Andern, und die gerade in jenem Winter sehr zahlreiche und glänzende Fremdengesellschaft erhielt oft von den mit ihr verkehrenden Italienern heimliche Winke, sich vor dieser oder jener Person in Acht zu nehmen. So fanden sich denn auch zu dem großen Kreise von Fremden, welcher in dem Hause einer reichen und gelehrten Kölnerin, der Frau Sybille Mertens Schaafhausen, seinen Mittelpunkt hatte, allmälig allerlei Personen von anderen Nationen heran. Griechen, Serben, Franzosen, die sich auf ihren Visitenkarten Ritter aller möglichen, fremden und päpstlichen Orden nannten, die bei allen großen Kirchenzeremonien in sehr auffallenden, nirgend heimischen Uniformen und immer in erster Reihe zu sehen waren, und über deren Woher und Wohin sehr unklare Berichte im Schwunge gingen. Von Einem oder dem Andern derselben pflegte der gelehrte Abbate Matranga, einer der Kustoden der Vatikanischen Bibliothek, der zu meinen näheren Beamten gehörte, mir wol gelegentlich zu sagen: „badate Signorina! è una Spia!" — (Nehmen Sie sich in Acht, Fräulein, er ist ein Spion!) — Ganz dasselbe sagten andere Personen aber wieder von dem

liebenswürdigen Matranga selbst, und wer etwa staatsgefähr=
liche Geheimnisse zu verbergen gehabt hätte, dem hätte es
recht unheimlich in einer so beschaffenen Gesellschaft sein
müssen. Päpstlich gesinnte Personen warnten mich vor meinem
Arzte, Dr. Pantaleoni, einem bedeutenden und freisinnigen,
sein Vaterland liebenden Manne, der später lange im Exil
gelebt hat. Jetzt nach dem Einrücken der Italiener in Rom
hat die gewählte Giunta ihm, einem der ersten Chirurgen, die
Sorge für die ganze Medizinalpolizei übergeben — und in
dem Bereiche der Sanitätspolizei wird in dem furchtbar ver=
sumpften und verpesteten Rom Etwas zu schaffen sein!

Die einflußreichsten Personen in Rom waren in jenen
Tagen der Barbier des Papstes und dessen Frau. Sie hatten
einen nahen Verwandten, der einen Handel mit feinen Eß=
waaren auf dem Corso betrieb (einen pizzicarolo), dessen Zu=
spruch außerordentlich war. Es gab täglich neue Geschichten
über die gefährlichen Geheimnisse, welche durch diesen Mann,
und durch den Barbier und dessen Frau, dem Papste bekannt
geworden waren; und dann wieder andere Erzählungen darüber,
wie berühmte italienische Künstler dieses Delikatessenhändlers
Frau gemalt und beschenkt hätten, um bei irgend welchen
Arbeiten für die Kirchen verwendet zu werden. Ob dies wahr,
ob es unwahr sei, würde schwer zu beweisen sein; die Mög=
lichkeit dieser Gerüchte bewies aber für die Zustände um so
mehr. Man sprach von dem Vermögen, das jener päpstliche
Barbier durch die Bestechungen gemacht haben sollte, die man
an ihn wendete; und Alles, was man Schlimmes und Un=
würdiges von den großen Würdenträgern der Kirche, was
man Gehässiges gegen den Papst selber aussagte, fand einen
böswillig bereiten Glauben. Es war damals, wie auch in
späterer Zeit, für Denjenigen, der nicht an solche Eindrücke
gewöhnt war, geradezu unfaßbar, wie man vor denselben

Geistlichen knieen und den Segen Derjenigen erbitten und Vergebung seiner Missethaten von denselben Männern erhoffen konnte, welchen man alle Arten von Sünden nachsagte. Man verlachte, was man anbetete, und spottete heimlich über die Priester, denen man doch unbedenklich das Amt „zu binden und zu lösen" zuerkannte. Die schreiendste Unwissenheit, der blindeste Aberglaube waren in den niederen Ständen allgemein. Lesen und Schreiben gehörten auch unter dem römischen Volke wie in Genua zu den Gottesgaben, die nur wenig Auserwählten zu Theil geworden waren. Der „scrivano publico", der öffentliche Schreiber, war noch eine vielgesehene, auf den Marktplätzen sitzende Figur; und die Geistlichkeit sprach es unumwunden aus, daß das Schreibenlernen namentlich für das weibliche Geschlecht, nicht nur eine überflüssige, sondern eine gefährliche Kunst sei, denn: „Was haben Frauenzimmer zu schreiben und was können sie schreiben als Liebesbriefe? Sie führen sich besser ohne das auf!"

Und viel besser war es, wie man allgemein behauptete, mit der Bildung der Frauen in den Mittelständen und in der vornehmen Gesellschaft auch nicht bestellt, wenn man einzelne gelehrte Frauen, deren es in Italien immer gegeben hat, ausnahm. Eine derselben, eine Gräfin Dionigi, welche vorzüglich improvisirte, lernte ich damals kennen. Eine Andere sah ich auf dem Kapitol als Dichterin in großem feierlichem Akte krönen. Licht und Schatten standen sich, wie in den klimatischen Verhältnissen, so auch in der Bildung der Frauen in Italien damals noch weit greller als in den anderen Kulturländern gegenüber.

Neben diesen und anderen Uebelständen war aber in jener Zeit auch manches Gute noch vorhanden, das sich später verloren hat. Das Volk, sowol in Rom wie auf dem Lande, war schön und kräftig, hielt etwas auf sich und betrug sich demgemäß bei jedem öffentlichen Auftreten in einer selbstgewissen Schicklichkeit, die bei einem so lebhaften und leidenschaftlichen Volke doppelt angenehm auffiel. Frauen und Mädchen hatten etwas Zurückhaltendes bei großer Freimüthigkeit. Ihr Verkehr mit Männern war anständig. Die Fremden und die Künstler unter ihnen wußten, daß sie sich selbst ihren Modellen gegenüber in Schranken zu halten hatten, und daß man in Bezug auf die Ehre der Frauen und Mädchen in den Familien keinen Spaß verstehe. Die Behörden setzten der Abreise eines Fremden Hindernisse entgegen, wenn römische Familien gegen ihn für ihre Töchter klagbar wurden; und manche große deutsche Künstler — Peter von Cornelius an ihrer Spitze — haben auf diese Weise römische Frauen in die deutsche Heimat zurückgebracht, die sich dort fast immer Freunde und Theilnahme erworben, und ehrbar und häuslich erwiesen haben.

Es herrschte auch in Rom und in der Umgegend eine verhältnißmäßig große Sicherheit. Man zog sorglos in der Campagne und in den Gebirgsstädtchen umher. Selbst in Rom war man weit weniger vorsichtig im Verwahren der Wohnungen, als man es sonst in gleich großen Städten zu sein nöthig hat; und vorausgesetzt, daß man politisch unverdächtig war, hatten die Fremden ein gutes Leben, denn es war in den päpstlichen Staaten wie in einem Badeorte: die Fremden bildeten die Haupteinnahmequelle der römischen Bevölkerung, und die Polizei hatte ausdrücklich Anweisung, ihnen, wenn erst einmal das Paßwesen überwunden war, Nichts in den Weg zu legen und sie möglichst frei gewähren zu lassen.

Dafür sprach man in der Gesellschaft kein Wort von Politik. Von fremden Zeitungen, namentlich von deutschen, war nur die Augsburger Allgemeine in zwei oder drei öffentlichen Lokalen zu finden. Eine deutsche, d. h. protestantische Kirche, oder eine solche Schule waren nicht zugelassen, und der Geistliche der preußischen Gesandtschaft, an den die protestantischen Fremden, die Schweizer und Skandinavier mit eingerechnet, sich zu halten hatten, war, soviel ich mich erinnere, nicht als Geistlicher, sondern als einer der Sekretäre der Gesandtschaft in deren Listen aufgeführt. Das erschien um so ungerechter, wenn man bedachte, wie die preußische Regierung den Katholiken die freieste Religionsübung und völlige Gleichstellung mit den Protestanten in allen ihren Landestheilen zuerkannte. Es war damals die Zeit der deutschkatholischen Bewegung. Ronge's und Czerski's Namen waren viel genannt. Die gebildeten Römer wußten davon, und sogar ein junger Franciskanermönch, den ich häufig bei mir sah, ein geborener Sicilianer, hatte von neuen Auf=lehnungen gegen die Kirche „reden gehört". Aber wenn besonders Gebildete im engen Vertrauen gegen ihnen sichere Personen es auch aussprachen, daß in der Kirche wohl Aenderungen nöthig wären, daß Männer, die wie alle päpstlichen Beamten sämmtlich Geistliche wären, schlecht zu Räthen der Regierung taugten, weil sie keine eigenen Familien und deshalb kein Interesse an dem Emporkommen und Gedeihen des Landes hätten, so sah man, ohne es eingestehen zu mögen, die Zustände doch noch als etwas durchaus Festes und Dauerndes an, und die vielen mißlungenen revolutionären Erhebungen ließen diesem Glauben eine anscheinende Berechtigung.

Man hatte den Wunsch nach einer Aenderung der Zustände, ohne die Aussicht sie erreichen zu können, und vollends an einen Sturz der weltlichen Macht des Papstes dachten sicherlich da=mals nur wenig Auserwählte. Die römische Aristokratie hatte etwas ruhig Stolzes und äußerlich Würdiges. Das Volk liebte seine alten Adelsgeschlechter und es waren nur Einer oder der Andere unter den alten Familien, denen man um ihres Geizes oder sonst um einer übeln Eigenschaft willen Böses nachsagte. Man hielt die alten Familien hoch, auch wenn ihre Paläste bereits viel zu groß für ihre gegenwärtige Bedeutung und Mittel geworden, und in traurigen Verfall gerathen waren. Bisweilen mochte freilich die Equipage, mit der man sich auf dem Korso und bei der Spazierfahrt auf dem Monte Pincio sehen ließ, nebst den Familienbrillanten, welche die Frauen der alten Geschlechter bei den ersten Empfangsabenden der neuernannten Kardinäle und auch in der Oper anzulegen pflegten, so ziemlich noch der einzige Luxus sein, den sie zur Schau zu tragen vermochten. — Nachtheilige Urtheile über die Sitten der römischen adeligen Frauen erinnere ich mich nicht damals irgendwie gehört zu haben; und manche dieser Frauen standen, wie die eben jung verstorbene Fürstin Borghese und die Fürstin Colonna, um ihrer Frömmigkeit und Wohlthätigkeit willen bei dem Volke in besonderer Liebe und Verehrung.

In Neapel war das anders. Ein Zusammenwirken günstiger Verhältnisse hatte mich nach den ersten Tagen meines Aufenthaltes in Neapel, als Gast in das Haus einer russischen Gräfin geführt, welche mit der Hofgesellschaft und den verschiedenen Gesandten in lebhaftem Verkehr stand. Der eben in jenen Tagen erfolgte völlig unerwartete Tod meines Vaters und mein Schmerz über denselben, machten es mir unmöglich, in größere Gesellschaften zu gehen, oder die Gelegenheit zum Besuch einzelner Hoffeste zu benutzen, die man mir bot. Aber ich sah jene Gesellschaft vielfach, ja fast täglich in dem stets offenen Hause meiner Gastfreundin, und ich war überrascht davon, wie das laute, genußsüchtige Leben in der südlichen Königsstadt von der vornehmen römischen Feierlichkeit verschieden war.

In Rom war selbst auf den Straßen und im Volke Alles still, wenn nicht die Kirchenglocken läuteten oder junge

Männer anmuthig singend und die Mandoline spielend bei Sternenschein durch die schweigenden Straßen zogen. Von soldatischem Wesen sah man Nichts. In Neapel hingegen machte sich trotz dem außerordentlich bewegten Volksleben, trotz der großen Einwohnerzahl und eines regen Handels=verkehrs in den bem Hafen zunächst gelegenen Stadttheilen, das Militär und König Ferdinands Vorliebe für dasselbe überall gar sehr bemerklich. Auf dem Largo bi Castello trommelte und exerzirte man den ganzen Tag. Vom Castel St. Elmo sahen die Kanonen drohend auf die Stadt hin=unter, und es war Grund dazu vorhanden, denn die Unzu=friedenheit in Neapel war außerordentlich groß.

Nicht nur in den Familien der reichen Kaufleute, deren ich durch Empfehlung deutscher Freunde verschiedene hatte kennen lernen, sprach man sich sehr bitter über die willkür=liche Mißregierung, über die unheilvolle Pfaffenwirthschaft aus, sondern selbst in den aristokratischen Kreisen konnte man sehr harte Urtheile über den König und die Regierung hören; und beliebt war vom Hofe eigentlich nur die verwittwete Königin Mutter, eine Schwester der Herzogin von Berry, während die regierende Königin auch in der Aristokratie durchaus unbeliebt war. Darin lag aber eine Ungerechtig=keit, die nur durch die große Sittenverderbniß der damaligen vornehmen Welt von Neapel erklärlich wurde.

Die regierende Königin war eine Tochter des Erzherzogs Karl von Oesterreich, eine stolze, sittenreine Frau, eine tadel=lose Gattin, eine pflichttreue aber herrschsüchtige Mutter. Sie war jung nach Neapel gekommen, von dem sehr rohen König brutal behandelt, von den freien Sitten des Hofes zurück=gestoßen worden, und hatte sich deshalb in sich und in den Kreis ihrer Kinder zurückgezogen. Man sagte, sie lebe nur in der Kinderstube, habe das Italienische nur von den Ammen ihrer Kinder gelernt, sie sei geistlos und habe den kalten beleidigenden Stolz der Habsburger. Sie war aber damals noch eine schöne Frau, und selbst zwanzig Jahre später, da ich sie als eine Vertriebene, immer schwarz gekleidet, all= abendlich mit ihrem finstern Gesichtsausdruck auf dem Monte Pincio zu Rom die übliche Spazierfahrt machen sah, war ihre Erscheinung noch gebieterisch. Ihr entthronter Sohn, König Franz, und die Königin Marie sollten, wie man 1867 in Rom behauptete, viel von ihr zu leiden gehabt haben, aber sie hatte auch selber viel gelitten. Es waren 1846 in Neapel viel Anekdoten über ihres Gatten Betragen gegen sie im Umlauf, und man verzieh ihm leichtsinnig alle die Krän= kungen, welche seine vielfachen Untreuen ihr bereiteten, während man über die wirklichen Rohheiten, die er gegen sie begangen haben sollte, mit einem Achselzucken fortging. Einmal hatte sie, wie man erzählte, sich am Flügel niederlassen wollen, und der König als liebenswürdigen Scherz den Sessel hinter ihr fortgezogen, so daß die große, starke Frau schwer zu Boden gefallen war.

„Das ist das Betragen eines Lazzaroni!" hatte sie im Schreck und in ihrer Beleidigung ausgerufen, und der König war im Beisein ihrer Hofdame auf sie losgestürzt und hatte sie mit den Worten: „Ich will Ihnen zeigen, wie die Lazzaroni es machen!" in rohester Weise mißhandelt. Auch in Rom war sie freilich später nicht beliebt; und doch ist sie als ein Opfer ihrer Mutterliebe gestorben, als sie im Sommer des Jahres 1867, zur Zeit der in Albano bei Rom pestartig wütenden Choleraepidemie, selbst schon von der Krankheit ergriffen, nicht von dem Lager ihrer beiden jüngsten zum Tode erkrankten Kinder zu entfernen war, bis der Tod sie selbst ereilte.

Ganz im Gegensatz zu der Ungunst, mit welcher man

die eben erwähnte Königin betrachtete, war die Königin-Wittwe beliebt, und man nahm keinen Anstoß an ihrem Lebenswandel, der zuletzt so arg geworden war, daß der König, ihr Sohn, sich in das Mittel legen mußte. Die Art, mit welcher es dabei zuging, war aber auch durchaus charakteristisch für das Land und für die Sitten desselben.

Der König hatte, wie man behauptete, seiner Mutter durch ihren Beichtvater Monsignore C. eröffnen lassen, daß er ihr die bisherige Freiheit ihres Lebenswandels nicht länger nachsehen könne, und daß sie, wenn sie nicht als Wittwe leben wolle, sich einen Gatten wählen müsse. Sie hatte entgegnet, daß sie keine besondere Vorliebe für irgend Jemand hege, daß sie aber, wenn ihr Sohn es verlange, nicht abgeneigt sei, sich wieder zu verheirathen. Darauf hatte man aus den Garden zwölf junge schöne Offiziere aus alten Familien ausgewählt; der Beichtvater der Königin hatte ihnen die Absichten des Königs mitgetheilt, man hatte ihnen begreiflich gemacht, daß es sich darum handle, dem königlichen Hause seine Ergebenheit zu beweisen und zugleich das Seelenheil der Königin-Wittwe zu wahren. Danach hatte man ihnen eine Messe gelesen und nebenher auch die weltlichen Vortheile auseinander zu setzen nicht ermangelt, welche der künftige Gatte der Königin zu gewärtigen haben würde; und nach gehörter Messe war dieses Elitekorps von Heirathskandidaten der Königin-Wittwe vorgeführt worden, die sich denn freimüthig und schnell entschlossen, sich den stattlichsten unter diesen jungen Männern antrauen zu lassen. Der Erkorene genoß keiner Art von königlichen Ehren, sondern hatte seinen Rang unter den ersten Hofbeamten; aber man schien ihn in der Gesellschaft nicht zu mißachten. Seinen Namen habe ich vergessen, habe aber sein Bild, da ich ihn oft mit seiner bedeutend älteren Frau in offener Kalesche auf der Riviera die Chiaja habe spazieren fahren sehen, noch vollständig im Gedächtniß. Man rühmte ihm nach, daß er seine Stellung sehr taktvoll zu behaupten wisse, daß er sein Amt, die Königin-Mutter in Ordnung zu halten, sehr gut und gewissenhaft erfülle, und die Zuneigung, welche man für die Königin-Mutter hatte, trug sich bis zu einem gewissen Grade auch auf ihren wachhaltenden Gatten über. Sie war eben wie die Welt, in der sie lebte, und gab sich kein tugendbrichterliches Ansehen.

Diese „Welt" war aber in sittlicher Beziehung als wäre sie aus einem französischen Roman entlaufen; und obschon sich sehr geistreiche Männer und Frauen von den verschiedensten Nationen in ihr zusammenfanden, obschon die Umgangsformen äußerst angenehm und abgeschliffen waren, mußte Jeder, der in anderen Sittenbegriffen — oder vielmehr überhaupt mit der Vorstellung erzogen worden war, daß nicht Alles erlaubt sei, was gefällt — sich mit Staunen davon abwenden. Die ernsteren Männer und Frauen in derselben, wie meine Freundin, wie der spanische Gesandte und historische Schriftsteller, Herzog von Rivas oder die Dichterin Irene Capecellatro und Andere, sprachen bisweilen mit Sorge von dem Ende, das diese Zustände nothwendig einmal nehmen würden; aber der Liebesabenteuer verheiratheter Männer und Frauen, in denen damals der österreichische unverheirathete Fürst Felix Schwarzenberg, der später erbitterte Gegner Preußens, eine sehr hervorragende Rolle spielte, waren so viele, und es gab täglich so viel zu berichten und vorsichtig zurecht zu legen, damit wenigstens der äußere Anstand und Zusammenhalt einigermaßen gewahrt blieb, daß man für die kommenden Tage und für die eigene ferne Zukunft nicht viel Nachdenken übrig behielt.

Von Politik war viel mehr die Rede als in Rom —

aber nicht von der Politik des Königreichs Neapel. Man besprach die österreichischen, die französischen Zustände. Preußen und das nicht österreichische Deutschland, kamen dabei so wenig wie das Feuerland oder Grönland in Betracht. Man nahm lebhaften Antheil an allen Erscheinungen der französischen Literatur. Die Revue des deux mondes und alle irgendwie bebeutenden französischen Journale waren Gegenstände der täglichen Unterhaltung. Man hatte dabei, namentlich die zahlreichen Russen, die sich in der Gesellschaft befanden, eine ausgesprochene Vorliebe für jene Art von Sozialismus, wie sie sich in den französischen Romanen kundgab; aber über Das, was sich Soziales in der nächsten Nähe zutrug, glitt man leicht hinweg.

Der Einfluß der Geistlichkeit war allmächtig, und die vornehmsten Prälaten verschmähten es nicht, ihren Vortheil, wie ihre Zuneigungen und Abneigungen bis in die intimsten Angelegenheiten des Familienlebens geltend zu machen. Ein sehr merkwürdiges Bild von diesem Einfluß der Geistlichkeit, wie von dem Leben in den aristokratischen Familien und in den von der Aristokratie begünstigten und für ihre Mitglieder benutzten Klöstern, bieten die Memoiren einer Nonne dar, der Gräfin Henriette Caracciolo, die sie veröffentlichte, als Neapel in das neue Königreich Italien aufgenommen und die Klöster aufgehoben worden waren. Sie hat sich später mit einem bürgerlichen Advokaten verheirathet.

In Sizilien aber sah es, wie man mir in dort lebenden deutschen und sehr gebildeten Familien berichtete, mit den Sitten der begüterten Familien und des Adels noch weit schlimmer aus. Die ärgsten Ausschreitungen gegen die Sittlichkeit waren in den Familien gang und gäbe. Mann und Frau hatten gelegentlich ihre Geliebte und ihren Liebhaber unter irgend welchem annehmbaren Titel zu ständigen Haus=

genossen. Die partie quarrée war vollständig eingerichtet. Der Hausgeistliche und Beichtvater machte den Vertrauten und Vermittler zwischen den verschiedenen Theilen, und weil Jeder seines Beistandes bedürftig war, und namentlich die Frauen darauf hielten, sich ihre Sünden vergeben zu lassen, war der Einfluß der Geistlichkeit, die durch den geradezu noch heidnischen Aberglauben in den unteren Volksschichten unbedingt herrschte, auch in den begüterten Familien fest begründet; um so mehr, als auch unter den Frauen der wohlhabenden Stände die Unwissenheit unglaublich war.

Indeß trotz der sinnlichen Genußsucht, trotz der sehr verbreiteten Sittenverderbniß, trotz der Unwissenheit und Gedankenlosigkeit der großen Mehrzahl, gab es in Neapel einen Kreis von Männern und Frauen, in denen die Erinnerung an die von den Bourbonen mit Schwert und Strick niedergeworfene Revolution nicht erloschen war. Es lebten noch die Angehörigen der Männer, welche die blutbürstige Reaktion an den Galgen und auf den Hochgerichten hatte sterben lassen. Ihr Gedächtniß war treu und fest, und das „junge Italien" hatte seine Anhänger und Mitglieder vom Fuß der Alpen bis zum Meere. Hie und da tauchte, wenn man mit gebildeten Adeligen oder mit Personen aus den bürgerlichen gebildeten Kreisen, mit Aerzten, Gelehrten, Kaufleuten zusammentraf, ganz unerwartet und ganz rücksichtslos eine das Gouvernement oder die Geistlichkeit bitter tadelnde Aeußerung, ja eine fluchende Verwünschung derselben auf. Im niedern Volke sprach sich die Unzufriedenheit mit den Zuständen meist in einer Sehnsucht nach der frühern Franzosenzeit, nach der Regierung Joachim Murat's aus, der im Munde des Volkes nur als „der brave Gioacchino" lebte, und der, weil er durch die verhaßten Bourbons erschossen worden, sich für das Bewußtsein der Menge halbwegs in einen Heiligen verwandelt hatte.

Die Unsicherheit im Lande entsprach den übrigen Zuständen. Die Regierung paktirte mit den Briganten, ohne sich, wenn die Gelegenheit ihr günstig war, vor offenem Verrath an den Briganten zu scheuen; und das Landvolk paktirte ebenfalls mit ihnen, hielt ihnen aber aus Furcht die Zusagen besser als die Regierung, und trat aus Abneigung gegen diese auf Seite der Briganten, wenn es zwischen diesen und jener einmal zu ernsten Zusammenstößen kam. Kurz, von den äußersten Nordgrenzen des österreichischen Italiens bis hinab zu den italienischen Inseln, überall die höchste Unwissenheit im Volke, überall Mißregierung, überall Mißtrauen und Mißwollen zwischen den Herrschern und den Beherrschten; und über sie Beide mächtig, eine selbstsüchtige, habsüchtige, einzig auf ihre Zwecke gestellte Geistlichkeit, aus welcher denn hie und da, wie Sterne aus tiefer Nacht, einzelne erhabene Charaktere auftauchten: Männer, in denen eine ideale Auffassung des Christenthums und ihres Berufes neben einer begeisterten Liebe für ihr Vaterland lebendig war.

Natürlich wurden diese von ihren geistlichen Vorgesetzten mit Unerbittlichkeit verfolgt, wie das Leben eines der bedeutendsten unter ihnen, des bolognesischen Barnabiter-Mönches Hugo Bassi es beweist, dessen Auftreten in die ersten dreißiger Jahre dieses Jahrhunderts fiel, und der schon damals dem Gedanken an die Einheit Italiens von der Kanzel Worte zu geben wagte. Stahr hat einen Lebensumriß des im Jahre 1849 am 18. August von den Oesterreichern standrechtlich erschossenen und als Märtyrer gestorbenen Mannes, in unserm gemeinsamen Buche: „Ein Winter in Rom" geliefert, der für die Tyrannei jener Tage ein allseitiges und sehr sprechendes Zeugniß bietet. — Diese Tyrannei der Kirche gegen ihre Diener kann und wird aber nicht enden, so lange die

Kirche besteht, denn sie ist für dieselbe Bedingung ihres Bestehens.

Ich hatte Neapel verlassen, und war von der mir befreundeten Familie des Kammerherrn Baron von Schwanenfeld eingeladen, zu ihr nach Ischia gegangen, als uns die Nachrichten von dem Tode des Papstes Gregor des XVI., von der Erhebung des Kardinals Mastai Ferretti auf den päpstlichen Thron erreichten; und noch erinnere ich mich sehr deutlich der Freude, mit welcher die ersten Regierungsakte des neuen Papstes in Italien aufgenommen wurden.

Namentlich in Neapel — ich brachte über ein halbes Jahr in Neapel und in seinen Umgebungen zu — wo die Kerker voll von politischen Gefangenen waren, riefen die Amnestie, mit welcher der neue Papst seinen Regierungsantritt bezeichnete, wie die Verheißung gründlicher, im Sinne der Freiheit zu machender Reformen eine wahre Begeisterung hervor. Wie man es von Carlo Alberto seiner Zeit behauptet, daß er in seiner Jugend ein Mitglied der in der Mitte der zwanziger Jahre untergegangenen geheimen Gesellschaft der Carbonari gewesen sei, so wurde das Gleiche auch von Pius dem IX. geglaubt. Als dann nach dem Vorgange des Papstes auch Carlo Alberto den Weg zu einer freieren Gestaltung der Staatsverhältnisse betrat, wurden jene Gerüchte für die leichtbewegliche, schnell entzündete Phantasie des Volkes eine Ueberzeugungssache, und man erwartete von dem neuen Papste nicht mehr und nicht minder, als daß er, der verkündete Nachfolger Christi, nun der Erde den Beginn des tausendjährigen Reiches und das goldene Zeitalter bringen werde. Die Begeisterung für ihn war so groß, daß selbst sehr arme Männer und Frauen auf Ischia die ersten mit dem Bilde des „Wohlthäters der Menschheit" geprägten

Silberstücke, deren sie habhaft wurden, nicht für ihren Bedarf verwendeten, sondern sie durchschlagen oder mit Henkeln versehen ließen, um sie als Amulete um den Hals zu hängen.

Und in der That, man darf behaupten, das Pius IX. mit idealistischen Gedanken auf den Thron des heiligen Vaters gestiegen ist, daß ihm Etwas wie die Rolle eines neuschaffenden Weltbeglückers vorgeschwebt, als er sich die dreifache Krone auf das Haupt gesetzt hat. Jetzt, wo man seine nahezu zweiunddreißigjährige Regierungszeit im Ganzen überschauen kann, tritt für mich jene Aehnlichkeit zwischen seinem Charakter und dem Charakter des Preußenkönigs Friedrich Wilhelm IV., die uns in dem Aeußern der beiden Herrscher gleich damals aufgefallen war, in überraschender Weise hervor, und diese äußere Aehnlichkeit war noch größer geworden, da wir den Papst in Rom zwanzig Jahre später als Greis wiedersahen. Es waren dieselbe Feinheit der ursprünglichen Gesichtsformen, die weiche, fast weibliche Fülle der Wangen und des Kinnes, die frischen Farben, das geistreiche und spöttische Lächeln, und der bei aller Freundlichkeit unverkennbar stolze Ausdruck beiden Herrschern gemein; wie sich die Erkenntniß von den Ansprüchen des neunzehnten Jahrhunderts in Beiden mit einer ganz orthodoxen Glaubensrichtung zusammenfand, welche, im Mittelalter wurzelnd, in Einem wie in dem Andern die Ueberzeugung erweckte, daß sie an ihre, ihnen direkt von Gott zugewiesene Machtvollkommenheit nicht rühren lassen dürften; daß sie bestimmt seien, das Ideal königlicher und päpstlicher Würde darzustellen, nach dem Bilde, welches sie selber von diesem Ideale in sich trugen. Sie traten Beide mit einem durchaus persönlichen Akte ihrem Volke entgegen. Beide viel versprechend, große Hoffnungen durch ihre ersten Aeußerungen erregend, Beide begierig nach jener Liebe des Volkes, welche persönliche

Einwirkung auf die Massen und persönliche Berührung mit dem Einzelnen verleihen; und Beide sofort erschreckend, als die von ihnen beherrschten Völker sich geneigt zeigten, sie beim Wort zu nehmen und die Umsetzung der unbestimmten Zusagen in Zugeständnisse zu verlangen, wie das jetzige Bewußtsein der Völker sie für die Theilnahme an der Macht, für die konstitutionelle Mitregierung fordert. Selbst die Neigung, denjenigen Männern in Person zu begegnen, welche sich zu den Organen der den Regenten nicht mehr erwünschten Freiheitsforderungen machten, fand sich bei Pius IX. wie bei Friedrich Wilhelm IV.; und wenn ich auch weit davon entfernt bin, den als Märtyrer im Kampfe für die über=wundene römische Republik untergegangenen Hugo Bassi mit dem Dichter der Lieder eines Lebendigen zu vergleichen, so war die Idee, in welcher der König den damals gefeierten Dichter vor sich kommen ließ, dem Gedankengange sicher ähnlich, der den Papst bestimmte, Hugo Bassi zu sich zu be=scheiden. „Wir wollen ehrliche Feinde sein!" hatte der König gesagt, als er Herwegh nach längerm Zwiegespräch entließ. „Welch ein edles Herz ist Pater Bassi!" rief der Papst aus, nachdem er den jungen Barnabiter=Mönch unter Thränen der Rührung umarmt hatte. Aber weder die Freiheitsideen des Dichters, noch die erhabenen Ziele des Mönches waren nach dem Sinn der beiden „Selbstherrscher" und Beide scheiterten, wie Stahr es von Friedrich Wilhelm IV. in seiner Geschichte der preußischen Revolution genannt hat, an dem unlösbaren Problem: zu geben ohne aufzugeben! —

Beide wurden durch Das, was sie den Undank des Volkes nannten, jedem, auch dem gerechtesten Verlangen des Volkes feindlich; und während sie selber dazu beigetragen hatten, die Bewegung in den von ihnen regierten Völkern zu erzeugen, kamen sie dahin, diese Bewegung plötzlich hemmen und stauen zu wollen, und die Revolution heraufzubeschwören, durch den in das Leben getretenen Gegensatz der Volksideen und ihrer eigenen Ideen von Volksbeglückung durch des Fürsten Gnade. Wäre Friedrich Wilhelm IV. Katholik gewesen, hätte er statt des Throns von Preußen den päpstlichen Thron eingenommen, so hätte er auch allmälig aus einer mißverstandenen kirchlichen Auffassung von dem gottgegebenen Beruf des Herrschers, dahin gelangen können, an die Infallibilität des Gesalbten zu glauben und sie, wenn er die Macht dazu besessen hätte, zum allgemeinen Glaubenssatze erheben zu wollen.

Im Herbste des Jahres 1846, als ich Italien verließ, war aber der Glaube an Pius IX. noch in seiner ersten Zuversicht, und wohin ich auf meiner Durchreise durch Italien kam, überall hörte man Aeußerungen der Bewunderung und der Verehrung über und für ihn; überall hoffte man durch ihn zu einer Wiedergeburt Italiens zu gelangen.

Auch auf dem Dampfschiffe, welches uns von Neapel nach Livorno brachte, und auf welchem sich eine nicht unbeträchtliche Anzahl von gelehrten Italienern befand, war viel von den Hoffnungen die Rede, welche man für die Zukunft Italiens hegte, das man auch in dieser Gesellschaft bereits als eine Einheit zu betrachten anfing. Es waren zum großen Theil Männer, welche sich zu einer der „Gelehrtenversammlungen" begaben, die von dem Fürsten Carlo Canino, dem ältesten Sohne Lucian Bonoparte's, begründet worden waren, und in denen sich mehr und mehr die italienischen Patrioten zusammenfanden, kennen lernten, und für die Einigung ihres Vaterlandes vorzubereiten begannen.

Der Zufall fügte es, daß der Prinz und sein Begleiter meine Tischnachbarn waren. Der Prinz war damals ein Mann gegen das Ende der vierziger Jahre, mittelgroß und stark wie alle Bonoparte's; und auch sein Gesicht zeigte den scharf ausgeprägten Typus des Geschlechtes. Es war von den allgemeinen politischen Zuständen Europa's, von der religiösen Bewegung in Deutschland, von den Lichtfreunden, den Deutschkatholiken, von den Aussichten auf eine konstitutionelle Gesetzgebung in Preußen die Rede. Der Prinz sagte, daß er sich für deutsche Literatur interessire, daß seine Gattin — sie war eine Tochter des Prinzen Joseph Bonoparte — unserer Sprache mächtig sei und Schiller'sche Dramen in das Italienische übersetzt habe. Auch der junge Begleiter des Prinzen, Dr. Luigi Masi, der ihm bei seinen wissenschaftlichen und literarischen Arbeiten zur Hand ging — der Fürst von Canino war Zoolog — nahm an diesen Unterhaltungen in einer sehr geistreichen, oft mit schlagenden Einfällen und Worten entscheidenden Weise Theil. Er mochte kaum in der Mitte der Zwanziger sein, war eher klein als groß, schlank und beweglich; und die gemeinsame Fahrt hatte uns so viele gute Stunden geboten, daß ich, nur durch die Nothwendigkeit dazu gezwungen, darauf verzichtete, nach dem Vorschlag dieser Reisegefährten bis Genua mitzugehen und der Gelehrtenversammlung beizuwohnen, statt in Livorno zu landen.

Beide Männer sah ich danach nicht wieder. Der Prinz starb 1854, aber seinen Sohn, den Kardinal Bonoparte, Groß-Almosenier des Papstes, zeigte man mir zwanzig Jahre später bei einer der großen Funktionen im Sankt Peter, und erwähnte dabei, er stehe bei Pius IX. in besonderer Gunst, was man als bedrohlich ansah.

Nur von Dr. Masi hörte ich in Zwischenräumen wieder. Er schrieb mir ein paar Mal, schickte mir später einzelne Blätter eines von ihm begründeten politischen Journals, dann verschwand er aus meinem Gesichtskreis, bis ich ihn in den Kriegen für die italienische Freiheit und Einheit unter den hervorragenden Offizieren genannt fand. Und am 20. Oktober 1870 war er es, General Masi, der an der Spitze der italienischen Armee den Einzug hielt in die, dem Vaterlande wiedergegebene alte unvergleichliche Tiberstadt, in die ewige Roma.

Viele Jahre waren vergangen, wir waren viel herumgekommen, Italien hatten wir nicht wiedergesehen; aber wir waren seiner Entwickelung mit unausgesetzter Theilnahme gefolgt, als wir im Herbst des Jahres 1858 in Paris in dem Hause Daniel Stern's (der als Geschichtsschreiber bekannten und bedeutenden Gräfin Marie d'Agoult), dem ehemaligen Diktator Venedigs, Daniello Manin begegneten.

Auch sein Auftreten hatte sich an die italienischen Gelehrten-Gesellschaften geknüpft, in welchen er mit der in seiner advokatorischen Praxis erworbenen Gesetzkenntniß und Geschicklichkeit der österreichischen Regierung eine sehr feste und entschiedene Opposition zu machen begonnen hatte. Aber von dem Laufe der Ereignisse, welche er schaffen geholfen, weit und weiter fortgetragen, hatte er am 22. März 1848 die österreichische Herrschaft in Venedig gestürzt, später die Diktatur in Venedig ausgeübt, und die Stadt heldenmüthig gegen die unverhältnißmäßige Uebermacht der Oesterreicher vertheidigt, bis Hunger und die in der Lagunen-Stadt wüthende Cholera ihn am 24. August 1849 zur Uebergabe derselben genöthigt.

Als wir Manin sahen, lebte er in großer Zurückgezogenheit in Paris, sein und seiner kranken Tochter Dasein mit dem Ertrag des Unterrichtes fristend, den er als Lehrer der italienischen Sprache ertheilte. Seine Frau war ihm gleich bei seiner Ankunft in Frankreich, sein treuester Freund am Vorabend seines Scheidens aus der Vaterstadt gestorben. Er selbst war krank an einem Herzübel, das ihn im Jahre 1857 hinraffte. Aber obschon man seinem bleichen Antlitz die Spuren des Leidens, seiner breiten, von langem, schwarzem Haar umwallten Stirn die Gedankenarbeit seines mächtigen Geistes ansah, war nichts Nervöses oder Aufgeregtes in seiner Erscheinung oder in seiner Ausdrucksweise zu bemerken. Er war im Gegentheil so gehalten und ruhig, so sanft bestimmt in Allem, was er sagte und wie er's sagte, daß man kaum den Südländer und noch weniger die Abstammung von einer jüdischen Familie in ihm vermuthen konnte. Er war eine nicht eben große, breitschulterige Gestalt, welcher der kräftige Kopf auf kurzem Halse saß, was an ihm den Ausdruck von Festigkeit erhöhte. Die Nase war stumpf, der Mund ziemlich groß, die starken Lippen fest und energisch geschlossen, das Kinn sehr kraftvoll. Stehend, legte er beim Sprechen die Hände öfter auf den Rücken zusammen, was immer ein gewisses in sich selbst Beruhen anzeigt; aber wenn er sich im Sitzen zu der mit ihm sprechenden Person hinüberneigte, wurde seine Physiognomie sehr weich, sein Mienenspiel belebt, und seine Züge so sanft wie seine Worte.

Mild und versöhnlich war auch seine Politik; oder soll ich sagen das Bild, das er sich von der durch fortschreitende Gesittung umgestalteten Zukunft Europa's machte, war ein friedliches und schönes. Er sprach mit schmerzlicher Resignation von dem augenblicklichen Schicksal seines Vaterlandes, hörte antheilvoll, was Stahr ihm über die in unserer Heimat damals herrschende Reaktion berichtete, und sagte, als der Letztere ihn an einem der folgenden Tage in seiner Wohnung aufsuchte — ich schreibe diese Worte nach Stahr's Aufzeichnungen in seinen „Herbst-Monaten in Oberitalien" — „Gerechtigkeit üben gegen ein unterdrücktes Volk soll und kann ein Schriftsteller immer. Auch unter der schwersten Beschränlung der heimischen Reaktion, von der Sie sprechen, läßt sich immer Etwas thun, man darf nur nicht müde werden. Es giebt eine Wahrheit, die man ohne Gefahr verfechten kann, und diese Wahrheit, in welcher die ganze Zukunft Italiens enthalten ist, lautet für Deutschland: Was Du nicht willst, daß man Dir thue, das thue selbst keinem Andern! Sie wollen eine unabhängige Nation werden, wir auch. Nationen aber sind Individuen wie wir Einzelne. Das Wohlergehen und die Unabhängigkeit, Bildung und Selbstherrlichkeit der einen Nation, kann daher nie ein Hinderniß, sondern nur eine Förderung des Wohlergehens und der Unabhängigkeit, der Bildung und Selbstherrlichkeit der andern sein. Predigen Sie und Ihre Freunde diese Wahrheit! Sie ist das Fundament der neuen Zukunft für alle Völker Europa's, wie sie die Erfüllung des Christenthums ist, das man durch die jetzige politische Praxis der Herrschaft und des Einflusses verleugnet, während man es mit den Lippen bekennt!"

Manin starb zwei Jahre danach! Er hatte gewußt, weshalb er, der italienische Patriot, den Beistand stolz zurückgewiesen hatte, den der Kaiser der Franzosen, und ebenso verschiedene französische Bürger ihm persönlich in seiner Armuth angeboten hatten. Er hatte es nicht vergessen, daß es die französische Republik gewesen war, welche der freien Entschließung der Italiener, sich nach ihrem Verlangen staatlich einzurichten, überall und zu allen Zeiten aus selbstsüchtigen Gründen entgegen getreten war. Er hatte weder vergessen, was die erste Republik an Venedig, noch was die zweite gegen Rom gesündigt hatte; und er verschmähte es, Hülfe von dem neuen Kaiser der Franzosen anzunehmen, der in Frankreich jene Politik der unberufenen Einmischung in die Entwickelung der anderen Nationen, welche Manin als eine unchristliche Politik bezeichnete, mit leichtsinniger Ver=

meſſenheit bis zu dem Gipfel führte, von dem er endlich
ſelber niedergeworfen werden mußte.

Im Jahre 1858 aber, als wir zwölf Jahre nach unſerm
erſten langen Aufenthalte in Italien, wieder einmal die Alpen
überſchritten hatten, war der franzöſiſche Einfluß in Italien
in vollſter Blüthe, und diente, je nachdem es den Planen der
franzöſiſchen Regierung paßte, in Sardinien der geiſtigen und
nationalen Befreiung, in Rom der, dieſe beiden Strömungen
niederhaltenden päpſtlichen Tyrannei.

Außer in dem Königreich Sardinien war die Freiheits=
bewegung der Jahre 1848 und 49 in ganz Italien nieder=
geworfen, der Druck, der auf den verſchiedenen Ländern
laſtete, ſchwerer als zuvor, das Mißtrauen der Fürſten, der
Haß der Völker tiefer als je. In Sicilien und in Neapel
war die Reaktion unerbittlich, die Verfolgung aller in der
Freiheitsbewegung betheiligt Geweſenen von ſchonungsloſer
Grauſamkeit.

Der Papſt ſeinerſeits hatte es ſeinen Unterthanen nicht
vergeſſen und vergeben, wie ſie ihn gezwungen, nach Gaëta
zu fliehen. Die Franzoſen, welche ihn wieder in ſeine Staaten
eingeſetzt hatten und zu ſeinem Schutze im Lande geblieben,
waren die Herren und Gebieter im Lande. Die Jeſuiten
übten im Vatikan eine beſondere geheime Herrſchaft aus.
Das hoffnungsreiche: Evviva Pio IX., das uns durch ganz
Italien umtönte, als wir die Halbinſel einſt verlaſſen, war
längſt verſtummt. Schon in Chur, noch ehe wir in Italien
eingetreten waren, hatten wir die dort beſchäftigten nord=
italieniſchen Steinmetzen im Abenddämmerlichte italieniſche
Freiheitslieder ſingen hören. Die Namen Cavour, Victor
Emanuel und Garibaldi waren an die Stelle von Pius IX.
getreten.

Wir machten zuerſt einen Aufenthalt am Comerſee, in

einem jetzt eingegangenen sehr angenehmen Gasthof am östlichen Ufer des Sees, in Cadenabbia. Das Haus war fast ganz von Italienern, von Mailändern und Bewohnern der Brianza eingenommen, welche dort die Herbstvilleggiatur den September und Oktober hindurch genießen wollten. Es waren keine adeligen Familien darunter, die Gesellschaft bestand aus Kaufleuten, Advokaten und anderen studirten Männern mit ihren Frauen und Kindern. Wir waren die einzigen Deutschen unter ihnen, und unsere Theilnahme an dem Schicksal Italiens machte uns bald heimisch in ihrem Kreise. Die politische Lage ihres Vaterlandes war das tägliche Gespräch. Niemand hatte es jetzt noch ein Hehl, wie fest man entschlossen sei, die österreichische Herrschaft sobald als möglich abzuschütteln und den Anschluß an das Königreich Sardinien durchzusetzen. Daß zu diesem Zwecke Verbindungen und Vorbereitungen im Lande vorhanden waren, das sagte Niemand; aber es fiel uns nicht schwer, zu bemerken, wie bald hier, bald dort eine Zusammenkunft gehalten wurde, wie die Männer unter dem Vorgeben von Jagd- und Fischfangspartien spät am Abend in das Boot stiegen und im Morgendämmer wiederkehrten, wie oft Besuche von den verschiedensten Gegenden plötzlich zu der gleichen Zeit bei unseren Hausgenossen eintrafen; und mehr als einmal fielen uns die Worte Freytag's ein, die er so charakteristisch in seinem „Soll und Haben" von den polnischen Edelleuten sagt: „Sie reiten zusammen und reiten von einander."

Endlich sprach auch einer der jungen Männer, wenn schon vorsichtig, es gegen uns aus, daß sich Etwas vorbereite, und wie die halben Versöhnungsmaßregeln der österreichischen Regierung, ebenso wie die Anstrengungen, welche der Erzherzog Maximilian als Generalgouverneur des Lombardisch-Venetianischen Königreichs fortdauernd mache, die Neigung und das Zutrauen der Mailänder zu gewinnen, ohne alle Wirkung blieben.

„Es giebt für uns keine Versöhnung mit Oesterreich mehr!" sagte er und sagten Alle. Er erzählte uns, wie der Kaiser Franz Joseph und die schöne Kaiserin im November von 1856 in Mailand eingezogen waren, wie die Kaiserin die italienischen Farben, ein grünes Kleid und einen weißen Hut mit dunkelrothen Bändern getragen habe, wie aber außer den Straßenbuben und einigem von der Polizei zusammengebrachtem Volke kaum ein Italiener auf den Straßen gewesen sei, die Landesbeherrscher zu begrüßen. Man hatte die Laden der Fenster geschlossen, kein Bürger hatte sich sehen lassen, es hatte tobtes Schweigen auf den Straßen geherrscht, die Stadt hatte ausgesehen, als wäre sie ausgestorben. Hinter den Jalousieen verborgen, hatten die Frauen es beobachtet, wie bleich die Kaiserin, wie finster der Kaiser ausgesehen; und als Abends auf Befehl der Polizeibehörden die Häuser erleuchtet werden mußten und die kaiserlichen Herrschaften einen Umzug hielten, die Illumination zu betrachten, war der Eindruck der menschenleeren Straßen noch schrecklicher als am Tage gewesen. Auch der längere Aufenthalt des kaiserlichen Paares in Mailand hatte zur Verbesserung der Stimmung nichts gefruchtet, und ebenso war es geblieben, seit der Erzherzog Maximilian mit seiner Gemahlin in Mailand residirte.

Er hatte bald nach seiner Ankunft einen Versuch gemacht, sich den Adel durch sein Entgegenkommen zu gewinnen. Radetzky hatte seiner Zeit das Kasino des Adels, welches der Scala gegenüber gelegen war, in eine Kaserne verwandeln lassen. Der Erzherzog gab es gleich nach seiner Ankunft der Gesellschaft zurück, die es besessen hatte, und sie ging sofort heran, es wieder für ihre Zwecke, und zwar glänzender noch

10*

als zuvor, einrichten zu laſſen. Die neue Einweihung ſollte mit einem Feſte begangen werden, zu welchem man bereits die Vorkehrungen traf. Da ſprach der Erzherzog in verbindlicher Weiſe das Verlangen aus, Mitglied des Klubs zu werden, und an dem folgenden Tage löſte die Geſellſchaft ſich als ſolche auf und man vermiethete das Gebäude einem Kaffee= und Speiſewirth. — Solcher Züge gab es die Menge. Als wir derſelben bald banach gegen einen unſerer deutſchen regierenden Fürſten Erwähnung thaten, konnte er ſie durch perſönlich in Mailand gemachte Erfahrungen vermehren. Er war in Mailand in dem nämlichen Jahre mit einem ſeiner Vettern, der als Militär in öſterreichiſchen Dienſten ſtand, zu Pferde auf der Abendpromenade geweſen, hatte dort eine auffallend ſchöne Frau in offenem Wagen halten ſehen, den Prinzen um ihren Namen gefragt, und da dieſer die Schöne kannte, ihr vorgeſtellt zu werden gewünſcht. „Das kann ich nicht machen!" hatte der Prinz entgegnet. „Ich bin ihr auf dem Balle vorgeſtellt worden, den der Kaiſer hier gegeben hat und den die Damen beſuchen mußten. Als ich ſie ſpäter auf einem Balle bei dem Herzog von Litta angeredet und einen Tanz von ihr gefordert habe, hat ſie ſich kurz weg von mir abgewendet. Sie iſt eine leidenſchaftliche Patriotin und ſpricht mit keinem Deutſchen!"

Als wir dann ſelbſt nach Mailand kamen, wo immer noch die „feindlichen Patrouillen" ſich Morgens und Abends durch ihre Umzüge kund gaben, wiederholten öſterreichiſche Offiziere, mit benen wir ein paar Mal in einer kleinern deutſchen Speiſewirthſchaft neben der Brera unſern Mittag zuſammen gegeſſen hatten, uns Alles, was die Italiener über ihr Verhältniß zu den Oeſterreichern berichtet hatten. Sie bezeichneten ihren Aufenthalt in Mailand als etwas äußerſt Drückendes. In keine italieniſche Familie gönnte man ihnen Zutritt. Man ver=

mied die Kaffee's und die Orte, welche das Militär besuchte. Man hatte — und darin lag eine Charakterstärke und eine Bürgschaft für die künftige Befreiung — die Mißhandlungen nicht verziehen, welche die italienischen Patrioten von der österreichischen Regierung erlitten hatten. — Man zeigte uns diesmal bereitwillig den öden finstern Bau, die Gefängnisse von Sta. Margherita in der Contrada di Sta. Margherita. Die Leiden Pellico's und Maroncelli's; die Stockschläge, welche man Giacomo Ungarelli zuerkannt, waren ebenso wenig vergessen, als die jedes Gefühl empörende Behandlung, welche italienische Frauen in der letzten Revolution durch die Oesterreicher erlitten hatten. Wir verließen Mailand mit der festen Ueberzeugung, daß vor der zornigen Entschlossenheit der Italiener die österreichische Herrschaft in Italien nicht mehr lange bestehen werde.

Bei der Fahrt über das Schlachtfeld von Novara hatten wir im Eisenbahnwagen einen lombardischen Fabrikanten und einen jungen Grafen Borromeo, einen hübschen noch knabenhaften Jüngling, mit seinem geistlichen Erzieher zu Gefährten. Der prachtvolle Komet jenes Jahres stand in aller Herrlichkeit am Himmel und es kam die Rede darauf, daß das Volk jetzt noch, wie in früheren Zeiten, den Vorboten großer Ereignisse und Kriegsgefahren in demselben erblicken wolle. „Eh! wer weiß!" rief der Fabrikant, ein großer, breitbrustiger Mann, „das Volk könnte Recht haben! wer weiß, was kommt? Aber es ist nicht das Volk, das bei uns auf solche Einfälle geräth, denn das Volk macht sich bei uns noch gar keine Gedanken; es sind die Pfaffen, die es ihm in den Kopf setzen und dem Volke einbilden, sie könnten es wegbeten, daß der Schwanzstern die Erde berührt. Die Pfaffen schlagen Geld aus Allem und die Regierung stützt sich auf die Pfaffen!" rief er mit bitterm Lachen und erging sich dann ganz rückhaltlos in dem Aussprechen seiner antikirchlichen und antideistischen Ansichten, so daß wir namentlich seinen Spott gegen die Geistlichkeit in Gegenwart eines Geistlichen, der im Beisein seines Schülers es nicht wol zu einem Streite über diese Dinge kommen lassen, und eben so wenig sich mit demselben aus dem dahinsausenden Waggon entfernen konnte, als eine Unschicklichkeit und Grausamkeit empfanden. Aber wohin man damals in Ober=Italien blickte und hörte, der Haß und die Empörung gegen die bestehenden Zustände waren bis zu einem Grade gestiegen, bei dem Jeder, so zu sagen, die Scheide fortgeworfen und das Messer in die Hand genommen hatte.

Es war als ob man in eine andere Welt käme, so wie man den Fuß auf den Boden des Königreichs Sardinien setzte Alles war fortgeschritten in dem Lande. Genua war eine ganz andere Stadt geworden. Während uns in Mailand verschiedene deutsche und schweizer Kaufleute gesagt hatten, daß man dort wie auf einem Vulkane in völligster Ungewißheit über die Ereignisse des nächsten Tages lebe, und selbst ihr bedeutender Einfluß uns auch damals noch nicht über die Weitläufigkeiten forthelfen konnte, welche das Zollamt und die Zensur uns bei der Ankunft der uns nachgesendeten Korrekturbogen in den Weg gestellt, lagen in Genua auf den Verkaufsständern der Straßenbuchhändler und Antiquare alle die Schriften aus, welche in dem österreichischen Italien streng verboten waren. Ueberall standen junge Geistliche, Soldaten, ja selbst Knaben vor den Tischen dieser Buchhändler, lesend und kaufend nach freier Wahl; und wohin man sich fragend wendete, von den Chefs der großen deutschen Handlungshäuser, von dem Hotelbesitzer bis zu dem Soldaten, der neben uns im Kaffeehause saß, und bis zu dem Schiffer, der uns in das Meer hinausfuhr, war Alles darin einstimmig, daß es besser im Lande geworden sei. Es sei gut, daß die Kinder jetzt alle lesen und schreiben und noch mehr als das in den Schulen lernten. Selbst der Krieg — der Krimkrieg — habe das Land nicht geschädigt, weil neue gute Gesetze sein Emporkommen möglich gemacht; und überall war der Glaube felsenfest, daß bald noch ganz andere Dinge geschehen, und daß es im übrigen Italien auch bald anders werden würde. Man hatte zu diesem Glauben guten Grund. Der sardinische Staatsmann, Graf Cavour, welcher nach dem als Politiker, als Maler und als Schriftsteller bedeutenden Marchese Massimo d'Azeglio an das Ruder des Staates gekommen war, hatte von der einen Seite, der im Exil lebende ehemalige Diktator Venedigs, Daniello Manin von der anderen Seite, den Gedanken angeregt, daß Italien nur durch Anschluß an das bereits bedeutend gewordene, konstitutionell regierte Königreich Sardinien, zur Einheit und Freiheit gelangen könne. Der italienische Nationalverein war begründet worden. Den Beistand Frankreichs gegen Oesterreich hatte sich Sardinien durch die Heereserfolge im Krimkriege erkauft, die Armee hatte sich versuchen, das Volk sich fühlen lernen.

„Wenn Sie in ein paar Jahren wiederkommen, wird Vieles anders geworden sein!" hatten unsere Freunde in Mailand, am Komersee und in Bergamo gesagt, und sagten in Genua zuversichtlich lächelnd die Offiziere, mit denen wir bekannt geworden waren. Und in der That, es wurde anders und in allerkürzester Frist.

Wir hatten Italien im Spätherbst von 1858 verlassen. Im Frühjahr von 1859 wurden mit dem Beistand der Franzosen die Schlachten von Magenta und Solferino gegen die Oesterreicher siegreich ausgefochten. Die Oesterreicher hatten die Lombardei geräumt und waren bis zum Mincio zurückgedrängt. Der Großherzog von Toskana, die Herzogin-Regentin von Parma (Marie Louise, die Wittwe Napoleon's I.) waren durch Revolutionen aus ihren Ländern vertrieben worden, die Romagna hatte sich von der päpstlichen Herrschaft befreit. In Neapel, wo König Ferdinand gestorben und sein Sohn Franz II. ihm gefolgt war, hatten die Schweizergarden wegen Empörung aufgelöst werden müssen; und auch aus dem südlichen Italien blickte Alles hoffnungsvoll nach Norden hin, wo Victor Emanuel, begleitet und geleitet von Napoleon III. am 8. Juni 1859 in Mailand seinen Einzug gehalten hatte, wo der Friede von Villafranca die Einigung Italiens und die Macht des Königs von Sardinien wesentlich gefördert hatte.

Aber wie der Reisende Sindbad im orientalischen Märchen, so hatte das wachsende und fortschreitende Italien von da ab, und bis zum Tage von Sedan, seinen bösen Dämon, die Abhängigkeit von Frankreich, in Gestalt Napoleon's des Dritten, auf seinem Nacken sitzen, und wurde von ihm in freier Bewegung gehemmt, zu Scheinhandlungen und Halbheiten gezwungen. Ja es war sogar genöthigt worden, die Vortheile und Provinzen, welche es Oesterreich abgewonnen hatte, als Geschenke aus der Hand Napoleon's des Dritten zu empfangen; und diese anscheinenden Geschenke mit dem sehr wirklichen Gegengeschenk von Savoyen und Nizza — einen Erwerb mit einem Verluste — zu bezahlen.

Trotzdem war Italien mächtig fortgeschritten, und als wir im September von 1861 wieder, und diesmal über den Julier, nach Italien kamen, war das Königreich Sardinien bereits zum Königreich Italien geworden.

Garibaldi hatte dem Könige Victor Emanuel das Königreich Neapel erobert; aber Cavour, der Staatsmann, der Italiens Denken, Wünschen und Hoffen in Thaten umgesetzt, war todt. Unzufrieden und erbittert über das „Halt!", welches Napoleon der Dritte dem italienischen Einigungswerk entgegengesetzt, hatte er sein Amt und die Führung des Staates nach dem Frieden von Villafranca niedergelegt. Als aber später, nach dem erfolglosen Kongreß zu Zürich, Italien sich von seiner Abhängigkeit von Frankreich befreien zu wollen schien, war er wieder an das Steuer getreten, hatte im Februar von 1861 das erste vereinigte italienische Parlament eröffnet, und war mit höchster Energie auf dem Wege der Neugestaltungen fortgeschritten, bis ihn eines jener heftigen typhösen Fieber, die in Italien so schnell zerstörend sind, zu Boden warf.

Der große Staatsmann Cavour war am 6. Juni 1861 gestorben; Italien hatte den größten Verlust erlitten, der es in eben jenem Augenblick betreffen konnte. Die Trauer um ihn war eine Landestrauer. Selbst in dem noch von Oesterreich behaupteten Venedig stand man nicht an, ihr Ausdruck zu geben. Patriotische Frauen aus den verschiedensten Ständen veranstalteten in Venedig eine religiöse Leichenfeier für Cavour. Die österreichische Regierung zog sie dafür zur Rechenschaft und setzte Geld- oder Gefängnißstrafen gegen sie fest. Die vornehmsten unter diesen Frauen, eine Gräfin Labbia, eine Signora Garetti-Gargnani, eine Signora Secondi, wählten die Gefängnißstrafe, obschon sie dieselbe unter Verbrecherinnen abzubüßen hatten, und zahlten die ausgesetzte Geldstrafe noch zum Uebrigen an die städtischen Armenkassen. Man suchte die Gelegenheit, seinen Haß gegen Oesterreich, seine Liebe zum Vaterlande kund zu geben, und man kannte aus vieljähriger Erfahrung die Macht der Demonstration, die wir Deutsche noch immer unterschätzen.

Schon bei dem ersten Schritte in das Land hatte uns an dem Grenzpfeiler das stolze „Reame d' Italia" (Königreich Italien) entgegengeleuchtet. Die zuvorkommende Leichtigkeit und Freiheit der Zollbehörde, die weder unsere Pässe noch den Inhalt unserer Koffer zu sehen verlangte, sondern uns mit dem freundlichen Wunsch einer glücklichen Reise passiren ließ, hatte einen großen Gegensatz zu den früheren österreichischen Polizeiplackereien gebildet, und diese günstige Aenderung blieb sich an allen Orten und in allen Beziehungen gleich.

Wir hatten zuerst einen Aufenthalt an den baumreichen Ufern des Lago maggiore gemacht, waren darauf nach Mailand gegangen, um dortige Freunde wiederzusehen, und hatten uns dann nach dem Comersee gewendet, an dessen westlichem Ufer wir uns am Eingange des Sees von Lecco in dem Städchen Varenna niederließen, weil wir dort ebenfalls eine Weile in der Nähe befreundeter Personen zuzubringen wünschten.

In Varenna, im Hause unserer Freunde, waren wir in einem Kreise von Italianissimi. Der Herr des Hauses, Advokat Venini, war zugleich Vorsteher des Ortes, seine Frau eine hochgebildete, ja gelehrte und in den klassischen Sprachen völlig bewanderte Frau, zugleich die tüchtigste Hausfrau, in einfachster, fast ländlicher Kleidung im Kreise ihrer Mägde schaffend und arbeitend. Da seine Geschäfte den Hausherrn sehr in Anspruch nahmen, hatte die Mutter allein, ohne einen Hülfslehrer, die beiden Söhne des Hauses in den Wissenschaften bis zu dem Punkte gebracht, der sie zum Eintritt in die obersten Klassen eines Kollegiums berechtigte, aber der Krieg von 59 hatte in den stillen Studien der Söhne eine plötzliche Unterbrechung herbeigeführt. Heimlich und bei Nachtzeit war der kaum dem Knabenalter entwachsene älteste Sohn mit einem Freunde aus dem Vaterhause entflohen, um zu den Freischaaren zu stoßen, welche Garibaldi am Comersee versammelt hatte. Die jungen Leute hatten das Boot des hart am See gelegenen Hauses benutzt, waren in der Nacht ein

Ende abwärts gerudert und dann zu Fuß durch das Gebirge gegangen, bis sie den Sammelplatz der Freischaaren erreicht. Dort hatte Signora Venini den Knaben wieder eingeholt, und man war zufrieden gewesen ihn der Mutter zurückzugeben, weil er in der That noch nicht die Körperstärke für solche Unternehmung besessen hatte. Aber er war ihr mit Wider= streben in die Heimat gefolgt, und sein kindisch pathetischer Ausruf: wenn ich zu schwach bin, so ladet mich in die Kanone und schießt mich gegen die Oesterreicher, damit ich ihnen doch auch Schaden thue! hatte selbst den Kommandirenden gerührt.

Als wir nach Varenna kamen, war der junge Mensch nicht mehr im Hause, sondern auf einer Militärakademie, und der andere, für eine gelehrte Laufbahn bestimmte Sohn, ordnete in den oberen Zimmern der Villa die Bibliothek des in Padua beim Ausbruch der Erhebung von 1859 ermordeten Professors Ripamonte, welche der Signora Venini, der Nichte des Ermordeten, als Erbe zu= gefallen war. Als sie der Thatsache Erwähnung that, sagte sie: „Es war ein furchtbares Ereigniß und es traf uns mit seiner Plötzlichkeit und Gewaltsamkeit sehr schwer; aber — ihn hatte das Volksurtheil nicht unverdient ereilt. Er war immer ein Verbündeter und Anhänger der Oesterreicher ge= wesen, und er hatte kein Herz gehabt für sein Vaterland!" Unten in dem Garten der Villa hatte man in einer Grotte ein kleines Denkmal für die Freunde der Familie errichtet, welche im Kampfe für das Vaterland gefallen waren. Dicht daneben befand sich das Grab eines nahen Anverwandten, der in Mailand noch in der Stunde, in welcher die Oester= reicher für immer das Kastel auf der Piazza d'arme räumten, ruhig und unbewaffnet über den Platz dahin schreitend, von der Kugel eines Kroaten niedergeworfen war. Ein ganzer Roman knüpfte sich an das Schicksal dieses liebenswürdigen

Mannes, eines Dr. Genari, dem wir bei unserm frühern Besuche im Venini'schen Hause an der Seite seiner jungen schönen Gattin flüchtig begegnet waren. Mit der Leiche ihres Mannes und ihrem noch ganz kleinen Kinde war die unglückliche junge Wittwe aus Mailand zu ihren Angehörigen an den See gekommen, hatte dem Manne hier die letzte Ruhestätte bereitet, ihr Kind der Pflege ihrer mütterlichen Freundin überlassen, und war fortgegangen, um als Krankenpflegerin in den Lazarethen ein Leben, das ihr selber in dem Augenblicke werthlos geworden war, für andere Leidende noch nutzbar zu machen und ihren Schmerz durch Thätigkeit zu bekämpfen.

Allabendlich kam man in zwangloser Weise, wirklich nur zum Plaudern, im Hause unserer Freunde zusammen, und die leichte und formvolle Sitte, in welcher die den verschiedensten Ständen angehörenden Personen sich zu einander stellten, konnte als mustergiltig angesehen werden. Es kamen mitunter aus den benachbarten Ortschaften und von den verschiedensten Punkten des Sees, Familien mit großen Namen unerwartet zum Besuch, welche, in Mailand, Como, Monza und der Brianza ansässig, ihren Herbst am See verlebten; es kamen Künstler vom andern Ufer aus der Villa Riccardo herüber, in welcher der große Musikverleger offenes Haus hielt. Das hinderte aber gar nicht, daß ebenso die schöne Wirthin des Hotels Marcionni, in dem wir wohnten, nach gethaner Arbeit als Gast sich in dem Salon einfand und gelegentlich auch einen ihrer Gäste mitbrachte, den sie für die Aufnahme in dem edeln Hause geeignet glaubte. Heiterer, zwangloser, geistig angeregter ist mir selten eine Gesellschaft erschienen; und ich habe dort es recht deutlich empfunden, welche Bildungselemente uns durch den schwerfälligen Aufwand entzogen werden, unter welchem auch bei uns in

Deutschland die geistig förderſame Geſelligkeit zu Grunde geht. Man ſprach bei einem Glaſe Eiswaſſer und einer Taſſe geeiſtem oder heißem Thee, mit voller Freiheit und Offenheit alle großen Tagesfragen, und trotz der Heiterkeit, ſehr ernſthaft durch. Ganz mit derſelben offenen Freimüthigkeit ſprach unſere Freundin auch an einem der folgenden Tage, an welchem ſie mit uns über den See gen Menaggio fuhr, um uns zu der auf den Höhen gelegenen Villa von Maſſimo d'Azeglio zu führen, ſich in Gegenwart der beiden Bootführer, es waren zwei Garten- und Feldarbeiter des Hauſes, die uns hinüberruderten, über die Zukunft Italiens und über die übeln Einflüſſe aus, welche die katholiſche Geiſtlichkeit noch immer auf das geiſtige Vorwärtskommen des Volkes übe. Sie tadelte die Unwiſſenheit und Trägheit, die durch das Coelibat genährte Unſittlichkeit der Geiſtlichen. Sie beklagte das Unheil, welches durch ſie in viele Familien gebracht würde, mit ſehr entſchiedenen Worten; und der eine der Rudernden, ein älterer Mann, nickte dazu immer mit dem Kopfe, als ob er Ja und Amen ſagen wollte, wenn Signora Luiſa ihre Ueberzeugung ausſprach, daß auch für dieſes Unweſen ein Ende kommen werde.

Eben ſo rückhaltlos offene Unterhaltungen hörten wir, wenn wir bald in dem, bald in jenem kleinen Orte einmal vor einem der landesüblichen Kaffeehäuſer ſaßen; und wir machten dabei wieder die ſchon in früheren Jahren gethane Bemerkung, wie die anſpruchsloſe, ſelbſtgewiſſe Natürlichkeit, mit welcher die Grundbeſitzer und Edelleute ſich bei ihren Landaufenthalten an dieſen öffentlichen Orten mitten unter das Volk begaben, mit ihm an demſelben Tiſche den Kaffee tranken, mit ihm verkehrten und diskutirten, weſentlich dazu beigetragen haben mußte, die Verbindungen zwiſchen den Patrioten innerhalb des Landes, und jene andere zwiſchen ihnen und der piemontesischen Regierung zu ermöglichen und lebendig zu erhalten, welche trotz der Wachsamkeit der österreichischen Regierung seit dem Jahre 48 fortdauernd bestanden, und die Revolution von 59 vorbereitet hatten.

In den großen Städten, in Mailand und Como, machte sich die Wandlung der Verhältnisse noch viel auffallender bemerkbar als in den kleinen Orten und auf dem Lande. Die Freude über die Befreiung des Vaterlandes lag wie ein Sonnenschein über den Menschen. Die fremden Soldaten marschirten nicht mehr drohend durch die Straßen, die österreichischen Korporale mit dem Stock an der Seite waren verschwunden. Leichten Schrittes gingen die italienischen Bersaglieri mit den lustig wehenden Federbüschen an den aufgeklappten Hüten, auf dem Corso Vittorio Emanuele einher. Zivilisten und Militär mischten sich jetzt fröhlich vor den Kaffeehäusern, italienische Frauen gingen am Arme der Offiziere spazieren, das Kastell war nicht mehr ein Schrecken der Bürger, das ganze Leben in den Straßen war flüssiger und freier geworden. Die Auslagefenster der Buchläden — diese Gradmesser des Volksgeistes und der Volksbildung — hatten einen völlig veränderten Inhalt gewonnen. Die Bilder des Königs und des vor wenig Monden gestorbenen Grafen Cavour, waren in allen Größen und überall vorhanden. Sie fehlten selbst nicht in den Zimmern eines uns befreundeten kunstgelehrten Geistlichen, der Rhetor am Dome, und Besitzer einer schönen Sammlung von Kunstwerken ist. Er besitzt beiläufig den schönsten Crespi, den ich kenne. Selbst die hochbetagte Mutter unseres Freundes, obschon wie der Sohn dem katholischen Bekenntniß und der Kirche mit Innigkeit ergeben, sprach mit fromm gefalteten Händen den Dank gegen Gott über die Befreiung des Vaterlandes von der harten Fremdherrschaft, und zugleich die Hofnung aus, daß

Gott auch Mittel und Wege finden werde, die vollständige Einigung Italiens durch die Hinzufügung von Venedig und des Kirchenstaats herbeizuführen, denn die Einigung des Vaterlandes sei ja eine heilige Sache und stehe unter Gottes Schutz! — Wie sich die treffliche Matrone die Stellung des weltlichen Oberhauptes der Kirche zu dieser heiligen Sache vorstellte, darüber sprach sie sich nicht aus; und es war nicht an uns danach zu fragen, da die Gesinnung an sich schon merkwürdig und erfreulich genug war.

In Turin erhoben sich die Standbilder jener früheren italienischen Patrioten: des Abbate Gioberti und des General Pepe bereits vor den Augen alles Volk auf den Plätzen der Stadt. Große Denksäulen nannten die Namen aller der Männer, welche für das Zustandekommen der freisinnigen Gesetze gestimmt hatten. Auch König Carlo Alberto, la spada d'Italia (das Schwert Italiens), der zuerst die Fahne für die Einigung des Vaterlandes erhoben, wennschon er sie entmuthigt wieder hatte fallen lassen, hatte sein prächtiges Monument erhalten. Als ergreifendstes von allen Ehrenstandbildern trat uns aber die Statue des einfachen Soldaten, das Denkmal entgegen, welches die Bürger des Landes als Zeichen ihres Dankes eben in der Gestalt des einfachen Soldaten all' denjenigen Braven errichtet hatten, welche in den Befreiungskämpfen mitgefochten hatten; und es war auf dem Denkmal ausdrücklich verzeichnet, daß Mailand und Venedig, obschon zur Zeit der Aufrichtung des Standbildes noch unter österreichischer Herrschaft, zu demselben ihren Betrag eingesendet hatten.

Werke über Volkserziehung, über die Nothwendigkeit die Klostererziehung nicht nur für die Knaben, sondern auch für die Mädchen aufzuheben, und die Frauen in das Leben und in eine gewerbliche Thätigkeit eintreten zu lassen, fanden wir

selbst in den Kästen der fliegenden Buchhändler; und in all'
den Flugschriften, welche wir in die Hände bekamen, gingen
die Leidenschaft des Volksverlangens und die politische Be=
sonnenheit der Staatslenker einen so richtig zusammenpassenden
Schritt, daß man über den Sieg ihrer gemeinsamen Bestrebungen
durchaus nicht mehr im Zweifel sein konnte.

Unseren Bekannten von dem ersten Aufenthalt am Comer=
see, den schönen Dr. F. M., der Jura studirt und in dem
Bankhause seines Vaters, in einem Assekuranzgeschäfte, mitge=
arbeitet hatte, fanden wir im Finanzministerium beschäftigt.
Wir erhielten nachträglich von ihm manchen Aufschluß über
jenes geheimnißvolle Kommen und Gehen der Männer, das
wir 1858 am See beobachtet, und über dessen Zweck wir uns
in unseren Vermuthungen nicht geirrt hatten. Die äußerst
anmuthigen und für die italienische Sittengeschichte und Staats=
entwickelung höchst lehrreichen Memoiren von Massimo d'Azeglio,
die nachdem unter dem Titel: „I miei ricordi" erschienen sind,
gaben uns dann in weiterm Maßstab den Beleg dafür, wie
reiflich der Boden vorbereitet worden war, auf welchem im
gegebenen Augenblicke die Entwürfe in Thaten umgewandelt
wurden — wie man zu warten und zu handeln verstanden.
Und man hat nach 1861 noch geraume Zeit zu warten gehabt,
ehe wieder ein bedeutender Fortschritt zu der Einigung Italiens
gemacht werden konnte. Diesmal kam der Anstoß von Norden
her. Denn Preußen und seine damaligen Bundesgenossen in
Deutschland dürfen dreist behaupten, mit ihrer mächtigen Kraft
zu der abschließenden Neugestaltung Italiens ihr redlich und
dankenswerthes Theil gethan zu haben.

Der deutsche Krieg von 1866 lag zwischen unserem eben
erwähnten Aufenthalte in Ober=Italien und unserem Wieder=
sehen des uns so theuren Landes.

Es hatte inzwischen eine bedeutende geistige Annäherung zwischen Italien und Deutschland stattgefunden. Mit jedem Jahre hatte die Zahl der jungen Gelehrten sich vermehrt, die nach den in ihrem Vaterlande beendeten Universitätsstudien gen Norden gekommen waren, diese Studien auf deutschen Universitäten fortzusetzen. Junge Aerzte, Archäologen, Chemiker, Nationalökonomen, Philologen, Philosophen und der Landwirthschaft Beflissene aus den verschiedensten Theilen Italiens hatten wir im Laufe der Jahre in unserm Hause gesehen. Sie Alle waren durch gründliches Studium der deutschen Sprache mehr oder minder mächtig geworden, und bei Vielen von ihnen war durch vertrauten Verkehr in deutschen Familien eine wirkliche Vorliebe für deutsches Leben und deutsche Häuslichkeit rege geworden.

„Wir können nicht nur deutsche Wissenschaft bei uns noch sehr gebrauchen, es thäte uns auch gut, wenn wir deutsche Frauen mit nach Hause bringen könnten!" sagten einmal ein paar junge sehr gebildete italienische Universitätsdocenten zu mir, die sich auf Kosten ihrer Regierung lange in Deutschland und in England aufgehalten hatten; und sie haben deutsche Frauen heimgeführt. Daneben bemerkte man an anderen Italienern wieder ein stolzes Abweisen des Fremden, ein sehr einseitiges Pochen auf die einstige, seit hunderten von Jahren nicht mehr vorhandene Ueberlegenheit der italienischen Kultur über die Kultur der anderen europäischen Völker, und ein Ueberschätzen dessen, was das gegenwärtige Italien an ererbter Ausbildung der schönen Form in Sprache, Kunst und in gesellschaftlicher Umgangsweise vor Deutschland, nach dem Glauben jener Italiener noch voraus besaß. Es half nicht, wenn man es ihnen vorhielt, daß in der nationalen Entwickelung immer der nationale Maßstab angelegt werden müsse; daß wir die durchsichtige Klarheit, die ursprüngliche Naturwahrheit und Naturempfindung Goethe'scher Poesie, daß wir Goethe und den Faust nicht gegen Dante und die göttliche Komödie, Schiller nicht mit seinem Nachahmer Alfieri vertauschen möchten, ohne daß wir deshalb die italienischen Dichter herabzusetzen dächten; daß wir eben so wenig unsere, einem nordischen Klima und seinen häuslichen Bedingungen entsprossene Geselligkeit und unser Familienleben gegen die italienische Sitte vertauschen könnten noch möchten, und daß wir unsere Ueberlegenheit über andere Nationen, wenn von Ueberlegenheit überhaupt die Rede sein dürfe, wo man bei reiflicher Erwägung vielmehr nur die, aus den jedesmaligen Verhältnissen hervorgegangenen Besonderheiten anzuerkennen habe, daß wir unsere Ueberlegenheit vor Allem in den verständigen guten Willen setzten, mit welchem die Deutschen fremde Nationen und deren Literatur zu verstehen, und sich das Gute derselben anzueignen bemüht gewesen wären. Das, was Deutschland geworden sei, sei es geworden durch seine Kraft, durch seinen Fleiß und seinen Ernst, wie durch die Werthschätzung und Benutzung dessen, was es an Italienern, Franzosen, Engländern, Nachahmens- und Benutzenswerthes gefunden und auf deutsche Verhältnisse übertragen, ihnen angepaßt und eingefügt habe; und wenn Italien vorwärtskommen wolle, so müsse es den gleichen Weg einschlagen. Eine sich in der Nationalität versteifende Entwickelung sei ebenso verderblich, wie die blinde und verflachende Nachahmung fremder Zustände. Der Kosmopolitismus, den man erstreben müsse, schließe die einseitige Entwicklung der Nationalitäten aus, aber es könne unter ihm auch nicht ein völliges Verwaschen des Nationalcharakters gemeint sein. Derjenige, welcher im neunzehnten Jahrhundert noch daran glaube, daß sein Volk der Inbegriff alles Könnens sei, daß sein Volk aus sich heraus Alles Das erzeugen könne, oder erzeugt habe und erzeugen werde, was eben das Zusammenwirken der verschiedenen nationalen Fähigkeiten für die Menschheit Förderfames hervorgebracht habe, fei eben solch' ein Thor, als jene Idealisten, welche Norweger, Sizilianer, Russen, Engländer und die slovakischen Mäusefallenhändler durch plötzliche staatliche Umgestaltungen in den menschheitsbeglückenden Verband der vereinigten europäischen Republiken hineinzuzwingen dächten.

Es war Ende Oktober, als wir achtzehn hundert sechs und sechszig in Como zum erstenmale wieder mit Italienern innerhalb ihres Landes in Berührung kamen. Wir trafen dort auf die Offiziere der Garibaldi'schen Freischaaren, die sich dort nach beendetem Feldzuge zusammengefunden hatten, um ihre Abrechnungen und die Auflösung des Korps zu beforgen. Auf den Schlachtfeldern von Böhmen, auf denen die österreichischen Herrschsuchtsgelüste so weit sie Deutschland betrafen, in ihre Grenzen zurückgewiesen worden waren, hatte das siegreiche Preußen mit seinen deutschen Bundesgenossen für Italiens Befreiung mitgekämpft, das, den gegebenen Anstoß benutzend, auch wieder gegen Oesterreich aufgestanden war; und abermals hatte Napoleon der Dritte sich dazwischen gedrängt, hatte den beiden siegenden Völkern die Erlangung ihres vollen Siegespreises unmöglich gemacht. Preußen war nicht nach Wien gegangen, vor dessen Thoren es gestanden. Es hatte mit der Einigung Deutschlands am Maine Halt machen müssen, und Italien war genöthigt worden, den ehrlichen Erwerb dieses Krieges, Venetien, wiederum als ein Geschenk aus der Hand des Kaisers der Franzosen hinzunehmen — der damit auf's Neue seine Schutzherrlichkeit über Italien gefestigt hatte.

Unter den Garibaldinern war damals die Stimmung sehr erbittert gegen Napoleon. Viele von ihnen, welche Garibaldi in allen seinen italienischen Feldzügen gefolgt waren, hatten es nicht vergessen, wie allein der französische Einfluß ihnen den Tag von Aspromonte bereitet, wie französische Truppen in Rom die vollständige Einigung Italiens immer noch unmöglich machten; und wir wurden in dem Kreise der Männer, mit denen wir damals in Como beisammen waren, um unserer Nationalität willen mit großer Wärme begrüßt, mit Zutrauen und Herzlichkeit empfangen.

Sie sprachen es aus, wie lebhaft „der General" eine feste Alliance von Deutschland und Italien gewünscht. Man wollte wissen, daß er durch Absendung eines seiner begabtesten und vertrautesten Offiziere an Graf Bismarck auf diesen engen und dauernden Anschluß hingewirkt, und man hatte kein anderes Verlangen, als endlich dem Uebergreifen einer fremden Macht in die Gestaltung der italienischen Verhältnisse ein Ende gesetzt zu sehen.

Garibaldi selbst war nicht mehr in Como, aber sein Geist war in dem ganzen Korps lebendig, und ich habe selten eblere und schönere Eindrücke empfangen, als in der Unterhaltung mit jener, aus Männern verschiedensten Alters und verschiedenster Lebensberufe zusammengesetzten Gesellschaft. Ich habe auch niemals ein Offizierkorps angetroffen, dessen Haltung mehr an unsere Landwehroffiziere erinnert hätte; und dabei hatten sie die Anmuth des Behabens und jene phantastische Lebhaftigkeit voraus, welche solchen Freischaaren eigen zu sein pflegte. Auch ihre Uniform hatte etwas sehr Gefälliges, sowol für die Gemeinen als für die Offiziere. Die rothe Blouse und das Käppi für den Soldaten, der fest anliegende rothe Rock der Offiziere, mit reicher goldener Zierrath, die kornblau seidene breite Schärpe über dem blaßgrauen Beinkleid, sahen mit der rothen, goldverbrämten Mütze und dem grauen fliegenden Mantel sehr geschmackvoll aus, und standen Alt und Jung wohl an. Die Behauptung aber hörten wir von verschiedenen Offizieren wiederholen, daß das Garibalbi'sche

Korps diesmal nur um deshalb weniger glücklich opperirt habe, weil es zu groß gewesen sei. „Freischaaren sind nur in mäßiger Anzahl mit Erfolg zu verwenden; sobald sie diese Anzahl überschreiten, werden sie schwer zu handhaben und verlieren ihre eigentliche Bedeutung!" sagte Der und Jener. Wir haben uns an diesen Ausspruch jener in Freischaaren= kriegen geübten und erfahrenen Führer oft erinnert, wenn wir von der französischen Massenerhebung in den Zeitungen gelesen haben.

Mit Garibaldi selber trafen wir erst zehn Monate später am 9. oder 10. Sept., im Hôtel Byron am Genfersee zusammen, als er sich zum Friedenskongreß nach Genf begab. Einer der Offiziere, der junge und schöne Obrist Frigyesi, mit dem wir in Como bekannt geworden waren, stellte uns dem General vor. Er war müde von der Reise in dem Hôtel angekommen und seine Weiterreise erlitt einen Aufenthalt, weil die französisch=savoyen= schen Dampfschiffe die Weisung erhalten hatten, die Fest= gesellschaft, die ihm von Genf entgegenfuhr, nicht zu befördern. Und damals — die Franzosen hatten eben erst ihren mexika= nischen Feldzug beendet, und Kaiser Maximilian die Ein= mischungsgelüste Frankreichs mit dem Leben bezahlt — damals sprach Garibaldi sich vor der im Hôtel Byron zusammen= gekommenen Versammlung mit größter Entschiedenheit gegen die tyrannische Einmischung Frankreichs in die Schicksale der anderen Völker, mit erhabenem Zorne gegen Napo= leon III. aus.

„Ich rechne mir den Haß dieses Mannes gegen mich zur Ehre an!" sagte er fest und bestimmt, und er sah mächtig bei den Worten aus, obschon seine Gestalt nicht eben groß war. Aber er war stämmig gebaut und sein Gesichtsausdruck sehr klar und ruhig. Er trug trotz des sehr warmen Wetters einen weiß und grau gestreiften Poncho als Mantel über der rothen

Bloufe, einen kleinen grauen Filzhut, und stütze sich, dem bei Aspromonte durch einen Schuß verwundeten und nie völlig hergestellten Fuß zu Hülfe kommend, auf einen starken Stock. Sein braunblondes, ergrauendes Haar, die blauen tiefliegenden Augen, die hohe und mächtig gewölbte Stirn, selbst der Schnitt der kurzen, starken und gradlinigen Nase und die Form des sehr energischen Mundes haben bei Garibalbi etwas Deutsches, was ihm von seiner aus Westphalen stammenden Großmutter angeerbt sein mag. Aber obschon man es ihm damals bereits ansah, daß er viel gelitten hatte, war doch die Mischung von Kraft und Milde, die ihn kennzeichnete, noch immer in ihm unverkennbar und wirkte anziehend, ja durch die Schlichtheit seines Benehmens überwältigend.

Damals! — Wer hätte es damals voraussehen können, daß Garibalbi, nachdem er noch einen neuen, seinen dritten Versuch gemacht, Rom und damit Italien von der französischen Abhängigkeit zu befreien, daß er, nachdem im Jahre 1867 die Chassepots bei Mentana ihre ersten Wunder gegen ihn und seine Getreuen gethan, sich plötzlich lossagen könne von seinen eigenen Traditionen? — Wer hätte glauben können, daß der eifrigste Bekenner der Friedenspolitik, der Mann, welcher durch sein Erscheinen dem Friedenskongreß in Genf eine erhöhte Bedeutung gegeben hatte, sich in dem, nach frechstem Friedens= bruche, durch Frankreich gegen Deutschland heraufbeschworenen Kriege, zum Bundesgenossen der Franzosen gegen Deutschland machen könne? Man möchte mit bitterm Schmerze das Wort Paul Louis Courrier's von ihm sagen, das dieser aussprach, als der erste Napoleon sich zum Kaiser machte: il aspire à descendre! — Aber das trübe Niedersinken eines leuchtenden Sternes ist ein melancholischer Anblick — und wenn man sich auch sagen darf, daß man es in der spätern Handlungsweise Garibalbi's mit einem Verstandesfehler des heldenhaften Mannes zu thun habe, so thut es wehe, mißbilligend zu verurtheilen, wo man bis dahin mit freudigem Vertrauen verehrte.

Florenz fanden wir in hellem Jubel im Herbste von 1866. In Venedig war von Napoleon III., dem gekrönten maître de plaisir von Frankreich, das Plebiscit wegen des Anschlusses an Italien, zur billigen Unterhaltung seiner beständig der Zerstreuung bedürftigen Franzosen, in Scene gesetzt worden. Victor Emanuel zog eben, von den Deputationen des ganzen Landes umgeben, in Venedig ein. Florenz schwamm im Fahnenschmuck und im Lichterglanz einer prächtigen Erleuchtung, die sich bis zu den Thürmen des Palazzo Vecchio, bis auf die Zinne des Campanile und bis zur höchsten Spitze des Domes hinauf erstreckte. Die Stadt, welche zwanzig Jahre früher in blumenhafter Traumseligkeit geschlummert, war eine ganz moderne und sehr unruhige Stadt geworden.

Man riß Straßen ein, um Raum für freiere Bewegung zu finden; Klöster und Kirchen, wo ihre Vorsprünge hinderlich erschienen, wurden dabei nicht geschont. Das Gesetz zur Aufhebung der Klöster war erlassen, die Räumung derselben zum Theil erfolgt, zum Theil bevorstehend. Wo man noch Mönche in ihnen antraf, standen sie auf dem Aussterbeetat. — Es gab Zeitungen von allen Farben. Sie wurden laut lärmend in den Straßen ausgerufen, der Straßenkleinkram war bei weitem freier als bei uns in Preußen, das ganze Leben in den Straßen hatte einen Pariser Charakter angenommen, Alles war modisch. Elegante Kaffees und Restaurants hatten sich neben den alten bekannten Speisehäusern aufgethan, es war Alles theurer geworden, obschon im Vergleich zu anderen großen Städten Alles noch billig genug war. Die Beaufsichtigung der Fremden durch die Polizei hatte auch hier auf=

gehört, dafür aber wurden uns die veränderte Besteuerung und der Geldmangel im Lande sehr bald fühlbar. Es mußten städtische Steuern auf Lebensmittel aufgelegt sein, denn so oft man von einem Ausfluge vor das Thor in die Stadt zurückkehrte, wurde man um steuerpflichtige Dinge befragt. Dasselbe geschah bei der Ankunft in allen Städten auf den Bahnhöfen; und Papiergeld des Königreichs gegen baares Geld zu wechseln war selbst in den Kassen auf den Bahnhöfen nur in soweit möglich, als man kleinere Appoints desselben Papiers darauf herausgeben konnte; denn es wurde nicht die kleinste baare Scheidemünze von den Kassenbeamten ausgegeben, und das Papiergeld der Städte galt eben nur innerhalb der Stadt, die es geschaffen hatte, während der Werth des Goldes überall sehr hoch war.

Man hatte aber guten Muth und großes, ja man darf sagen, ein übermäßiges Selbstgefühl. Ueberall hörte man das stolze: l'Italia farà da se! und man dachte schon damals weit weniger als im Kreise der Garibaldiner an den Antheil, welchen die Massen der unter Preußens Führung gegen Oesterreich kämpfenden Deutschen an den Freudentagen hatten, deren man eben jetzt in Italien genoß. Man war vielmehr sehr dazu geneigt, den deutschen Beistand zu verkleinern und zu vergessen, während die neue Erhebung Italiens gegen Oesterreich doch nur durch die Auflehnung und das Vorgehen des mächtigen Preußens möglich geworden war. Man berauschte sich in der Idee nationaler Großthaten, welche die italienische Armee 1866 nicht vollführt hatte. Man warf der Bequemlichkeit halber Oesterreicher, Preußen und alle anderen deutschen Volksstämme in den von den österreichischen Zeiten her verhaßten Namen Tedeschi zusammen, wobei denn die alte sehr berechtigte Abneigung gegen Oesterreich obenauf schwamm, und das Gute und den Beistand, den man von Deutschland und namentlich von Preußen empfangen hatte, ganz verhüllte.

Es lebte eine kleine sehr gebildete deutsche Kolonie in Florenz, und in dem Hause des von der Regierung nach Florenz berufenen Physiologen und Professor Moritz Schiff, im Hause von Fräulein Ludmilla Assing, die aber mit ihren Sympathien auf Seiten der italienischen Republikaner stand, bei Fräulein Malvide von Meysenbug, welche als Erzieherin und Freundin von Alexander Herzen's schönen Töchtern sich damals mit diesen in Florenz aufhielt, wie am Theetisch von Frau von Treskow, einer Freundin Rahel's, und ebenso wie ihre einzige, an einen Italiener verheirathete Tochter, eine Berlinerin von stärkster Ausprägung des alten, geistig bedeutenden Berliner Wesens, konnte man sich nach der Heimat versetzt glauben, während es zugleich dort an beständigem Zusammensein mit italienischen Gelehrten und Schriftstellern nicht fehlte. Dabei konnte man es aber beobachten, wie die beiden Strömungen für und wider Deutschland unvermittelt neben einander hergingen, wie man sich zu Frankreich neigte, das in Rom die Priesterherrschaft aufrecht erhielt und die Einigung Italiens verhinderte, während man in Italien gegen die Priesterherrschaft anging und die Einigung des Vaterlandes erstrebte. Ja sogar diejenigen deutschen Gelehrten, welche die Regierung zur Hebung der italienischen Bildung nach Italien berufen, hatten darüber zu klagen, daß man sie hemme, wo sie fördern sollten; und daß jenes instinktive Gefühl der Sympathie für die stammverwandte gallo-romanische Rasse und ein gewisser Zug einer Nationaleitelkeit es selbst bei vielen Gebildeten über die richtige Erkenntniß von Demjenigen, was dem Lande nothwendig und zweckmäßig sei, davontrage. Freilich gab es hinwiederum Italiener genug, welche den wie ein Rechenexempel einfachen Satz begriffen, daß die feste Ver=

einigung von zwei aufstrebenden, nach ihrer innern Abrundung und äußern Sicherheit ringenden Nationen die beste Abwehr gegen störsame Einflüsse und feindliche Angriffe von außen darbieten, ja solche Angriffe halbwegs unmöglich machen würde. Aber gegen die unklare Empfindung bleibt die Vernunft oft lange ohnmächtig. Man haßte und verabscheute Napoleon den Dritten als Despoten und Tyrannen, man kämpfte um eine ganz andere Verfassung als diejenige, welche das Verbrechen des zweiten Dezembers erzeugt hatte. Der Zauber der französischen Gloire, das prestige de la France, wirkten aber trotzdem in Italien noch immer fort. Man mochte glauben von diesem Glanze Etwas abzukommen, wenn man in dem Kreise desselben blieb, und man konnte wirklich auf Italiens Verhältniß zu Frankreich parodirend die Worte des Dichters anwenden:

„Die Sinne sind in seinen Banden noch,
Hat gleich die Seele blutend sich befreit."

In Einem aber stimmte Alles überein: in der Auflehnung gegen die weltliche Macht des Papstes, in dem Verlangen, Rom als die Hauptstadt für das geeignete Königreich Italien zu gewinnen. Indeß selbst diesem Verlangen war ein Radschuh angehängt, der, wenn er auch die fortziehende Bewegung nicht aufzuheben vermochte, sie doch störte und aufhielt. Die Frauen standen auch noch hier, wie fast in allen katholischen Ländern, unter dem Einfluß der Geistlichkeit, sie waren weit zurückgeblieben hinter der Bildung der Männer; und der König selber hatte, wie man sagte, neben sich eine ganz ungebildete Frau aus niederm Stande, deren Bigotterie die Geistlichkeit sich zu Nutzen zu machen wußte.

Während die jungen, der deutschen Sprache mächtigen Italiener uns in Berlin vielfach versichert hatten, daß man, seit die Lombardei und Toscana von dem österreichischen Joche und Einfluß frei geworden, sich vielfach mit dem Studium der deutschen Sprache, der deutschen Klassiker und mit den Resultaten der deutschen Wissenschaft beschäftige, fanden wir weder in Mailand noch in Florenz in der Buchhandlung deutsche Bücher ausgelegt. Alle Fenster und Ladentische waren noch immer voll von französischen Werken, wissenschaftlicher sowol als dichterischer. Der französische Roman war die Lektüre der Gesellschaft, Uebersetzungen französischer Komödien füllten die Repertoire. Nur im Theater Pagliano sahen wir einmal den größten Mimen des jetzigen Italiens, Rossi, sich in der Rolle des Shakespear'schen Hamlet versuchen, der sich denn, freilich in italienischer Sprache und für das italienische Publikum gehörig zugerichtet, für Unsereinen so befremdlich ausnahm, wie ein alter hochverehrter Freund in wunderlicher, ihm nicht anstehender, ihn entstellender Tracht.

An neuern historischen Werken fand Stahr von italienischen Verfassern sehr bedeutende Arbeiten, darunter vor Allen Villari's uns höchlich fesselnde meisterhafte Geschichte Savonarola's. Ebenso brachten die zahlreichen politischen Journale zum Theil sehr lebendig geschriebene und schlagende Artikel, aber meine Erwartung, daß die Umgestaltung der politischen Verhältnisse, daß das Freiwerden der Presse auch den sozialen Roman in Italien hervorgerufen haben würde, fanden wir 1866 noch nicht bestätigt. Man empfahl uns, als wir danach fragten, die noch in österreichischer Zeit erschienenen Raconti der im Friaul heimischen Gräfin Caterina Percotto, eine Art von sehr eigenartigen und erschütternden Skizzen, die wir schon lange vorher in Deutschland gelesen hatten. Man wies uns auf die in englischer Sprache erschienenen Romane Giuseppe Ruffini's hin, die doch zum Theil auch schon vor der eigentlichen Befreiung Italiens entstanden und nicht ausschließlich italienischem Boden entwachsen waren. Sie sind sogar ursprünglich sammt und sonders in englischer Sprache erschienen, weil der Verfasser, Sohn einer englischen Mutter und eines Italieners, im Exil in England und in Frankreich lebend und des Englischen vollkommen Meister, es vorgezogen hatte, seine Dichtungen in der Sprache und unter dem Volke zu veröffentlichen, in denen ihrem Erscheinen nicht, wie in seinem Vaterlande, Hindernisse in den Weg gestellt werden konnten. Auch noch im Jahre 1866 war, so viel ich erfahren habe, nur Ruffini's an Zartheit und Anmuth fast unvergleichlicher Roman, nur „Doktor Antonio" in italienischer Uebersetzung erschienen. Alle seine Romane: Doktor Antonio, Lavinia, Lorenzo Benoni und sein neuester Roman Vincenzo haben Italiener zu Helden, italienische Lebensverhältnisse zur Grundlage, Italien zum Ort der Handlung, der nur jeweilig verlassen wird. In dem letzten dieser Romane ist das Motiv, das Heruntersinken eines bedeutend angelegten Mannes durch die Ehe mit einer beschränkten, in Vorurtheilen erzogenen bigotten Frau, den gegenwärtigen Zuständen Italiens, mit einer bis an das Unschöne streifenden Wahrhaftigkeit nachgebildet; und italienischer Geist, italienische Empfindungsweise sind in allen diesen Romanen unverkennbar, ja Doktor Antonio liest sich in der italienischen Uebertragung noch reizender als in dem englischen Original. Nur die Ausdrucksweise steht in ihrer Schlichtheit ebenso wie die Behandlungsweise des Romans auf englischem Boden und ist wol aus dem Studium von Bulwer und seines großen freien Styls hervorgegangen. Ebenso verriethen die fast idyllische Dichtung „Ein stiller Winkel" und die sehr heitere Satyre „Die Engländer auf der Entdeckung von Paris" den Einfluß, welchen des Dichters Aufenthalt im Auslande auf ihn geübt hatte. Neben dem historischen Musterromane, die Verlobten von Manzoni, neben den Romanen von Grossi und

Azeglio, die doch auch sämmtlich historische Romane mit Motiven aus ferner Vergangenheit sind, war die über fünfzig Jahre alte Dichtung Jacopo Orpis immer noch der hervorragendste soziale Roman. Auch in diesen letzten Jahren hat sich das nicht wesentlich geändert. Die Italiener, von denen ich eine Erklärung dieser auffallenden Erscheinung begehrte, meinten, „sie wären noch zu sehr mit der Tagesarbeit an ihrer politischen Wiedergeburt beschäftigt, um von sich selber absehen und sich dem dichterischen Schaffen zuwenden zu können". Aber die Zeit der Krisen hatte doch die Dichtungen Leopardi's, Giusti's, Allearbi's erzeugt, und auffallend bleibt es daher immer, daß in dem Lande, welches einst einen der Meister im Erzählen, Boccaccio, besessen, und in dem Decamerone ein Vorbild für die anmuthige Erzählung geliefert hatte, die Erzählung und der Roman nicht mehr so sehr wie früher zur idealisirenden und erklärenden Wiederspieglung des Lebens zu dienen scheinen.

Von Florenz nach Rom fährt man jetzt nur acht Stunden auf der Eisenbahn, aber wenn man schon im Jahre 1866 Florenz mit dem damaligen Rom verglich, so war's als wären die beiden Orte durch hunderte von Meilen und durch ein Jahrhundert getrennt.

In Florenz war Alles mit der raschen Entwickelung der Zeit rüstig vorgeschritten, in Rom war Alles theils stehen geblieben, theils zurückgekommen, und wo trotzdem die neuen Erfindungen, welche durch die ganze Welt die Lebensverhältnisse in den letzten dreißig Jahren umgestaltet haben, bis nach Rom gedrungen waren, standen sie in offenem Mißverhältniß zu den Einrichtungen in der ewigen Stadt. Das hatte man zu empfinden so wie man an die römische Grenze kam und wie man in Rom den Fuß aus dem Eisenbahnwagen setzte. — An der Grenze und in Rom war die Visitation der Pässe, der Koffer, der Handsäcke so peinlich, daß man trotz eines Gewittersturmes, zu nächtlicher Stunde in den provisorischen Eisenbahnbaracken an der Grenze die Bilder in den Porträtalbums einzeln besichtigte, welche die Reisenden mit sich führten; und in dem provisorischen Eisenbahnhof in Rom waren die Vorkehrungen für den Empfang, für die nochmalige Visitation und für die Fortbringung der Reisenden und ihres Gepäcks in einer Weise getroffen, als handelte es sich nicht um die Ankunft eines Bahnzuges, sondern als erwartete man eine Postchaise mit ihren Beiwagen.

Und wie bei dem Eintritt in Rom gab sich der Widerspruch, in welchem das Leben des Kirchenstaates und der Geist seiner Regierung sich mit dem gegenwärtigen Tage befanden, in dem Größten wie in dem Kleinsten kund. Während der Papst in seinem phantastisch mittelalterlichen Glauben die Welt, wie die Inschriftstafel im St. Peter es besagte, mit dem Dogma von der unbefleckten Empfängniß der Jungfrau Maria begnadigt hatte, während man das Konzil schon vorbereitete, auf welchem die Unfehlbarkeit des Papstes ebenfalls zum Dogma erhoben werden sollte, und in den alten Kirchen mit großem Eifer und großem Kostenaufwande daran gearbeitet wurde, die Kirchen für die Zeit des Konzils glänzend zu erneuern, war ein Hauch der Verwitterung über das ganze römische Wesen gekommen, sofern es nicht direkt die Kirchen anging, von deren Verwaltung abhing, und mit deren Privatvermögen zusammenhing. Die alten Kardinalsequipagen und deren Dienerschaft hatten etwas Schäbiges bekommen. Das Volk ging zum Theil sehr gleichgiltig an den Kardinälen vorüber, wenn diese sich, gefolgt von ihrem Wagen und ihrer Dienerschaft, zu Fuße auf der Straße zeigten, und mehr als einmal sah ich es, wie Gewerbtreibende, wenn der Papst mit seiner großen Begleituug durch die Straßen zog, rasch ihre

Labenthüren schlossen und die Ihrigen anhielten in das Haus zu treten. Das geschah in dem nämlichen Augenblick, in welchem vornehme Männer ihre Wagen verließen, um vor dem Papst auf der Straße das Knie zu beugen, und Frauen des hohen Adels in ihren Equipagen niederknieeten um seines Segens theilhaftig zu werden.

Der Fremdenverkehr hatte, Dank den Eisenbahnen und Dampfschiffen, sehr bedeutend zugenommen, aber man merkte das nicht besonders, weil das militärische Element in der Stadt vorherrschte. Der Statthalter Gottes unterhielt in Rom ein Heer von mehr als zehntausend Mann, nicht sowohl zum Schutze gegen den auswärtigen Feind, sondern hauptsächlich zur Niederhaltung der eigenen Unterthanen. Das geistige Oberhaupt der Christenheit, das Oberhaupt der Kirche, der Repräsentant der Lehre, deren Reich nicht von dieser Welt sein sollte, behauptete sich mittels einer sehr ansehnlichen Kohorte auf dem Throne seines weltlichen Besitzes. Er hätte nicht, wie der liebe Gott in Béranger's Chanson, von sich sagen dürfen:

> „Si j'ai jamais commandé une cohorte
> Je veux, mes enfants, que le diable m'emporte!"

Wohin man blickte sah man Soldaten: heimische und französische Truppen, alle sehr geschmackvoll, zum Theil sehr glänzend uniformirt, die päpstlichen Zuavenoffiziere sich spreizend wie die Studenten in kleinen deutschen Universitätsstädten, die päpstlichen Karabiniere, ein Korps von lauter Marsgestalten; und Trommelschall und Exerzieren im Giardino publico hart an den Ruinen der Karakallabäder. Exerzieren und Trommelschall unter den Augen zuschauender Geistlichen in dem alten Prätorianerlager, unfern von den Bädern des Diokletian. Große Wachtposten von Zuaven in der Leoninischen Vorstadt, in nächster Nähe des St. Peter und des Vatikan. Aber neben den prächtig aufgeputzten Truppen und selbst in den Kirchen, die man mit Aufwand von kostbarem Gestein und seltenen Marmorarten restaurirte, traf man auf Geistliche, die sich den Fremden schüchtern näherten und leise um ein Almosen baten, „zu einem neuen Hut" oder „zu einer neuen Soutane", und im Vergleich zu den Soldaten sahen sie in der That oftmals sehr armselig aus.

Ueberall, aber überall, stieß man auf schroffe Gegensätze. In den Häusern, denen gegenüber Nonnenklöster lagen, mußten die Fenster bis in die oberen Geschosse mit Läden versehen werden, die den Hausbewohnern Licht und Luft entzogen und den Einblick in die Klostermauern hinderten; dafür stürzte sich denn gelegentlich ein junger Geistlicher aus den Fenstern des Collegio Romano, des großen Jesuitenhauses, auf die Straße, um verzweifelnd seinem Leben ein Ende zu machen.

Hinten in der Villa des Fürsten Doria Pamfili feierte, wie ich erwähnte, ein Marmordenkmal die im Jahre 1849 im Kampfe gegen die römische Republik gefallenen französischen Offiziere, und am Eingang der Villa, an dem vierfrontigen Triumphbogen von quatri venti, zeigte der Aufseher derselben, ein italienischer Patriot, mit stolzer Heimlichkeit die Stellen, an denen der letzte heiße Kampf der Republik gekämpft worden war, und wies erklärend nach den Villen Korsini, Giraud, Savorelli hinüber, vor und in denen so viel edles italienisches Heldenblut geflossen war, und nach der noch in Trümmer liegenden ganz zerschossenen Villa — il Vascello — an welcher jetzt die Inschriftstafeln stehen. Damals befand sich eine der wenigen in Rom existirenden Fabriken, eine Stearinlichtfabrik, in der Villa Savorelli, welche der aus dem Exil zurückgekehrte Besitzer derselben dort für seine Rechnung betreiben ließ; und wie die Besitzer der nahe an einander grenzenden Villen Pamfili-Doria und Savorelli in politischer Richtung aus einander gingen, so hatte zwischen den beiden Familien in den letzten Jahrzehnten ein Roman gespielt, der auch im geselligen Leben eine Feindseligkeit zwischen ihnen hervorgerufen. — Ein junger Fürst Doria hatte sich in eifriger Bewerbung um eine ungewöhnlich schöne und geistig begabte Tochter des Hauses Savorelli bemüht, ihr Jawort erhalten und dann das Verlöbniß wieder, wie man behauptete, um materieller Vortheile willen gelöst, die sich ihm von anderer Seite geboten. Die junge Marchesina war in ein Kloster gegangen und dort nicht lange danach an gebrochenem Herzen gestorben. Aber Tagebücher und Briefe, welche sie hinterlassen, waren im engen Vertrauen von einem ihrer Angehörigen einem damals in Rom lebenden, noch wenig bekannten französischen Schriftsteller zur Durchsicht übergeben, und von diesem im Mißbrauch des Vertrauens, in einem Romane benutzt worden. Der Schriftsteller war Edmund About. Der Roman, der seinen ersten Ruf begründete und jenen Papieren entnommen war, hieß Tola; und es leben noch Viele von Denen, welche sich des peinlichen Aufsehens erinnern, den sein Erscheinen einst in der römischen Gesellschaft gemacht hatte.

Aber 1866 war man nicht mit den Dichtungen irgend eines Franzosen, sondern mit dem bevorstehenden Abmarsch der französischen Truppen von Rom beschäftigt, und sah auf denselben je nachdem mit bangen oder freudigen Empfindungen hin. Der Höchstkommandirende der päpstlichen Truppen, General Kanzler, hatte kurz vor dem für den Ausmarsch festgesetzten Tage die päpstlichen Truppen in der Villa Borghese eine Revue passiren lassen, gleichsam um den Bürgern darzuthun, daß man ihnen auch ohne die Franzosen Stand zu halten wissen werde. Denn daß vom Volke eine Erhebung gegen das weltliche Regiment des Papstes, daß ein Versuch gemacht werden werde, die Vereinigung mit dem Königreich Italien nun endlich durchzusetzen, das nahm man als gewiß an.

Es lag schwül und unheimlich über der Stadt. Heute sagte der Hauswirth: „In dieser Nacht hat man drüben einen braven Jüngling aus dem Bette geholt und fortgebracht!" — „Wohin?" fragten wir — „Wer weiß das? Sie haben vorige Woche auch aus der und aus jener Straße (er nannte sie) in nächtlicher Weile hier anfässige Bürger verhaftet." — „Aber weshalb?" — Er zuckte die Achseln. „In Rom fragt man nicht! Mit der päpstlichen Regierung ist kein Sprechen und Verhandeln. Es ist ein Faktum. Das genügt!" — „Aber man muß sich doch erkundigen?" — Er lachte höhnisch. „Ich bin mich einmal nach Jemand erkundigen gegangen", sagte er. „Da haben sie mich nichtswürdig behandelt. Ich habe ihnen das gesagt, sie haben mich selber festgehalten und eingesperrt. Seitdem — frage ich nicht wieder. Ich thue nie wieder einen Schritt in den Bereich der Polizei!"

Dazwischen brachte man uns Flugblätter in das Haus, von einem bestehenden geheimen Nationalkomitee verfaßt und verbreitet, die in herbsten Ausdrücken die päpstliche Regierung tadelten, ihr alle ihre Sünden vorhielten, ihr einzeln die Raub- und Mordanfälle und Diebstähle vorzählten, welche von den aus dem ganzen übrigen Italien herbeigeströmten und von der Regierung geduldeten Banditen fortwährend theils in der römischen Kampagna, theils dicht vor den Thoren der Stadt, und in dieser selbst, an höheren Geistlichen verübt wurden; und unter den Bürgern fürchtete man in der beim Abmarsche der Franzosen erwarteten Revolution vor Allem die Unordnungen und die Plünderung, welche durch das aus Neapel ausgewiesene, sich in dem Kirchenstaate herumtreibende und von König Franz unterhaltene Gesindel, hervorgerufen werden könnten. Jeden Tag gab es andere Gerüchte. Heute erzählte man: König Franz von Neapel sammle in dem von ihm bewohnten Palast Farnese heimlich Truppen, mit denen er nächstens in sein Königreich einfallen und seinen Thron wieder erobern würde. Das klang dann wie eine Scene aus Schiller's Fiesko, und die schöne Königin Marie sah sehr nach einer Gräfin Leonore aus, wenn sie Abends krank und müde wie sie war, und doch stolzen Blickes, in den Polstern ihres Wagens lehnend, über den Monte Pincio fuhr. Dann wieder am nächsten Tage ließ man es durch heimliche Winke errathen, Mazzini sei in Rom, und kein Anderer als er selber werde die Fahne der neuen Revolution erheben. Sehr wahrscheinlich klang dies nicht, indeß es war doch keinesweges außer dem Bereich des Möglichen.

Mazzini gehörte jener Zeit der politischen Entwickelung an, in welcher in Italien mit Geheimbünden und Verschwörungen viel geleistet worden war. Es mochte davon Etwas in seinen Gewohnheiten zurückgeblieben sein. Man behauptete, daß er, ohne die ihm drohenden Gefahren zu achten, zum Oeftern aus der Verbannung nach Italien gekommen sei, um die Patrioten anzufeuern und zusammenzuhalten; und da er die Einheit seines Vaterlandes immer als das erste Ziel aufgestellt hatte, war es nicht undenkbar, daß er seinen Landsleuten auch bei der neuen erwarteten Erhebung von Rom wieder seine Mitwirkung und den Einfluß seines Namens darbringen wollte; wenn es sich diesmal auch nicht um die Errichtuug einer Republik, sondern um die staatliche Einigung Italiens zu einem Königreich handeln sollte. In seinem, etwa zu Anfang des Jahres 1850 erschienenen Werke: „Republik und Königthum" hatte er gesagt: „Der erste Zweck und der ewige Seufzer unserer Seelen ist sonst wie jetzt die Unabhängigkeit Italiens vom Auslande gewesen. Der zweite: Die Einheit des Vaterlandes, ohne welche die Unabhängigkeit eine Lüge ist. Der dritte: die Republik. Gleichgiltig gegen unser persönliches Schicksal, sicher über die einstige Zukunft unseres Landes, hatten wir nicht nöthig uns in dem dritten Punkte unbulbsam zu zeigen. Hätte man mir zur Zeit als Karlo Alberto Verhandlungen mit der republikanischen Partei einzuleiten suchte, die Unabhängigkeit und eine schnelle Einigung und Einheit Italiens zugesichert, so würde ich zwar nicht meine Ueberzeugungen geopfert haben, denn das ist unmöglich, aber ich würde aller thätigen Propaganda für den nahen Triumph dieser Ueberzeugung entsagt haben."

Auch gegen mich hatte sich Mazzini, den ich 1850 in England zu drei verschiedenen Malen gesehen, in gleicher Weise ausgesprochen, und ich bewahrte und bewahre die Erinnerung an ihn mit großer verehrender Theilnahme. Sein Aeußeres, seine Ausdrucksweise, seine ganze Haltung waren sehr edel. Er war von ansehnlicher Mittelgröße und sah damals in seinem fünfundvierzigsten Jahre mit seiner schlanken, nervigen und sehr elastischen Gestalt noch jugendlich aus, obgleich sein schlichtes schwarzes Haar und der kurzgeschnittene Bart schon stark mit Grau gemischt waren. Nase, Mund und Kinn waren für einen Italiener nicht sehr scharf ausgeprägt, aber fein und edel, die Form des schmalen Kopfes war sehr schön, und der Ausdruck desselben im höchsten Grade durchgeistet. Es war nichts in seinem Aeußern, was überraschte; aber wenn man auf dieses Gesicht einmal aufmerksam geworden war, konnte man das Auge nicht mehr von ihm abwenden. Man fühlte sich wie von einem Zauber sanft angezogen und gefesselt, und der ruhige sanfte Ernst der dunklen Augen hatte dabei etwas so Gebietendes, daß man sehr wol die Gewalt begriff, welche dieser Mann in entscheidenden Augenblicken über die Menschen üben mußte.

Meine erste Begegnung und Unterhaltung mit Mazzini

war originell. Frau Thomas Carlyle, die ihn sehr verehrte, hatte mir zu verschiedenen Malen von ihm gesprochen und mir seine Bekanntschaft verheißen, ohne daß es doch dazu gekommen war. Da begleitete ich sie eines Tages auf einem Wege durch die Stadt, bei dem sie verschiedene Besorgungen zu machen hatte; und vor einem Magazin von Flanellwaaren, in welchem Frau Carlyle einen Einkauf beabsichtigte, trafen wir Mazzini an. Wir wurden einander vorgestellt, er trat mit uns in das Magazin, und während Madame Carlyle ihre Auswahl traf, kamen wir, Jeder von uns auf einem Flanellballen sitzend, in das Sprechen, so daß unsere Freundin uns vorschlug, sitzen zu bleiben, bis sie in einem Nachbarladen noch einen Einkauf gemacht haben und uns holen kommen würde. Das geschah auch, und wie zerstreuend und ungefügig die Umgebung auch war, hatte ich doch in diesem ersten Zusammentreffen mit Mazzini einen großen, schönen, ruhigen Eindruck erhalten, der sich später nur noch gesteigert hat.

Was an ihm auffiel und sich zunächst geltend machte, war die völlige Selbstlosigkeit, mit welcher er nur sein Ziel, seines Vaterlandes Auferstehung, nicht den Antheil im Auge hatte, den er selber etwa an ihr haben würde. Es gehört aber zu den Segnungen, deren das neue Italien theilhaftig geworden ist, daß es unter seinen, die Wiedergeburt des Landes betreibenden Männern zwei Gestalten von solcher Uneigennützigkeit und Charakterreinheit wie Giuseppe Mazzini und Giuseppe Garibaldi als Vorbilder für die nachstrebenden Geschlechter zu verzeichnen hat, wenngleich die Wege dieser beiden Männer nicht dauernd zusammengingen, und — wie Garibaldi's unseliger Entschluß es in unseren Tagen nach dem dritten September von 1870 dargethan hat — nicht dauernd zusammen gehen konnten.

Damals aber, im Winter von 1866, war sicherlich auch

Garibaldi noch sehr fern von dem Gedanken, daß er jemals wieder eine Verbindung mit Frankreich eingehen, seine Waffen und seinen Beistand den Franzosen bieten könne, deren Entfernung aus Italien von allen das Vaterland und seine Unabhängigkeit liebenden Männern heiß ersehnt und als der Zeitpunkt angesehen wurde, in welchem man endlich gleichzeitig das Joch des fremden Einflusses und der weltlichen Herrschaft des Papstes werde von den Schultern werfen können. Man zählte buchstäblich die Tage bis zum Abmarsch. Man berechnete die Lage der verschiedenen Wohnungen und die Sicherheit oder die Gefahren, denen man möglicher Weise bei dem Ausbruch der erwarteten Revolution ausgesetzt sein könnte; und so sehr hielt man sich auf große Ereignisse in Rom gefaßt, daß man darüber vergaß, wie sich eben damals in Folge der Luxemburger Frage ein drohender Konflikt an dem europäischen Horizont zusammen zog.

So waren wir damals bis in die letzten Tage des November gekommen. Stahr lag noch an den Folgen der schweren Erkrankung darnieder, die ihn bald nach unserer Ankunft in Rom befallen hatte, als es eines Abends an der Außenthüre unserer kleinen Wohnung schellte. Ich ging, die Lampe in der Hand, zu hören, wer es sei; und auf das landesübliche chi è? kam als Entgegnung die Antwort: „General von Haug!" zurück.

Ich öffnete, ein großer, breitbrüstiger Mann von etwa fünfzig Jahren stand vor mir und bot mir die Hand. Es war der nämliche General von Haug, der im Jahre 1849 als General der römischen Republik sich neben Garibaldi in der Vertheidigung von Rom mit Ehren bekannt gemacht hatte, und seine Anwesenheit in Rom war deshalb höchlich überraschend für uns. Als ich ihm dies mit meinem Willkommen aussprach und Besorgnisse für seine Sicherheit äußerte, sagte er lachend:

„Das hat unter den hiesigen Verhältnissen keine Noth! Sie haben hier so viel mit der Beobachtung der Eingesessenen und mit Verfolgung von lauter nichtswürdigen Angebereien zu schaffen, daß sie gar nicht Zeit haben sich um die Fremden zu bekümmern. —"

„Aber unter welchem Namen sind Sie hier?"

„Herr von Haug aus Holstein!" entgegnete er mit völliger Sorglosigkeit.

„Und wo sind Sie abgestiegen?"

„Wie Sie, im Hotel d'Angleterre, und das hat mir zu der Kenntniß von Ihrem Hiersein verholfen. Ich fand Ihren Namen in dem Fremdenverzeichniß des Hauses, erfuhr, daß Sie noch in Rom und in welcher Wohnung Sie wären, und da ich Sie in Berlin, wo ich Sie früher aufgesucht, nicht anwesend gefunden hatte, dachte ich das Versäumte hier nachholen zu können."

Wir fanden uns denn auch plaudernd bald zusammen. General von Haug ist ein geborener Ungar, war einst in österreichischen Diensten gewesen und nun seit Jahren mit einer Holsteinerin verheirathet und in Holstein auf dem Lande angesessen. Er hatte vom Jahre 1849 her viele und nahe Beziehungen zu der römisch-italienischen Partei und war der Ansicht, daß man zunächst in Rom Nichts unternehmen und Alles ruhig bleiben würde. Er hatte übrigens von der Kriegstüchtigkeit und dem Muthe der Zuavenregimenter, in denen sich fanatische Katholiken aus allen Ländern Europa's zusammenfanden, wie von den stattlichen Karabinieri eine gute Meinung. Dafür aber dachte er von den übrigen Truppen um so geringer und hielt, wie es auch kommen möge, einen nachhaltigen Kampf der päpstlichen Truppen, gegen wessen Angriff es auch sei, für unwahrscheinlich. Wir sahen ihn noch zu verschiedenen Malen bei uns, und seine Behauptung, daß das

Nationalkomitee die Erhebung der Stadt gegen die Regierung für das Erste zu verhindern trachte, bewährte sich als richtig.

Die Spannung der Gemüther in Rom blieb sich aber trotzdem gleich, und je näher der Abmarsch der Franzosen bevorstand, um so unverhohlener gab der ihnen feindliche Theil des Volkes seine Abneigung gegen sie kund. Heute hörte man von Zusammenstößen, welche Marmorarbeiter mit französischen Soldaten gehabt haben sollten, morgen, daß ein paar Zuaven in kurzen Zwischenräumen Nachts in den Straßen meuchlings ermordet worden wären, und daß die Zuaven deshalb Befehl erhalten hätten, nicht einzeln in der Dunkelheit auszugehen. Und dunkel genug waren die Straßen! denn da ein Verwandter irgend eines kirchlichen Würdenträgers ein Oelhändler, und mit den Oellieferungen für die Straßenbeleuchtung betraut war, so wurde die Gasbeleuchtung nicht durchweg eingeführt, und wo sie fehlte, war die Erleuchtung so unvollständig, daß wir oft genug, selbst ganz in der Nähe des Korso's, in den Seitenstraßen die Bemerkung machten, wie leicht bei der Einsamkeit und Finsterniß in allen diesen Seitenstraßen — ich denke z. B. an die neben dem Krankenhause der Unheilbaren sich hinziehenden Gassen — hier Raubanfälle unternommen werden könnten, die denn auch in der That nicht fehlten.

Am Ende der ersten Dezemberwoche hatten wir die Franzosen noch zu einer Parade ausrücken sehen. In der Nacht vom neunten zum zehnten Dezember weckte uns Trommelgerassel aus dem Schlafe und ferner Marschschritt schlug durch die Stille an unser Ohr. Wir sahen nach der Uhr, es war eben vier vorbei. Die Franzosen rückten aus Rom aus, das sie als Beschützer des Papstes siebzehn Jahre in Abhängigkeit von Frankreich, und von der Vereinigung mit dem Gesammtvaterlande zurück gehalten hatten. Trotzdem war die Stunde der Befreiung für Rom noch nicht gekommen.

Am nächsten Morgen war der Wachtposten auf der Höhe des Monte Pincio vor der Kirche von St. Trinitá di Monte, den die Franzosen sonst inne gehabt hatten, von päpstlichen Jägern besetzt; auf dem Kapitol, in dessen unteren Sälen ein Theil der französischen Militärverwaltung ihre Büreaus gehabt, verkaufte man schmutzige Schränke, Tische, Bänke und Registraturen. Die französischen Fouragemagazine in den Thermen des Diocletian standen leer, nur die bezeichnenden Nummern der Bataillone prangten noch auf schwarzen Blechschildern über den Thüren. Der Papst war für den Augenblick mit der Führung und Erhaltung seines weltlichen Regimentes auf seine eigenen Schutzmittel angewiesen, die Franzosen waren fort. Aber die großen Nachtheile, welche ihr siebzehnjähriger Aufenthalt für die Sitten und die Gesundheit des Volkes hervorgebracht, waren damit nicht vorüber und es wird Zeit brauchen, den angerichteten Schaden herzustellen, wenn es überhaupt gelingt.

Im Uebrigen ging in Rom Alles seinen gewohnten Gang, nur das Gefühl, daß man auf einem unterhöhlten Boden stehe, wurde man nie los, und wo man mit dem Volke in Berührung kam, hörte man gerechte Klagen.

Handel und Wandel, im Sinne des übrigen Europa, gab es im Kirchenstaate nicht, eine landesübliche Industrie, wenn man die nicht unbedeutende Fabrikation gestreifter Seidenzeuge und die Kunstindustrie der Mosaikarbeiter und Gemmenschneider abrechnete, ebenso wenig. Sobald man das Geringste brauchte und kaufte, konnte man das bemerken.

Ich erstand einmal ein paar Kämme aus Büffelhorn, die man in Rom als inländische Fabrikate auszugeben pflegte, aber selbst diese waren, als wir sie näher betrachteten und den Fabrikstempel besahen, in Wien fabrizirt, und Alles, was aus dem Auslande kam, war übermäßig hoch besteuert. Jedem einzelnen von Neapel oder Mailand eingeführten Paar Handschuh, jedem Gürtelbande hing der schwere bleierne Stempel an. Ueberhaupt waren die Steuern äußerst drückend. Die einzelnen Stücke Möbel in den Wohnungen zahlten Stück für Stück, Stuhl für Stuhl eine jährliche Abgabe. Jedes Thier, Rindvieh, Pferde rc., die aus einer Hand in die andere gingen, zahlten von jedem Kauf und Verkauf eine Abgabe; und die Lasten, die auf den Häusern und auf dem zum größern Theil in den Händen der Klöster und Kirchen oder der großen Adelsfamilien befindlichen, sehr schlecht verwalteten Grundbesitz lagen, hinderten im Verein mit der Gesetzgebung, jede vortheilhafte und die Kultur fördernde wirthschaftliche Benutzung des Bodens.

Wohin man sein Auge wendete, ging Alles rückwärts, war Alles in Verfall.

Stahr und ich haben in unserm gemeinsamen Buche „Ein Winter in Rom" über die Ursachen dieses Verfalls mancherlei Auskunft gegeben, aber man hätte ganze eigene Bücher schreiben müssen, um es nach allen Seiten darzuthun, wie unerläßlich nothwendig es war, der weltlichen Herrschaft des Papstes ein Ende zu machen, und welche Wohlthat für die dort lebenden Menschen es ist, daß jetzt in dem Kirchenstaat eine Regierung herrscht, die mit dem neunzehnten Jahrhundert noch in einem andern Zusammenhang steht, als dem — es zu verfluchen.

Eines Abends war ich ausgegangen, um in einem Bäckerladen in der Via del Babuino etwas einzukaufen. Ich traf außer dem Bäcker noch zwei Männer im Laden, deren Einer mit dem Bäcker Abrechnung über so und so viel Säcke Mehl hielt, welche in langen Reihen vor der Thüre abgeladen waren. Als ich meinen Kauf gemacht hatte und mich um irgend eine wirthschaftliche Auskunft an den Bäcker wendete, den ich kannte, weil ich öfter in dem Laden gewesen war, sagte mit einem Male der Mehlverkäufer, der, wie ich später erfuhr, ein Gutsbesitzer war, zu seinem Begleiter: „Seht einmal! das sind die fremden Frauen! Ich habe das seit Jahren schon beobachtet! die denken an Etwas! die helfen in dem Hause; und selbst vornehme Frauen wie diese thun das. Die wollen nicht nur Ringe an die Finger stecken und die Hände übereinander schlagen, wenn sie in der Karosse sitzen wie unsere Frauen. Wer eine Römerin heirathet, ist ein Narr! Wir müssen Frauen von auswärts nehmen!"

Obschon er dies Alles nicht zu mir, aber doch so laut und so lebhaft sagte, daß ich das Lachen nicht unterdrücken konnte, wendete er sich zu mir. „Sie lachen, Madame!" sagte er, „aber für unser Einen ist da Nichts zu lachen. Unsere Frauen sind zu Nichts gut, als dem Mann ein Vergnügen zu sein und Kinder in die Welt zu setzen, die man ernähren muß. Sie können Nichts, sie verstehen Nichts, sie lernen Nichts und wollen Nichts thun; aber so können die Pfaffen sie am Besten brauchen. Darum werden keine Schulen für sie eingerichtet, darum lehrt man sie Nichts als Beten und zur Messe gehen und beichten. Es hat schon Manche ihren Mann in die Gefängnisse gebeichtet. Die Pfaffen haben einen langen Arm und wissen, was sie thun! Im Regno (Königreich Italien) da geht's zu Ende mit den Pfaffen und all' die Pfaffen, die sie dort über die Zäune werfen, die fallen bei uns in's Land und machen das Uebel größer."

Ich hütete mich natürlich ein Wort zu erwidern, das seine Herzensergießungen ermuntern konnte; aber man vernahm ähnliche Aeußerungen gegen die obwaltenden Zustände bei jedem Anlaß. Auch erinnere ich mich noch, welchen Eindruck uns einmal, als wir gegen Sonnenuntergang auf den

Steinbänken vor der Kirche von S. Pietro in Montorio auf dem Janiculus saßen, ein großer, stattlicher, schöner Römer aus dem Volke machte, als er uns schilberte, wie er bei dem besten Willen nicht zu einem ordentlichen, dauernden Erwerbe kommen könne, weil alle Arbeit niederliege. „Es bleibt zuletzt Nichts übrig", schloß er, „als die Flinte zu nehmen und in die Campagna zu gehen, wenn's nicht bald anders wird."

Oftmals, wenn ich damals während der langen Krankheit meines Mannes einsam durch die Straßen ging, um mir die nöthige Bewegung zu machen, und dabei an den langen, nach den Straßenseiten hin völlig fensterlosen Mauern mancher Klöster vorüberkam, die mitten in den belebtesten Stadttheilen — ich denke dabei z. B. an das riesige Kloster auf der Piazza bi S. Silvestro und an das Jesuitenkloster, das Collegio Romano — einen Flächenraum einnehmen, auf welchem ganze Stadtviertel stehen könnten, habe ich mich häufig gefragt: wie wird dies Rom einmal aussehen, wenn es zum Königreich Italien gehört, wenn die Klöster aufgehoben, die Klostergüter verkauft, und an die Stelle dieser leeren, todten Steinhaufen Häuser mit Wohnungen entstanden sein werden, wie die bürgerlichen Sitten und Gewohnheiten des neunzehnten Jahrhunderts sie forbern, und wie sie im Jahre 1867 nur ganz vereinzelt und nur eben da in Rom zu finden waren, wo Fremde es unternommen hatten, sich in irgend einem der durchweg unwirthlichen römischen Häuser Etwas herzurichten, das einer europäischen Wohnung aus unseren Zeiten möglichst ähnlich war. —

Und ich habe ebenso oft, wenn ich mit erschreckender Verwunderung die Trümmer der alten Göttertempel und die Trümmer der antiken und mittelalterlichen Paläste durchwanderte, mir es klar vorstellen können, wie

unter veränderten religiösen Anschauungen und unter den
staatlichen Bedingungen der neuen Zeit, gar viele der Hunderte
von Kirchen und der, für die jetzigen Lebensverhältnisse auch
der reichsten Adelsfamilien völlig unangemessenen Pracht=
paläste ihrem Untergange entgegen gehen werden. Ja, es hat
sich für mich damals die Ueberzeugung festgestellt, daß Bau=
werke wie die Peterskirche, wie der Lateran, wie die Kirche
von San Paolo außerhalb der Mauern und St. Maria degli
Angeli unmöglich aus den Staatseinkünften des Königreichs
Italien und des Papstes erhalten werden können, wenn ihnen
etwa nicht mehr, wie unter dem zeitlichen Regiment des
Papstes, durch die Gläubigen die Zuschüsse aus aller Herren
Länder und allen Gegenden der Welt zu Hülfe kommen
sollten. Schon 1867 fand man gar häufig, wenn man in die
Kirchen eintrat, sie völlig menschenleer; schon jetzt gehen sie
mit ihrer kolossalen Größe und außerordentlichen Pracht weit
über das eigentliche Bedürfniß der Gläubigen hinaus, und
wenn das Schisma, das seit dem Konzil der katholischen
Kirche droht, sich vollziehen sollte, wenn die Gläubigen auf=
hören sollten, den Papst als ihr irdisches Oberhaupt und
Rom als den Zentralpunkt der katholischen Welt zu betrachten
— wenn daneben die Güter der einzelnen Kirchen, aus deren
Einkünften man die Restauration derselben bisher betrieb und
z. B. in St. Maria in Trastevere während unseres Aufenthaltes
in Rom die großartigsten Bauten und Ausschmückungen
machte, von dem Staate eingezogen werden sollten, was nicht
ausbleiben kann, so werden auch diese stolzen Kirchen ihres
Glanzes beraubt werden; denn kleiner, unbeachteter Verfall
wird größern nach sich ziehen. Wie jetzt in den schönen Sälen
und Hallen von Villa Negroni und Villa Madama werden
allmälig die Frescobilder als feuchter, farbiger Kalk von den
Wänden herniederfallen; die nicht mehr so sorgfältig unter=

haltenen Dächer und Kuppeln und Fenster werden den Elementen ihren zerstörenden Einfluß nicht wehren. Die Feuchtigkeit wird mit ihrem trügerischen Grün vom Boden zu den Gewölben hinansteigen, warme Lüfte werden hie und da Samen von Bäumen und Sträuchern und Blumen in die des Mörtels entbehrenden Fugen verstreuen, und neues blühendes Leben die alten Gefüge auseinander sprengen. Dann werden neue Menschengeschlechter wieder anfangen sich von den vielen verfallenden Tempeln und Palästen auf ihre Weise nutzbar zu machen, was den alten Zwecken nicht mehr dient; und Menschen und Völker, deren Denken und Glauben von dem Unsern sehr verschieden sein dürfte, werden vor den Ruinen der christlichen Kirchen und der Feudalpaläste bastehen, wie wir vor dem Jupitertempel auf dem Forum, vor den Ruinen des Sonnentempels, vor dem Palast Cenci oder dem Palast Castelani in Trastevere. — Sie werden unter den zerfallenden Mauern einhergehen, das gewaltige Können und das Schönheitsgefühl vergangener Tage bewundernd, und in lebensfrohem Genuß des Augenblicks die Vergänglichkeit des Menschen, die Vergänglichkeit alles Dessen, was er erschafft, beklagend. Sie werden sich schmerzlich bescheiden vor der eigenen Vergänglichkeit mit dem Hinblick auf das allgemeine Vergehen und Werden, auf das die Wissenschaft den Menschen zu seinem Troste — ach und wie vergeblich! — hinweist.

Am 18. Mai des Jahres 1867 ging ich allein von unserer Wohnung in der Via Sistina über die Piazza di Si Silvestro und den Corso nach dem großen Palast auf dem Monte Citorio, in dem sich die Polizeibureaus befanden, um unsern Paß für die bevorstehende Abreise nach Neapel visiren zu lassen. Es war ein sehr schwüler Nachmittag, der Himmel bewölkt, der Scirocco brütete über der Stadt. Die Straßen waren sehr leer, die Fremden schon abgereist. Auch uns hatten nur ein wiedergekehrtes Uebelbefinden meines Mannes und die von uns übrigens nicht bewährt gefundene Versicherung einiger in Rom ansässiger Freunde, daß die Stadt im Mai besonders anmuthig sei, noch in derselben zurückgehalten. Aber damals, wie zwanzig Jahre früher, fand ich den Mai in Rom nichts weniger als angenehm. Die stille bewegungslose Wärme — ich finde keinen andern Ausdruck zur Bezeichnung jener Atmosphäre — hat dann etwas sehr Melancholisches. Alles sieht so müde aus, Alles so verfallen, so menschenleer und ausgestorben, daß Einem zu Muthe wird, als fühle man das Hinsausen der Gegenwart, als empfinde man ihr Versinken und sein eigenes Versinken in die Vergangenheit. An solchen Tagen ist in Rom oft eine völlige Gleichgiltigkeit gegen das Sein, ja jene Gleichgiltigkeit gegen Alles über mich gekommen, in welcher man sich fragt: wozu das Alles, was Du gethan, gewollt, gehofft hast? — und in der man sich achselzuckend und mit dem Lächeln des Lebensüberdrusses sagt: was kommts auch darauf an! — Ich glaube nicht, daß man diese Empfindungen an irgend einem andern Orte der Welt so scharf und deutlich, so überwältigend in sich ausgebildet findet als in Rom.

Der Palast auf Monte Citorio ist außerordentlich groß, die Höfe im Innern wie Plätze weit. Es waren, wie ich glaube, auch eine Reihe von Gefängnissen in demselben. Ein paar thürhütende Posten waren auf den Steinbänken halb eingeschlafen. Als ich sie um den Weg nach dem betreffenden Bureau fragte, wiesen sie mich mit müder Handbewegung und einem schlaftrunkenen: di quà! — (dorten) über den einen Hof nach dem andern hin. Es war als käme man wie im Mährchen in einen verzauberten Palast, und mir fiel die entschiedene Weigerung unseres Wirthes, den Polizeipalast auch nur zu betreten, um mir die Paßvisitation zu besorgen, fast unheimlich auf's Herz.

Im zweiten Hofe zu ebener Erde, neben einem, trotz der schon seit Monaten warmen und sommerlichen Jahreszeit, dumpfig feuchten und schmutzigen Korridor, trat ich in einen großen Saal. Zwei Beamte arbeiteten an Stehpulten darin. Ich legte unsern Paß vor, man revidirte und visirte ihn nach einer Reihe von Fragen. Der Beamte, der sich damit beschäftigte, war ein Deutscher. Als er mir den Paß aushändigte und ich die fünf Franken für das Visa bezahlt hatte, fragte ich: „Muß der Paß, wenn wir im Herbste von Neapel hierher zurückkommen, wieder eingereicht werden?"

„Ja! wenn wir dann noch hier sind!" gab er mir zur Antwort.

Wenn wir dann noch hier sind! — — Und der Lateran und der Vatikan und die Peterskirche standen da in stolzer Majestät, wie für die Ewigkeit gebaut; und man traf alle Vorkehrungen für das ökumenische Konzil, das die Unfehlbarkeit des Papstes anerkennen sollte.

Die Worte kamen mir nicht aus dem Sinn.

An einem der folgenden Abende waren wir nach dem Palazzo Gaetani gefahren, um uns bei seinem Besitzer, dem Herzog von Sermoneta, zu verabschieden. Der Herzog, Don Michele Angelo, ist ein direkter Nachkomme des berühmten Geschlechtes der Gaetani, dessen Hausmacht der gewaltige Papst Bonifaz VIII. begründet hat. Das Geschlecht, das einst Güter im Umfang eines deutschen Königreichs und in den noch aufrechtstehenden Mauern auf der Via Appia seine Festung besaß, in welche das Grabmal der Cäcilia Metella als einer der Festungsthürme mit eingeschlossen war, war noch reich begütert und mächtig im Kirchenstaate wie in Neapel. Eine Inschrift über den Thüren des Archives im Halbgeschoß des Palastes

Gaetani besagte aber mit stolzer Rechtschaffenheit: „Ich, Don Michele Angelo Gaetani, Herzog von Sermoneta ꝛc. habe die große Schuldenlast, welche meine Ahnen auf unsern Besitz gehäuft, in vier Jahren abgetragen." — Ich habe es schon in dem Buche „Ein Winter in Rom" ausgesprochen, welchen Einblick in die Sinnesart dieses römischen Fürsten diese Inschrift thun lasse. „Ein Mann kann nichts Besseres von sich aussagen, als daß er seine Ehre darein setze, nicht nur seine Schuldigkeit zu thun, sondern auch die Fehler und das Unrecht seiner Vorgänger auszugleichen! Und eble, männliche Festigkeit, stolzes, würdiges Selbstgefühl waren und sind noch heute der Eindruck in dem ganzen Wesen des Fürsten, der, obschon der Familie eines auch in weltlicher Herrschaft mächtigen Papstes entsprossen, doch zu den entschiedensten Gegnern des weltlichen Regiments der Päpste und zu den eifrigsten Anhängern des neuen vereinigten Italiens gehört.

Als wir den Vorzug hatten im Frühjahr von 1867 dem Fürsten zu begegnen und seine Einladung zu erhalten, mochte er in der Mitte der Fünfziger stehen, aber man würde ihn bei seiner kräftigen, breitbrüstigen Gestalt, der der Kopf auf dem starken römischen Nacken sehr stolz aufsitzt, und bei dem dichten, rabenschwarzen, gewellten Haar für einen Mann in den ersten Vierzigen angesprochen haben, hätte man den Zügen des eblen Antlitzes nicht die Spuren großer Leiden und Schmerzen angesehen, und hätten die gesenkten Augenlider nicht den Ausdruck der tiefen Schwermuth getragen, die den mächtigen Mann befallen hat, seit er erblindet ist. Dies Unglück, doppelt groß für ihn als gelehrten Archäologen und ausübenden Künstler (der Herzog hat sich mit Glück in mannichfachen plastischen Arbeiten bewährt), hat aber seine geistige Klarheit und Lebhaftigkeit und seine eingreifende Theilnahme an der politischen Entwickelung seines Vaterlandes nicht gebrochen.

Er ermaß und würdigte es schon 1867, welch' eine Bedeutung das von Oesterreichs Einfluß unabhänig gewordene und geeinte Deutschland unter Preußens Führung für die Einigung Italiens und für dessen Freiwerden von französischem Einfluß dauernd haben würde, und er hat sein Festhalten an dieser wie an allen seinen Ueberzeugungen auch bis auf diese Zeit vollauf bewährt.

An dem Abende, dessen ich eben gedachte, wendete die Unterhaltung sich auch sofort auf die Wandlung, welche sich seit dem Sommer von 1866 in unseren Zuständen vollzogen hatte, uud als ich dem Herzog dann erzählte, welche Aeußerung am Nachmittage der Polizeibeamte im Postbureau gegen mich gethan, versetzte er: „Ich wollte, seine Zweifel wären begründet, aber ich besorge, Sie werden ihn und die ganze regierende Clerisei noch wiederfinden, wenn Sie im Herbste zu uns wiederkehren. So rasch machen sich die Dinge auf diesem Boden nicht. Aber die Menschheit steht nicht still, und der Wille einer verblendeten Association von zurückgebliebenen Geistern hält ihren Fortschritt nicht für immer auf." Ich wiederholte ihm das Wort, das, wie man mir erzählt, die Großfürstin Helene von Rußland einmal über den Kaiser Nikolaus geäußert haben sollte: „Er hält sich für einen Riesen, der die Zeit zurückhalten kann, wenn er dem rollenden Rade der Geschichte in die Speichen greift; aber das Rad ist nicht zu halten, es wird weiter rollen und ihm den starken Arm zerschmettern!" — Der Herzog nickte zustimmend mit dem Kopfe. „Wir erleben hier das Aehnliche an dem Glauben des Papstes", sagte er, „und werden Aehnliches erleben in seiner Enttäuschung!"

So schieden wir.

Ein paar Tage später waren wir in Neapel und in Neapel waren die Klöster aufgehoben, die ganze Stadt sah wie gelichtet aus. Der Hafen lag voll Schiffe, Handel und Wandel belebten die Plätze, neue, großartige Straßenbauten waren am Ufer des Meeres, am Fuß des Pausilipp und von Kapo di Monte bis in das Thal hinab entstanden und im Entstehen. Die Fenster des königlichen Palastes waren aber geschlossen, in der königlichen Villa Chiatamone war ein Gasthaus errichtet und wir wohnten darin.

Seit Jahren hatte ich mich an den Berichten erfreut, welche ein Neffe Poërio's, Vittorio Imbriani, der früher in Berlin studirt hatte und dessen Vater an der Spitze des neapolitanischen Unterrichtswesens stand, mir hin und wieder nach Berlin gesendet. In den freigewordenen Klöstern hatte man öffentliche Schulen für Knaben und Mädchen errichtet, vornehme Adelsfamilien schickten ihre Töchter in diese Volksschulen, um mit ihrem Beispiel voranzugehen. Fortbildungsschulen für Handwerker waren eröffnet. Statt der finsteren Schaaren von Mönchen und Mönchsschülern, welche eine der Hauptstaffagen der römischen Straßen bildeten, zogen prächtige Bataillone von Nationalgarden mit klingendem Spiele durch die Straßen, über welche auf der Riviera di Chiaja eine Parade abgehalten wurde. Die Zeiten, in denen Enrichetta Karracciolo ihre Klosterleiden durchlebt, waren für Neapel vorüber, es war eingetreten in die volle, frische Strömung der Zeit. Indeß man behauptete, das partikularistische, republikanische und sogar französische Sympathien in Neapel mehr als sonst irgendwo in Italien der friedlichen Einigung des Königreiches und seiner Selbständigkeit gegenüber Frankreich entgegenständen.

Wir aber konnten uns über diese Behauptungen durch Selbsterfahrung leider kein eignes Urtheil bilden, denn unser Aufenthalt währte eben nur vierzehn Tage. Die ungewöhnlich frühe Hitze und der Ausbruch der Cholera zwangen uns,

Neapel und Italien zu verlassen, und der Herbst des Jahres siebenundsechzig traf uns am Genfersee. Dort sahen wir Garibaldi, wie ich erwähnt am neunten September auf seiner Reise zu dem Genfer Friedenskongreß. Dort erfuhren wir später von seinem neuen, zur Unzeit unternommenen und mißglückten Versuche, die weltliche Herrschaft des Papstes zu stürzen, den Kirchenstaat für die Vereinigung mit Italien zu befreien.

Einer von Garibaldi's Offizieren, der treffliche junge Obristlieutenant Frignyesi, den wir fünfzehn Monate früher am Komersee kennen lernten, und von dessen eigenartigen Lebensschicksalen ich in meinem Tagebuch vom Genfersee einen flüchtigen Umriß gegeben, meldete uns am 6. Oktober 1867 von Genf, wo er sich aufhielt:

„Garibaldi hat mir von Caprera geschrieben. Er sagt von sich: „Ich muß abreisen, auf's Neue in den Kampf, aber ich scheue die Gefahren nicht. Das Vaterland ruft mich, ich gehe gern. Die Heiligkeit der Sache giebt mir Zuversicht, ich hoffe, das Unternehmen gelingt. Wenn nicht, so wird's nicht meine Schuld sein. „Das Letztere", fügte der Briefschreiber hinzu — ich übersetze diese Briefe aus dem Italienischen — „wird sicherlich wahr sein!" — Danach langes Schweigen.

Mit bangem Herzen dachten wir unseres jungen Freundes, der dem Rufe seines Generals gefolgt war, mit gespannter Sorge dachten wir an Rom und an die Freunde, die uns dort lebten. Wir erfuhren die widrige Komödie, zu welcher die Abhängigkeit von Frankreich die italienische Regierung abermals gezwungen, die Gefangennehmung Garibaldi's in Asina lunga, seine Befreiung, sein Vorwärtsgehen, den Einmarsch seiner Truppen in das päpstliche Gebiet, die Kunde von dem Siege bei Monte rotondo, die Trauerbotschaft von der Niederlage Garibaldi's bei Mentana, die Schilderung „der Wunder", welche die Chassepots dort zum erstenmale gethan. — Endlich, nachdem wir in Florenz und Rom vergebens um Kunde von dem edlen jungen Freunde nachgesucht und nur erfahren hatten, daß er, obschon verwundet, bei Mentana das Schlachtfeld bis zuletzt behauptet und den Rückzug des Generals decken helfen, erreichte uns gegen das Ende des Jahres ein Brief von ihm:

„Da bin ich wieder", schrieb er uns aus Genf, „noch etwas lahm, aber ich lebe! Das Glück, das ich bei Mentana hatte, war außerordentlich. Der Baum, unter welchem ich stand, wurde vollständig von den Kugeln des „wunderthätigen heiligen Chassepot" entblättert, mein Pferd bekam einundzwanzig Flintenschüsse. Als es schon am Boden lag, zerriß eine Kanonenkugel das arme Thier. Gegen drei Uhr erhielt ich eine starke Kontusion an der Hüfte, aber um die Meinen nicht zu entmuthigen und um bei dem armen General zu bleiben, der sich übermäßig aussetzte, bin ich, auf einen Stock gestützt, noch bis sechs Uhr auf dem Schlachtfelde geblieben. Mentana war keine Schlacht, es war ein Schlachten von Unbewaffneten. Ich bin, wie Einer, an die Schrecken des Krieges gewöhnt, aber ein Elend wie in dieser Campagne habe ich noch nicht durchgemacht. Die schlechtesten Gewehre, die nur zweihundert bis dreihundert Schritte trugen, zwei bis elf Kartouchen für den Freiwilligen. Die Leute halb nackt ohne Sold, mehrere Tage des Brodes und was schlimmer war, genügenden Trinkwassers beraubt, auf etwas Fleisch ohne Salz beschränkt. Erst die Geschichte wird diesem kleinen aber ehrenvollen Feldzuge Gerechtigkeit widerfahren lassen. Ja, meine Freunde! ich lebe noch, aber meine Seele ist sehr traurig. Zu denken, daß so viel Opfer und Leiden vergebens gewesen sind. Eine Blüthe italienischer Jugend hingeschlachtet! Mütter, Schwestern, Freunde in Thränen um ihre Geliebtesten. — Und ich, der völlig einsame Exilirte am Leben, um dies traurige Schauspiel zu betrachten, um Zeuge zu sein von so vieler Infamie. Wie gern hätte ich mein Dasein hingegeben, das Leben jener großherzigen Märtyrer zu erhalten, aber ich bin übrig geblieben und weiß nicht das Weshalb. Ist es eine Strafe, ist es ein Lohn? Gott allein weiß es! Der arme General ist wieder in demselben Gefängniß von Varignano, in welchem wir nach Aspromonte waren, bewacht von den Schergen des Königes, dem er Königreiche gegeben hat. Ich konnte keinen Zutritt zu ihm erreichen. Armes Italien! Preisgegeben von dem ihr Angetrauten, der geschworen, sie heilig zu halten; von den Fremden unter die Füße getreten, trotz ihrer beiden großen Söhne, um welche eine Welt sie beneidet." — Es folgen dann bitttere Anklagen gegen die französisch-italienische Alliance, gegen die dynastische Selbstsucht, und die bestimmt ausgesprochene Ueberzeugung, daß Italiens Einheit und Freiheit, wie das Glück der Völker überhaupt nur von republikanischen Staaten zu erwarten sei — ein Irrthum des Verstandes, in welchen großmüthige Herzen so leicht verfallen, weil in ihnen die Vorstellungen eines idealen Volkes, sich zwischen ihr Urtheil und zwischen die bestehenden Zustände stellt! Ein Irrthum des Verstandes, der Garibaldi's und seiner Anhänger unseligen Entschluß erklärt, sich auch in dem letzten Kriege wieder mit der französischen republikanischen Regierung gegen das deutsche Volk zu verbinden, das unter monarchischer Führung bei Sedan den Feind Italiens und der italienischen Einheit vom Throne stieß, das bei Sedan dem durch französische Willkür in Banden geschlagenen italienischen Volke die Banden löste, und ihm den Weg nach Rom ermöglichte — den kein Telegramm der französisch-republikanischen Regierungsgesellschaft den Italienern eröffnet hatte, den sie erst durch Scheingefechte gewinnen konnten, ohne daß die französische Republik ihnen zugerufen hätte: „Gehet hin, nehmt, was Napoleon der Dritte Euch freventlich vorenthielt, tragt das Licht der Erkenntniß, die Leuchte dieser Zeit, in das von tiefer Nacht umhüllte Rom!" Die Zuaven und ihr General Charette, welche sich der vollen Einigung Italiens in den Septembertagen von 1870 widersetzten, waren die Truppen und der General der damaligen französischen Republik — der Republik des Zufalls — wie die deutsch=amerikanischen Journale sie mit spottender Gerechtigkeit benannten. — In der That, nur ein schwerer unheilvoller Irrthum des Verstandes konnte Garibaldi, der im Jahre 1866 die Alliance von Deutschland und Italien als etwas Natur= gemäßes, Unerläßliches erstrebte, auf die entgegengesetzte Seite getrieben haben. Aber für Diejenigen, welche sich berufen glauben, in die Schicksale der Welt handelnd einzugreifen, giebt es Irrthümer, die Verbrechen sind, und sich wie solche rächen.

Wir kehrten damals nicht nach Italien zurück, denn was man von Rom vernahm, war zur Rückkehr nicht ver= lockend. Nach der Schlacht von Mentana hatten die Franzosen sich zur Sicherung der päpstlichen Herrschaft wieder im Kirchen= staate festgesetzt, unter ihrer Aegide bereitete man sich auf das Konzil, auf diese Blendwerkskomödie mit Knechtungsunterlage vor, und auch an der Seine wurden immer neue Feste und Präponderanzschauspiele mit ethnographischer Färbung aufge= führt. Der Ausstellung von Völkern und von Souverainen in Paris, folgte die Fürstenpromenade nach dem Nil; dem alten le rois s'amuse! war ein neues: on amuse les rois et les peuples!" gefolgt; und weil Alles, was der Maschinenmeister an der Seine zur Unterhaltung und Zerstreuung der mit ihm unzufrieden werdenden Pariser plante, so glatt und schön von Statten ging, waren zaghafte Gemüther nahe daran, auf seine Infallibilität noch früher als auf die des Papstes zu glauben und zu schwören.

„Es steht der Welt ein großes Unheil bevor", sagte im Frühjahr von 1868 der arme Edgar Quinet zu uns, der in bescheidenem Hause am Genfersee fern von dem Vaterlande lebte, weil er es unter Napoleons des Dritten Herrschaft nicht wieder betreten wollte. „Es steht der Welt ein großes Unheil bevor. Napoleon befestigt seine Dynastie, sein Einfluß auf den Klerus von Italien und von Frankreich ist ein entscheidender. Der Kardinal Bonaparte wird der nächste Papst sein, und die Welt von einem Kaiser und einem Papste aus diesem veruchten Stamme beherrscht, wird der schrankenlosesten weltlichen und geistlichen Tyrannei verfallen. Nur weil er für sich und seine Dynastie davon Nutzen zu ziehen hofft, tritt Napoleon nicht gegen die Infallibilitätsgelüste des Papstes auf. Wir gehen einer Zukunft entgegen, vor der mir schaudert, weil ich voraussehe, wie sie sich gestalten wird!" — Wir ehrten und schätzten Quinet als Charakter aufrichtig, aber sein echt französischer Glaube an die Dauer der augenblicklich bestehenden Herrschaft machte uns doch lächeln. Es war gerade, als ob Napoleon der unsterbliche Stellvertreter Gottes auf der Erde, als ob er immer dagewesen wäre und immer da sein würde, als ob er den Schlußstein des Weltgebäudes bildete, der nicht fortgenommen werden könnte, ohne daß Alles auseinander fiele. Und doch waren die lächerlichen Abenteuer von Boulogne und Straßburg nicht so gar lange her, doch hatte Quinet den 2. und 4. Dezember mit erlebt. Er kannte die Anfänge dieses Kaisers der Franzosen und schien nicht an die Möglichkeit seines plötzlichen Untergehens zu denken. „Ich habe immer den heißen Wunsch gehabt", sagte Stahr zu Quinet, „nicht zu sterben, ehe ich nicht den schmählichen Untergang dieses gekrönten Verbrechers erlebt habe, und verlassen Sie sich darauf! wir erleben ihn Beide!"

„O, mein Freund! Sie vergessen die Armee!" ent=

gegnete der Exilirte mit einem schweren Seufzer, und Sie vergessen es, wie Napoleon es verstanden hat, Frankreich solidarisch mit sich zu verbinden!" — Er glaubte nicht im Entferntesten an die Möglichkeit von Napoleons jähem Sturz. Es gab Leute genug, die ebenso dachten, nicht allein in Frankreich, sondern auch bei uns — vornehmlich unter Jenen, deren sittliche Weltanschauung von dem Courszettel bestimmt und an jedem Mittag an der Börse neugestaltet wird.

Wie besorgt um Napoleon oder auf ihn bauend aber die Einen und die Anderen auch in die Zukunft blickten, wie hoch sie seine Macht und die des Papstes auch veranschlagten — und die letztere ist, vom weltlichen Besitze abgesehen, doch weit gewaltiger, tiefgreifender und der Zukunft wahrscheinlich sehr viel versicherter als jene — es ging neben und in dem Drama, das man die Weltgeschichte nennt, neben den großen handelnden Heldengestalten und dem Chor des Volkes immer und unablässig noch ein Chor von besonderen Stimmen, gleich dem Chor in der antiken Tragödie, einher, der, für sich selbst agirend, sich nicht beirren und nicht bestechen ließ, der, ohne dazu besonders angestellt zu sein, die eigentliche Stimme der Völker und der Zeit, der das ethische Gewissen der Welt, die richtende und verurtheilende Stimme repräsentirte, „weil es ihm so gefiel": ein Gerichtshof aus eigener Machtvollkommenheit, unerschrocken, unerbittlich, schlagend und vernichtend mit dem erhabenen Zorne seines Humors. Er gebot nicht über Kanonen, er hatte nur Blätter, Papier und Druckerschwärze, und die frische Energie von wenig Männern als Macht und Waffe zur Verfügung. Aber Napoleon und der Papst haben keinen beharrlichern Gegner im Felde wider sich gehabt, die ganzen achtundzwanzig Jahre lang, als das Berliner satyrische Blatt — den Kladderadatsch. —

Wie entschiedene Feinde die Menschenliebe und Weltbe=

glückung heuchelnde Selbstsucht Napoleon's und der Infalli=
bilitätsirrsinn des Papstes den Beiden auch hervorgerufen
hatten, Niemand hat sie so unausgesetzt bekämpft als dieses
geistreichste und unabhängigste Witzblatt der Welt — als seine
Redacteure und sein Zeichner. Mit jedem Jahre, welches die
napoleonische Herrschaft in Frankreich gewährt, mit jeder Ver=
schlechterung der öffentlichen Moral in jenem Lande, mit jeder
Vergewaltigung der Franzosen gegen fremde Völker, war das
Blatt an sittlicher Bedeutung gewachsen. Vom Throne bis
in die Dorfschänke hinab, hatte es nicht aufgehört die Deutschen
an die Verbrechen zu mahnen, welche der Kaiser und mit ihm
die von ihm geführte französische Nation begangen. Auf Tritt
und Schritt hat es ihn wie ein gespenstiger Rächer durch alle
vier Welttheile in den Raubzügen seiner Franzosen begleitet.
Mit warnender Drohung hat es ihn endlich angerufen bei dem
Beginn des feindseligen Angriffs gegen Preußen, bis es dem ver=
brecherischen Kaiser schließlich in einer meisterhaften Illustration
sein nahes Ende prophezeit und dargestellt. Das Bild des
Kladderadatsch, in welchem Napoleon selber, seinen mit dem
Krönungsmantel und der Kaiserkrone gezierten Sarg als
Lenker des eigenen Leichenwagens, den gleißend aufgeschmückte
Pferdegerippe vorwärtsziehen, zu Grabe führt, ist eine alle=
gorisch=historische Komposition im größten Style und von
größter Kraft; und obschon nur in engem Raume und im
kargen Holzschnitte ausgeführt, lebte doch kein Meister, der sich
ihrer zu schämen gehabt haben würde.

So war denn, wenn auch langsam vorbereitet durch eigene
Missethat und Ueberhebung, das Ende für des Kaisers Macht
plötzlich herangekommen. Das Gericht hatte sich plötzlich er=
füllt. Der von besorgten Gemüthern gefürchteten Knechtschaft
der Welt durch den am Tiber und an der Seine wirksamen
Bonapartismus, war mit gewaltiger Kraft von der sittlichen

Energie, von der Vaterlandsliebe und dem Selbstgefühl des deutschen Volkes ihr: „Bis hieher und nicht weiter!" zugerufen worden. In den wilden Todesschlachten, welche uns vom 4. August bis zum 1. September Tausende und Tausende unserer heldenhaften Männer und Jünglinge gekostet, hatten die vereinten Dentschen die bonapartistische Tyrannei gebrochen, die völkerfeindliche, eitle Selbstüberhebung der Franzosen gezüchtigt, und den Sturz der weltlichen Macht des Papstes vorbereitet. Die Ströme schuldlos vergossenen deutschen Blutes, die Ströme von Thränen, die in Deutschland über dieses theure Blut geweint worden sind, haben wie die Wogen des Rothen Meeres den prahlerischen Pharao und sein Heer verschlungen. Wie der blonde Erzengel Michael hat Deutschland den Fuß gesetzt auf des Erbfeindes Nacken, sich flügelkräftig emporschwingend vor dem staunenden Auge der Welt, und mit seinem starken Arm auch für Italien die Pforte erschließend, durch die es leichten Kaufes eingehen konnte in das ihm bisher vorenthaltene Rom, um sich aufzurichten zu freier Selbstbestimmung, zu freier geistiger Entwickelung in der Rethe der lebenden, fortschreitenden Völker unserer Zeit.

Es waren erschütternde Augenblicke, große, historisch-unvergeßliche Tage, als am 3. September des Jahres 1870 König Wilhelm der Welt vor Sedan verkündete, die ganze Armee Mac Mahon's habe kapitulirt, der Kaiser Louis Napoleon habe sich als Gefangener ergeben; als wenig Wochen später am 20. September die Botschaft durch die Welt ging: heute haben die Kanonen der italienischen Armee die Mauern niebergeworfen, welche von Frankreich gestützt, Rom abtrennten von dem geistigen Fortschritt, den die übrige Welt gemacht hat; als von den deutschen Thronen bis hinab in die letzte deutsche Hütte und vor Allem in Preußen, jeder denkende Mensch sich sagen durfte: in diesem Herbste hat das deutsche

Volk die Frucht Jahrhunderte langer treuer, gewissenhafter Arbeit eingeerntet, haben deutscher Geist und deutscher Muth die Machtverhältnisse hoffentlich zum Heil der Welt wie zu dem eigenen Heile, in Europa umgestaltet, hat der germanische Geist sich auf den Thron der Zeit gesetzt — jener Geist, der die freie Forschung als sein Panier erkennt. Und auch in den romanischen Ländern fehlte es nicht an Solchen, welche die Bedeutung dieser Thatsache würdigten und sie als segenbringend anerkannten.

„Ich wünsche von Herzen", schrieb mir damals einer der einflußreichsten Männer Roms in den ersten Tagen des Oktober, „eine dauerhafte Alliance zwischen Italien und Deutschland, damit Beide sich dauernd vor den eiteln Beeinflussungs- und Eroberungsgelüsten bewahren, welche in der französischen Natur vorherrschen. Unser Italien hat es sehr nöthig, sich von der Schwäche zu entwöhnen, die in seiner Nachahmung des gallischen Wesens liegt. Ihr Volk hat das Glück, eine Natur zu besitzen, welche dem ebenso unrationellen als sinnlichen Charakter der Franzosen völlig entgegengesetzt ist. Bonaparte und der Papst hielten einander aus Selbstsucht mit gegenseitiger Abneigung an der Hand. Der Sturz des Einen mußte den Fall des Andern nach sich ziehen. Die katholische Partei in Frankreich wird jetzt, sonderbar genug, durch eine Vereinigung von Garibaldi's rothen Republikanern mit den Zuaven des Herrn Charette vertreten. Die Metamorphose in Rom vollziehen wir sehr allmälig, um Kämpfe gegen den Staat und die Kirche zu vermeiden. Die Letztere macht „böse Miene zu gutem Spiel". Der Papst genießt in der vatikanischen Oasis alle Vortheile des reichlichen Wohlstandes (opulence) und der Freiheit, während er sich darin gefällt, die Rolle des mißhandelten Gefangenen zu spielen, weil er, wie er sagt, nicht mehr frei über die Briefpost verfügt, die er durch die Polizei durchsieben (tamiser) zu laſſen pflegte. Die römiſche Regierung, welche an dem geſegneten Morgen des 20. September durch die italieniſchen Kanonen gebrochen worden iſt, war das letzte übrige Stück von der Barbarei des Mittelalters, verſteinert durch die Jahrhunderte und aufbewahrt in dem zoologiſchen Muſeum des Vatikans. — Der Jubel war ein allgemeiner durch ganz Italien. Die Haltung, welche überall bewahrt worden iſt, hat die Gerechtigkeit ſeiner Sache bethätigt. Der Fall der politiſchen Religionsmacht verbürgt der Welt die Wiedergeburt des wahren Chriſtenthums, das nichts Anderes iſt, als die Ausübung der friedlichen Menſchlichkeit und duldſamen Bruderliebe!"

Aber während ſich die proviſoriſche Regierung, die Giunta, mit dem edlen Herzoge von Sermoneta an ihrer Spitze, in Rom organiſirte, während einige Wochen ſpäter eine Deputation von Römern dem Könige Victor Emanuel die Abſtimmung der Römer nach Florenz überbrachte, welche ſich für die Vereinigung mit dem Königreich Italien erklärt, fehlte es nicht an Italienern, welche, uneingedenk Deſſen, was die franzöſiſchen Republiken erſter und zweiter Auflage gegen die Unabhängigkeit Italiens gefrevelt, und noch mehr uneingedenk der außerordentlichen Förderung, welche das jetzige Königreich Italien von Preußen durch die Siege bei Sadowa und Sedan erfahren, einem Bündniß Italiens mit der franzöſiſchen Republik neueſten Datums das Wort fortdauernd redeten. Feindliche Stimmen gegen Deutſchland wurden in den zahlreichen, ſchnell entſtandenen römiſchen Journalen ſo laut, daß die in Rom am meiſten gekannte deutſche Zeitung, die Augsburger Allgemeine, dieſe Stimmung gegen Deutſchland als eine Ungerechtigkeit zu charakteriſiren unternahm.

Da war es denn wieder der Präſident der Giunta, der — obſchon das Augenlicht ihm fehlt — hellſichtig und weitſichtiger als viele ſeiner Mitbürger, einen gedruckten offenen

Brief an die Redaktion der Augsb. Allg. Zeitung veröffentlichte, der mir vorliegt und der also lautet:

„Michel Angelo Gaetani, Herzog von Sermoneta, an die verehrte Redaktion der Augsburger Allgemeinen Zeitung.

„Der Vorwurf, welchen Sie in Ihrem Blatte der periodischen Presse Italiens machen, ist wohlverdient. Sie sündigt zuweilen durch Vernachlässigung der Anerkennung, welche sie Andern schuldet, bisweilen durch Unklugheit in ihren Urtheilen. Die Stimme der Journale, welche in diesem Augenblick Werkzeuge der Leidenschaft und auch der Gewinnsucht sind, darf nicht als die verläßliche Kundgebung der nationalen Meinung angesehen werden. Die verständige Bürgerschaft Italiens, vor Allem die von Venedig und von Rom, darf wol durch Wort und That bezeugen, welche Dankbarkeit sie den wundervollen Siegen des heutigen Germaniens schuldig ist."

„Der geistige Fortschritt Deutschlands ist das einzige sichere Versprechen, welches Europa für seinen künftigen politischen Fortschritt besitzt. Es ziemt sich zu wünschen, daß Italien daraus ein Beispiel und Nutzen zu ziehen verstehe, weil ein unreifer politischer Fortschritt, dem die rechte Unterlage geistiger Bildung fehlt, jene furchtbare Zerstörung herbeiführen kann, unter welcher in diesem Augenblick verschiedene Theile unseres europäischen Welttheiles leiden. Empfange das siegreiche Deutschland von den besten Bürgern Italiens das Zeugniß ihrer nationalen Dankbarkeit, und möge Rom einst die Herrin der alten Welt, sich an und nach dem Beispiel Deutschlands zu der geistigen und bürgerlichen Höhe der modernen Welt erheben!"

„Botteghe oscure (Platz auf welchem der Palast Gaetani liegt) am 4. November 1870."

Wie die alte Roma, in ihrer antiken Ruinen Schatten, mit ihren geheimnißvollen Klöstern, mit ihren mittelalterlichen Mauern, mit dem Glanze ihrer nur von den Steuern der ganzen Welt zu erhaltenden Kirchen und Basiliken es anfangen wollte eine moderne Stadt zu werden, wie neues Leben einziehen sollte in das wunderbare, weltabgeschiedene, verfallene und für jede empfängliche Seele unwiderstehliche Rom — das konnte man sich damals eigentlich nicht denken. Wie sollten ein König von Italien und das Oberhaupt der katholischen Kirche neben einander residiren innerhalb der Mauern Rom's? — Ein deutscher kleinstaatlicher Diplomat, der nicht durch weitreichende Gedanken glänzte, sagte einmal kurz weg zu mir: „Das ist ganz unmöglich! denn wem sollen die Truppen die Ehrenbezeugungen als Souverain erweisen? dem Papste oder dem Könige?"

Das ist freilich immer noch eine unentschiedene Frage, da Pius der Neunte heute noch in der Rolle des Gefangenen beharrt. Aber Rom ist seit sieben Jahren die Hauptstadt des geeinigten Italiens. Das Quirinal ist die Hofburg des Landesherrn, das Parlament, der Senat vertreten hier in Rom des Volkes Willen; und die Zeit, d. h. die Menschen, die in ihr leben und Wunder wirken, werden das Uebrige thun.

Das deutsche Reich unter Kaiser Wilhelm neu aufgerichtet, Italien geeinigt unter seinem selbstgewählten Fürstengeschlechte — der Papst ein freiwilliger Gefangener in den Sälen des Vatikans! — Wer hätte das für möglich gehalten heut' vor einem Menschenalter? und wie kurz ist die Spanne Zeit, die man als ein Menschenalter bezeichnet!

Das Jahr neigt zum Ende! möchten Friede und Eintracht an des neuen Jahres Pforte stehen für alle Völker, denn die Welt hat des Blutvergießens nur allzuviel gehabt!

Vierzehnter Brief.

Am Tage der Papstwahl.

Rom, 20. Februar 1878.

War das eine Zeit der unruhigen Erwartung! War das ein Vermuthen, ein Prophezeien in den Tagen, die seit dem siebenten Februar, seit der Todesstunde Pius IX., bis zu der heute erfolgten Wahl des Kardinals Pecci, des dreizehnten Leo, uns hier verflossen sind!

Man hatte Papst Pius im Laufe des Winters schon mehrmals sterbend oder todt gesagt. Der siebente Februar war ein frischer, klarer Tag. Es hatte, wie durch den ganzen Januar, in der Nacht gefroren, und obschon in den Gärten die Rosen und die vanilleduftigen japanischen Mispeln blühten, war es trotz des Sonnenscheins in der Antiken=Gallerie der Villa Ludovisi empfindlich kalt, so daß wir bald das Freie und die Sonne suchten. Beim Heimwege erfuhren wir den Tod des Papstes. Aber von der großen Aufregung, welche der Tod des Königs hervorgerufen hatte, war den Tag Nichts zu merken. Nur hier und da sah man einen Laden schließen; im Uebrigen ging Alles ruhig seinen Weg, und im Verkehr mit Italienern hörte man nicht nur gleichgültig von dem Ereigniß, sondern unehrerbietig und oft mit bitterer Geringschätzung von dem Papste sprechen. Man hatte ihm zuviel zu vergeben, was man ihm nicht vergessen konnte; und weil er die überspannten Hoffnungen nicht verwirklicht, die man einst auf ihn gesetzt hatte, grollte man ihm um so schwerer. Nun war er abgethan! Es hieß avanti! — und das Schaugepränge der Ausstellung und Beerdigung des verstorbenen Papstes, kam neben der Spannung, welche die Neuwahl erregte, verhältnißmäßig nicht in Betracht.

Es war gar nicht möglich, sich an Silvio Pellico's oft von mir wiederholten Ausspruch zu halten: lascio la politica ov' ella sta, e parlo d'altro! (Ich lasse die Politik, wo sie eben liegt, und spreche von Anderem!) Denn Niemand dachte an etwas Anderes, Niemand sprach von Anderem — weder die Zeitungen noch die Leser derselben, weder die Heimischen noch die Fremden, weder die Herren noch die Diener. Man erging sich in Rückerinnern, in Voraussehen. Man stritt, man eiferte, man hoffte, man zweifelte. Theilnahmlos und ruhig konnte man dabei nicht bleiben. — Und dennoch fragte jetzt bei dem Tode des Papstes Niemand: aber was wird nun werden? — wie man sich das gefragt hatte, an dem Tage, an welchem bereinst die französische Besatzung Rom und den Papst, dem Schutze seiner Landeskinder überließ.

Was aus Rom werden würde, darauf hatte die tiefe Trauer bei dem Tode Victor Emanuels die Antwort ein= für allemal gegeben. Nur die Frage warf man sofort auf, werden die Kardinäle fort, nach Malta gehen, um das Konklave dort zu halten, um den Papst unter dem Schutze der protestan= tischen Macht zu wählen, in deren Hauptstadt, wahrscheinlich auch heute noch, die Papst=Puppe in jedem Jahre zur Er= innerung an Guy Hawks verbrannt, und das „remember, remember the fifth of November" gesungen wird. Es war überflüssig, darüber viel zu streiten; denn mich dünkt, es giebt historische Lächerlichkeiten, die zu begehen selbst Fanatiker Be= denken tragen müssen. Dazu war das Fortgehen der Kardinäle von Rom die leichteste Sache von der Welt, denn die Straßen nach der Eisenbahn sind und waren offen für Jedermann. Aber Rom als den Sitz des Papstthums ohne Weiteres auf= zugeben, daran hatte man wohl kaum gedacht, und das Wieder= kommen mit dem neuen Papste bot für jeden einigermaßen praktischen Verstand doch Schwierigkeiten. Wie sollte diese

Rückkehr vor sich gehen? Im Triumphzug? Ein solcher war ohne Zulassung und Mitwirkung der italienischen Regierung, die man nicht anerkennen wollte, nicht in Scene zu setzen. Wie der Heiland nach Jerusalem, auf einem Esel mit vorgetragenen Palmenzweigen? Das wäre christlich, rührend, vielleicht erhaben und schön gewesen — aber doch neben der Eisenbahn veraltet und nicht recht thunlich! — Und mit dem Papste ankommen, wie alle anderen Reisenden im Paletot und Mantel — das ging doch vollends nicht. Hier war Rhodus, hier mußte der Sprung gemacht werden! Und man hat ihn denn auch hier gemacht, und der Bann ist gebrochen, mag man sich stellen wie man will.

Am Montag, dem 18., als wir durch Porta Cavaleggieri fahrend auf den Petersplatz kamen, bivouakirte unter den Arkaden, die von St. Peter ausgehen, italienische Infanterie. Die Waffen, Tornister u. s. w. waren regelrecht auf dem Boden geordnet, die Truppen standen und lagen umher. Sie hatten die Sicherheit des Vatikans, die Freiheit des Konklaves zu bewachen. Sie waren auch einige Tage früher herbeigeholt worden, die Ordnung in der Peterskirche aufrecht zu erhalten. Schon das war eine Bresche in dem bisherigen System, die nicht verdeckt werden konnte durch die Aufrechterhaltung des ganzen alten Ceremoniels und durch die klösterlichen Holzverschläge vor den Fenstern des Flügels, in welchem das Konklave abgehalten wurde.

Freilich behaupteten die klerikalen Blätter, daß Pius dem IX. mit Nothwendigkeit ein Pius X. folgen müsse, daß dieser nichts thun könne und werde, als völlig in die Fußtapfen seines Vorgängers treten; daß er alle seine infallibeln Anordnungen und Traditionen fortführen müsse — als ob z. B. ein Martyrium erblich sein könne! Kurzum Jeder hatte vom 9. Februar bis heute seinen orthodoxen Glauben, Jeder war infallibel, und in der Atmosphäre dieser allgemeinen Infallibilität stieg mir, der ich in diesen Dingen völlig ein Laie bin, bisweilen der Gedanke auf, ob und in wie weit der neue infallible Papst berechtigt sein könne, das Dogma von der Infallibilität, welches sein Vorgänger erfunden, als einen Irrthum zu erklären und es zu widerrufen? Es hätte in den Tagen Manches komisch erscheinen können, wäre die Wahl und die Person des neuen Papstes nicht von so weitgreifender und, je nach dem, von segensreicher oder unheilvoller Wirkung gewesen.

Inzwischen rastete, wie in ähnlichen Fällen im Mittelalter, der Volkswitz nicht. An den Buden der Zeitungsverkäufer hingen Flugblätter aller Art aus. Ein hübsches farbiges Blatt zeigte die Taube, das Sinnbild des heiligen Geistes, mit dem Kardinalshut auf dem Kopfe, brütend über der ihr als Ei untergelegten päpstlichen Tiare. Auf einem anderen Blatte reichten der Papst und Victor Emanuel sich im Jenseits als gute Italiener versöhnt die Hände. Auf einem dritten ging der Eine die Hintertreppe, der Andere die Vordertreppe zum Paradies empor; und auf noch einem anderen Blatte begehrte Pius IX. von Sankt Peter Einlaß ins Paradies, der zaudert, die Thür aufzuthun. Aber ich bin ja der infallible Papst! sagt Pius. Oh, um Vergebung entgegnet der heilige Petrus, irren ist menschlich! — Aber keines von allen diesen satyrischen Blättern war beleidigend oder roh.

An und für sich liegt, wenn man die Sache ganz abstrakt nimmt, etwas sehr Idealistisches in dem Gedanken einen Menschen aus dem ganzen Kreise der Menschheit zu erwählen, um in demselben alle die großen, die guten Eigenschaften der menschlichen Natur zu verehren, welche die Menschheit als das Göttliche in jedem Einzelnen und in der Gesammtheit bezeichnet. Die Vorstellung ist schön und erhebend, wie das Bild einer

14*

Mutter, die in liebender Anbetung das von ihr geborne Kind als ein ewig unfaßbares Wunder und Geheimniß verehrt. Aber dem Göttlichen in uns ist das Irdische nur zu überwiegend beigemischt. Der Ideal=Mensch, als welcher der Gekreuzigte verehrt wird, ist nur einmal geboren worden, und seine Ide= alität hat sich nicht fortgeerbt in der Reihe Derjenigen, welche sich die Verwalter seines Reiches auf Erden nannten, und deren Einer eben jetzt gestorben war, deren Einer eben jetzt erlesen werden sollte.

Heute, als ich mit einem Bekannten aus meinen Zimmern niedersteigend, von diesem, der es wissen konnte, die Mittheilung erhielt, daß im Vatikan der Befehl gegeben sei, die päpstlichen Karossen neu zu lackiren, was nicht auf die Fortsetzung des bisherigen Verhaltens schließen ließ, eilte Jemand die Treppe rasch hinauf. Es war ein Bote, der zu einem im Hause wohnenden Diplomaten gesandt wurde. Und von allen Ecken und Enden rief man: „Der neue Papst ist gemacht! Kardinal Pecci ist gewählt!"

Es war der Mühe werth nach dem Petersplatze zu fahren, um die Physiognomie der Stadt in diesem Augenblicke zu betrachten, in welchem von dem Balkon über der großen Eingangsthür der Peterskirche eben erst ein Kardinal es der katholischen Christenheit verkündet hatte, daß ihr ein neues Oberhaupt ge= funden sei. — Ich ging die spanische Treppe hinunter. An einem der Pfeiler stand ein Bücherverkäufer. Er hatte seinen Vorrath in sauberen Bänden nebeneinander zierlich aufgestellt. Ich blickte darnach hin: La santa bibbia (Die heilige Bibel) stand auf den Rücken zu lesen. — Die Gegensätze sind überall zu finden und stoßen hier eng zusammen in unserer Zeit. Der Verkauf italienischer Bibeln auf offener Straße war nirgend zu finden vor einem Menschenalter hier in Rom. Und sie glauben, das Dogma von der Infallibilität des Papstes könne aufrecht er=

halten bleiben in einem Lande und in einer Zeit, in welcher Jedweder lesen lernen muß, und die Bibel, aus deren Quellen alle religiösen Reformationen ihre Beweise geschöpft haben, auf Straßen und Plätzen feilgeboten wird.

Um zweieinhalb Uhr war es noch ziemlich leer auf der ungeheuren Weitung des Petersplatzes; aber das Leben nahm in sich steigernder Schnelle von Minute zu Minute zu. Geist= liche, in allen Zungen redend, stiegen die gemächliche Treppe hinan, die zu der Vorhalle St. Peter's führt. Die Fremden= Gesellschaft eilte zu Fuß und zu Wagen herbei, die Bericht= erstatter der Zeitungen gingen hin und wieder. Die Jesuiten= schüler kamen von ihren Lehrern geführt herbei. Soldaten oder Offiziere sah man nur sehr vereinzelt. Vornehm aussehende Frauen und Männer stiegen aus ihren Wagen, die Equipagen der Botschafter und Gesandten hielten mit ihren Insassen auf dem Platze. Die Zahl der Menschen aus allen Ständen wurde immer größer. Die Neugier war die Göttin des Augenblicks. Aus den Fenstern meines kleinen Wagens sah sich das Ganze wie ein schönes, farbiges Bild in engem Rahmen höchst er= freulich an. Man harrte ungeduldig der Entscheidung, welche die Stunde bringen sollte.

Trat der neue Papst aus der Loggia der Peterskirche auf den dem Platze zugewandten Balkon hinaus, den Segen zu sprechen „über die Stadt und das Land", wie es sonst am Oster= sonntage geschah, so war der Bruch mit dem System des neunten Pius ein= für allemal vollzogen. Die Einen hofften, die Anderen fürchteten es. Niemand, selbst die Beamten der Sicherheitsbehörden wußten, was werden würde. Die Menge strömte in das weite Portal der Kirche, das offen stand, hinein und strömte wieder zurück; und die sämmtlichen Glocken der Peterskirche klangen mächtig und vielstimmig durch die

Luft, während die Minuten zu Stunden wurden und die Entscheidung auf sich warten ließ.

Gegen fünf Uhr, als ich, eine Verabredung einzuhalten, vom Petersplatze fortfuhr, stand noch Alles in derselben Spannung vor der Kirche. Bald danach ist der Papst innerhalb der Kirche erschienen und die Segensprechung dort erfolgt. Personen, welche den Vorzug hatten, den Kardinal Pecci persönlich zu kennen, behaupten, daß er es liebe, sich im Freien zu ergehen. Man wird erfahren, ob er sich dem Prinzip zu Ehren lebenslänglich zum Gefangenen machen wird.

Jetzt, am Morgen des 21., da ich dieses Blatt beendet, läuten alle Glocken aller Kirchen der kirchenreichen Stadt volltönend über unseren Häuptern. Man singt das Te Deum für die gegen alles Vermuthen rasch erfolgte Wahl des neuen Papstes.

Möchte sie die richtige gewesen sein. Man ist geneigt, sie als eine solche anzusehen; aber auch jetzt treibt der Witz des Volkes bereits sein Spiel.

Warum nennt Kardinal Pecci sich Leo XIII. und nicht Pius X.? fragt man. Weil der Zehnte das Fluchen nicht vertragen kann! lautet darauf die doppelsinnige Antwort.

Gut und ein Segen wäre es, wenn des Volkes Stimme, wie der Mund der Kinder, hier die Wahrheit ausgesprochen hätte, wenn das neue Papstthum eine Zeit des Friedens und der Duldung mit sich brächte in die Welt, die deß so sehr bedarf.

Fünfzehnter Brief.

Rom oder Malta?

Rom, den 3. März 1878.

Nicht einen Brief habe ich von meinen Freunden seit dem Tode des Königs Victor Emanuel und dem ihm folgenden Ableben des neunten Pius erhalten, der nicht das Verlangen ausgesprochen hätte, von mir noch eine besondere ausführliche Auskunft über die Eindrücke zu erhalten, welche die großen Ereignisse auf mich gemacht hätten. Aber die Betrachtung dessen, was sich hier in wenig Wochen, in raschem Nacheinander unter unseren Augen vollzogen hat, war so überwältigend, und die Fortentwickelung dessen, was geschehen, ist von so unabsehbarer Tragweite, daß man sich mit seinem Denken, Vermuthen, Möglichglauben, beständig auf neue, in ihrem Ausgang unerkennbare Wege geführt sieht. Es vollzieht sich hier eben ein rückbildender Prozeß innerhalb der Geschichte. Solche kommen in der Weise, wie es hier geschieht, wohl nur selten vor; und ich glaube, Niemand kann auch nur mit annähernder Gewißheit, voraussagen, was dieser Prozeß mit sich fortreißen, welche Neubildungen sich danach gestalten werden.

Jeder von uns kannte die Zustände, welche hier nach der Errichtung des geeinigten, konstitutionell regierten Königreichs Italien geschaffen worden waren. Wer in Rom gelebt hatte, wer es aus eigener langjähriger Bekanntschaft mit Land und Leuten erfahren hatte, wie tief der christliche römisch-katholische Glaube in der Masse der Italiener wurzelte, wie fest Rom mit der Tradition des Papstthums verwachsen war, und wie man daneben die päpstliche Mißregierung verwünschte, wie lebhaft das Verlangen nach nationaler Unabhängigkeit und nach der staatlichen Einigung Italiens sich aussprachen, der konnte, auch fern von Rom, nicht darüber in Zweifel sein, daß man mit der Aufrichtung der nationalen Königsherrschaft in Rom, gegenüber einer an demselben Orte weilenden, das katholische Königreich Italien und die ganze christkatholische Welt umfassenden internationalen Herrschaft, zwei Gegensätze einander dicht und hart gegenüber gestellt hatte. Damit war ein Widerspruch in sich selbst erzeugt worden, der schwer zu beseitigen, schwerer zu vereinigen sein mußte.

Kam man dann wieder selbst nach Rom, sah man von der Höhe des Monte Pincio, jenseits der Tiefe des Tiberthales den Riesenbau der Peterskirche mit dem Vatican in ihrer Jahrhunderte alten majestätischen Pracht sich ernst und stolz erheben, während von der Höhe des Quirinals die italienische dreifarbige Fahne fröhlich in dem hellen Sonnenlichte flatterte, so fragte man sich unwillkürlich: kann das Beides, so wie es jetzt ist, neben einander bestehen? und die Möglichkeit dafür schien in der Nähe noch unwahrscheinlicher als aus der Ferne.

Von der stattlichen und staatlichen Pracht des Papstthums, das noch vor elf Jahren, bei unserem letzten hiesigen Aufenthalte, wenn schon von französischen Soldaten gegen die Auflehnung der eigenen Unterthanen beschützt, sich unvermindert und glänzend darstellte, war im letzten Herbste Nichts mehr zu bemerken. Keine Cardinalsequipagen mit den schwarzen Rappen und den hintenaufstehenden, meist sehr alten drei Bedienten; keine rothe Galakutsche des Papstes mit voransprengenden Karabinieren und dem sonst üblichen Gefolge. Vor elf Jahren ging Pius rüstigen Schrittes am Mittag,

bisweilen in den eigentlichen Promenadestunden, durch die
Anlagen auf dem Monte Pincio, und die römischen Fürsten
stiegen dann aus ihren Wagen, um, auf der Straße knieend,
seines Segens theilhaftig zu werden, während die Frauen in
ihren Wagen niederknieend, ihm ihre Huldigung bezeigten.
Aber in dem Volke war von jener begeisterten und hoffnungs=
reichen Liebe für den Papst, mit welcher man ihn bei seiner
Thronbesteigung begrüßt und bis zu der Reaktion von 1848
umfangen hatte, schon vor elf Jahren Nichts mehr übrig ge=
blieben. Während der hohe Adel noch vor ihm kniete, schlossen
Handwerker, an deren Läden und Werkstätten er vorüberging,
ihre Thüren und zogen ihre Kinder von der Straße zurück,
damit sie nicht genöthigt würden, ihm eine Ehrfurchtsbezeugung
darzubringen. Diese Auflehnung aber galt dem staatlichen
Herrscher, vielleicht auch dem Papstthum überhaupt, nicht der
katholischen Kirche. Man verwünschte das Regiment, man
sagte: „Der Papst ist ein Mensch wie wir Alle" — aber man
beobachtete in den Familien im Allgemeinen doch alle kirch=
lichen Gebräuche, und die Mehrzahl der Frauen hing mit dem
Herzen an dem Glauben, den man mit der Muttermilch ein=
gesogen, und in dem man durch ein auf das geschickteste
verkettetes System erzogen und durch mannigfache weltliche
Vortheile festgehalten wurde.

Indeß eben so wenig als das Papstthum machte sich jetzt
im Herbste das Königthum durch irgendwelche Pracht be=
merklich. Nicht ein einziges Mal habe ich in den drei Monaten,
die ich hier zu Lebzeiten Victor Emanuel's zugebracht habe,
ihn anders als in bürgerlicher Kleidung, in einfachem, offenem
Wagen, in den Straßen gesehen. Wer den König nicht nach
seinen Bildern wiedererkannte, wurde auf sein Erscheinen durch
gar Nichts aufmerksam gemacht; und vielleicht eben weil die
Römer, wie alle Südländer, die Pracht und den glänzenden

Schimmer ihrer Natur nach lieben, imponirte ihnen die Einfachheit ihres Königs, der in höchstem Maße von ihnen geliebt und geschätzt ward. Man sah, wie gesagt, vom Papstthum und vom Königthum so gut wie Nichts. Aber die leichtschreitenden italienischen Versaglieri und die barfüßigen Kapuziner, die Menge der schön uniformirten Soldaten des königlichen Landes- und Kriegsherrn, der im Quirinale residirte, und die Menge der Geistlichen und Mönche in allen Trachten aus aller Herren Länder, die sich hier um ihr Oberhaupt im Vatican zusammenscharten, bildeten entschiedene Widersprüche; und wie die Stadtburgen im Mittelalter, lagen die beiden Residenzen an den beiden Enden der Stadt gewaffnet und feindselig einander gegenüber.

Als ich mich einmal darüber gegen einen mir befreundeten, in den hiesigen Verhältnissen genau bewanderten Engländer mit Verwunderung aussprach, sagte er: „Die Sache ist nicht so gefährlich, als es den Fremden erscheint. Das geht hier Alles, weil weder der Papst noch der König Dasjenige sind, was sie durch die Macht der Verhältnisse als Träger der Prinzipien, die sie vertreten, scheinen müssen. Der Papst ist im Grunde seines Wesens ein für die italienische Einheit begeisterter Italiener, nur daß er nicht der Mann danach war, sie unter einem Papste herzustellen; und der König, weit davon entfernt, ein Gegner des Papstthums zu sein, ist ein sehr orthodoxer Katholik, der den Papst an der Spitze der katholischen Welt für eine Nothwendigkeit erachtet." — Daß im Jahre 1846 ein unter päpstlicher Herrschaft geeinigtes Italien mehr als nur denkbar war, mußte ich nach meiner eigenen damaligen Erfahrung zugeben; das Andere mußte ich glauben, da ein Erfahrenerer es mir berichtete.

Nun kam der Tod des Königs, und die tiefe, allgemeine Trauer über denselben bethätigte die Allgemeinheit des Nationalgefühls. Der Zusammenfluß von Menschen aus dem ganzen Königreich war überraschend groß. Es schien, ein Jeder wolle sich augenscheinlich überzeugen, ob das Unglück wirklich geschehen sei, ob der riesenkräftige Mann wirklich dem Tode so rasch erlegen sei. Es war eine Volks-Wallfahrt nach dem Quirinale, ernst, ruhig, gehalten. Der Eindruck, den man davon hatte, war sehr erhaben. Man hatte an Victor Emanuel wie an einem einstigen Leidensgefährten, wie an einem Kampf- und Siegesgenossen gehangen. Man verdankte seinem tapfern Wagen ebensoviel, als er dem Vertrauen und der Hingebung des ganzen italienischen Volkes schuldig war; und er war mit seinen Eigenschaften, seinen Eigenarten und Fehlern eine Gestalt, welche die Mythenbildung zuließ, jene Mythenbildung, welche die Völker an ihren Fürsten auszuüben lieben. Wenn die Zeitungen seiner Rechtschaffenheit, seiner Tapferkeit, seiner Regententugenden gedachten, waren daneben im mündlichen Verkehr ganze Reihen von Erzählungen von den Abenteuern und Begegnungen im Schwange, die er bei seinem einsamen Umher-streifen als Jäger bestanden hatte. Man erzählte mit Ver-gnügen, wie er mit einem Handwerker, der ihn nicht gekannt, gleichzeitig auf einen Hasen geschossen und um das erlegte Thier handgemein geworden, den Sieg davon getragen habe, und dann den Besiegten zum Mitessen des Hasen zu sich ein-geladen. Man hob geflissentlich sein treues Festhalten an der Kirche hervor; und wurden jetzt nach seinem Tode die Stimmen über sein nichts weniger als sittliches Verhältniß zu den Frauen einmal ehrlich laut, so zuckte Der und Jener die Schultern und sagte — in bester Gesellschaft — lächelnd: Machen wir's denn anders? — Selbst seine piemontesische Derbheit hatte man sehr gern; und wenn ich den Ausdruck brauchen darf, er war körperlich und geistig eine kompakte Masse, die das Auge auf sich zog und an sich festhielt. Sein plötzliches Verschwinden ließ daher eine Lücke offen, welche auszufüllen möglicherweise seinem Sohne schwer fallen wird, der körperlich dem Vater an Kraft nicht gleich, und weniger als dieser befähigt sein soll, die kluge, mißtrauisch berechnende Vorsicht der savoyenschen Fürsten hinter dem Anschein des sorglosesten männlichen Freimuths zu verbergen.

Dem Schrecken über des Königs Tod kam nur die tief empfundene Trauer gleich, mit welcher das Volk die Leiche seines ersten Königs zu ihrer letzten Ruhestätte im Pantheon an sich vorüberführen sah. Sie bildete den würdigen, dunkeln Hintergrund und erhob die königliche Pracht des Leichenzuges.

Drei Wochen später, als bereits König Humbert dem Volke seinen Eid geleistet und begonnen hatte, durch sein ehrenhaftes Auftreten sich Vertrauen und Zuneigung in demselben zu gewinnen, durchlief die Nachricht von dem Tode des Papstes die Stadt.

Sie machte im ersten Augenblicke durchaus keinen nennenswerthen Eindruck. Sie war schon oft verbreitet, schon oft widerrufen worden, man hatte diesen Tod so lange schon erwartet. Mochte die orthodoxkirchliche Partei auch den Verlust ihres Oberhauptes betrauern, das zuletzt zu einem bloßen Werkzeug in ihren Händen geworden war, die großen Massen verhielten sich kalt und gleichgültig dagegen. Der Unterschied zwischen dem Ansehen der Straßen, dem Ausdruck der Menschen am 9. Januar und 7. Februar war auffallend. Er würde gewiß noch greller hervorgetreten sein ohne die im letzteren Falle von der Regierung ausgesprochenen Wünsche und angeordneten Maßnahmen. Kein Zusammenstehen der Leute, kein besorgtes leises Sprechen, kein solches Hinströmen der Menschen wie am 9. Januar nach dem Quirinale. Es ging Alles ruhig seinen Weg. Nur ein Bruchtheil der Magazine ward geschlossen. Von wirklicher Trauer war wenig oder nichts zu merken. Die Sympathie für Pius war längst erloschen. Es hafteten zu schlimme Erinnerungen an seinem Regiment. Man hatte ihn schwankend in allem Guten, nur in dem Unheilvollen fest und beharrlich gefunden. Man konnte es dem weltlichen Herrscher nicht vergessen, daß er seine freisinnigen Zusagen gebrochen, daß er mit der Gewalt fremdländischer Waffen, Rom bombardirend, sich die Rückkehr in dasselbe gebahnt, daß dicht neben der Peterskirche vor Porta Cavalleggieri und Porta St. Pancrazio der Kampf der von ihm herbeigerufenen Franzosen gegen die edelsten Söhne Italiens gewüthet hatte. Man konnte es dem Oberhaupt der katholischen Christenheit nicht vergeben, daß er, allem Wissen und aller Erkenntniß des neunzehnten Jahrhunderts vermessen und trotzig Hohn sprechend, die Dogmen von der unbefleckten Empfängniß der heiligen Jungfrau und von der Unfehlbarkeit des jeweiligen Papstes in die Welt geschleudert hatte.

Das Volk hatte im Laufe der Zeiten nicht nur Lesen und Schreiben, sondern auch Denken gelernt. Auf den offenen Plätzen werden seit Jahren alle Arten Bücher verkauft, die sonst auf dem Index verbotener Bücher gestanden hatten. Statt der zwei zensirten Zeitungen, die vor eilf Jahren in Rom erschienen waren, werden jetzt über zwanzig Zeitungen von den verschiedensten Farben von Morgens acht Uhr bis Abends eilf Uhr unablässig ausgerufen. Jeder Droschkenkutscher, jeder Arbeiter liest. Selbst die weiblichen Modelle, auf den Stufen der Kirchentreppen, an den Straßenecken sitzend und kauernd, lesen wenn sie nichts zu thun haben und nicht stricken.

Es sind hier große geistige Wandlungen vor sich gegangen.

Die Politik ist bedeutend in den Vordergrund getreten, das Staatsbürgerthum hat die Oberhand gewonnen.

Sieben Jahre einer freiwilligen vergeblichen Gefangenschaft hatten Pius IX. für das Volk zum Schatten, wenn auch zu einem unheimlichen Schatten werden lassen. Seit Jahren hörte man von ihm in jähem Wechsel Aussprüche, die schlimmer waren, als die Selbstverblendung der vergötterten Imperatoren sie je gewagt, neben den leichtfertigsten Witzen. — Victor Emanuel vermißte man überall. Pius IX. vermißte Niemand außerhalb der Partei, die ihn beherrscht.

Die Zeitungen besprachen seinen Tod, sein Leben, seine Handlungen mit großer Schonung, aber wahrheitstreu und würdig. Was man sagen und erzählen hörte, war ihm keineswegs günstig. Man sprach von ihm weder wie von einem bedeutenden noch wie von einem guten und ernsten Mann; und wenn bei dem Tode des Königs nach allen Seiten hin für das Fortbestehen des Reiches klare, feste Aussichten vorhanden waren, über die Niemand Zweifel hegen konnte, so tauchten nun von allen Ecken und Enden die Fragen auf, was von Seiten des Klerus geschehen, was man im Lande und in der christ-katholischen Welt von demselben zu gewärtigen haben werde.

Wer Rom und das römische Kirchenwesen kannte, hat schwerlich in all dem Berathen über ein auswärts zu haltendes Konklave, über einen auswärts zu wählenden, auswärts residirenden Papst etwas Anderes gesehen als hinhaltende Schachzüge in einer Partie, deren Ende mit Sicherheit im Voraus zu erkennen war. Daß die königliche Regierung ihren, der Welt gegenüber festgestellten Verpflichtungen nachkommen würde und mußte, war eben so gewiß, als daß es keinen Ort gab, an welchem das Konklave gehalten werden, keinen Ort, an welchem das Oberhaupt der katholischen

Christenheit in der Gestalt des Papstes residiren konnte, als hier in Rom.

Man brauchte sich die Dinge nur in ihrer wirklichen Ausführung vorzustellen, um sich zu sagen, was geschehen konnte und was nicht. Ich schrieb es neulich schon einmal: das Fortgehen war die leichteste Sache von der Welt, denn die Straßen und die Eisenbahnen stehen frei zu Jedermanns Verfügung. Aber eine solche Gesellschaft von zum Theil hochbetagten Männern, von Greisen, von welchen manche seit Jahren schwerlich eine andere Bewegung ertragen hatten als das langsame Fahren in ihren Kutschen, war zu Lande und zu Wasser doch immerhin schwer zu transportiren. — Die Eisenbahn und das Dampfschiff konnten Existenzen gefährden, deren Stimme schwer in das Gewicht der Entscheidung fiel. Mehr als einmal kam mir bei den Erörterungen über die Abreise der Kardinäle jener junge französische Offizier in den Sinn, der Pius VII. zur Krönung Napoleon's I. nach Paris zu befördern hatte, und von dem Anfang seines Auftrags die Meldung mit den Worten machte: Reçu un pape en assez mauvaise condition! — Der englische Beamte, welcher die Mitglieder des Konklaves in Malta zu empfangen gehabt hätte, würde viele von ihnen voraussichtlich en assez mauvaise condition gefunden haben; und wie bereit der oder jener der Kardinäle auch zu Opfern für die ihm heilige Sache gewesen sein möchte — das Martyrium der Seekrankheit entbehrt jeglicher Erhabenheit.

Nebenher fragte man sich, ob grade der eifrigste Vertreter des Konklaves unter dem Schutze der Kanonen von Malta die gelassene Antwort vergessen haben sollte, welche sein großer Landsmann Wellington seiner Zeit einem französischen Diplomaten gegeben, der übermüthig die Frage an ihn gerichtet: ob Wellington es denn für unmöglich halte, daß die

Franzosen in Dover landen und gen London rücken könnten? — „Durchaus nicht," hatte ihm der edle Lord entgegnet. „Sie können sehr gut in England einrücken; nur wie sie von dort wieder zurück kommen sollten, weiß ich nicht!"

Ungefähr ebenso verhielt es sich mit dem Fortgehen des Konklaves und mit dem auswärts zu wählenden Papste. Wie sollte man mit demselben nach Rom zurückkommen? — Mit dem neuen Oberhaupt der Kirche in Rom auf dem Bahnhof anzulangen, ungehindert quer durch die ganze Stadt zu fahren, um sich dann bei sich selber im Vatikan freiwillig wieder als Gefangenen abzuliefern und so die Sage von dem Gefangenen im Vatikane noch unter der neuen Aera fortzusetzen, wäre erst recht unmöglich und ein Spiel mit einem Idealen gewesen, zu welchem weder die Kardinäle, am wenigsten aber der Erwählte selber sich bereitwillig finden lassen konnten.

Ganz ebenso verhielt es sich mit dem Gedanken, das Papstthum wo anders festzusetzen, den Papst an einem anderen Orte residiren zu machen, als eben hier in Rom. Die ganze Tradition desselben steht auf dem Festhalten an Rom, fällt mit dem Aufgeben des hiesigen Bischofssitzes.

Hier in Rom hat der Sage nach Sankt Peter in den Mamertinischen Gefängnissen gesessen. In St. Pietro in Vincoli auf dem Esquilin sind die beiden Enden seiner Ketten, die sich durch ein Wunder einten, aufbewahrt. Auf dem Janiculus, an der Stätte, auf welcher der heilige Petrus gekreuzigt worden, hat seiner Zeit schon der Kaiser Konstantin die Kirche St. Pietro in Montorio erbaut. In der Peterskirche, dem gewaltigsten und erhabensten Dome, den die christliche Menschheit errichtet hat, ruhen unter der Riesenkuppel in der Gruft die Gebeine des Apostels. Nach der Kirche von St. Croce in Jerusalemme hat Konstantin's Mutter selber das Holz von dem Kreuze bringen lassen, an dem der Heiland geopfert worden. Die Laterankirche, „aller Kirchen der Stadt und des Erdkreises Mutter und Haupt", auf welche die Heiligkeit des Tempels zu Jerusalem übergegangen, ward durch Kaiser Konstantin's Schenkung die bischöfliche Kirche der Nachfolger des heiligen Petrus. Der jedesmalige Papst ist Bischof von St. Giovanni in Laterano. Alle Traditionen, alle Mythen der christ-katholischen Kirche sind mit Rom verknüpft. Wo fände sich für den Sitz ihres Oberhauptes ein solcher Boden wieder? und wohin könnte das Oberhaupt der katholischen Kirche sich wenden, um einen neuen festen Mittel- und Stützpunkt für die, über die ganze weite Erde verbreitete christ-katholische Gemeinde zu begründen?

Nach England? Ob trotz der unbedingten Religionsfreiheit England und seine Königin und sein Parlament geneigt sein würden, seinen katholischen Bürgern, vor allen den Irländern, die der Regierung so viel zu schaffen gemacht, ihr geistliches Oberhaupt in nächster Nähe, oder auch nur unter dem Schutze der Kanonen von Malta, dauernd zu beherbergen, möchte nicht mit Zuversicht zu behaupten sein.

In Frankreich? Man hat dort Frieden predigende Geistliche vor den Barrikaden erschossen, und die Commune hat die Geweihten der Kirche auch nicht geschont. — In Spanien? Emilio Castelar ist dort unvergessen; und man baut nicht Etwas, was dauern soll, auf einem von den Erdbeben der Revolutionen immer neu erschütterten Boden! —

Weder unter dem weithin seine Arme ausbreitenden Kreuze der griechischen Kirche, noch — wie Schwärmer gelegentlich träumten — auf den Trümmern von Jerusalem, ließe eine neue oder die alte Papstherrschaft sich begründen. Und in einem Staate, in welchem eine konstitutionelle Verfassung vorhanden ist, dürfte sich schwerlich eine Volksvertretung finden, die sich freiwillig eine nicht von dem Staatsoberhaupte abhängende Gewalt oktroyiren laſſen würde, eine Gewalt, welche Macht hat über die Gewiſſen, „Macht zu binden und zu löſen", und ſich damit einen Dorn in das lebendige Fleiſch zu ſetzen, der willkürlich oder unwillkürlich reizen, entzünden und gelegentlich bedenkliche Kriſen erzeugen kann und muß.

Was in dem neuen Königreich Italien, wo alle die alten Traditionen dem Papſtthume zur Seite ſtanden und im Volke mehr oder weniger feſten Boden hatten, ſchon ſchwer genug zu vermitteln war und iſt und ſein wird, das würde in jedem anderen Lande zu einer thatſächlichen Unmöglichkeit geworden ſein. Und trotz und nach alle dem vielen Sprechen, Schreiben, Drucken, iſt denn auch hier in kürzeſter Friſt der neue Papſt erwählt, eine bedeutende Kraft an die Spitze der katholiſchen Gemeinde geſtellt worden, und es iſt damit nach gewiſſen Seiten hin ein Wechſel vollzogen, der, wie ſtreng Leo XIII. auch an dem Glauben und an den Rechten und Vorrechten ſeiner Kirche feſthält, doch ſchon in den höchſt geiſtreichen Hirtenbriefen zu erkennen iſt, welche er als Biſchof in Perugia im vorigen Jahre in ſeiner Diöceſe verbreitet hat. Davon in einem meiner nächſten Briefe.

Sechszehnter Brief.
Eine neue Fauſt-Oper.

Rom, den 8. März 1878.

Ich ſchrieb Ihnen neulich von einem ſonderbaren theatraliſchen Eindruck, den ich hier empfangen hätte. Denn einen ſonderbaren Eindruck macht es immer, wenn man einen alten hochverehrten Bekannten in wunderlichſter Maske, hier und

da bis zum Komischen entstellt und doch unverkennbar er
selber, vor sich sieht. So aber ist es mir ergangen, als ich
hier in der großen Oper, dem Apollo-Theater, die Oper
Mefistofele von Arrigo Boito aufführen sah. Sie ist ganz
und gar dem Goethe'schen Faust nachgebildet, oder vielmehr
in einzelnen Stücken dem Faust entnommen, und unsereiner
steht davor wie vor den zerbröckelten Fragmenten der alten
griechischen Plastik, von denen jedes Bruchstück, so zerstoßen
und verwittert es auch sein mag, uns noch auf die Vollendung
des Kunstwerkes schließen macht, dem es entstammt.

Dem Goethe'schen Faust begegne ich nun in solcher Zer=
stückelung und Verkleidung zum vierten Male auf den Bühnen
des Auslandes. Zuerst sah ich ihn im Jahre 1845 in Mai=
land in der Skala als Ballet. Das war gar nicht schlimm.
Da es unmöglich war, Faust's geistiges Ringen nach der
höchsten Erkenntniß tanzend oder pantomimisch, mit den Füßen,
den Armen oder den Mienen auszudrücken, so hatte man den
tiefsinnigen Denker in einen Bildhauer umgewandelt, dem die
Kraft des Schaffens erloschen war. Faust bewegte sich arbeitend,
und an seiner Arbeit verzweifelnd, in seiner Werkstatt. In
dieser erscheint ihm Mephistopheles und bietet ihm seine Hülfe
an. Der verzagende Künstler verschreibt sich ihm, Mephisto
führt ihm in Gretchen ein neues Ideal vor, und die Sache
nimmt danach ganz ruhig den Goethe'schen Verlauf. Die Dar=
steller des Faust, des Gretchen und namentlich des Mephisto,
spielten ihre Rollen ganz vortrefflich. Eine Scene, in welcher
Mephisto Gretchen und Faust in immer engeren Kreisen tanzend
umgarnte, bis er die Widerstrebende in Faust's Arme gedrängt
hatte, und mit triumphirendem Hohne über die in ihr Glück
versunkenen Beiden, die Hände zum Zugreifen ausbreitete,
war sehr charakteristisch. Das ganze Geister= und Hexenwesen
fügte sich geschickt in das Ballet ein. Es hatte Alles einen geist=

15*

reichen Zug, und man konnte sich es vorstellen, wie Altmeister Goethe an „dem wunderlichen Wesen" seinen ernsthaften Spaß gehabt haben würde.

Dann trafen wir den Goethe'schen Faust im Jahre 1850 in Michel Carré's ernstlich gemeinter und darum lächerlicher Bearbeitung. Da saß Faust wirklich in der Osternacht, über dem Evangelium brütend, im Stubirzimmer; aber statt der Osterlieder erklangen von draußen die Lieder von Studenten, welche die Liebe und den Wein besangen, und Faust fing an sich in Betrachtungen darüber zu ergehen, wie wohl es diesen jungen Burschen sei und wie er über all dem Grübeln und Stubiren es vergessen habe, sein Leben zu genießen. Das allein bekümmerte ihn sehr, und seufzend klagte er: „Sie singen von ihren Geliebten und vom Wein! Deine Geliebten, armer Faust, sind die Theologie, die Philosophie, die Medizin" u. s. w. Mephisto kam ihm denn auch in dieser Noth auf seine Weise zu Hülfe. Siebel figurirte daneben als ein verschmähter Liebhaber von Gretchen, ward von Mephisto in einen Baumstamm hineingezaubert, mußte aus diesem der Liebesscene zwischen Faust und Gretchen zusehen — und dann pflückten Gretchen oder Siebel oder Faust Rosen, die immer vom Stengel abfielen, wenn die Hand sie berührte, was natürlich eine symbolische Bedeutung haben sollte. Es war recht abgeschmackt das ganze Machwerk. Stahr, Moriz Hartmann und ich kamen über all die Verkehrtheit nicht aus dem Lachen, unsere Nachbarn hingegen fanden das „sujet beaucoup trop sérieux et par trop allemand!"

Darauf kam, nach dem Michel Carré'schen Drama gearbeitet, die Gounod'sche Faustoper mit ihrem schönen Walzer, mit ihrem prächtigen Landsknechtsmarsch, mit all ihren Gehörigkeiten und Ungehörigkeiten, mit Madame Milho Carvallo in blonder Perrücke als dickköpfiges Gretchen. Aber mit dieser

Gounod'schen Oper kam für Deutschland in Albert Niemann ein Faust-Darsteller dem Gretchen gegenüber, mit welchem ich für mein Theil keinen von all den dramatischen Künstlern, die ich als Faust gesehen habe, zu vergleichen wüßte.

Jetzt endlich folgt hier in Italien die Oper von Boito. Er hat sich, dem Beispiele Wagner's folgend, sein Textbuch selbst zurecht gemacht; aber weitergreifend als seine chorographischen, dramatischen und musikalischen Vorgänger, hat er sich für seine Oper Mefistofele nicht mit dem ersten Theile des Faust begnügt. Er hat das Vorspiel im Himmel und den ganzen zweiten Theil des Faust mit in seine Bearbeitung hineingezogen, und ein Werk hingestellt, das in vier Theile zerfällt: in den „Prolog im Himmel" — in den „Ersten Theil", der in drei Akte getheilt ist, in den zweiten Theil, der den vierten Akt bildet, und in den Epilog. Thatsächlich aber sind es nichts als sechs Scenen aus dem Gesammtwerk, nebeneinander gestellte Scenen, welche für denjenigen, dem das Gedicht nicht vertraut, als Ganzes, wie ich glaube, schwer verständlich sein werden. Darauf kommt es jedoch bei der Mehrzahl der Opernbesucher und namentlich in Italien, vielleicht nicht wesentlich an.

Die handelnden Personen sind: Mephistopheles, Margarete, Martha, Wagner, Helena, Pantalis und Nereus. Die Sängerin, welche im ersten Theile des Faust das Gretchen spielt und singt, macht im zweiten Theile die Helena; die Darstellerin der Martha macht die Pantalis, und mich dünkt, für alle diejenigen, welche die deutsche Dichtung nicht kennen, also an eine Metamorphose des gestorbenen Gretchens in die Helena, und der Martha in die Pantalis zu glauben verführt werden, muß der sachliche Gehalt der Oper dadurch noch viel räthselhafter werden.

Die erste der sechs Scenen führt im Textbuch die Ueberschrift: Prolog im Himmel, und das Motto: „T'è noto Faust? Goethe. (Kennst bu den Faust?) Im Nebel wallen, erstens: der Klang der sieben Drommeten; zweitens: die sieben Töne, dann die himmlischen Heerschaaren, der mystische Chor, die Cherubim und der Chor der Büßenden. Diese Gesellschaft von Chören singt ihre Jubel= und Buß= und Anbetungs=Hymnen mit einem nach jeder Strophe als Echo einfallenden „Ave", bis Mephisto erscheint und seine Unterhaltung mit dem Unsichtbaren, mit einem: Ave Signor! beginnt. Er sagt darauf ohne Weiteres, er könne nicht hohe Worte machen, und spricht seine Verachtung des Menschengeschlechts aus. Der mystische Chor fragt: T'è noto Faust? (Kennst du den Faust?)

Il più bizarro pazzo, ch'io conosco! (Der wunderlichste Narr, den ich kenne!) giebt Mephisto dem Unsichtbaren zur Antwort, charakterisirt mit ein paar Zeilen den Faust und schlägt die Wette vor. Der mystische Chor nimmt sie mit einem „E sia!" (Sei's so!) an. Mephisto bekräftigt sie mit der Bemerkung: „Sei's drum, alter Herr! Du läßt Dich auf ein hartes Spiel ein!" Die Engel und die Cherubim stimmen wieder ihre Loblieder an, Mephisto spricht wie im Original seine Zufriedenheit mit der Herablassung „des Alten" aus. Die Chöre dauern fort, der Prolog, der sich wie der Text eines Oratoriums ausnimmt, ist zu Ende, und er ist nichts weniger als uneben. Mephisto's Wesen ist in aller Kürze gar nicht übel herausgearbeitet. Es ist viel Bewegung und Wechsel, Klang und Farbe in dem sprachlichen Rhythmus der Chöre, man kann sich das Ding gefallen lassen.

Nun folgt der „Erste Theil" mit dem Motto:
Se avvien ch'io dico all' attimo fuggente:
Arrestati, sei bello: allor ch'io muoia!

(Werd' ich zum Augenblicke sagen, verweile doch, du bist so schön! Dann magst du mich in Fesseln schlagen, dann will ich gern zu Grunde gehn.)

Dieser erste Theil hebt mit dem Ostersonntag an. Faust und Wagner gehen in dem Volksgewühl spazieren. Vornehme Leute werden in Sänften vorübergetragen, es wird gezecht, sehr viel getanzt, gesungen. Sogar das Juhé! Juhé Juheisa! heisa! hé! wird zwischen den italienischen Versen als Refrain sehr absonderlich vernehmbar. Statt des Pudels wird unter den Spaziergängern ein grauer Frate sichtbar. Herr Boito sagt in einer der Anmerkungen, deren das Textbuch zum Schlusse eine Anzahl bringt, daß er mit dieser Aenderung sich der Widmann'schen Lebensbeschreibung des Faust anschließe. Der Klosterbruder, der sich sonst ganz anständig beträgt, macht wunderliche Seitensprünge, wenn hier und da eine schöne, gläubige Spaziergängerin ihm die Hand küssen will, und umkreist und umzieht den auf ihn aufmerksam werdenden Faust, dem er „wie ein Gespenst erscheint", auch mit den gleitenden, sprunghaften Schritten Arlecchino's, welcher dem italienischen Theater so tief eingewurzelt ist, daß er für unser nicht daran gewöhntes Auge immer noch irgendwo zum Vor=schein kommt. Wir sahen z. B. einmal im Teatro diurno in Genua, in dem zum Schauspiel umgewandelten Trauer=spiel Kabale und Liebe, den Musikus Müller mit rothem Zopf und rother Nase als vollkommenen Harlequin. — Wagner beruhigt den Faust über den unheimlichen Frate, er macht ihn darauf aufmerksam, daß derselbe den Rosenkranz trägt, Gebete murmelt. Ob der Teufel das kann und darf, weiß ich nicht. Er thut's aber, und damit ist die Scene zu Ende.

Es folgt der „Pakt" in Faust's Zimmer, und diese Scene ist wirklich vortrefflich gearbeitet — wenn man bedenkt, daß die Scene eben als das Unterschlagsgewebe einer Oper dienen soll, daß man ein Textbuch in Händen hat.

Mephisto's „Ich bin der Geist, der stets verneint!" in

eine zweistrophige Arie gebracht, ist für uns natürlich befremdlich. Aber wie der Darsteller des Mephisto, Castelmary, der einzig gute Sänger und Schauspieler der Gesellschaft ist, so ist auch die Partie des Mephisto dem Nachdichter und Komponisten weitaus am besten gelungen. Des Beispiels halber will ich die erste Hälfte der Arie in wörtlicher Uebersetzung wiedergeben:

> Ich bin der Geist, der verneint,
> Immer, Alles; die Sterne, die Blumen.
> Mein hämisches Lachen und mein Wesen
> Stören die Mußestunden des Schöpfers.
> Ich will das Nichts, und des Geschaffenen
> Vollständigen Untergang.
> Mein Lebenselement
> Ist das, was man Todsünde nennt:
>   Der Tod, das Unheil!
> Ich lache und schleudre die Silbe hin:
>   Nein!
> Ich löse auf, ich führe in Versuchung,
> Ich heule, ich zische:
>   Nein!
> Ich beiße, ich verlocke (lege Schlingen),
> Ich pfeife, pfeife, pfeife!

Bei den letzten Worten setzt er den Finger an die Lippen, und ein greller, langer Pfiff aus dem Orchester, scharf wie von einer Dampfmaschine, bildet den Refrain. Die Verse mit ein paar glücklich angebrachten und hier zu billigenden Alliterationen machen sich italienisch viel besser. Dieses Lied und diese Scene kommen mir wie der Glanzpunkt der Oper vor.

„Zweiter Akt." (Die Gartenscene.) Motto:

Faust. Chi oserebbe affermare tal detto: Credo in Dio —
(Wer darf ihn nennen? Und wer bekennen: Ich glaub ihn?)

Die sämmtlichen Vorgänge von dem Begegnen zwischen Fauſt und Margarete, zwiſchen Martha und Mephiſto u. ſ. w. bis hin zur Walpurgisnacht ſind in dieſe eine Scene zuſammengedrängt. Martha iſt eine hübſche, junge Witwe, welcher Mephiſto dringend zuredet, „die Zeit nicht zu verpaſſen, um nicht alt im einſamen Witwenbette zu ſterben,“ und was die Beiden miteinander kommend und gehend verhandeln, iſt ſehr heiter, und vollends im italieniſchen Sinne ſehr verſtändig. Wie aber Gretchen dazu kommt, ihren Fauſt ſo aus heiler Haut zu katechiſiren, das iſt ſchwer begreiflich. Es dauert glücklicherweiſe auch nicht lange. Etwas von dem wirklichen Fauſt kommt doch dabei zum Vorſchein. Gretchen erwähnt ihrer ſtillen Häuslichkeit, der Schlaftrunk für die Mutter wird ihr übermacht. Zum Schluß der Scene ſpielen die beiden Paare Haſchens „Alle lachen“. Margarete und Fauſt ſingen: Ich liebe dich! Ich liebe dich! und unter lautem Lachen zerſtreuen ſich Alle — der Vorhang fällt.

Nun folgt die Walpurgisnacht auf dem Brocken. Sie umfaßt fünf Seiten des Textbuchs, während die vorige Scene, welche das ganze Liebesleben von Fauſt und Gretchen in ſich ſchließt, kaum drei Seiten einnimmt. Von dem Geiſterhaften, von dem Spukweſen iſt Nichts darin geblieben als die Irrlichter. Die Hexen erſcheinen wie anſtändige Bürgerfrauen des fünfzehnten, ſechszehnten Jahrhunderts gekleidet. Statt der Meerkatzen und ähnlichen Geſellen findet man wohlgekleidete Jungen, die bunt durcheinander ſpringen, ſpringend ſich niederwerfen und vorwärtsrutſchen. Nichts, gar Nichts, was an die deutſche Volksſage des Brockenſpuks erinnert. Aber auch hier iſt das Weſen des Mephiſtopheles gut durchgehalten, und das einſtrophige Lied, an deſſen Ende er die Erdkugel zerſchmettert, die er in Händen hält, ſprachlich und muſikaliſch eigenartig und feſſelnd.

Fauſt, der als Perſon überall ſehr zuſammenſchmilzt, ſieht Gretchen mit dem Blutſtreif am Halſe erſcheinen. Unter „infernaliſchem Gelächter" verſchwindet dieſe Erſcheinung. Lebhafte Chöre bilden den Schluß. Es folgt „Margaretens Tod". Motto:

> E giudicata. (Sie iſt gerichtet.)

Es iſt die Kerkerſcene. Gretchen ſingt beim Aufziehen ihre ganze Leidensgeſchichte in einem vierſtrophigen Liede, das mit den Worten anhebt:

> Neulich in der Nacht haben ſie
> Mein Kleines (il mio bimbo) ins Meer geworfen,
> Jetzt, um mich wahnſinnig zu machen,
> Sagen ſie, ich hätt's ertränkt.

Die folgenden drei Strophen ſagen alles Uebrige. Fauſt und Mephiſto erſcheinen, und als Fauſt Gretchen endlich halbwegs dahin gebracht hat, in die Flucht zu willigen, „kommen ſie vorwärts, einander in die Augen blickend, und murmeln ſchmachtend zuſammen" — eine Art von Barcarole, die darauf hinausläuft, daß ſie nach der blauen Inſel flüchten wollen, auf der die befreiten Liebenden die tiefſte Ruhe zu finden hoffen.

Das iſt von einer verzweifelten Komik. Es iſt gerade als ſängen ſie — und es wäre viel hübſcher und eben ſo ungehörig, wenn ſie's thäten — das Heine-Mendelsſohn'ſche:

> Auf Flügeln des Geſanges,
> Herzliebchen, trag' ich dich fort! u. ſ. w.

Darüber bricht der Tag an. Mephiſto treibt zum Aufbruch; und die Scene und der erſte Theil des Fauſt kommen damit zu ihrem vorſchriftsmäßigen Schluſſe.

Großer Zwiſchenakt. Bis hierher war Alles gut genug. Aber nun kommt der zweite Theil des Fauſt — und das

Verwundern beginnt. Der Vorhang geht auf, eine Gegend wie die Gärten der Armiba liegt vor uns. Ein Strom, ein Tempel mit Sphinxen. Im Hintergrunde in einem Kahn von Perlmutter und Silber: Gretchen als Helena, Martha als Pantalis. Faust schläft auf blühendem Rasen. — Wir sind mitten in der klassischen Walpurgisnacht.

Wie das zusammenhängt und was das auf sich hat, das wissen in Deutschland doch auch nur die literarisch gebildeten Leute. Was sich aber das italienische Opernpublikum dabei denken soll und denkt, wenn es das eben zur Hinrichtung abgeführte irrsinnige Gretchen, in der Fülle der Gesundheit, in königlicher antiker Pracht, in einer paradiesischen Gegend seelenvergnügt umherspazieren sieht und mit der ebenfalls in eine Griechin verwandelten Frau Martha die fröhlichsten Gesänge singen hört, das mag der Himmel und das möchte ich selber wissen.

Sie besingen den Frühling und die Liebe. Die Chöre und die Sirenen helfen ihnen dabei. Faust ruft im Schlafe nach Helena. Mephisto erscheint, Faust erwacht. Er erfährt, daß er im Reich der Fabel sei. Das ist ihm sehr angenehm. Er geht aber trotzdem für das Erste ab, um sich standesmäßig anzukleiden. Der Tanz beginnt, das behagt Mephisto nicht. Er geht „gelangweilt und verwirrt" von dannen, weil er, wie er vorher bemerkt, sich hier nicht wie unter den nordischen Hexen des Brockens Gehorsam zu verschaffen weiß. — So viel zur Erklärung für das Publikum.

Und nun wird in möglichster Gaze-Durchsichtigkeit darauf losgetanzt und in Chören gesungen, bis Faust „prächtig als Kavalier des fünfzehnten Jahrhunderts gekleidet" auf der Scene erscheint, um sich mit Helena in Liebesgesängen zu ergehen. Sie preisen in kurzathmigem Wechselgesang alle Arten von Liebe: die delirirende, die lächelnde, die jauchzende, die visionäre Liebe, l'amore poema, l'amore canzone. Was das bedeutet, habe ich zu meinem Bedauern nicht verstanden. Mephisto, der währenddeß schon eine Weile auf einer Rasenbank unter einem Rosenbusch gelegen und zugehört hat, fängt eben so wie Pantalis und Nereus dazwischen zu singen an, endlich kommen Helena und Faust auf denselben Gedanken wie in der Kerkerscene Gretchen und Faust. Sie erinnern sich, daß in Arkadien ein friedensvolles Thal zu finden ist, in welchem sie zusammen „in der Grotte der Nymphe ihr Nest bauen und zum Kopfkissen das feuchte Haar der Nymphe haben werden". Darauf freuen sie sich und „verlieren sich Arm in Arm hinter den blühenden Hecken". — Ende der klassischen Walpurgisnacht.

Abermals große Pause. Da das Theater spät anfängt, war es inzwischen ¼ nach 10 geworden. Im Textbuch steht: „Epilog, Motto: Verweile doch, du bist so schön! — Faust's Tod — Faust in seinem Studirzimmer, das älter und verfallener aussieht. Faust sitzt in Nachdenken versunken in seinem Lehnstuhl, Mephistopheles steht hinter ihm u. s. w." u. s. w. Neue große musikalische Einleitung vergnüglicher Art. Man sieht nachdenklich auf das Textbuch hin und auf die Worte: „Faust's Tod!" — Nach einem Trauermarsch klingt die Musik durchaus nicht.

Der Vorhang geht endlich in die Höhe und — Alles tanzt! Es ist Kirmeß in St. Goar! — Das Publikum ist im Theater weit zahlreicher geworden als während der Oper. Das Ballet „die Lorelei" hat begonnen.

Nun war's für uns mit dem Faust zu Ende. Denn sich anderthalb Stunden, von 10¼ bis 11¾ Uhr, ein tragisch endendes Ballet mit sechszehn Seiten langem, ernsthaftem Textbuch vortanzen zu lassen, und dann noch den Faust sterben zu sehen, das war doch mehr, als wir mit allem guten Willen zu leisten vermochten. Auch haben unter meinen hiesigen deutschen Freunden nur zwei das Ende der Oper erlebt. Der Eine, als durch einen Zufall das Ballet ausfiel, der Andere, ein gelehrter Musiker, aus Gewissenhaftigkeit.

Ich halte mich an das Textbuch und finde, daß auch der letzte Akt desselben nicht ungeschickt gemacht ist. Der Boito'sche Faust erschaut in einer Vision all das, was der Goethe'sche Faust experimentirend unternimmt. Dann verscheidet er, indem er der Vision Dauer wünscht, während die Chöre der Cherubim, und unter Mephisto's Leitung die Chöre der Sirenen ihn wechselnd an sich zu ziehen trachten; und Mephisto geht, „gegen die Lichtstrahlen und den Rosenregen sich zornig wehrend", wie sich's gehört zu Grunde.

Im Textbuch folgen dann drei Seiten gelehrte Noten über den Faust, über den Hexensabbath, über das Jobeln u. s. w. Marlow, Widman, Henry Blaze de Bury werden zitirt. Das macht bei einem Opern-Textbuch einen entschieden komischen Eindruck, und doch ist es eigentlich ein schönes Zeichen für den lobenswerthen und achtungsvollen Ernst, mit welchem Boito an seinen Versuch gegangen ist das größte Meisterwerk der deutschen Dichtung für seine persönlichen Zwecke zu benutzen. Man hat das also anzuerkennen!

Boito hat sich's überhaupt Mühe kosten lassen mit seiner Arbeit. Die Oper ist zuerst vor fünf, sechs Jahren in der Skala aufgeführt und durchgefallen. Er hat sie danach gründlich umgearbeitet, und Text und Musik verrathen einen Künstler, der Talent hat. Die Gestalt des Mephisto ist sehr gut durchgehalten, sowohl der Text als die Musik. Das Erscheinen des grauen Mönches, die Arie „Son lo spirito che nega" und das „Ecco il mondo!" sind sehr dem Geiste der Dichtung angemessen; und da der Darsteller des Mephisto, wie schon gesagt, eine schöne Baßstimme hat, gut singt und meist gut spielt, so war die ganze Rolle von entschiedener und großer Wirkung. Auch die Arie, in welcher Gretchen im Kerker ihre Leidensgeschichte erzählt: „l'altra notte in fondo del mare" bezeichnet, wie mir scheint, den Ausdruck des irrsinnigen Selbstgesprächs richtig genug. Sie hat sich mir nach einmaligem Hören eingeprägt. Doch maße ich mir über den musikalischen Werth der Dichtung kein Urtheil an. Deutsche hier verweilende Musiker von Gewicht wollen sie nicht gelten lassen, obschon auch sie Boito für talentvoll halten. Mir kommt vor, als fehle ihm noch ein rechter Glaube, und das macht in aller Kunst das Kunstwerk styllos. Es ist stellenweise eine Hinneigung zu deutscher Musik, dann wieder ist man mitten in neuester italienischer Musik. Die Atmosphäre, in welcher man gehalten wird, ist schwankend wie der Luftton an den Tagen, wenn nach langem Scirocco eine Tramontane aufkommen will. Es ist ein Uebergangsstadium, und man darf hoffen, daß Boito zu einer erfreulichen Klärung und Entwicklung seines Strebens und Könnens gelangen wird.

Die Aufführung? — Ja, an das, was man in Paris, in London Italienische Oper nennt, und an die Zeiten, in welchen in London die Grisi, Mario, Lablache, die Castellani, die Sontag zusammenwirkten und Aufführungen zu Stande kamen, die man nie vergessen und schwerlich ähnlich erleben wird, darf man gar nicht denken; aber selbst gegen die Oper, welche ich früher hier gehört habe und deren Primadonna die de Julia war, steht die jetzige weit zurück. Die Primadonna, eine Gestalt und ein Kopf wie die Marie Antoinette von Paul Delaroche, sah mit der blonden Perrücke über den ohnehin starken Kopf ganz unförmlich aus. Als Gretchens Mutter hätte man sie sich denken mögen, als das junge unschuldige Gretchen war sie lächerlich. Etwas besser ging es ihr vom Herzen, da sie als Helena älter und erfahrener sein durfte; aber sie ist in keinem Betracht eine Primadonna, wie man sie hier erwartet, und ebenso ist es mit den Anderen bestellt. Nur Mephisto, Signor Armando Castelmary, ist ein Sänger und Schauspieler, der auf jeder Opernbühne seines Erfolges sicher sein dürfte.

Das Orchester ist stark besetzt und gut. Dekorationen, Inscenesetzung und Ballet stehen sehr weit zurück hinter dem, was wir bei uns in der Oper zu sehen gewohnt sind. Aber trotz alledem war die Aufführung dieser Faust=Oper gerade für uns Deutsche anziehend. Wenn hier und da der Eindruck auf uns auch ein komischer sein mußte, ist damit Boito's Arbeit keineswegs abgeurtheilt, oder als eine verfehlte zu bezeichnen. Im Gegentheil! und ich möchte es von Boito als einen Akt der richtigen Selbsterkenntniß und der gebührenden Unterordnung unter Goethe's Genius nennen, daß er es nicht gewagt hat, seiner Arbeit den großen Namen „Faust" zu verleihen, sondern sich beschieden hat, ihr den Titel der Ge=stalt zu geben, die so weit als möglich in einer Oper wieder=zugeben ihm in der That gelungen ist.

Siebenzehnter Brief.
Allerlei Nachahmenswerthes.

Rom, im März 1878.

Seit vielen Wochen habe ich immer gedacht, wenn es einmal regnen würde, wollte ich meinen Landsleuten von einer Vorrichtung gegen das Naßwerden schreiben, die wir in unserem Klima für alle unsere Kutscher und besonders für die Tausende von armen Droschkenkutschern bringend nöthig hätten. Aber wir haben in dem ganzen Jahre kaum ein paar Stunden Regen gehabt, und als man mir am 6. März von Hause geschrieben hatte, „der Regen prasselt bei Nordostwind gegen die Fenster", dachte ich: wie würden sich die armen Pfefferbäume, die vor Dürre ganz kahl geworden sind, und all die anderen jetzt blühenden Mandel= und Aprikosenbäume, und die Ulmen, Platanen, Kastanien freuen, deren dicke Knospen und grünschimmernde Blätter nicht recht vorwärts kommen können, und wie grün und blühend würde die Campagne werden, wenn solch ein ordentlicher Regen einmal zwölf Stunden lang herniederfallen würde.

Eigentlich sind der November und der März hier die Regenmonate, und es heißt vom März: quando marzo non marzeggia c'è aprile che ci pensa. (Wenn der März nicht ordentlich März macht, trägt der April es nach.) Aber der November war sehr warm und hell, und seit dem 24. Februar, wo es einige Stunden regnete, haben wir unausgesetzt das herrlichste Sommerwetter gehabt. Hier zu Lande fürchten die Menschen für sich den Regen. Sie sagen, er erzeuge das Fieber, namentlich wenn es vorher warm und dürr gewesen ist, und es wird daran sicher etwas Wahres sein. Sie gehen denn auch im Regen so wenig als nur möglich aus, und sind sie dazu durchaus genöthigt, so vermeiden sie es weit ängstlicher als wir, „ein bischen naß zu werden".

Das hat es denn auch im Gefolge, daß man für die Kutscher eben die Regenschirme an jedem Wagen befestigt findet, von denen ich Ihnen sprechen wollte, und die sie bei uns noch weit mehr brauchen könnten. Vorn an der Mitte des Kutschersitzes findet sich hier bei jedem Fiaker und bei vielen der herrschaftlichen Wagen ein hölzener Cylinder angebracht, oben und unten mit Messing beschlagen, in welchem der obere Theil eines sehr großen Regenschirmes steckt. Bei dem ersten Tropfen, der vom Himmel fällt, zieht der Kutscher dieses Schirmdach heraus, steckt es auf den Cylinder, mit dem zusammen es die nöthige Höhe bildet, und er und ein Diener sitzen dann unter diesem Dache völlig gegen die Unbill des Wetters geschützt, während die Insassen des Wagens all das Mitleid sparen, dessen man sich bei uns im Norden, wenn man nicht unbarmherzig ist, mit den armen naßwerdenden Leuten nicht zu erwehren vermag, ohne ihnen helfen zu können. Ja, bei der Mehrzahl der Fiaker, bei den sogenannten botte, ist der Kutscher reichlich so gut daran, als sein Fahrgast, denn die botte ist ein halb zu verdeckender muschelförmiger, zweisitziger Wagen, an den Seiten völlig offen, so daß man um die Füße und Kniee dem Winde ganz preisgegeben ist, wenn man sie nicht eigens decken läßt. Manche haben dazu nicht einmal eine Vorrichtung, und ein gut Theil der hier vorkommenden Erkältungen ist gewiß diesen nur auf schönes, heißes Wetter eingerichteten, unseligen botte zuzuschreiben. Es giebt daneben allerdings vortreffliche und gar nicht theure Koupees und Landauer, aber man findet diese nur auf dem spanischen Platze, und ist also meist auf die botte angewiesen.

Um aber auf die Regenschirme zurückzukommen, so meine ich, wer so wie ich in Berlin seit 18 Jahren einen Droschkenhalteplatz gegenüber seinen Fenstern vor Augen gehabt hat, und es die langen, langen harten und traurigen sechs Wintermonate hindurch also oftmals gesehen hat, wie die armen Kutscher unter des Winters Unbill leiden; wer von den Aerzten gehört hat, wie grade diese Leute von Rheumatismen geplagt werden, der muß wirklich wünschen, daß die Behörden, welche das öffentliche Fuhrwesen beaufsichtigen, einem Jeglichen, der Fuhrwerk aufstellt, die Pflicht auferlegen, einen solchen Regenschirm an seinen Wagen zu befestigen, dessen Beschaffung und Erhaltung nicht theuer sein können. Die Personen, welche

F. Lewald, Reisebriefe.

eigenes Fuhrwerk und Luxusfuhrwerk halten, hätten ja für ihr Theil auch ihr besonderes Interesse daran und würden schon für sich selber sorgen.

Im Ganzen ist hier aber überhaupt nach allen Seiten hin, in den wenigen Jahren, welche seit der Errichtung des Königreichs verflossen sind, so viel Nützliches geschehen, daß man eigentlich jeden Brief, in welchem man über die hiesigen Zustände etwas nach Hause schreibt, mit der Ueberschrift „Jetzt und Einst" versehen müßte, die ich schon auf zwei meiner Briefe gesetzt habe.

Das ist mir neulich wieder lebhaft eingefallen, als ich Abends mit einem Freunde eine Stunde in der Biblioteca Vittorio Emmanuele gewesen bin. Sie befindet sich an der rechten Seite des Korso, in der ehemaligen Lehranstalt der Jesuiten, in dem Collegio Romano, in welchem sich neben anderen Anstalten auch das alte, von dem deutschen Jesuiten Athanasius Kirchner im siebenzehnten Jahrhundert gegründete Museo Kirchneriano befindet. Allerdings hat die hiesige Regierung es mit der Errichtung von Schulen, Bibliotheken und ähnlichen Anstalten insofern leichter als andere Regierungen, da sie durch die Aufhebung der Klöster über eine bedeutende Anzahl großartigster Baulichkeiten verfügt, und so mit verhältnißmäßig geringem Umbau und Kosten= aufwand nicht um die Unterbringung derartiger Institute verlegen zu sein braucht.

Die Biblioteca Vittorio Emmanuele nun ist eine Anstalt, die in keiner größeren Stadt, und namentlich in einer Stadt wie Berlin durchaus nicht, fehlen dürfte. Den Stamm zu derselben lieferten die 63 000 Bände und die 2000 Handschriften des Collegio Romano. Die Bibliotheken verschiedener anderer Klöster wurden damit vereinigt, und so eine Büchersammlung von 450 000 Bänden und mehreren Tausend Handschriften geschaffen, die in freiester Weise dem Publikum zur Benutzung offen steht. Morgens von 9 bis 3 Uhr kann man in dem großen, schön eingerichteten und hellen Lesesaal der Bibliothek ohne weitere Präsentation oder Empfehlung jedes in der Bibliothek vorhandene Buch erhalten. Was man in den Abendstunden von 8 bis 11 Uhr zu haben wünscht, das muß man während der Tagesstunden mittels eines eingereichten Zettels für sich begehren, denn die Bibliothek selber ist Abends geschlossen und nur der Lesesaal bleibt geöffnet.

Als wir zwischen 8 bis 9 Uhr Abends in demselben anlangten, war der lange, große und hohe Saal, ein Neubau mit basilikenartiger Decke, aber nicht eben elegant oder künstlerisch eingerichtet, an allen seinen Tischen dicht besetzt. Er ist so hell erleuchtet, daß man an jedem der in demselben befindlichen zweiundsiebenzig, mit dem nöthigen Geräth versehenen Schreibpulte in aller Bequemlichkeit arbeiten kann. Auf großen Lesetischen liegt eine reiche Anzahl von Zeitungen, Monatsheften, Broschüren u. s. w. in den verschiedenen lebenden Sprachen zur Auswahl bereit. Der auch am Abende anwesende Sekretär des Instituts, Dr. Pasqualucci, den ich schon früher in Gesellschaft hatte kennen lernen, machte mich freundlich darauf aufmerksam, daß neuere Literatur wesentlich berücksichtigt werde und die deutsche Sprache nicht zu kurz dabei komme; wie ich denn überhaupt zu meiner Freude auch hier in Rom die Bemerkung mache, daß unsere schöne Sprache mehr und mehr gelernt wird, daß in den Familien der vornehmen Welt die deutsche Erzieherin vielfach die französische Gouvernante ersetzt, und durch die stillen deutschen Frauen eine friedliche Eroberung für das deutsche Wesen in aller Ruhe, sicherlich nicht zum Nachtheil der Italiener, vollzogen wird.

Was in Städten wie Köln und wie Berlin, in einem Klima und in einem Lande mit so langen Abenden wie die unseren, für Hunderte und Hunderte von Menschen damit gewonnen und geleistet würde, wenn sie von ihren Geschäften, von ihrer Arbeit und ihrem Nachtessen kommend, für die späten Abendstunden ein solches warmes, helles, wohlversorgtes Lese- und Schreibzimmer für sich unentgeltlich geöffnet fänden, das brauche ich nicht erst auseinander zu setzen. Den Frauen stehen der Eintritt und die Benutzung der Bibliothek in ganz gleicher Weise wie den Männern frei; doch waren an dem Abende nur Männer, alle tief in ihre Beschäftigung versenkt, in derselben anwesend.

In einem andern, nicht weit davon entfernten ehemaligen Kloster, in dem auf Monte Citorio, dicht neben dem jetzigen Parlamentsgebäude gelegenen Missionshause, hat die Stadt eine Schule und Erwerbschule für Frauen eingerichtet, der eine Inspektorin vorsteht und der eine Anzahl von Frauen aus den gebildetsten Ständen, wie die Frau des Senators und Historikers Michael Amani, wie die Tochter Manzoni's u. s. w., ihre beaufsichtigende Theilnahme angedeihen lassen.

Die Schule hat in dem obersten Stockwerk des ungemein umfangreichen Baues ihr Unterkommen gefunden. In dem großen Flur, in den Seitengebäuden und in den unteren Stockwerken arbeiteten und hämmerten Handwerker aller Art, denn es soll auch noch anderen Anstalten in diesem Missionshause ihr Platz vorbereitet werden. Es ist eben überall Arbeit und Fortschritt zu merken.

Die Erwerbschule, die ganz in der Weise, wie die unseren und die von Madame Jules Simon vor Jahren in Paris begründeten organisirt ist, wurde vor vierzehn Monaten mit fünf Schülerinnen eröffnet und zählt jetzt deren zweihundertfünfundzwanzig im Alter von zehn Jahren bis hoch in die Zwanzig hinauf. Kinder und nicht mehr junge Personen lernen, wie das unter den hiesigen Verhältnissen begreiflich ist, gelegentlich zusammen Lesen, Schreiben, Rechnen. Man lehrt in verschiedenen Klassen Geographie, Französisch, Buchführung, so weit sie für den kleinen kaufmännischen Betrieb nöthig ist, Zeichnen und Handarbeiten aller Art. Ich habe die Zimmer für Wäschenähen, Weißstickerei, Passementerie- und Woll- und Seidehäkelarbeiten, für Blumenmachen, Spitzenklöppeln, Handschuhmachen und Schneiderei, eben so die Zeichensäle der beiden verschiedenen Klassen, mit der Vorsteherin besucht und bin überrascht gewesen über das, was man nach so kurzer Lehrzeit hier bereits zu leisten vermag. Es läßt auf eine große, natürliche Anlage, auf viel angeborene Handgeschicklichkeit unter den Frauen schließen, und die Lehrerinnen und der junge Zeichenlehrer bestätigten mir das. Natürlich darf man bei solchem Urtheil nicht nach einzelnen ungewöhnlichen Talenten urtheilen, denn in der ersten Zeichenklasse sah ich z. B. ein Mädchen von 15 bis 16 Jahren, das erst seit einem Jahr Unterricht hatte, und mit großem Geschick den Kopf einer ihrer Gefährtinnen in Kreide zeichnete. Aber was man im Durchschnitt im Blumenmachen nach der Natur, im Weißsticken, im Anfertigen der sogenannten alten spanischen Klosterspitzen leistet, die hier sonst wirklich in den Klöstern zum Schmuck der Altardecken und Gewänder viel gearbeitet wurden, war sehr anerkennenswerth. Ein Theil der Schülerinnen wird umsonst, der andere Theil gegen ein sehr mäßiges Schulgeld unterrichtet, und es ist zu wünschen, daß, wie die Zahl der Schulen und der Kinderbewahranstalten hier zugenommen hat, auch die Zahl der Erwerbschulen für die Frauen wachsen möge. Denn auf der Erwerbsfähigkeit der Frauen, welche ihnen Zutrauen zu sich selbst, und mit diesem Zutrauen auch Achtung ihrer selbst giebt, beruht ein großer Theil der Lösung jener Frage, welche der nicht genug zu segnende „Verein zur Hebung der öffentlichen Moral", der im September in Genf getagt, sich zur

Aufgabe gestellt hat. Das Wohl und Wehe der Nationen, ihr Emporkommen und Zugrundegehen, hängen nach meiner festesten Ueberzeugung zum großen Theil von dem sittlichen Werth ihrer Frauen ab.

Eine derartige Erkenntniß hat man aber offenbar auch hier. Man nimmt sich der Bildung der Frauen vielfach an. Italien hat noch eine überwiegend große Anzahl bigotter, unter dem gewiß oft sehr bedenklichen Einfluß der Priester stehenden Frauen, und die Unsitte des einst völlig durch die Gewohnheit geheiligten und geregelten Cicisbeats wirft ihren dunklen verwirrenden Schatten auch noch in unseren Tagen, mehr als vielleicht anderwärts, über das Familienleben in gewissen Kreisen. Aber daneben hat es dem Lande nie an Frauen gefehlt, die als Gattinnen, als Mütter, als begeisterte Vertreterinnen der hingebenden Vaterlandsliebe gelten konnten, und seit den Zeiten, in welchen die Wissenschaft und die Kunst in Italien neu erblühten, haben sich einzelne Frauen auf den Lehrstühlen der Universitäten, in der Poesie, in der Literatur, in der Malerei, den Männern nachstrebend an die Seite zu setzen vermocht. Vittoria Colonna, die edle Freundin Michel Angelo's, hat nicht vereinzelt dagestanden. Es hat Dichterinnen, Improvisatorinnen gegeben, die man der Krönung auf dem Kapitol würdig erachtet hat. Ich selber habe einer solchen hier im Jahre 1846 beigewohnt, und in Padua befindet sich eine in ihrer Art vielleicht einzige Bibliothek, die von einem Grafen Ferri dort zusammengebracht, ein paar Tausend Bände stark, sich nur aus Werken von Frauen zusammensetzt. Auch die aus Kunstfreunden bestehenden freien Akademieen zählen Frauen zu ihren Mitgliedern. Erst ganz neuerdings hat man ein junges Mädchen, das ein hübsches Sonett auf oder an die Madonna gemacht hat, in eine dieser Akademieen aufgenommen. Derlei will vielleicht nicht viel bedeuten, ist aber doch als Anerkenntniß der Gleichberechtigung der Geschlechter lobenswerth.

Nun hat man daneben auch hier angefangen, die geistige Bildung, welche sonst nur einigen wenigen bevorzugten Frauen zu Theil ward, auf weitere Bereiche auszudehnen und eine praktische Bildung damit zu verbinden. Man leistet darin natürlich nicht mehr, sondern vorläufig noch weniger als bei uns; aber es ist hier dennoch mehr und anerkennenswerther, weil unter der päpstlichen Herrschaft Nichts der Art geschehen war und man völlig unvorbereiteten Boden vorfand. Man hat Kinderbewahranstalten und Fröbel'sche Kindergärten eingerichtet, für die man sich erst die Lehrerinnen zu schaffen und heranzubilden hatte, was zum Theil in Deutschland geschah, wohin die Regierung und verschiedene Vereine junge Italienerinnen geschickt hatten.

Einen der ersten Kindergärten hat der jetzige Präsident der Deputirtenkammer, Cairoli, zur Erinnerung an seine Mutter, Adelaide Cairoli, eröffnet, deren Namen die in der Nähe des Kapitols gelegene Schule trägt. Die Gräfin Cairoli war eine der Frauen, deren Name mit der Erhebung und Befreiung Italiens unvergeßbar verbunden ist. Alle ihre vier Söhne fochten in den Reihen der italienischen Revolutionspartei. Drei von ihnen hat sie auf den verschiedenen Schlachtfeldern verloren, nur der mit Wunden bedeckte jetzige Minister-Präsident hat sie überlebt.

Es war nach der Einigung der verschiedenen italienischen Staaten, vor Allem hier in Rom, eben Alles neu zu schaffen. Man hatte weltliche Mädchenschulen statt der Klosterschulen einzuführen, und hat jetzt in den letzten Jahren bereits in den sogenannten Scuole superiore femminile in den Fortbildungsanstalten für die Frauen, eine Reihe zusammenhängender wissenschaftlicher Vorlesungen veranlaßt, die zu halten sich eben wie bei uns Männer von Ruf und großer Bedeutung, ein De Sanctis, Bonghi u. s. w., haben bereit finden lassen. Sie werden zahlreich besucht, sind vielfach gewiß sehr anziehend, werden aber eben so wie bei uns nichts Wesentliches nützen. Alle diese Lyceen, Scuole superiore u. s. w. helfen dem Grundfehler der Frauenerziehung, der Oberflächlichkeit und Halbheit des Wissens, nicht ab, sondern steigern sie, wie sie die Einbildung und Selbstüberschätzung ihres Wissens in den Frauen steigern. So lange wir nicht ordentliche Realschulen für Mädchen, völlig gleich eingerichtet wie die für die Knaben, haben, bleiben alle diese sogenannten Fortbildungsschulen Halbheiten. Sie sind unschädliche, aber dem Kardinalfehler der Frauenerziehung durchaus nicht abhelfende Unternehmungen. Ich weiß, daß ich mit diesem Ausspruch Anstoß errege, weiß aber auch, daß er kein ungerechter ist.

Wenn ich in diesem Briefe nun anerkenne, was die Italiener Gutes mit uns gemeinsam, was sie hier und da vor uns voraus haben, was wir von ihnen annehmen und brauchen könnten, so hätten sie sich doch noch viel mehr Nützliches und Zweckmäßiges von uns anzueignen. Dahin rechne ich hier in Rom in erster Reihe einen ordentlichen Wohnungs-Anzeiger, wie ihn bei uns jede Stadt von irgend welcher Bedeutung besitzt. Es existirt hier etwas Derartiges, der Guida Commerciale, ossia oltre 40 000 Indicazioni. Das Buch ist aber so unvollständig, daß es Mühe kostet, selbst von Beamten, von Militärs und anderen angesehenen Leuten die Wohnung zu ermitteln.

Wenn man dann mitunter in den Zeitungen liest, wie das Munizipium diese oder jene zu Ehren eines berühmten Gestorbenen gehaltene Rede auf Kosten der Stadt hat drucken lassen, so findet man das natürlich sehr vortrefflich; aber man kann sich doch dabei des Gedankens nicht entschlagen:

ließen sie doch lieber erst einen Wohnungs-Anzeiger drucken und in das Publikum bringen!

Das alte l'Italia ha molto da fare, ma farà da se! (Italien hat noch viel zu thun, aber es wird Alles aus sich selber heraus erzeugen), das man 1866 und 1867 immer zu hören bekam, hört man auch heute noch und mit erprobterem Recht aussprechen, denn es ist recht viel geschehen. Aber wenn sie einen Wohnungs-Anzeiger machen wollten, das wäre wirklich eine Wohlthat in einer Stadt von 180 000 Einwohnern und so und so viel Tausenden von Fremden. Bekommen werden sie ihn — indeß was hilft das uns armen kurzlebigen und noch kürzere Zeit hier verweilenden Menschen, die wir jetzt oft zwei, drei Billete schreiben und herumschicken müssen, um zu erfahren, daß Jemand, dem wir empfohlen sind, dicht neben unserer Thüre wohnt. Rom zu schelten, fällt mir aber trotzdem gar nicht ein; denn es ist eben Rom! Und das sagt Alles für jeden, der einmal so glücklich war, es zu bewohnen.

Achtzehnter Brief.
Wie die Dinge sich hier machen.

Rom, im April 1878.

Was mich an den hiesigen Zuständen immer auf das Neue überrascht, ist, daß sie den Eingebornen, den Italienern selber, weniger auffallend und keineswegs so unvereinbar dünken, als den Fremden, daß sie sie für ausgleichbar halten. Läßt man es sich dann beikommen, sie um eine Erklärung zu bitten, so erhält man in der Regel einen Bescheid, der — nach unserem Ermessen — auf eine Halbheit hinausläuft während die Eingebornen sich damit, wie es scheint, sehr gut in das Gleiche zu setzen wissen.

Das tritt mir immer sehr deutlich, auch in Bezug auf die Klöster und die Nonnen und Mönche, entgegen. Seit der Errichtung des Königreiches Italien, mit der Residenz in der Hauptstadt Rom, sind natürlich auch hier, wie früher schon im übrigen Italien, die Klöster aufgehoben, und man kann sich hier sehr bald überzeugen, wie vielfach die Landesregierung die alten Klöster für ihre Zwecke benutzt. Sie hat sie, wie berichtet, zu Bibliotheken, zu Schulen, zu Ministeral-Gebäuden umgebaut und eingerichtet, und z. B. in dem ehemaligen Missions-Gebäude auch dem hiesigen Verein der Presse ein schönes Lokal überlassen, in welchem derselbe schon in den nächsten Tagen seinen feierlichen Einzug halten und einen sehr würdigen Versammlungsort damit gewinnen wird.

Obschon nun die Klöster nicht mehr bestehen, ist Rom eben so voll von Nonnen und Mönchen aller Orden als vordem, und der Fremde fragt verwundert: wo kommen denn, wenn die Klöster aufgehoben sind, alle diese Nonnen, diese Mönche, alle diese Kapuziner, Dominikaner, Jesuiten her? Wo wohnen, wo leben, was thun sie hier? — Was thun die Nonnen hier? — Die Antwort, die er darauf erhält, ist eigenartig.

Was zuerst die Nonnen anbetrifft, sind unter anderen die französischen Nonnen in dem Erziehungskloster auf Trinità di Monte mit ihrer großen Zahl von Schülerinnen heute noch in dem Kloster wie vordem. Den Anderen hat man meistens erlaubt in ihren Häusern auszusterben, wenn sie nicht gewillt gewesen sind dieselben zu verlassen, oder wenn man diese Häuser nicht für die Zwecke des Staates nöthig gehabt hat. Es wäre ja grausam gewesen, diese weltfremden, zum Theil alten Personen in die Welt hinauszustoßen; und wo sie in ihren Klöstern sitzen bleiben wollten, hat man sich mit ihnen abzufinden gesucht. Auf dem Viminal baut man zum Beispiel gegenwärtig ein physikalisches und chemisches Laboratorium, auf dem Grund und Boden und in den Mauern eines Nonnenklosters. Die Aebtissin erklärte, als man sie von dem Vorhaben in Kenntniß setzte, nicht weichen zu wollen. Man fing trotzdem in dem entlegensten Flügel abzubrechen an. Der Direktor des Laboratoriums, Professor Blaserna, verhandelte mit der Aebtissin. Man kam zu keiner Verständigung. Die Kurie protestirte in feierlichem Akte. Man legte den feierlichen Akt ad acta, und brach weiter ab, so weit man's nöthig hatte. Die Nonnen zogen sich in einen Flügel zurück, den man entbehren, den man ihnen stehen lassen konnte, und das Laboratorium wächst vorn nach der Straße stattlich in die Höhe; und hinten in dem Hofe bleiben die Nonnen ruhig sitzen. Man hat sich nebeneinander eingerichtet und verträgt sich mit einander.

In dem größten hiesigen Hospitale, um ein weiteres Beispiel anzuführen, in dem zwischen der Engelsburg und dem Petersplatze gelegenen Hospitale von San Spirito, das ein Stadtviertel einnimmt, ist die medizinische Klinik eingerichtet. Aber neben den Studirenden und den von der Universität eingesetzten Krankenwärtern sind auch, wie man mir sagt, die barmherzigen Brüder und Schwestern dort noch thätig — und San Spirito nimmt viele Kräfte in Anspruch, denn es ist vielleicht das reichste Hospital der Welt und hat große Leistungen zu erfüllen. Da zwischen Rom und Neapel kein Ort existirt, der ein nennenswerthes Krankenhaus hat, so werden die sämmtlichen Kranken aus der Campagna nach San Spirito gebracht, wenn man mit ihnen Nichts weiter anzufangen weiß, und den Statuten nach muß das Krankenhaus sie aufnehmen. Aerzte, mit benen ich über die Sterblichkeits=Tabellen in den Zeitungen und über den hohen Prozentsatz der römischen Todesfälle sprach, meinten dabei die Anzahl von Todesfällen in Abzug bringen zu müssen, die man eben durch die von auswärts kommenden und immer schwer Erkrankten in San Spirito in Rom zu verzeichnen habe. — Indeß das ist hier Nebensache. Es handelt sich in diesem Falle nur um das Zusammenwirken von den beibehaltenen Geistlichen neben den Laien. — Man ist nicht rigoristisch hier. Winckelmann könnte jetzt mit gleichem Recht wie damals sagen: „Denn dieses ist ein Land der Menschlichkeit!"

Aber ist denn die Aufnahme neuer Mönche verboten? fragten wir ein andermal. Die Antwort lautet: Wie Sie das nehmen wollen! Ja! und nein! Der Staat erkennt allerdings die Orden nicht mehr als zu Recht bestehende Gemeinschaften an; aber so wenig als er Sie und mich, oder irgend welche Engländer, Japanesen oder Chinesen, hindern würde, gemeinsam ein Haus zu miethen, in demselben nach verabredeter Weise in Gemeinschaft zu leben und sich nach beliebiger Weise gemeinsam zu kleiden, so wenig wehrt er es den Orden, dies zu thun. Die Jesuiten haben, seit man ihnen die Klöster genommen, hier und aller Orts wieder Häuser gekauft und kaufen deren noch, in denen sie sich niederlassen; und dies ist um so natürlicher, als die Propaganda noch in ihren Händen ist und bleiben muß. Man hindert sie also daran ganz und gar nicht.

Ebenso ist es mit den französischen Karthäusern zu San Paolo alle Tre Fontane. Sie haben das Kloster und die Kirche von San Paolo alle Tre Fontane, das einige Miglien von Rom in einem der ungesundesten und deshalb verlassensten Theile der Campagna gelegen ist, in den letzten Jahren der weltlichen Papstherrschaft bezogen, und sie sind heut' noch dort.

Sie hatten das, um des Fiebers willen gar nicht mehr bewohnte Kloster übernommen, hatten dort den Eukalypthus-Baum, der noch mehr als alle anderen Baumarten für Fieber bannend gilt, in größeren Massen anzupflanzen begonnen, hatten überhaupt den Boden zu kultiviren, den jetzt sehr beliebten Eukalypthus-Liqueur, nach Weise des Chartereuse, zu fabriziren angefangen, und sie sitzen heute noch dort und pflanzen Eukalypthus, fabriziren Liqueur und treiben Gartenbau. — Die Klosterländereien sind 1870 zu Spottpreisen verkauft. Die Mönche haben das Kloster jetzt zur Miethe, haben die Ländereien von den gegenwärtigen Besitzern derselben billig gepachtet und existiren als „Agrikultur-Gesellschaft" friedlich in Gottes Namen weiter fort, wie der liebenswürdige Pater, der uns dort herumführte, es gegen mich aussprach.

Man kann hier, wie gesagt, keinen Schritt aus dem Hause thun, ohne von solchen Gegensätzen betroffen zu werden, und alle bedeutenden Ereignisse bringen sie doppelt auffallend zur Erscheinung.

Als der König gestorben war, hatten die Behörden lange Verhandlungen mit der Kurie nöthig, ehe es möglich wurde, dem Landesherrn in seiner Hauptstadt in dem Pantheon die Grabstätte zu gewinnen, in welchem die Nation ihren König beerdigt zu sehen verlangte. Und als man sich endlich darüber verständigt hatte, verweigerte der gefangene Papst dem Landesherrn das ihm gebührende Geleit durch die hohe Geistlichkeit des Landes. Nur der Pfarrer des Kirchsprengels, zu welchem der Quirinalpalast gehört, ging dem Sarge Victor Emanuel's voran. — Als dann aber einen Monat später der Papst gestorben war, forderte der ihn vertretende Klerus zur Aufrechterhaltung der Ordnung auf dem Petersplatze — und es war gar kein Auflauf und gar kein gefährlicher Andrang dort zu merken — die Soldaten des Königs, die Truppen des nicht=

anerkannten Königreichs Italien, und sie wurden augenblicklich dorthin abgesendet.

Italienische Infanterie war in die Peterskirche kommandirt, als der Leichnam des Papstes dort zur Verehrung in einer der Kapellen ausgestellt war. — Italienische Infanterie bivouakirte Tag und Nacht in voller Kriegsausrüstung unter der linken Kolonade vor der Peterskirche, um das Konklave vor jeder Störung zu bewahren; und Niemand schien daran zu denken, daß der Staat nach den Garantiegesetzen der Kirche hatte gewähren müssen, was der Gefangene im Vatikan, das Oberhaupt der Kirche, dem Staate zu verweigern sich berechtigt gehalten, und die Freiheit gehabt hatte.

Als an dem Tage der Papstwahl die Nachricht um Mittag sich in der Stadt verbreitete, daß „der Papst gemacht sei", fuhr ich aus Neugier nach dem Petersplatze hinunter. Auf dem Wege dorthin fiel mir gegenüber der Engelsbrücke, an dem Platze, auf welchem einst Beatrice Cenci hingerichtet worden war, ein neu gebautes Haus auf, das ich sonst unbeachtet gelassen hatte. Chiesa christiana libera — (Freie christliche Kirche) stand mit großen Lettern in italienischer Sprache über dem Erdgeschoß des Hauses zu lesen. Auf dem Wege zu der Peterskirche machte mir das einen ganz besonderen Eindruck; obschon ja überall solche Gegensätze in den Grundanschauungen der Menschen vorzufinden sind.

Der Glaube Derjenigen, welche nach Lourdes wallfahrten — hier in den Vatikanischen Gärten hatte Pius IX. in fast kindischem Spiel sich eine genaue Nachbildung der kleinen Grotte von Lourdes und des wunderthätigen Madonnenbildes herrichten lassen — der Glaube also Derjenigen, welche nach Lourdes wallfahrten, und die Erkenntniß jener Anderen, die mit allem Glauben zu brechen sich gezwungen fühlen, stehen sich in unseren Tagen überall vielfach gegenüber. Hier aber kennzeichnet sich das Alles noch weit plastischer als anderwärts. Jenseits des Tiber versammelte sich in jenen Tagen, von italienischen Soldaten beschützt, im Vatikan bei vernagelten Fenstern und vermauerten Thüren das Konklave, um den unfehlbaren Papst zu erwählen, den geistlichen Beherrscher der christkatholischen Welt, den geistlichen Herrn auch des italienischen Volkes in seiner weitaus größten Mehrheit. Diesseits des Tiber, im Teatro Correa aber, zwischen der Via del Babuino und dem Corso, in dem als Circus für Kunstreiter und Seiltänzer bienenden Mausoleum des Augustus, versammelten sich in derselben Zeit die „Freidenker", um darüber zu verhandeln, ob es möglich sei, an das Dasein eines persönlichen Gottes, an die Lehre von der Menschwerdung des Gottessohnes, und an die Unsterblichkeit der Seele zu glauben. Und dazwischen fuhr König Humbert mit seinem Adjutanten, in bürgerlicher Kleidung, im offenen Wagen über den Petersplatz, um, wie wir Alle, sich dort umzusehen. Denn wie thöricht man dies von sich selber findet, meint man doch immer, man müsse an dem Orte irgend etwas Besonderes bemerken können, an welchem ein wichtiges Ereigniß, ein großer Wechsel in den Zuständen sich vollzogen hat. Und ein großer Wechsel war nach Allem, was man bis dahin von Kardinal Pecci erfahren hatte, durch seine Erhebung auf den päpstlichen Thron vorauszusehen.

Papst Leo XIII. hatte den päpstlichen Thron bestiegen. Wenige Tage vorher war er von Palazzo Falconieri aus, in welchem er gewohnt hatte, ungehindert alltäglich durch Rom und seine Umgebungen umher gefahren. Jetzt hatte er sich freiwillig eingebannt in den Bereich des Vatikans und seiner Gärten, um, wie Pius IX., nicht zu sehen, was er doch nicht unge=

schehen machen kann, daß die Peterskirche in der Hauptstadt des Königreichs Italien liegt.

Das Asylrecht, welches die allmächtige Kirche einst in ihren Mauern dem Verfolgten darbot, das genießt jetzt der Beherrscher dieser Kirche in Italien, als ein ihm zuerkanntes Recht. Es steht ihm frei, sobald es ihm gefällt, herumzuziehen durch das ganze Land, unter dieses Landes Schutz und Garantie; aber der König dieses Landes betritt die Schwelle der Peterskirche nicht. Er verrichtet seine Andacht nicht in dem Gotteshause, welches jedem Anderen, selbst dem Verbrecher, seine ehernen Pforten tröstlich öffnet — denn der König des Landes ist exkommunizirt von dem Papste, dem er freie Machtübung gewährleistet.

Darüber kommt der Fremde auf keine Weise fort. Die Italiener legen sich auch das zurecht.

Etwa acht Tage nach dem Tode des Königs schrieb eine der besten Zeitungen, die Libertà: „Gegenüber den Thatsachen, welche sich in diesen feierlichen Tagen vor den Augen von ganz Italien vollzogen haben, konnte man sich überzeugen, daß Alles, was über den Zwiespalt zwischen der Kirche und dem Staate geschrieben worden, verschwendete Tinte gewesen ist. Dieser Zwiespalt ist nicht in den Herzen der Italiener. Da man ihnen das Feld zu kämpfen frei läßt, verschwindet er. Er ist zu drei Viertheilen ein künstliches Produkt der Politik und wird von einigen Wenigen, nicht von Vielen, aufrecht erhalten. Wir haben den am meisten eifernden Papisten es tausendmal gesagt, daß, wenn jemals der von ihnen gottlos ersehnte Tag herankäme, welcher auf das Neue die Fremdlinge in unsere Halbinsel zurückbrächte, sie es zu ihrer ewigen Schande und Strafe erleben würden, wie selbst die Priester sich einreihen würden in die Armee der Vaterlandsvertheidiger." — — „Wir haben ihnen tausendmal gesagt, daß es abgeschmackt und lächerlich ist, aus den Italienern etwas Anderes machen zu wollen, als ein von der Liebe für Italien durchglühtes Volk. Aber eben so ist es von der anderen Seite unsere Pflicht, es offen zu bekennen, das Derjenige, welcher die Italiener in ein Volk von Freidenkern verwandeln wollte, es unternähme, das Meer mit einer Muschel auszuschöpfen; und daß Derjenige vergebliche Arbeit machen würde, welcher es versuchte, das religiöse Gefühl in den Herzen der Italiener zu ersticken. Er würde an ihrem festen Vorsatze scheitern, an dem Vorsatz, Dasjenige zu sein und zu bleiben, was ihre Väter sind und waren. Wir sind Katholiken und sind vor Allem Italiener! Und wir empfinden darüber eine so aufrichtige Genugthuung, daß sie zu stören ein Verbrechen sein würde. Fanatische und unversöhnliche Papisten sind so gewiß auf der einen Seite vorhanden als auf der anderen Freidenker, die lieber den Scheiterhaufen besteigen, als ihre Meinung ändern würden. Aber die große Masse von uns ist nicht mit den Einen, nicht mit den Anderen; und wer mit Einem von diesen Beiden geht, kann gewiß sein, sich auf einem schlechten Wege zu befinden. Die Masse der Italiener sagt sich mit Bestimmtheit, die Kirche muß sein, und das Vaterland muß sein. Beide müssen sich frei in ihren Bereichen bewegen. Beide können das thun, obschon sie besondere Angelegenheiten, besondere Zwecke, besondere Mittel zur Verwirklichung derselben haben. Sie sind bestimmt, sich nicht im Wege zu stehen, sich jedoch immer zu begegnen, so oft ein großes Mitleid die Herzen vereinigt und die Gefühle vermischt u. s. w. u. s. w. —" „Es ist," heißt es dann weiter, „eben diese gleichmäßige Anhänglichkeit an die Kirche und an den Staat, welche die Italiener von allen anderen Nationen unterscheidet. Ganz Italien besteht aus gemäßigten Bürgern, die vor jeder gewaltsamen Revolution zurückschrecken; und die sehr freie Verfassung bietet die Gewißheit dafür, daß die Italiener, je nach ihrem Bedürfniß, in freier Entwicklung ebenso ihrer Vaterlandsliebe als ihrem religiösen Glauben genügen können."

Diese Zuversicht blieb sich gleich, ja die Hoffnung auf friedliche Zustände gewann an Festigkeit, als man die Wahl des Kardinals Pecci zum Papste erfahren hatte. Er galt für einen gelehrten Theologen, besaß, was Pius dem Neunten vollkommen gefehlt, eine staatsmännische Bildung, hatte sich in praktischen Verwaltungen erprobt und war frei von dem Fehler, der ein für allemal einen zum Herrschen berufenen Mann für seine Aufgabe untüchtig macht — er war kein Phantast.

Pius der Neunte hatte in früheren Zeiten uns in seinem Verhalten und in seinen Kundgebungen sehr häufig an den verstorbenen König Friedrich Wilhelm IV. von Preußen gemahnt. Er war erregbar gewesen wie dieser, begeisterungsfähig, hatte Lust an der Popularität, Freude daran, seinen Geist in Witzworten zu zeigen. Er war leicht durch bedeutende Menschen hinzureißen, leicht für neue und große Ideen einzunehmen — aber unbeständig und unfähig, großen Krisen muthig zu stehen. Er ward getragen von dem felsenfesten Glauben an sich selbst, von dem Glauben an seine ihm von Gott zuertheilte Mission. Eben deshalb hatte er auch die Selbstüberhebung, die es für möglich hielt, in das Rad der Zeit einzugreifen, und nicht nur es zum Stehen zu bringen, sondern es rückwärts drehen zu können. Sie hatten auch im Aeußern eine gewisse Aehnlichkeit, jener König und der letztverstorbene Papst.

Ueber Leo XIII. fällten die Personen, die ihn kannten, ein ganz anderes Urtheil als über Pius IX. Sie nannten ihn, trotz seiner großen Lebendigkeit, vorsichtig, kaltblütig, besonnen. Sie erinnerten daran, daß er ein Gönner des aus dem Jesuiten-Orden ausgeschiedenen Pater Curci, ja sein Beschützer gewesen sei. Sie meinten daraus schließen zu dürfen, daß er für das Oberhaupt der Christenheit eine weitreichende und segensreiche Gewalt, auch ohne die weltliche Herrschaft über Land und Leute möglich glaube. Und man fügte diesen Erörterungen gern die Bemerkung hinzu, daß Leo XIII. und König Humbert sich in ganz anderem Verhältniß zu einander befänden als Pius IX. und Victor Emanuel.

Leo XIII. war nicht des Landes beraubt worden, das er als Erbe seiner Vorgänger besessen hatte. Er war nicht herabgestiegen von weltlicher Macht zu weltlicher Ohnmacht. Er war erhöht worden aus dem Range, den er bisher eingenommen. Der Bischof von Perugia, der Kardinal, war Bischof von Rom, war Papst geworden. König Humbert und die Italiener hatten ihn persönlich nicht entthront, er hatte ihnen persönlich Nichts zu verzeihen. Man meinte, die Dinge würden sich machen; und daß der neue Papst zunächst in seinem Hause Ordnung herstellen zu wollen schien, das nahm für ihn ein.

Mehr noch that es die Gemessenheit seiner ersten öffentlichen Aeußerungen; denn die Kundgebungen der klerikalen Partei bei dem Tode des Papstes hätten wahrhaft gottgläubigen Menschen in ihrer Uebertreibung fast gotteslästerlich erscheinen müssen. „Ein höchstes, ein unermeßliches Unglück," hieß es in denselben, „ist herniedergefallen auf die Kirche, auf Rom, auf die Welt, in dem Augenblicke, in welchem der Himmel sich aufthat, um einen neuen Heiligen in seinen Schooß aufzunehmen. Der höchste Priester, Pius IX., der erhabene Stellvertreter Jesus Christus', der unfehlbare Herr der katholischen Welt, der gnädige und großmüthige Fürst, der

Vater, der Freund, der allgemeine Wohlthäter, hat gestern um 5³/₄ Uhr seine heilige Seele an Gott zurückgeben. Die Thränen, das Flehen, die Verzweiflung des christlichen Volkes genügten nicht, es von der göttlichen Vorsehung zu erreichen, daß dem gesegneten Engel des Vatikans die ewige Belohnung länger vorenthalten wurde, welche seine Tugenden, seine Werke, seine Opfer und seine unsagbaren und übermenschlichen Leiden ihm erworben hatten!"

Es hatte geradezu etwas Widerwärtiges, das noch gesteigert wurde durch die Aufzählung dessen, was er, der Papst, Alles für die Verherrlichung der Gottesmutter gethan hatte. — Und als solle auch in diesem Falle wieder der Beweis für die Verschiedenheit und das oft komische Durcheinander der hier herrschenden Anschauungen geliefert werden, hub das eine der Extrablätter, welches die Nachricht von dem Tode des Oberhauptes der katholischen Christenheit verkündete, mit den Worten an: „Die traurige Parze hat auch den erhabensten Priester hinweggerafft." — Die heidnische Todesgöttin und der christliche Papst nahmen sich wunderlich nebeneinander aus.

Aber man war verhältnißmäßig mit dem Verstorbenen in wenig Tagen fertig, denn „neues Leben blüht aus den Ruinen", und aus den Hirtenbriefen, die Kardinal Pecci 1877 in Perugia erlassen hatte — die klerikalen Blätter veröffentlichten dieselben gleich nach der Thronbesteigung des neuen Papstes — sprach ein Geist, der darauf schließen ließ, daß Leo XIII. schwerlich die Welt des neunzehnten Jahrhunderts mit ähnlichen Dogmen begnadigen würde, wie Pius sie ihr aufgebürdet hatte.

Die Hirtenbriefe waren das Werk eines glänzenden Stylisten, der die Bedeutung der Wissenschaften in unserer Zeit vollauf erkannte, und sie in einer Weise deutete, wie jeder Deist und gläubige Christ, welchem christlichen Bekenntnisse er auch angehören mochte, sie zu der seinigen machen konnte, vorausgesetzt, daß er nicht jener Ansicht ist, die einst in dem Ausspruch gipfelte, daß „die Wissenschaft umkehren müsse!" Sie liefen hinaus auf den Sinn der Antwort, welche mir einst der gelehrte Direktor der Geological Institution in London auf meine Frage gab: „Wie fangen Sie es an, Mr. Hood, mit Ihrem Wissen von den Dingen an das Dasein eines persönlichen Gottes zu glauben?" — „Es muß für alle Dinge eine letzte Ursache geben", sagte er, „und diese letzte Ursache nennen wir Gott!" —

Weil das Wort: „Der Styl ist der Mensch," so unwiderlegbar richtig ist, will ich einige Stellen aus diesen Hirtenbriefen des Kardinals Pecci in möglichst treuer Uebersetzung hier wiederzugeben versuchen.

Es ist in dem einen dieser Briefe die Rede davon, daß das Seelenheil des Menschen ihm das erste und höchste alles Erstrebenswerthen sein müsse, daß kein anderer irdischer oder geistiger Erwerb dagegen in Betracht kommen dürfe; und es heißt danach: „Aber es ist deshalb nicht zu sagen, daß die Kirche der Wissenschaft, dem Studium der Naturwissenschaften feindlich ist, daß sie den Erforschungen der Naturkräfte und ihrer Benutzung für die Zwecke des Menschen, für die Befriedigung seiner Bedürfnisse entgegen ist. — Kann die Kirche Etwas lebhafter wünschen, als die Verherrlichung Gottes? als die Erkenntniß des erhabenen Werkmeisters, der sich in allen seinen Werken offenbart? — Wenn das Weltall ein Buch ist, in welchem auf jeder Seite der Name und die Weisheit seines Schöpfers zu lesen und zu erkennen sind, wie liebevoll, wie hingegeben wird ihn nicht derjenige verehren, der sich voll und ganz in das Studium dieses Buches der Schöpfung versenkt. Wenn es genügt, zwei Augen im Kopfe zu haben, um zu erkennen, wie die Sterne des Himmels den Ruhm ihres Schöpfers verkünden, wenn es genügt, zwei Ohren zu haben, um zu vernehmen, wie ein Tag dem anderen das Lob des Höchsten wiederholt, und wie die Nacht der Nacht die Geheimnisse der göttlichen Weisheit verkündet; um wie viel tiefer muß nicht demjenigen die Allmacht und die Allweisheit der Gottheit einleuchten, der den Blick verständnißvoll zum Himmel und in die Tiefen der Erde wendet; dem das Atom und die Pflanze und jeder kleinste Zweig den Beweis in die Hand geben, wie der höchste Geist überall das Maß und das Gewicht bestimmt hat. (Luc. 12, 50.) Und Ihr wolltet, daß die Kirche grundsätzlich solche Studien anfeindete, oder mit kalter Gleichgültigkeit Forschungen betrachtete, die so kostbare Früchte tragen? daß sie eigensinnig darauf beharrte, dies Buch der Erkenntniß verschlossen zu halten, damit Niemand in demselben weiter fortlese? Nur der, welcher die heiligen Flammen des Eifers unterschätzt, welche in der Braut des Heilandes, in dem Herzen der Kirche erglühen, kann sie ähnlichen Irrthumes für fähig halten.

„Aber in der Kirche ist neben dem Eifer für die Ehre Gottes noch ein anderes ebenso starkes Gefühl lebendig: die Liebe für den Menschen, das lebhafteste Verlangen, daß er eingesetzt werde in alle Rechte, welche sein Schöpfer ihm zuerkannt hat. — Der Mensch erhielt als sein zeitliches Theil diese Erde, auf welcher er lebt, und zu deren Herrn er geschaffen und bestimmt ist. Das Wort, das am Schöpfungstage vom Himmel erklang: ‚Unterwerft euch die Erde und herrschet auf ihr' (Gen. 1, 28), ist niemals widerrufen worden. Wäre der Mensch im Zustand der Unschuld und der Gnade geblieben, so hätte er seine Herrschaft ohne Gewalt ausgeübt, und die Unterwerfung der Geschöpfe würde eine freiwillige gewesen sein; während jetzt die Herrschaft eine mühevolle ist und die Geschöpfe nur gezwungen dem Zügel der überlegenen Gewalt sich fügen. Aber die

Weisung für den Menschen bleibt dieselbe; und der Kirche welche seine Mutter ist, kann Nichts so sehr am Herzen liegen, als daß der Mensch sich bethätige in seiner Aufgabe, daß er sich in Wahrheit kundgebe als den Herrn der Schöpfung, zu welchem er auserlesen worden. Das aber kann er nur, wenn er als König alles Erschaffenen die Schleier zerreißt, welche ihm seinen Besitz verhüllen; wenn er sich nicht auf dasjenige beschränkt, was er unter seinen Augen und unter seinen Händen hat; wenn er in die innersten Geheimnisse der Natur eindringt, wenn er die Schätze der Kraft und der Fruchtbarkeit sammelt, die in ihr verborgen liegen, und sie verwendet zu seinem und zu dem Besten seiner Mitmenschen. — Wie schön und wie erhaben erscheint der Mensch, meine Geliebtesten, wenn er den zündenden Blitz des Himmels unschädlich zu seinen Füßen niederfallen macht; wenn er den elektrischen Funken zu sich entbietet und ihn als den Boten seines Willens durch die Tiefen der Meere, über die höchsten Gipfel der Berge und über die ödesten Weiten entsendet. Wie glorreich zeigt sich der Mensch, wenn er dem Dampfe gebietet, ihm seine Flügel zu leihen und ihn mit der Schnelle des Blitzes über Länder und Meere zu tragen. Wie mächtig zeigt er sich, wenn er mit seinem Geiste eben diese Kraft gefangen nimmt und einbannt, und sie zwingt, in vorbereiteten Wegen der todten Masse Bewegung, und so zu sagen Verstand zu verleihen, damit sie sich an den Platz des Menschen stellend, ihm die härtesten Anstrengungen erspart! Und sagen wir uns, meine Geliebtesten! ist in dem Menschen nicht Etwas wie ein Funke von dem Geiste seines Schöpfers, wenn er das Licht erzeugt und es leuchten macht durch das nächtliche Dunkel unserer Städte, daß die Straßen und die Säle und die Paläste in hellem Tagesglanze strahlen? O! die Kirche, diese allerzärtlichste Mutter, welche alles Dieses weiß und kennt, ist weit davon entfernt, dieser Herrschaft des

Menschen über die Natur Schranken setzen zu wollen! Sie freut sich ihrer und sie jubelt ihr zu!

„Und anderseits, welche Gründe könnte die Kirche haben, eifersüchtig auf die wunderbaren Fortschritte und Entdeckungen zu sein, welche die Wissenschaften in unseren Tagen gemacht haben? Ist in ihnen Etwas, das im Entferntesten dem göttlichen Recht und dem Glauben schaden könnte, über welche die Kirche die strafende Richterin und die unfehlbare Herrin ist? — Bacon von Verulam, der berühmte Physiker, schrieb: daß die Wissenschaft, schluckweise getrunken, von Gott entferne; aber in vollen Zügen genossen, zu ihm zurückführe. — Dieser goldene Ausspruch ist auch heut noch wahr; und wenn die Kirche zurückschreckt vor den Gefahren, welche diejenigen Hochmüthigen herbeiführen können, die Alles verstanden zu haben wähnen, weil es ihnen gelang, von Allem einen leisen Anflug zu gewinnen, so vertraut sie zuversichtlich jenen Anderen, die sich voll und ganz an das Studium der Naturwissenschaften hingeben; denn sie weiß, daß sie auf dem Boden derselben die unwiderleglichen Zeichen von Gottes Allmacht, von seiner Allweisheit und seiner Güte finden werden. Wenn Jemand, der die Naturwissenschaften studirt, sich dabei von dem Schöpfer abwendet, so ist das nur ein Zeichen, daß das Herz des Unglücklichen schon früher von dem Gifte des Unglaubens vergiftet gewesen ist, welches unlautere Leidenschaften ihm eingeflößt hatten. Er wird ein Gottesleugner, nicht weil er den Wissenschaften oblag, sondern obschon er den Wissenschaften oblag, welche in Anderen andere und eblere Wirkungen erzeugen. — — Kopernikus, der große Astronom, war tief religiös. Kepler, ein anderer Vater der neueren Astronomie, dankte dem Herrn für die Freuden, für die Entzückungen, welche der Herr ihn in der Betrachtung der Werke seiner Hände hatte genießen lassen. (Myster. cos. mogr.)

Galileo Galilei, von dem die experimentale Physik die wichtigsten Impulse empfing, kam in seinen Studien zu dem Resultate, daß die heilige Schrift und die Natur gleichmäßig von Gott entstammen, die eine als Eingebung des heiligen Geistes, die andere als strengste Befolgerin seiner Gesetze. (Galilei Opere tom. 29.) Linné entbrannte in dem Studium der Naturwissenschaften zu solcher Begeisterung, daß die Worte seines Mundes wie ein Psalm erklangen. ‚Urewiger Gott‘, ruft er aus, ‚unermeßlich, allwissend, allmächtig hast du dich mir in sicherer Weise in deinen Werken enthüllt, und ich bin hingenommen worden von erstaunender Bewunderung. — In allen Werken deiner Hände, in den kleinsten und kaum sichtbaren, welches Können, welche Weisheit, welche unbeschreibliche Vollkommenheit!‘

„Die Nützlichkeit, welche die Schöpfung für uns hat, beweist die Güte dessen, der sie gemacht hat; ihre Schönheit und ihre Harmonie beweisen seine Weisheit; ihre Erhaltung und ihre unerschöpfliche Fruchtbarkeit verkünden seine Macht." (Syst. natur.)

Soviel aus den Hirtenbriefen des Kardinals Pecci zur andeutenden Charakterisirung des Papstes, der jetzt auf dem Stuhle des heiligen Petrus seinen Platz eingenommen hat.

Daß er absieht von den Erfahrungen, welche die Mutter Kirche den, von ihm um seiner Gottesfurcht willen gepriesenen Galilei seiner Zeit hat machen lassen, das ist eben in der Ordnung jener klugen, wenn auch nicht aufrichtigen Benutzung der Umstände, welche Macaulay in einem seiner Essays der katholischen Kirche nachrühmt, und auf deren Wirksamkeit er seinen Glauben von ihrem Fortbestehen gründet.

Er spricht von der Politik der katholischen Kirche, welche sich selbst die ihr widerstrebenden Kräfte anzueignen und für ihre Zwecke nutzbringend zu machen weiß. „Während die anderen Kirchen," sagt er — ich zitire aus der Erinnerung, da mir hier keine Bücher zur Hand sind — "die Mitglieder, welche abweichende Meinungen äußern, von sich ab- und auszustoßen geneigt sind und auf solche Weise Sektirer erschaffen und Sekten-Bildungen veranlassen, hat es die katholische Kirche in den Zeiten ihrer größten Macht verstanden, sich die Glieder wieder zu gewinnen und bienstbar zu machen, die sich von ihr loszureißen bereit schienen. Die heilige Therese und der heilige Ignaz von Loyola konnten der Kirche feindselige Elemente werden; aber die Kirche bemächtigte sich dieser großen Kräfte, nahm sie zu ihrer eigenen Stärkung in sich auf, und machte diejenigen zu Heiligen, die sie, weniger geschickt operirend, vielleicht als Abtrünnige hätte verdammen müssen."

Diese Erkenntniß von der Weisheit solchen Aneignens spricht aus den sämmtlichen Hirtenbriefen des Bischofs von Perugia, soweit die Zeitungen sie mitgetheilt haben. Ja, die große umsichtige Behutsamkeit, von welcher alle Kundgebungen des Papstes das Gepräge tragen, läßt darauf schließen, daß der neue Papst nicht nur die Forschungen und Fortschritte der Wissenschaft zur Verherrlichung Gottes und zum Vortheil der Kirche zu nutzen wissen wird, sondern daß er auch die ganze Richtung der Zeit, in welcher er lebt, in das Auge fassen und zu den Zwecken der Kirche zu verwenden bemüht sein dürfte.

Im Uebrigen verräth Alles, was von seinen mündlichen Aeußerungen in das Publikum kommt, einen heiteren und ruhigen Sinn.

Die Krönung des Papstes fand am 5. März statt. Es war der letzte Sonntag des Karnevals, wenn von einem Karneval in Rom jetzt überhaupt noch die Rede sein konnte.

Schon vor eilf Jahren hatte der Karneval alle die Heiterkeit und Anmuth eingebüßt, die ihn einst so reizend gemacht

und vor allen Volksfesten aller anderen Länder so lieblich aus=
gezeichnet hatten. Er war häßlich und roh geworden, und da
in diesem Jahre die doppelte Trauer um den König und den
Papst den öffentlichen Kundgebungen irgend einer Freude
ohnehin Zügel anlegte, so sah man von dem Karneval kaum
noch die Spur; wie denn von dem alten römischen Volksleben
und von den Volkstrachten so gut wie gar Nichts mehr übrig
geblieben ist. Hier und da schritten ein paar halbwüchsige
Buben und Mädchen in armseligsten Verkleidungen durch die
Straßen; oder junge Mütter führten bisweilen ihre kleinen
Mädchen als römische Bäuerinnen aufgeputzt an der Hand.
Dann und wann liefen ein paar verlarvte Policinells, einige
ungeschlachte Burschen in Frauenkleidern über die Plätze; und
an den sonnenhellen Nachmittagen, oder Abends bei Lampen=
licht, tanzte allerlei Volk im Freien in den Osterien vor der
Porta del Popolo und am Ponte Molle. Einzig die alte
Sitte, daß Männer häufig mit Männern und Weiber mit
Weibern tanzen, hat sich theilweise noch erhalten. Da man
aber nicht mehr, wie früher, den schönen charakteristischen
Saltarello tanzt, sondern Walzer und Polka, so nimmt sich
besonders das Zusammentanzen von zwei Männern schlecht aus.

Nichts als der blaue Himmel und die schön blühenden
Lorbeerbäume, in deren Bereich die Tanzenden sich bewegten,
konnten dem Auge des Nordländers noch etwas Wohlgefallendes
bieten.

Auch die Schönheit der Männer und der Frauen, die uns
hier vor einem Menschenalter überraschte, ist nicht mehr dieselbe.
In all den sechs Monaten, die ich jetzt wieder hier verlebt,
habe ich noch nicht einmal, selbst in Trastevere nicht, jene
wahre donna romana gesehen, eine der Frauengestalten, welche
die Urbilder für Robert, für Horace Vernet, für Rudolph
Lehmann, Rahl, Riedel, für die Baumann u. A. gewesen sind.

Sonst traf man sie auf allen Straßen und Plätzen und blieb mit froher Ueberraschung, sie zu betrachten, stehen; und sie ließen sich das gern gefallen. Jetzt sind sie zum Mythus geworden, und die römischen Matronen sprechen das selber oftmals mit Bedauern aus.

Auch in den Zeitungen dachte man wenig an den Karneval. Nur in einem der Blätter, die mir am 5. März in die Hand kamen, behandelte man die Krönung des Papstes, ganz gegen das sonstige respektvolle Verhalten, als den eigentlichen Karnevalsscherz, den der Klerus absichtlich für den letzten Tag des Karnevals aufgespart habe. Die ernsthaften Leute hingegen beobachteten mit Spannung jede Aeußerung und Kundgebung von Seiten des Vatikans, denn dort weiß man, was man mit jedem Worte meint und will.

Am Abend des päpstlichen Krönungstages versuchte man hier und da eine Erleuchtung der Fenster; sie fiel aber sehr, sehr unbedeutend aus. Auf dem Wege, den ich zurückzulegen hatte, um mich in eine Gesellschaft zu begeben, und wir hatten ein ganzes Ende zu fahren, sah man kaum irgendwo einige spärliche Papierlämpchen trübe schimmern. Im Palazzo Barberini hatte ein dort wohnender Kardinal an seinem Flügel eine bescheidenste Erleuchtung angebracht; und im Korso, wo die Einwohner des Palazzo Teodoli eine größere Illumination hergerichtet hatten, warfen Vorübergehende die Fenster ein. Es kam zu einem kleinen Auflauf, man mußte Polizei herbeirufen, die bald Ordnung schaffte. Als man danach dem Papste von dem Vorfall mit der Frage Meldung machte, was man in dem Falle zu thun habe? soll er geantwortet haben: „Das, dünkt mich, geht nur den Besitzer des Palazzo Teodoli Etwas an, und der wird, wie ich denke, den Glaser rufen lassen."

Seitdem ist fast ein Monat über Feld gegangen, und wie zwei geübte Fechter stehen sich die Kirche und das Königthum an den beiden Enden der Stadt, vorsichtig beobachtend, einander gegenüber.

Die Erwartung, welche man von mancher Seite bei dem Regierungsantritt des Papstes hegte, daß Leo XIII. den Bann gleich und energisch brechen werde, den Pius mit seiner Gefangenschaftsrolle über den Papst verhängt, daß er öffentlich erscheinen werde, hat sich bis jetzt nicht erfüllt. Es stehen auch seinem öffentlichen Erscheinen allerdings Bedenken entgegen, die zur Vorsicht mahnen.

Es ist nicht zu leugnen, daß es eine Partei der Unversöhnlichen giebt, der gar Nichts erwünschter sein würde, als ein auffallender Bruch der beiden Gewalten. Als an dem Tage der Papstwahl der Papst für einen Augenblick innerhalb der Peterskirche auf der Galerie erschien, den Segen zu spenden, wollten einige dieser Unversöhnlichen den Ruf in der Kirche vernommen haben: „Es lebe der Papst-König!" — Niemand sonst hatte Etwas davon gehört. Aber es würde nicht schwer halten, bei einem öffentlichen Auftreten des Papstes eine Anzahl von Menschen zusammenzubringen, die ihn mit solchem Gruß empfingen; und wie die Regierung dies nicht leiden dürfte, würde ebenso das für seine freie Einheit durchweg begeisterte Volk einer solchen Kundgebung wahrscheinlich mit Heftigkeit entgegentreten. Weder das Königthum noch das Papstthum können aber in ihrem wohlverstandenen Interesse sich solchen Möglichkeiten auszusetzen wünschen. Das alte italienische Sprichwort: Di che mi fido, mi guarda Idio — di che non mi fido mi guardero io — dies: Herr, bewahre mich vor meinen Freunden! hat also sicherlich auch der neue Papst zu beherzigen und zu beten; und noch hat ihn Niemand außerhalb des Vatikans gesehen, in welchem die Schaar der Neugierigen, mehr als die der Gläubigen, ihn rücksichtslos mit ihrem Verlangen nach nichtsbedeutenden Audienzen belästigen. Wie

Menschen, welche den Anspruch auf irgend welche Bildung erheben, sich solcher Zudringlichkeit schuldig machen mögen, ist mir immer räthselhaft gewesen.

Neunzehnter Brief.
Verträglichkeit.

Rom, 20. April 1876.

Wenn man hier in der Gesellschaft lebt, wenn man den Personen begegnet, die hier inmitten der sehr bewegten politischen Ereignisse thätig sind, so hört man bis jetzt nur Zustimmungen zu dem Verhalten des neuen Papstes; und hört neben dem Wunsch auch den Glauben äußern, daß es zu einem verhältnißmäßig guten Einvernehmen zwischen der Kirche und dem Staate kommen könne. Ebenso sprechen sich die Zeitungen aus.

Heute z. B., wo die Allokution des Papstes und die Antwort des heiligen Kollegiums auf dieselbe bekannt sind, schreibt ein hier in französischer Sprache erscheinendes Blatt: „Diejenigen, welche über die neue, durch die Thronbesteigung Leo's XIII. geschaffene Lage erfreut sind, haben sich nicht von den Umständen Rechenschaft gegeben, welche dieselbe vorbereitet haben. Sie haben sich nicht Rechenschaft darüber gegeben, daß eine Haltung, wie Pius IX. sie der Kirche aufgezwungen hatte, nach seinem Tode nicht fortdauern konnte, daß das Grab, welches den Leichnam des Papstes in sich aufnahm, auch sein System in sich begrub. Als das heilige Kollegium seine Wahl auf einen Kardinal lenkte, der ebenso durch seine Gelehrsamkeit, als durch die Heiligkeit seines Lebenswandels und durch seine Mäßigung bekannt war, hat es vollkommen die Tragweite seiner Wahl ermessen. Es hat mit hoher Einsicht die Forderungen unserer Zeit und das Interesse der Kirche erörtert." — „Die Antwort, welche Kardinal di Pietro im Namen des heiligen Kollegiums auf die Allokution des heiligen Vaters gegeben hat, beweist ganz unwiderleglich, daß der heilige Stuhl entschlossen ist, aus der Isolirung herauszutreten, in welcher er sich bisher gehalten hatte, und daß wir in nicht zu ferner Zeit das Oberhaupt der Kirche die Funktionen werden wieder aufnehmen sehen, welche seit 1870 unterbrochen worden sind. Als Italien sein Geschick durch die Besitznahme von Rom vollendete, hat es gleichzeitig das Papstthum als eine glorreiche, fast nationale Institution betrachtet, die es verehrt und auf welche es stolz ist. Das Oberhaupt der Kirche und der heilige Senat (diese Bezeichnung klingt geradezu konstitutionell), der ihm beisteht in der Ausübung der ihm anvertrauten erhabenen Mission, werden in unseren Gesetzen, gleichviel welche Partei am Ruder steht, den Schutz und die Freiheit des Handelns finden, deren sie benöthigt sind. Und mit diesen Thatsachen wird man Denjenigen antworten, die bemüht sind, unser Vaterland systematisch zu verleumden."

So stehen die Sachen heute hier, drei Wochen vor dem Osterfeste, das die Antwort geben wird auf die Hoffnungen und Erwartungen, mit welchen das Land, und die Fremden nicht zum wenigsten, sich getrösten. Denn die Feierlichkeiten der Osterwoche: Die Bekehrung der Juden und Heiden in Lateran — die Fußwaschung im Vatikan — die Beichte der Todsünden in der Peterskirche — das Miserere am Charfreitag — die großen Zeremonien am Ostersonntage — die Kuppelbeleuchtung an der Peterskirche und die Girandola, das waren die Herrlichkeiten, mit welchen sonst der Winteraufenthalt der Fremden hier den Abschluß fand, den pomphaften Abschluß, ben sie nun seit sieben Jahren schon entbehren mußten. Ob es ihnen schon in diesem Jahre beschieden sein wird, sich derselben wieder zu erfreuen? — Niemand weiß es zu sagen. Ich bezweifle es.

Aber unter den Politikern macht sich mehr und mehr die Ansicht geltend, daß der Geist, welcher das Studium der Naturgeschichte und ihrer Forschungen und Entdeckungen als einen Weg betrachtet, auf dem die Erkenntniß und Verherrlichung Gottes wachsen und gedeihen; daß dieser selbe Geist auch in der politischen Entwicklung unserer Zeit, wie ich schon vorher angedeutet, ein Mittel finden könnte, zur Ehre Gottes und der Kirche beizutragen.

Papst Leo XIII. hat in Belgien gelebt und dort den Einfluß ermessen können, den die Kirche in das Gewicht der Wahlen und durch sie in das Gewicht aller staatlichen Unternehmungen zu legen vermag. Man hält es deshalb für nichts weniger als unwahrscheinlich, daß er betreffenden Falls den italienischen Klerus an seine Nationalität, an seine Bürgerpflichten und an seine Bürgerrechte, d. h. an sein Wahlrecht erinnern und ihn zur Ausübung desselben ermahnen könnte. — Ein greiser, dem gegenwärtigen Ministerium nicht geneigter Italiener, ein Staatsmann, der in seinen jungen Jahren in den Reihen und an der Spitze seiner Landsleute gegen die Oesterreicher gefochten hat, sagte neulich nachdenklich zu mir: „Wer kann voraussehen, ob es nicht möglich ist, daß Italien noch auf diese Weise einmal dem Papstthum für eine konservativere Kammer und für ein konservativeres Ministerium als das gegenwärtige zu danken haben wird? Gebrauchen könnte es ein solches zu seiner inneren Festigung wohl für eine Spanne Zeit!" — Ich sage, was ich hörte.

Möglich! Unmöglich! — Was dünkt, was kann uns unmöglich dünken hier auf diesem Boden, auf welchem die Weltgeschichte wie die Länder auf einer Landkarte in scharf bestimmten, fest erkennbaren Umrissen vor unseren Augen liegt? Wo die Steine sprechen, wo das Entstehen und Schaffen, das Untergehen und das Neuwerden der Zeiten und der Geschlechter, gleichsam in Schichten übereinander gelagert, das „Alles fließt" sinnbildlich uns vor das Auge führen?

Wir stehen unter den riesigen Trümmern alter Thermen und Tempel und steigen unter ihnen hinunter in die Tiefe ebenso riesiger Trümmer, auf welchen jene Bauten sich erhoben. Eine Welt von Schönheit ist zerstört, zerstört mit einer Gewalt, von welcher wir uns kaum eine Vorstellung zu machen vermögen. Wir blicken hinauf zu den in Goldglanz leuchtenden Gewölben der Peterskirche. Ihre Schönheit reißt uns hin, ihre Pracht und Herrlichkeit überwältigen uns, und wir sagen uns: auch der Jupitertempel wird einst geleuchtet haben in solchen Glanzes Fülle, und er ist untergegangen und in Trümmer zerfallen, als der Götterglaube die Herzen der Menschen, die ihn errichtet hatten, nicht mehr erwärmte und erfüllte. — Und wir fühlen uns ergriffen von den Schauern der Vergänglichkeit, durchzittert von der Gewißheit, daß auch dem Glauben, in welchem die gegenwärtige Menschheit sich entwickelt, bereinst, wer weiß es, welche Wandlungen und sein Untergang bevorstehen; daß auf den Trümmern der Kirchen, deren Herrlichkeit uns jetzt entzückt, in denen Tausende von Menschen ihre Kniee in Andacht beugen, ihr Auge zu dem Bilde des Gekreuzigten erheben, in welchem die christliche Welt das Menschheitsideal verehrt, sich bereinst Neubauten erheben werden — welchen Zwecken? — welchem Glauben? — welchem Hoffen? —

Man lernt es, auf die Fragen, welche jeder Blick auf die große historische Weite in uns anregt, die uns hier umgiebt, keine Antwort zu erwarten. Man wird bescheiden hier in Rom; und nur um so bescheidener, wenn man der raschen und unerwarteten Wandlungen gedenkt, welche man in dem Laufe seines eigenen bewußten Lebens sich in der Welt hat vollziehen sehen.

Die Einen nennen, wie ich es Ihnen nach den Berichten der italienischen Zeitungen in diesen Briefen mitgetheilt, die Italiener ein von Herzen katholisches Volk, die Anderen, und darunter Männer, welche ihre Landsleute sehr gut kennen müssen, behaupten, das Volk sei völlig glaubenslos und hänge nur an den Gebräuchen der Kirche, die ihm liebe Gewohnheiten und bequem sind; vor Allem die Frauen des Volkes, deren einziges Vergnügen der Kirchenbesuch ausmacht. Eine junge Römerin, die ich seit ihrem siebenzehnten Jahre kenne, und die jetzt seit Jahren Hausfrau und Mutter ist, sagte neulich zu mir: „Sehen Sie, mein Mann (er gehört als Marmorar dem Kunsthandwerke an) ist sehr gut und brav, aber er glaubt an gar Nichts; und Sie wissen, Signora, an all die Wunder, die die Statuen verrichten, und an solche dummen Dinge haben wir auch in meines Vaters Hause nicht geglaubt. Aber daß mein verstorbener Vater Nichts mehr von uns wissen soll, und daß der Herr Gott uns nicht straft und lohnt für unsere Thaten, das glaube ich nicht — denn das wäre ja gottlos! Für die Männer mag das gehen, die haben andere Köpfe. Ich muß aber beten, wenn ich meine Kinder Abends niederlege, ich bin dann sicher und bin ruhig. In die Kirche gehe ich nicht mehr so oft als vordem, aber ich nehme die Kinder immer mit. Es ist doch gut, wenn der Mensch weiß, was er zu glauben hat. Ich kann mir darüber auch nicht den Kopf zerbrechen wie mein Mann. Glauben Sie, daß ich damit Unrecht habe?" setzte sie hinzu und sah mich mit ihren großen blauen Augen — denn sie ist rothhaarig und blauäugig — in dem Vertrauen an, daß ich ihr nicht widersprechen würde. Wer hätte das zu thun vermocht? wer hätte es verantworten dürfen, falls er es gethan hätte?

Man braucht nicht nach Rom zu gehen, um die Menschennatur in ihren verschiedenen Bedürfnissen verstehen zu lernen; und doch ist Rom lehrreicher als jeder andere Ort für den, der Augen hat zu sehen und Ohren zu hören. Es war mir zu Beidem eben in diesen letzten Monaten mehr als je die Gelegenheit geboten.

Nach dem Osterfeste schreibe ich wohl wieder. Wir werden dann wissen, ob die Voraussicht Derer, die den Papst die Osterfeierlichkeiten persönlich vollziehen zu sehen erwarten, sie nicht täuschte! Ob die Taube, die über dem Hochaltar der Peterskirche und in schönster Marmorarbeit an ihren Pfeilern überall zu sehen ist, den Oelzweig, den sie trägt, als Zeichen der Friedensbotschaft herniederfallen lassen wird in die kriegdurchtobte Welt, deren Menschheit des Friedens doch so nöthig hat!

Zwanzigster Brief.
Aus der römischen Künstlerwelt.

Rom, 2. April 1878.

Wenn wir Alten in den Tagen unserer Jugend an Rom gedachten, so kamen uns alle Vorstellungen von demselben durch Vermittlung von Personen, die in Rom der Kunst und ihrer Betrachtung gelebt oder klassische Studien neben ihren Kunstbetrachtungen getrieben hatten. Rom war der Mittelpunkt des Kunst- und des Künstlerlebens für die ganze Welt; und es waren die Franzosen und die französische Regierung, die frühzeitig zu der Erkenntniß gekommen waren, was für die Heranbildung künstlerisch begabter Naturen durch einen andauernden Aufenthalt in Rom und eine dort umsichtig geleitete Bildung zu gewinnen sei.

Während schon Franz I. und seine Nachfolger sich die großen Künstler der Renaissancezeit dienstbar gemacht und ihre Werke für Frankreich, so weit möglich, zu erwerben gesucht hatten, wurde unter Ludwig XIV. in Rom eine französische Akademie für Künstlerbildung gestiftet. Sie hatte ursprünglich inmitten der Stadt im Korso ihren Sitz; aber Napoleon I., dem man Großartigkeit in allen seinen Unternehmungen zu Gunsten der Kunst und Wissenschaft schwerlich absprechen kann, verpflanzte 1801 als Konsul diese Akademie nach der prachtvollen, auf der Höhe des Monte Pincio gelegenen Villa Medici, in welcher seitdem die Stipendiaten der französischen Regierung ihre Ausbildung in Malerei, Bildhauerei, Baukunst und Kupferstechkunst erhalten. Sie haben dort ihre Wohnungen, ihre Werkstätten, eine bedeutende Gypsabgußsammlung, Raum für ihre Ausstellungen. Sie erhalten vier Jahre hindurch jährlich 5000 fr. Stipendien, Modelle und Kostüme werden ihnen, wie man mir sagt, bezahlt. Sie haben einen Koch im Hause, der sie gratis — und gegen Entgelt auch viele Fremde in der Stadt — vortrefflich verforgt. Sie leben inmitten der wundervollen Gärten der Villa, deren immergrüne Eichen zu den schönsten Bäumen Roms gehören; und von dem hochgelegenen Bosquet der Villa genießen sie einen Rundblick über Rom, wie ihn in gleicher Weise nur das Belvedere des deutschen Botschaftsgebäudes, des Palazzo Caffarelli, bietet.

So gut ist es der deutschen Kunst und den deutschen Künstlern weder vordem noch bis jetzt geboten worden. Die Hackert, Tischbein, Carstens, Cornelius, Koch, Overbeck, Veit, die wir als die Erneuerer der deutschen Malerei zu betrachten haben, hatten ihren Weg nach Rom aus eigener Machtvollkommenheit zurückzulegen und fast durchweg schwer genug zu machen. Den Bildhauern ist es mit wenig spärlich geförderten Ausnahmen nicht besser ergangen; denn die Stipendien, welche die eine oder die andere der deutschen Regierungen hier und da einem Künstler für eine Studienzeit in Rom angedeihen ließ und noch angedeihen läßt, sind knapp und kurz bemessen. Trotzdem ist die Zahl der hier studirenden und lebenden deutschen Künstler, namentlich in früheren Jahren in Rom, eine überwiegend große gewesen, ehe München, Düsseldorf, Wien, Berlin und Weimar zu Mittelpunkten eines eigenen Kunstlebens geworden sind und eigene Kunstschulen gegründet haben.

Als wir im Jahre 1845 und 1846 hier in Rom verweilten, bildete die deutsche Künstlergesellschaft eine sehr hervorragende Gemeinde, an deren Spitze Peter von Cornelius stand. Er arbeitete in jenem Winter an den Kartons für das Campo Santo, welches Friedrich Wilhelm der Vierte neben dem beabsichtigten neuen Dom in Berlin zu erbauen gedachte. Der alte Reinhard, der alte Wagner lebten auch noch in Rom. Neben ihnen waren die Maler Rahl, Schrader, Riedel, Rudolph Lehmann, Karl Becker, Gurlitt, Willers, Böhnisch, Lindemann-Frommel, Helfft, Ernst Meyer, Pollack, Hauschild in voller Kraft zu tüchtigen Meistern geworden. Die beiden Bildhauer Wolff, Kümmel, Bläser, Eduard Meyer hatten große Werkstätten. Der geniale, zu früh gestorbene Hallmann und andere Architekten studirten hier und machten ihrem Vaterlande in jedem Sinne Ehre. Aber nur die Landsmannschaft und das gleiche frohe, frische Streben hielten sie zusammen. Einen deutschen Gesandten gab es damals so wenig als ein Deutsches Reich. Der Sohn von Werther's Lotte, der hannoversche Gesandte Herr von Kestner, pflegte mit den Künstlern mannigfachen Verkehr. König Ludwig von Bayern ließ einigen von ihnen aus der Ferne seinen Schutz angedeihen, doch es gab für sie keine deutsche Akademie, keinen gemeinsamen Mittelpunkt, kein Ausstellungslokal. Deutschland oder vielmehr die verschiedenen deutschen Regierungen kümmerten sich um die Künstler kaum; während die meist unbemittelten deutschen Künstler in ihrem von ihnen gegründeten Versammlungslokal im Palazzo Fiano, den hier anwesenden deutschen Wintergästen aus aller deutschen Herren Ländern eine um so erwünschtere Geselligkeit und eine heitere Unterhaltung boten, als das damalige päpstliche Rom außer der Gesellschaft der hohen römischen Aristokatie und den diplomatischen Kreisen keine Gesellschaft hatte. Und zu dieser italienischen Gesellschaft fanden die bürgerlichen Fremden selten oder gar nicht Zutritt.

Der oder jener Deutsche empfand es wohl, daß dieses Verhältniß der Deutschen zu ihren Künstlern ein Verfahren aus der verkehrten Welt war; es hieß auch hier und da, der Deutsche Bund wolle sich der deutschen Kunst in Rom werkthätig zuwenden. Es ging das Gerücht, der hier lebende kinderlose Banquier Valentini habe sein schönes Haus oben am Ende von Piazza S. Apostoli der preußischen Regierung zum Geschenk für die deutschen Künstler angeboten, wenn Preußen in demselben eine Akademie errichten wolle — indeß der Deutsche Bund ließ es bei dem Wollen sein Bewenden haben; von den preußischen Entschließungen vernahm man auch Nichts. Der Banquier Valentini starb inzwischen, und als wir 1866 nach 20jähriger Abwesenheit von Rom wieder hierher zurückkamen, stand noch Alles wie vordem. Auch das Gerücht von der beabsichtigten Schenkung war noch erhalten geblieben, jedoch von dem Zusatze begleitet, daß dieselbe an gewisse, schwer zu erfüllende Bedingungen geknüpft gewesen sei, welche ihre Annahme unmöglich gemacht hätten.

Jetzt — andere zwölf Jahre später — im Jahre der

Gnade 1878, da das Königreich Italien seit acht Jahren in Rom seinen Mittelpunkt gefunden hat, und seit acht Jahren in Berlin der Deutsche Kaiser der Schirmer des Deutschen Reiches geworden ist, ist damit für die deutsche Kunst und die deutschen Künstler in Rom auch die erhoffte Förderung noch nicht herbeigeführt worden.

In dem ihnen dereinst von Herrn Valentini zugedachten Hause befindet sich die Präfektur von Rom. Sie selber sind seit Jahren und Jahren aus dem Palazzo Fiano im Korso nach dem ersten Stockwerk des Palazzo Poli über der Fontana Trevi übergesiedelt. Sie bieten immer noch den hier verweilenden deutschen Gästen die alte freundliche Gastfreundschaft: die unentgeltliche Benutzung ihrer kleinen Bibliothek, den Eintritt in ihr Kasino, das gut mit Zeitungen versehen ist, gegen einen sehr geringen Beitrag, und alle vierzehn Tage am Samstag einen „Damen=Abend", an welchem von den Künstlern kleine dramatische Scherze aufgeführt, Musik gemacht und schließlich zum Vergnügen von Deutschlands Töchtern bis in die tiefe Nacht getanzt — und um Weihnachten für die deutsche Kolonie der aus Tirol verschriebene mächtige Tannenbaum aufgebaut wird, die Weihnachtslieder gesungen, die Kinderhändchen mit kleinen Gaben gutherzig bereichert werden. Das thun die deutschen Künstler für die Deutschen in Rom! Was aber thut Deutschland für die deutschen Künstler in der ewigen Stadt?

Oesterreich ist dem Deutschen Reiche darin vorausgegangen, denn es gewährt seinen zehn Stipendiaten in dem alten österreichischen Palazzo Venezia, in welchem die bei dem Papste beglaubigte österreichische Botschaft ihren Sitz hat, eine jeweilige Heimat. Auch ein Ausstellungsraum ist ihnen dort gewährt, und erst vor wenig Monaten hatte man daselbst diejenigen Bilder ausgestellt, die theils nach Wien, theils nach Paris für die Ausstellung dieses Jahres gesandt werden sollten.

Erst Baron v. Keudell, der hier im weitesten und würdigsten Sinne sich als den Schützer und Vertreter seiner Landsleute bewährt, der in der Botschaft den Deutschen einen Mittelpunkt geschaffen, in welchem ihnen, wo er gefordert wird, Rath und Beistand und daneben die großartigste und freundlichste Gastlichkeit geboten wird, hat eben jetzt im Frühjahr den hier lebenden deutschen Künstlern den großen Empfangssaal des Botschaftsgebäudes für einige Wochen zur Verfügung gestellt, um zum ersten Male in dem deutschen Botschaftspalast selber, unter dem Panier des Reiches, eine Ausstellung von Werken deutscher Kunst zu veranstalten. Sie ist nach raschem Entschluß unvorbereitet aus denjenigen Arbeiten zusammengestellt worden, die sich eben in den Werkstätten fertig vorräthig gefunden haben, und man hat sie am Ersten dieses Monats eröffnet.

Wenn man dieser kleinen Kunstausstellung gerecht werden will, so muß man sie zunächst in keiner Weise mit der Ausstellung der vier Bilder und der vier Skulpturwerke in der französischen Akademie vergleichen, wie italienische Blätter es gethan haben.

Eine hier in französischer Sprache erscheinende Zeitung hat den Ausspruch gethan: „Die Franzosen haben für die Ehre (den Ruhm), die Deutschen für das Brod gearbeitet!" Die deutschen Künstler können sich das durchaus nicht böse gemeinte und in sich vollkommen wahre Urtheil gefallen lassen.

Es sind in der französischen Akademie vier Malerarbeiten, einige Bildhauerwerke nebst architektonischen Zeichnungen u. s. w. ausgestellt. Sie sind das Werk der hervorragendsten Talente unter den jungen französischen Künstlern, eben der Künstler, welche man der Unterstützung durch den Staat würdig befunden hat.

Ihnen gegenüber nun steht die ohne alle Vorbereitung nach einer plötzlichen Aufforderung entstandene, recht eigentlich improvisirte deutsche Kunstausstellung der Künstler, die, zum Theil nur für kurze Zeit in Rom verweilend, an große Arbeiten nicht denken konnten, während sie andererseits, da sie ganz auf sich selber angewiesen sind, wirklich auch hier in Rom für ihren Unterhalt arbeiten und in ihrem hiesigen Schaffen darauf Rücksicht nehmen müssen, welche Art von Arbeiten unter den vorüberziehenden Touristen Aussicht auf rasche Verwerthung hat und welche nicht. Man soll sich nicht scheuen, die Dinge bei ihrem rechten Namen zu nennen.

Man würde der deutschen Kunst im Allgemeinen, wie den deutschen Künstlern in Rom, ein großes Unrecht thun, wenn man ihre Bedeutung und ihre Leistungsfähigkeit nach der Zahl oder nach der Art der hier ausgestellten Bilder endgültig beurtheilen wollte. Man hat vielmehr zunächst die That, d. h. die Ausstellung als solche in das Auge zu fassen. Man hat den Entschluß anzuerkennen, mit welchem die deutsch-römische Künstlerschaft unter dem Schutze des Reiches sich als Einheit darstellt, und damit den Boden und die Weise angedeutet hat, wo und wie sie Wurzel zu schlagen und zu gedeihen wünscht und hofft.

Die Ausstellung setzt sich aus fünfundneunzig Nummern zusammen, die von dreiundvierzig Künstlern eingesandt sind: einunddreißig Arbeiten und Skizzen von Bildhauern; einundzwanzig Aquarellen und dreiundvierzig Oelbildern. Historische Bilder oder Entwürfe zu solchen sind gar nicht vorhanden. Außer drei Portraits und einigen Studienköpfen sind nur Landschaften, Architektur- und verschiedene Genrebilder ausgestellt.

Von den mir bekannten alten hiesigen Meistern haben die Maler Salomon Corrodi, Max Hauschild, Romako, Lindemann=Frommel, Riebel, eben so die Bildhauer Eduard Meyer und Emil Wolff Beiträge geliefert. Ihnen hat sich Louis Gurlitt, der, in Dresden lebend, diesen Winter wieder einmal in Rom zubringt, zugesellt. Aber auch von diesen haben die meisten eben nur Proben ihres Könnens geboten; einmal, weil der Raum für die Ausstellung ein sehr beschränkter war, und dann, weil in vielen Fällen die Arbeiten dieses Winters bereits verkauft oder zu andern Ausstellungen gen Norden gesandt worden waren. Der greise Riebel, der Maler der Sakontala und der andern lichtschimmernden Bilder, die uns einst ins Herz geleuchtet, hat eine ihrem nackten Kinde zulächelnde römische Bäuerin in der Ausstellung. Lindemann=Frommel hatte nur eine kleine, feine Landschaft, ein Gebirgsstädtchen, zu bieten, während die hier lebende Frau Grunelius aus Frankfurt eines der in ihrem Besitze befindlichen Frommelschen Marinebilder hergab: ein silberhelles, im Morgennebel duftig schimmerndes Meer, aus welchem in der Ferne die verschwimmenden Umrisse von Capri in feinen Tönen sichtbar werden. Gurlitt hat eine sehr feingefühlte Ansicht des Nemisees im Morgenlicht ausgestellt, und ein vortreffliches Bild aus der Villa Massimo Doria in Nemi. Große Bäume, in deren Zeichnung und Kraft und Fülle seine alte Meisterschaft sich kundgiebt, stehen auf mosigem, sich gegen den See niedersenkenden Abhange. In der Tiefe schimmert der See hervor. Eine Art von Altar im Mittelgrunde, ein paar langsam einherschreitende Gestalten staffiren die Scene und machen zugleich die Einsamkeit und die Stille empfindbar. Es ist seine alte träumerische Ruhe in dem Bilde.

Eben so wie diese Meister sind Salomon Corradi, Hauschild, Romako und Zielke in der Wahl ihrer Stoffe, in der Naturwahrheit ihrer Auffassung und in der strengen, liebevollen Gewissenhaftigkeit der saubern Ausführung sich durchweg

treugeblieben. Und in Hauschild's wie in Romako's Architektur=
bildern wirkt das Bild des römischen Volkslebens gar erfreulich
und bezeichnend mit. Sie sind römisch im besten Sinne des
Wortes.

Unter den Aquarellen sind sehr schöne, eigenartige Blätter
von Rudolf Müller hervorzuheben. Die Ruinen des Palatin
mit einer Fernsicht auf Rom, der Wasserfall von Terni und
eine Gebirgsstadt am Meer.

Von dem jüngeren Corrabi befinden sich in der Aus=
stellung eine Ansicht von Venedig im Mondschein bei bewölktem
Himmel, ein Bild aus den pontinischen Sümpfen und eine
neapolitanische Landschaft. Alle drei Oelgemälde sind sehr
charakteristisch und sehr ansprechend. Wenn man die Kirche
am Kanale sieht, auf deren Kuppel das Mondlicht, aus dem
durchleuchteten Gewölk hervorbrechend, in bleichem Schimmer
niederfällt, während in dem Halbdunkel Schiffer im Wasser
stehend die Netze einreffen, um den Fang ins Boot zu bergen,
klingen Einem unwillkürlich Platen's Verse in der Seele:

>Venedig lebt nur noch im Reich der Träume
>Und wirft nur Schatten her aus fernen Tagen!

Es ist viel Poesie und Stimmung in dem Bilde. Ganz
dasselbe gilt von der offenen, breiten, südlichen Landstraße,
die sich gegen das Meer hin zu öffnen scheint und von der
man hinübersieht nach den Bergspitzen am anderen Ufer.
Links und rechts vom Wege liegen einzelne Häusergruppen,
von Pinien und anderen Bäumen überschattet. Wagen fahren
in das Land hinein und dem Beschauer entgegen. Der Staub
wirbelt leicht vom Boden auf, wie die Wolken am Himmel
leicht vorüberziehen. Es ist warm in dem Bilde. Corrabi
hat von beiden Malerschulen, von der französischen und von
der deutschen, sich sein Theil genommen. Ich glaube über=

haupt, wenn die deutsche und die französische Schule zu einer gegenseitigen Durchdringung kämen, wenn die eine von der andern annehmen wollte, was jede von ihnen von der andern voraus hat, so könnte ein außerordentlicher Gewinn für die Kunst daraus erwachsen. — Welsch hat die Pyramiden von Ghizeh, eine venetianische Marine und eine engadiner Bergspitze ausgestellt. Er hat kräftige Farben, es ist Leben in den Bildern.

Ein kleines Bild von dem Frankfurter Steinhardt, eine badende Nymphe, hat einen hübschen, landschaftlichen Hintergrund; aber die Nymphe würde sich nymphenhafter und schöner machen, wenn sie tiefer in dem Bilde im Baumesschatten sichtbar würde. Gewaltsam in den Vordergrund gerückt, ist sie geistig und körperlich in dem engen Raume nicht an ihrem Platze. Sehe ich, da ich schließen muß, den Katalog der Bilder durch, so kommt mir bei den Namen dieses und jenes hübsche Bild noch ins Gedächtniß. Das Köpfchen eines veilchenverkaufenden Mädchens von Otto Brandt aus Berlin — ein Bettler von Elthofer aus Wien — und noch Dies und Jenes.

Was mir bei der Wahl der Stoffe für die ausgestellten Genrebilder im Allgemeinen aufgefallen, ist ein Mangel an Originalität. Romako, Wilhelm Wider, der jetzt in Berlin lebt, Rudolf Lehmann und die verstorbenen Künstler Ernst Meyer und Schweinfurt wußten dem römischen Volksleben, das freilich fast zum Mythus geworden ist, immer neue, heitere oder auch sentimentale Seiten abzugewinnen. Davon ist jetzt nicht viel zu merken. Und doch hat das hiesige Leben, obschon ihm das Volkskostüm verloren gegangen ist, immer noch so viel Eigenthümliches, daß es dem achtsamen Auge überall entgegentritt. Die Genrebilder, welche ausgestellt sind, sind hübsch gemacht, würden zu besitzen angenehm sein; aber es sind Darstellungen, die an jedem andern Orte als in Rom ganz eben so gut hätten gemacht werden können und gemacht worden sind. Es ist überhaupt keine bedeutende Originalität in der Masse der ausgestellten Sachen; und wo eine solche sich in ein paar Bildern ausspricht, wie z. B. in den beiden Studien= köpfen von Julius Anß aus Karlsruhe, der sich an Lenbach anzulehnen scheint, ist das Suchen nach Originalität noch nicht an seinem Ziele angelangt. Die beiden Köpfe, ein weib= licher und ein männlicher, haben, obschon sie unschön sind, für mich einen sehr fesselnden Reiz; doch ist die Farbe derartig ins Goldbraune gerathen, daß man vergebens darüber nach= sinnt, welcher Menschenrasse diese beiden anziehenden Köpfe angehören können.

Die Bildhauer haben es mit der Ausstellung ihrer Arbeiten überall schlimmer als die Maler, und vollends in dem Falle, wenn die Ausstellungsräume sich, wie im Palazzo Caffarelli, nicht zu ebener Erde befinden. Große Werke ein paar Treppen hinaufzubringen, hat immer seine Schwierigkeiten, selbst wenn die Treppen so breit und schön sind und so gelind ansteigen, als die in dem deutschen Botschaftspalast. Man mußte sich also darauf beschränken, Büsten und leicht tragbare Statuen und Gruppen auszustellen; und dabei ist noch zu be= merken, daß weder der geniale Müller von Karlsruhe, noch die beiden Cauer oder Kopf sich an der Ausstellung betheiligt haben.

So sind denn von den alten Bildhauern, die schon seit vielen Jahren hier verweilen, nur ein paar Arbeiten zu ver= zeichnen. Von Emil Wolff eine in dem Zauberkreise knieende Circe, den Zauberstab über ihrem Haupte schwingend; von Eduard Meyer, der seinen für die Nationalgalerie in Berlin angekauften Merkur im Laufe des Winters nach Deutschland gesandt hat, eine kleine, durch Wilhelm Wiedemann sehr sauber ausgeführte Kopie einer Statue der ihr Haar trocknenden Venus und eine Büste.

Man hat es in der Ausstellung dadurch fast durchweg mit der jüngeren Generation zu thun, und unter dieser treten die Arbeiten des Berliner Karl Begas als die eigenartigsten sehr entschieden hervor. Ein in Marmor ausgeführter, mit seinem Knaben spielender Faun ist eben so heiter erdacht als schön in seiner Ausführung. Er hat sich, traubenbekränzten Hauptes, die Augen im Spiele halb geschlossen, mit dem Oberkörper weit nach hinten zurückgeworfen, während er mit der Rechten eine große Traube, sie halb verbergend, umschlossen hält. Das Knäbchen, auf seinen Knieen sitzend, stützt sich mit der Linken auf des Vaters breite Brust und sucht mit der Rechten nach der Traube hinaufzulangen, die an des Vaters linker Schläfe niederhängt. Es ist Leben, Bewegung in der Gruppe, und doch ist die ruhige Anmuth solch hinträumenden Spieles in dem Bildwerk sehr lieblich dargestellt. Die Büste eines eben der Jungfräulichkeit entgegenreifenden Mädchens mit halb entblößter Brust, ein Kettchen, an welchem ein Amulett hängt, um den zierlichen Hals geschlungen — Begas nennt die Kleine Giubitta — ist reizend in dem Ausdruck kindlicher Unbefangenheit, und in der Behandlung fein, wie die Knöchelspielerin, die mir immer als ein Muster solcher Zierlichkeit erschienen ist. — Die Portraitbüste, Gypsmodell, einer jungen üppigschönen Frau erinnert an ähnliche Leben und Sinnlichkeit athmende Arbeiten von Reinhold Begas; aber gradezu ein Meisterwerk ist die ebenfalls nur in Gyps ausgeführte Büste eines magern Mannes. Ein schmaler, scharf ausgeprägter Kopf mit einem von dem Leben und seinen Erfahrungen tief durchfurchten Antlitz. Man vergißt diesen Kopf nicht, auch wenn man, wie ich, das Original niemals gesehen. Mir fiel, ohne daß eine Aehnlichkeit zwischen den

Köpfen vorhanden wäre, die herrliche Büste des Julius Cäsar in dem Berliner Museum ein, als ich vor der Arbeit stand; und es kann nichts Geringes sein, das uns solch ein Meisterwerk plötzlich in der Erinnerung hervorruft.

August Sommer aus Koburg hat das Modell zu einem Springbrunnen geliefert: einen Centaur, der sich aus den ihn umwindenden Ringen einer Riesenschlange frei zu machen strebt. Sich mit dem Oberkörper rückwärts kehrend, hebt er mit der mächtigen Rechten den gewaltigen Leib der Schlange über seinen Körper in die Höhe, um ihren Druck von seinen Weichen abzuwehren; und hebt mit der Linken den Kopf der Schlange, sie an der Gurgel zusammenpressend, hoch über seinem Haupte empor, so daß sie, den Rachen öffnend, dem Wasserstrahl den Durchgang bietet. Ich glaube, groß ausgeführt, müßte die Arbeit von bedeutender und schöner Wirkung sein.

Von Speiß aus Würzburg ist in Marmor ein nackter Knabe da, der den antiken, gegen die Kniee gestützten Weinkrug, mit der Rechten vorsichtig haltend, mit vollen Zügen den Durst aus der gefüllten Schaale löscht, die er zum Munde geführt hat.

Von Volz aus Karlsruhe das kleine Gypsmodell einer nackten, sitzenden, nur mit einem Ueberwurf bis zum halben Leibe bekleideten Kleopatra, die todtverlangend und doch schaudernd vor dem Tode, nach der Vase hinblickt, aus der die Natter sich hervorwindet. Der Kopf ist ausdrucksvoll, der Körper gut durchgeführt, die Pose recht schön.

Konstantin Dausch, ein frischer, rasch und geschickt arbeitender Künstler, hat in Marmor eine Bacchantin und zwei figurenreiche Reliefs, Kindergruppen, den Herbst und den Winter versinnbildlichend. Kalmsteiner aus Sarntheim eine ebenfalls hübsche Bacchantin; und es ist überhaupt, man hat das anzuerkennen und zu wiederholen, unter den Bildern wie unter den Skulpturen nichts Schlechtes, nichts Verfehltes, sondern viel Gutes, viel Gelungenes vorhanden. Alle diese Talente sind „sich des rechten Weges wohl bewußt"; aber man meint es ihnen anzufühlen, daß eine innere Gebundenheit sie fesselt, daß Bedenken sie in den Schranken des Hergebrachten halten, daß ihnen die fortreißende Kraft gebricht, die sie zwingt, eigene Bahnen zu suchen, selbst auf die Gefahr hin, falsche Pfade einzuschlagen und sich auf diesen gründlich zu verlaufen, wie dies verschiedenen der höchst talentvollen französischen Künstler begegnet ist. Aber man tröstet sich vor den sonderbaren Einfällen und Ungeheuerlichkeiten, welche die jugendlichen Meister in der französischen Akademie sich auf Kosten ihres Vaterlandes passiren lassen dürfen, mit dem Dichterworte: „Mit Kraft begannen, die mit Schönheit enden!" Und Frankreich wird es voraussichtlich gegenüber keinem von den Stipendiaten, welche jetzt ihre Arbeiten eingeliefert, zu bereuen haben, daß es ihnen die Freiheit gewährt, sich nach eigenem Ermessen genug zu thun und sich mit ihrem großen Talent an der Schönheit nach Gefallen zu versündigen.

Das bedeutendste Werk in der französischen Ausstellung ist das große historische Bild des seit vier Jahren in Rom verweilenden Malers Morot. Ambronische Weiber, die nach der Niederlage der Männer von einer Wagenburg hernieder, sich und ihr Land gegen römische Kavallerie vertheidigen und sie zum Rückznge zwingen. Es ist ein Bild, groß gedacht, wie Kaulbach's Hunnenschlacht, wie die apokalyptischen Reiter von Cornelius. Ein wildes, entsetzliches Kampfgewühl unter hellem, grauem Himmel. Ein furchtbares, erschreckendes Durcheinander, das Herz ergreifend, den Sinn verwirrend, wie der Vorgang selbst es thun würde, fände man sich einem solchen plötzlich und unvorbereitet gegenüber; aber es ist so gräßlich in der Wahl der einzelnen Motive, daß man das Auge widerwillig davon wendet und das Bild so bald nur möglich zu vergessen sucht. Weiber von so erschreckender Häßlichkeit, daß man meint, sie brauchten gar nicht zu kämpfen, sondern nur zu erscheinen, damit Männer vor diesen alten Megären mit blutunterlaufenen Augen, mit weit aufgerissenen Mäulern schaudernd die Flucht ergreifen. Ein Weib, dem die Hand mit scharfem Messer durchgeschnitten wird, ein Weib, das die Hände in die Augen eines Kriegers krallt. Es ist geradezu grauenhaft; und selbst der völlig nackte, schön gestaltete Körper eines jüngeren Weibes, den, so viel ich mich erinnere, im linken Vordergrunde ein Reiter an seinem Pferde mit sich schleppt, kommt nicht auf, neben dem Graus dieses fürchterlichen Hexensabbaths. Wie Morot selber einmal in späteren Jahren dieses Bild beurtheilen wird, da er nicht verfehlen kann, ein großer Meister zu werden, das möchte ich wissen.

Diesem Bilde gegenüber steht ein anderes Bild, ebenfalls lebensgroße Figuren von Counnère (2. Jahr). Es war in der Zeitung, welche den Bericht über die Ausstellung gebracht, als „le lion amoureux" (der verliebte Löwe) betitelt, und ich hatte, als ich diese Worte las, darüber nachgedacht, was das etwa sein könne. Ich war auf Franz den Ersten und Diana von Poitiers, auf Heinrich den Vierten und Gabriele, auf Napoleon und Josephine, und schließlich sogar auf irgend einen zeitgenössischen Stutzer mit seiner Schönen verfallen. Mich dann in der Ausstellung von der Ambronenschlacht nach dem verliebten Löwen wendend, stand ich da und traute meinen Augen nicht.

Der verliebte Löwe ist kein Mensch. Er ist eine wirkliche langmähnige Bestie und nichts weiter. Inmitten eines Tribus von mir unbekannter Race — die Leute sehen wie Ungarn, Slovaken oder so etwas aus, können aber vielleicht Hindus

sein — liegt, umstanden von verschiedenen bekleideten, halb=
bekleideten und unbekleideten Personen verschiedenen Geschlechts,
auf einem Felsstück im Hintergrunde ein großer Löwe, der
ein ihm zulächelndes nacktes, schönes Mädchen zärtlich angrinst,
während ein Mann ihm die Krallen beschneidet. Gemalt ist
das Alles sehr schön. Was es bedeuten soll, ist mir unver=
ständlich geblieben, und Alle, die ich darum befragt, ob sich
das auf eine Fabel, auf eine Sage, auf eine Dichtung bezieht,
haben nicht mehr davon gewußt als ich. Aber Herr Counnère
zeigt, daß er sowohl Menschen als Thiere zu malen versteht,
und darauf allein kommt es ja in seinem Falle an.

Die beiden andern ausgestellten Proben, eine friesartig=
dekorativ gehaltene Skizze von Besnard (3. Jahr), der Einzug
Franz des Ersten in Bologna und eine in Königskleidern er=
scheinende heilige Elisabeth von Ungarn, einen nackten ver=
wundeten Greis in ihrem Schlosse auf den Stufen ihres Thrones
verbindend, von Venker (1. Jahr) haben ihr Verdienst, doch
nichts so Ueberraschendes Originelles, wie die beiden erstge=
nannten Bilder.

Künstler von Fach rühmen die architektonischen Zeichnungen
und zollen den in Gyps ausgeführten Arbeiten der Bildhauer
volle Anerkennung, namentlich in der anatomischen Kenntniß.
Mich machte dagegen eine Gruppe von Hugues (2. Jahr) voll=
kommen betroffen, weil sie nach meiner Meinung auch eine
vollkommene Verirrung kundgiebt. Es ist die Gruppe von
Francesca da Rimini und Paolo Malatesta, wie Dante sie
dargestellt hat, und Herr Hugues hat auch die Verse Dante's:
„Kein größerer Schmerz, als sich im Elend glücklicher Tage
erinnern", darunter gesetzt. Aber wie Jemand darauf verfallen
mag, Schatten, „die wie sanfte Tauben vorüberziehen" (ich
glaube, so lautet die Bezeichnung ungefähr), in Gyps, und
zwar nicht etwa im Relief, was denkbar wäre, sondern in

großen, schweren, aneinander hängenden Figuren darzustellen, von denen oben ein noch die gypserne thränenweinende Francesca nichts weniger als liebreizend erscheint, ist schwer zu verstehen. Die Körper haben viel Naturwahrheit, ihr Zusammenhalten ist sehr geschickt gemacht, aber schön ist die Gruppe nicht, von soviel Talent sie auch zeugen mag.

So ist es denn beinahe, als ob die hiesigen Deutschen zu weit gingen in dem Festhalten an dem Ausspruch ihres Dichters: „Nur daß die Kunst gefällig sei" — und als ob die Franzosen wirklich an das Paradoxon glaubten: le laid c'est le beau! (Das Häßliche ist das Schöne!), das unter den Romantikern eine Zeit lang zu einer Art von Schiboleth erhoben, noch nicht beseitigt ist. Dieses Abirren auf den Weg des Häßlichen ist aber nicht ein bloßer Zufall. Dieses Abgehen von der Schönheit, wie die antiken Bildwerke und die Bilder der Perugino, Rafael, Tizian und ihrer Nachfolger sie uns in ihren Schöpfungen hinterlassen und in die Seele geprägt haben, ist ein ganz bewußtes Thun, ist auf die Grundsätze einer bestimmten Schule zurückzuführen. Wir haben in den Ausstellungen der letzten Jahre in Berlin davon die Beweise mehr und mehr vor Augen gehabt, und es wäre Noth, daß man die Betrachtungen darüber einmal zusammenfaßte und sich fragte: Wohin kommen wir auf diesem Wege?

Einundzwanzigster Brief.
Frühling in Rom.

Es ist ein großer Irrthum der vom Norden kommenden Reisenden, wenn sie zu wissen meinen, was der Süden ist, sofern sie denselben, wie die Mehrzahl thut, nur im Winter kennen lernen. Man behauptet, und wahrscheinlich mit Recht, daß Petersburg sich im Winter am schönsten darstellt; und es ist gewiß mit gleichem Rechte zu behaupten, daß man den Süden nur im Sommer völlig kennen lernen kann. So weit es Rom betrifft, muß man das späte Frühjahr dort verleben, um sich zu überzeugen, wie schön Rom sein kann, wenn die Wintermonate, der Dezember und der Januar, vorüber sind, die sich auch hier fühlbar und geltend machen. Denn die nordischen Bäume werfen ihr Laub in Rom sammt und sonders wie bei uns zu Hause ab. Die Ulmen, die Rüstern, die Platanen haben kahle Aeste. Die feineren Blumenarten machen im Blühen einen Stillstand; und wenn schon der Fremde, der von jenseits der Alpen nach Italien kommt, sich hier mitten im Winter auch im Süden empfindet und im Sommer zu leben glaubt, so fühlt Derjenige, der hier eingelebt ist, dennoch, daß es auch in Rom winterlich sein kann, und genießt den Frühling und sein rasches, feuriges Werden mit eben so großem Entzücken, als hätte er in der Heimath viele traurige Monate ohne Licht und Wärme, ohne Grünen und Blühen in „der Straßen quetschender Enge" zugebracht.

So oft ich im Süden den Frühling erwachen sehen, habe ich an die heiß auflobernde, plötzlich in vollen Flammen stehende Liebesgluth von Shakespeare's Romeo und Julia gedacht. Ein Augenblick des scheuen Erwachens, des zurückhaltenden Zögerns, und sie ist da in aller ihrer überwältigenden Pracht. So war es auch in diesem Jahre hier wieder mit dem Frühling, obschon der Januar kälter gewesen ist, als ich ihn jemals in Rom erlebt, und obschon der März uns seine hier sprichwörtliche launenhafte Unfreundlichkeit empfindlicher als gewöhnlich zu kosten gegeben hat.

Dafür aber ist es etwas ganz Herrliches jetzt, in den frühen Morgenstunden einen Gang durch die Gartenanlagen auf dem Monte Pincio zu machen, die, ganz abgesehen von dem wundervollen Blick über Rom und bis zum Gebirge hinaus, mir in gartenkünstlerischer Hinsicht immer als das Vollendetste erschienen sind, was auf einem so kleinen Raume geleistet werden kann; denn den ganzen Umkreis der Abplattung auf dem Berge, zu welchem breite Terrassen mit vortrefflichen Fahrwegen hinanführen, umgeht man hinschlendernden Schrittes in zwanzig bis fünfundzwanzig Minuten.

Und auf diesem engen Raume ist eine Fahrstraße geschaffen, in welcher sich allabendlich um Sonnenuntergang Hunderte und Hunderte von Wagen in bequemer Sicherheit zur Korsofahrt bewegen, wenn sie nicht auf dem mit prächtiger Balustrade umgebenen Vorsprung gen Westen hin Halt machen, um der Militärmusik zuzuhören oder der Unterhaltung zu pflegen, wie in einem großen Gesellschaftssaale. Die Männer steigen dann aus den dicht neben einander stehenden Wagen und gehen zwischen denselben, mit den Frauen plaudernd, hin und wieder, während man von Wagen zu Wagen sich gleichfalls unterhält. So lange das jeweilige Musikstück dauert, kann kein Wagen sich von seinem Platze rühren. In den Pausen erst wird eine Bewegung möglich, die aus Gewohnheit und Nothwendigkeit die regelmäßige Straße einhält, und nebenher von Polizeibeamten innerhalb derselben festgehalten, ohne jede Störung, ohne das bei uns nur zu übliche Zanken und Schreien der Kutscher, anmuthig von Statten geht.

Neben den Fahrwegen die schattigsten Alleen, die lauschigsten Bosquets. Springbrunnen steigen aus weiten, schön verzierten Becken in die Höhe; Quellen, an denen zahllose Vögel zur Tränke kommen, rieseln durch den üppig grünen Rasen. Unter Bäumen fast verborgen eine Turnhalle für die männliche Jugend. Die Alleen entlang zu beiden Seiten, auf angemessenen Sockeln, nach den Jahrhunderten geordnet, die

Büsten der berühmtesten Römer und Italiener, von Scipio abwärts oder hinauf, bis zu den Helden und Dichtern, Denkern, Künstlern und Staatsmännern unserer Tage, auf daß die Namen ihrer großen Männer der Jugend früh geläufig werden. Marmorsitze, schöne eiserne Bänke überall! — Und das Alles verschönt durch eine Blumen= und Blüthenfülle, deren Duft etwas Berauschendes hat. Rosen, Levkoyen, Goldregen, spanischer Flieder, Rhododendron, Kamelien, Azaleen, wohin das Auge sieht. Hoch von den Gipfeln der Pinien, der Cedern, der Araukas und anderer mir dem Namen nach unbekannter Bäume, hängen die traubenartigen lila Blüthen der Glyzinien, der weißen, gelben, rothen Kletterrosen hernieder, die sich emporgerankt bis zu des Baumes höchster Spitze. Vergißmeinnicht blühen an dem Rand der Wasser. Ganze Massen von schönkelchiger weißer Calla heben ihre Stengel aus den Wasserbecken und Grotten zwischen dem feinen braunstengligen Grün des Venushaars hervor. Gelbe Butterblumen glänzen uns dazwischen heimathlich entgegen. Die weißen Akazien, die rothen Judasbäume, die Kastanien, die Mandeln, der Kirschbaum und der Apfelbaum stehen in voller Blüthe. Die Knospen der Orangenbäume fangen sich zu öffnen an und erfüllen mit ihrem Dufte den ganzen Raum. Schlanke Schwarzdrosseln hüpfen über den Rasen, die Schmetterlinge gaukeln durch die Luft, und rasch und flüchtig schlüpft die leichtbewegliche Lacerte aus dem Tuffstein an den Quellen hervor und über die Mamorbank hinweg, daß unser Auge ihrem zierlichen Erscheinen und Verschwinden kaum folgen kann.

Morgens aber, wenn kein Wagengerassel und keine Musik die Stille unterbrechen, wenn Nichts vernehmbar ist als der helle Vogelgesang und das Rauschen und Rieseln und Plätschern der Wasser, dann erst ist der Pincio schön. Alles leuchtet in dem frischen Thau der Nacht. Das Sonnenlicht huscht mit den Lacerten um die Wette über den Boden, wenn der Windhauch, der vom Meere oder aus den Bergen kommt, die Zweige der Bäume bewegt. Nur vereinzelt begegnet man einem Spaziergänger, und ab und zu sieht man Jemand, in sein Buch vertieft, auf einer der beschatteten Marmorbänke sitzen. Langsam dahinwallend blickt man die Marmorbüsten Michelangelo's und Andrea Doria's, Petrarca's, Leopardi's, Tasso's, Tizian's, Gioberti's, Giusti's, Garibaldi's und Mazzini's an, und blickt hinüber zu der Peterskirche und hinaus nach dem Monte Mario, nach der verfallenen Villa Madama, nach dem Kloster von Santa Maria del Rosaria, nach der Aqua Paolo und weit fort nach der anderen Seite hin in das Gebirge, wo die Lionessa und der Sorakte hervorragen aus den sanften Höhenzügen. Ach! mich dünkt, nirgend auf der Welt läßt es sich so köstlich sinnen und träumen als auf dieser Höhe, nirgend empfindet man Glück und Leid so in sich selbst verklärt wie hier! An manchem lieben Morgen bin ich Ferdinand Gregorovius, meinem Landsmann und alten Freunde, da oben begegnet, der sein Rom auch so für sich allein genießen wollte; das Rom, zu dessen großen Geschichtsschreibern und zu dessen Ehrenbürgern der tiefsinnige, immer noch schöne Mann gehört.

    Wird es dann acht Uhr am Morgen, so kommen die Schüler der Propaganda zum Vorschein, ihren Spaziergang zu machen. Die Schweizer in den feuerfarbenen Soutanen, die Deutschen schwarz mit feuerrothen Paspoilen, die Schotten und Engländer schwarz und violett gekleidet. Dann geht einmal ein Bischof, mit grünem Gürtel und grünen Quasten auf dem Hute, ein Monsignor in Violetttracht durch die Alleen; und es ist eine Freude zu betrachten, wie diese faltenreichen langen, farbigen Gewänder schön aussehen in dem

Sonnenlichte und in der offenen Natur. — Noch ein wenig später erscheinen die Klassen der weltlichen Schulen. Sie sammeln sich auf dem Platze vor der Kirche von Trinita di Monte, treiben um den alten Obelisken ihre Spiele, vermuthlich in einer Zwischenstunde; und kehrt man dann von dem offenen Platze in die Via Sistina zurück, so rührt zu beiden Seiten der Straße das Kunsthandwerk die fleißigen Hände.

Fast Haus bei Haus ist eine Werkstatt im Erdgeschoß zu finden. Mosaik- und Bronzearbeiter, Rahmenfabrikanten, Gemmenschneider, Gypswaarenarbeiter, Marmorare, Kunsttischler, Elfenbeinschnitzer u. s. w. u. s. w.

Ich glaube kein Ort auf der Welt ist so sehr wie Rom dazu geeignet, Kunstbetrachtungen im großen Ganzen und daneben in allen und über alle Theile der Kunst bis in das kleinste Kunsthandwerk erfolgreich anzustellen. Denn hier ist seit Jahrtausenden zusammengehäuft worden, was die verschiedenen Zeiten und Völker an Kunstwerken hervorgebracht. Hieher hat man die bedeutendsten Künstler in den Tagen ihrer höchsten Meisterschaft berufen; und gerade durch den Anblick desjenigen, was diese Meister in Rom geschaffen haben, und all' jenes Anderen, was man in den Tagen der großen päpstlichen Macht, durch diese Macht und ihre gewaltigen Mittel in Rom, als in dem Mittelpunkt der damaligen Welt, ansammeln konnte, haben sich hier jene Fertigkeit und Geschicklichkeit in der Kunst und im Kunsthandwerk herausgebildet, die uns auf Schritt und Tritt entgegentreten, ja die uns überraschen, wenn wir in unseren bescheidenen Zimmern zu den in der Regel mit allerlei zierlichem Bilderwerk bemalten Decken in die Höhe blicken. Denn auch diese arabeskenhaften Zimmermalereien, die in Deutschland erst seit Kurzem sichtbar zu werden beginnen, sind in Rom ganz unverkennbar auf die uralten Vorbilder zurückzuführen.

Ach! es ist etwas Schönes und Großes für den Menschen, unter einem sonnigen Himmel, in einer schönen Natur, in einem milden Klima, in einem alten Kulturlande geboren zu werden und als ein Angestammtes in das Leben mit hinein zu bringen, was wir Anderen uns erst mühsam anzueignen haben! Tüchtig, kräftig, beharrlich macht diese Anstrengung uns freilich, und ich bin gewiß die Letzte, die ihres Vater= landes und ihres Volkes Eigenschaften unterschätzt; aber schön ist die Anmuth in dem Wesen der Südländer, der Romanen, dieser Italiener, die man mit Wenigem befriedigt, und deren freundliche, formvoll höfliche Weise im täglichen Verkehr für uns, die wir sie nicht gewohnt sind, eben so wohlthuend als bestechend ist. Man macht darüber oft sehr artige Er= fahrungen.

So war ich neulich einmal genöthigt, einer Arbeiterin eine eigens für mich bestellte Arbeit zurückzugeben. Ich that es mit einer Entschuldigung, denn sie hatte sie ganz neu zu machen, und ich hatte mich darauf gefaßt gehalten, sie höher, wenn nicht doppelt bezahlen zu müssen. Am anderen Tage brachte sie mir die neue Arbeit. Als ich sie um den Preis befragte, nannte sie einfach die fünf Lire, die sie für dieselbe gefordert hatte. — „Aber Sie haben die Arbeit zweimal machen müssen und können die erste schwerlich verwerthen!" bemerkte ich. — „Es war meine Schuld, daß ich sie ver= paßte!" entgegnete das Mädchen. Ich dankte ihm. „Oh! Sie haben nicht zu danken; aber es macht mir Vergnügen, Sie jetzt zufrieden gestellt zu haben!" gab sie mir zur Ant= wort und war voll freundlichen Dankes, als ich ihr unauf= gefordert eine Kleinigkeit vergütete. —

Und ich bin durchaus nicht die Einzige, die mit römischen Arbeitern und Arbeiterinnen so angenehme Erfahrungen ge= macht hat. Alle meine Bekannten waren ihres Lobes voll.

Es ist ein gutes, ein liebenswürdiges Volk, mit dem man's hier zu thun hat.

Zweiundzwanzigster Brief.
Ein Amerikaner über die Begabung der Italiener.

Rom, Ende April 1878.

Wie freundlich der Zufall uns oft in die Hände arbeitet! Heute, da ich dies Papier zur Hand nehme und in ihm das Lob italienischer Kunstgeschicklichkeit und Höflichkeit in den zuletzt von mir geschriebenen Zeilen wieder lese, wird das Werk des Amerikaners Draper über die „Geschichte der geistigen Entwickelung Europa's" mir von Freunden mitgetheilt. An dem zusammenfassenden Schlusse dieses Werkes finde ich ein Kapitel, welches die Bedeutung Italiens und der Italiener in einer Weise anerkennt, wie ich sie nie zuvor habe geltend machen hören.

Der Verfasser sagt: „An dem wissenschaftlichen Fortschritt, unter dessen Triumphen wir leben, sind alle Nationen Europa's betheiligt gewesen. Einige beanspruchen mit einem verzeihlichen Stolze den Ruhm, vorangegangen zu sein. Allein vielleicht würde jede von ihnen, wenn sie das Land und die Nation bezeichnen müßte, welche den Ehrenplatz einnehmen sollten, Italien auf ihren Wahlzettel schreiben. In Italien wurde Columbus geboren; in Venedig wurden Zeitungen zuerst herausgegeben. In Italien wurden zuerst die Gesetze vom Fall der Körper zur Erde und vom Gleichgewicht der Flüssigkeiten durch Galileo bestimmt. Im Dom von Pisa verfolgte dieser berühmte Philosoph das Schwingen des Kandelabers und verließ, beobachtend, daß seine Schwingungen, groß und klein, in gleichen Zeiten gemacht wurden, das Gotteshaus, ohne seine Gebete gesprochen zu haben, nachdem er die Pendeluhr erfunden hatte. Den venetianischen Senatoren zeigte er zuerst die Trabanten des Jupiter, die Halbmondform der Venus, und im Garten des Kardinals Bandini die Flecken auf der Sonne. In Italien erfand Sanctorio das Thermometer, konstruirte Torricelli das Barometer und bewies den Druck der Luft. Dort war es, wo Castelli den Grund der Hydraulik legte und die Gesetze des Fließens des Wassers entdeckte. Dort auch wurde das erste christliche astronomische Observatorium errichtet, und dort zählte Stancari die Zahl der Schwingungen einer musikalische Töne aussendenden Saite. In Italien entdeckte Grimaldi die Beugung des Lichts, und die Florentiner Akademiker zeigten, daß dunkle Wärme durch Spiegel mitten durch den Raum zurückgeworfen werde. In unserer Zeit lieferte Melloni das Mittel zu beweisen, daß sie polarisirt werden kann. Die ersten philosophischen Gesellschaften waren die italienischen, der erste botanische Garten wurde in Pisa errichtet, die erste Klassifikation der Pflanzen von Cäsalpinus gegeben. Das erste geologische Museum wurde in Verona gegründet: die Ersten, welche das Studium fossiler Ueberreste betrieben, waren Leonardo da Vinci und Fracaster. Die großen chemischen Entdeckungen dieses Jahrhunderts wurden durch Instrumente gemacht, welche die Namen Galvani's und Volta's tragen. Und warum brauche ich allein von der Wissenschaft zu reden? Wer will jenem berühmten Volke die Palme der Musik, der Malerei, der Skulptur und Architektur bestreiten? Die dunkle Wolke, welche tausend Jahre lang über jener schönen Halbinsel gehangen hat, ist mit Strahlen von Licht gesäumt. Es giebt kein Gebiet menschlichen Wissens, auf welchem Italien nicht Ruhm geerntet, keine Kunst, in welcher es sich nicht bewährt hätte!"

Mag man nun dieſer Anerkennung Italiens mit Recht die große Arbeit und den großen Antheil gegenüberſtellen, welche die anderen Völker für die Fortbildung der Menſchheit geleiſtet und gehabt haben, immer wird es auch dem oberflächlichen Beobachter in Rom bei jedem Ausgang und bei jedem Anlaß merkbar, daß er ſich auf einer der älteſten Kulturſtätten von Europa befindet, und man kann ſich kaum erwehren, den Zuſammenhang der vergangenen Zeit und ihrer Kunſtleiſtungen mit denen in unſeren Tagen zu vergleichen.

Irre ich nicht, ſo ſind neben den Spuren von Malerei, welche ſich in den Gräbern in der Campagna finden, die Wandmalereien in der Villa der Livia bei Prima Porta die älteſten in Rom. Vor eilf Jahren noch war es gewiſſermaßen ein Kunſtſtück ſie zu ſehen, denn der Aufſeher war Sakriſtan an einer im Korſo gelegenen Kirche. Kam man nach dieſer Kirche, ſo erfuhr man, daß er „draußen" ſei. Kam man hinaus, ſo erhielt man die Nachricht, daß er heute ausnahmsweiſe früh in die Stadt zurückgekehrt ſei; und eine beſtimmte Verabredung einzuhalten, erlaubten ihm ſeine kirchlichen Funktionen bisweilen nicht. Man mußte ein Sonntagskind ſein, um damals die glückliche Stunde zu treffen.

Jetzt iſt der Weg zu dem kleinen, kahlen Hügel, auf, oder richtiger, in welchem die Villa liegt, bequem zugänglich gemacht, und man ſteigt auf einer gut gehaltenen Treppe in die gewölbten, aber weder großen noch hohen Zimmer hinab. Die Farben in dem größten der Räume ſind vollkommen erhalten. Die Malereien ſtellen rund um das Zimmer ein Gartengehege dar. Sein vergoldetes Gitter zieht ſich gut gemalt etwa drei Fuß hoch am Boden hin. So wird es alſo in den kaiſerlichen Gärten ausgeſehen haben. Unter blauem Himmel iſt ein dichter Baumwuchs dargeſtellt: Laub- und Nadelholz, Fruchtbäume und Buſchwerk in enger Verbindung. Pinien, Palmen,

Orangen- und Granatbäume mischen sich untereinander. Die reifen Früchte hängen im Gezweige und eine Menge von Vögeln, Goldammern, Wiedehopfe, Eisvögel ꝛc. fliegen umher oder sitzen in dem Dickicht. Alles ist mit großer Naturtreue wiedergegeben, und ein ganz entschiedenes Geschick ist in der Arbeit nicht zu verkennen, die vielleicht nur in einem Zimmer für untergeordnete Zwecke angewendet worden ist, denn nach einem Prachtgemache sieht der Raum nicht aus.

Ganz dasselbe gilt von den Zimmern in dem sogenannten Hause der Livia mitten in den Trümmern der Kaiserpaläste. Die Räume sind auch nur klein, und es ist ja völlig unmöglich zu bestimmen, wer sie bewohnt, welchen Zwecken sie gedient haben, ob man die Zimmer einer fürstlichen Frau oder die einer Dienenden in denselben vor sich hat. Wenn man die Fülle und die Verschiedenfarbigkeit des Marmors in Betracht zieht, dessen Bruchstücke man in den alten Bauwerken findet, so kann man es sich kaum anders vorstellen, als das die von den Reichen und Vornehmen bewohnten Gemächer ihre Wand-zierde nicht in al fresco gemalten Mauern, sondern in Marmor-mosaiken mit Marmorreliefs und Hautreliefs gehabt haben müssen, wie man sie z. B. in dem großen Saale der Villa Albani antrifft. So oft ich denselben besucht, hat sich mir der Gedanke aufgedrängt: so müssen die Säle in den Kaiserpalästen einst ausgesehen haben. Diese Wände von blaßgrauem, schön geadertem Marmor, diese Abtheilungen durch weiße Marmor-einlagen, auf deren Grunde sich die schönsten Mosaiken in pietra dura, Blumengewinde, Thierbildungen, Arabesken in einander verschlungen emporranken; diese herrlichen Bildhauerarbeiten, die, der Architektur völlig untergeordnet und einverleibt, nur als Unterbrechung der Flächen erscheinen, diese Goldbronze in den Höhlungen und Wölbungen des Deckenansatzes, in denen auch wieder das marmorne Gebild sich einfügt — so, von solcher aus dem edelsten Material zusammengesetzten Schönheit ausgestattet, habe ich mir die Kaiserpaläste immer vorgestellt. Was ich dann in dem Museo Borbonico, in den Häusern in Pompeji und in den Titusthermen von Wandmalereien gesehen, das hat mich immer in der Vermuthung bestärkt, daß der Ausschmuck mit Wandmalerei sich zu dem Schmuck der Paläste verhalten haben werde, wie in unseren Tagen die Tapeten der Bürgerhäuser zu den Damast= und Sammetbekleidungen der Wände in den Häusern der Reichen und der Fürsten. Aber meine Bewunderung für jene Leistungen in der Wandmalerei, die uns erhalten geblieben sind, ist dadurch nur gestiegen.

Auch die drei Zimmer in dem sogenannten Hause der Livia sind, wie ich vorhin bemerkte, nicht geräumig; der Maler hat es jedoch verstanden, sie für die Phantasie dadurch auszuweiten, daß er die mythologischen Scenen, mit denen er sie geschmückt, als außerhalb des Zimmers vor sich gehend, dargestellt hat. Ein schön verziertes Paneel schließt sich dem Fußboden an. Ueber demselben bilden die gemalten Pilaster freie Ausblicke wie durch weit geöffnete Thüren, und durch diese sieht man in die Landschaft hinaus, in welcher die Mythen von Polyphem und Galathea, von Argos und Jo uns vorgeführt werden.

Das letztere Gemälde, um ein Viertel höher als breit, ist am besten erhalten. Ein Felsblock, vor dem auf einer mächtigen Säule sich die bekleidete Statue der Göttin erhebt, nimmt die Mitte des Bildes ein. Jo, eine volle, jugendlich schlanke Gestalt, ist sitzend an die Säule gefesselt. Ein dunkles Gewand, das sie mit der rechten Hand über der Brust zusammenfaßt, läßt nur die linke Seite des Oberkörpers und den entblößten linken Arm frei. Etwas hinter den Felsblock zurückgetreten, hält Argos stehenden Fußes, einen Stab oder einen Speer in der Rechten, das Auge fest auf die Gefangene gerichtet, seine Wacht; während in der entgegengesetzten Seite des Bildes der den Fels raschen Schrittes emporsteigende Gott sich der Gefangenen nähert. Er ist schlank, langbeinig und nervig wie der Borghesische Fechter, wie der schöne Prometheus der Galerie Torlonia; und diese Langgliederigkeit giebt der Gestalt eine große Leichtigkeit in der raschen Bewegung. Der Körper des Argos ist völlig nackt, wie der des Mercur. Nur daß dieser die Chlamys über den linken Unterarm und die Hand geworfen hat, so daß sie das Schwert zum Theil verdeckt. Nur die Lanze trägt er frei und offen. Argos und Jo werden ihn gleichzeitig gewahr. Die Hand auf das Gestein stützend, den Fuß vorwärts gesetzt, wie Einer, der sich, von einem Unerwarteten betroffen, schnell erheben will, wendet sie das schwarzlockige Haupt mit weit geöffneten Augen dem nahenden Gott zu, nicht wissend, was ihr sein Erscheinen zu bedeuten habe. — Die Bildung und der Ausdruck der drei Köpfe sind ungewöhnlich schön und sprechend, die Gestalten edel, voller Bewegung und von einer Richtigkeit der Zeichnung, die eine vollkommene Meisterschaft verräth. Auch die Farben in diesem Bilde sind noch schön, was bei den anderen nicht mehr in dem gleichen Grade der Fall ist.

Ueber dieser Darstellung zieht sich eine Art von Fries rund um das Gemach zwischen den kannelirten Säulen hin, welche die Rahmen für die mythologischen Bilder abgeben. Schwere Blumen- und Fruchtguirlanden, in deren Mitte gehörnte Satyrmasken, Gartengeräthschaften, Reisegeräthschaften niederhängen, reichen von Säule zu Säule. Hinter den Säulen, auf gelbem Grunde, landschaftliche Schilderungen; Ansichten von Städten, in denen Menschen umhergehen, Tempel in Trümmern, Triumphbogen, Gebäude aller Art. Darüber noch einmal buntes Arabeskenwesen: Pfauen, Greife und derlei. Die Darstellungen bilden kein in sich fest bedingtes organiſches Ganzes, aber ein hübſch gegliedertes Neben= und Durcheinander.

Soviel ich an Ort und Stelle und auf den ſehr undeut= lichen Photographien des Frieſes, der ſehr gelitten hat, er= kennen konnte, kommt in den landſchaftlichen Bildern kaum ein Baum vor; und das fiel mir auf, weil Bäume auch in den pompejaniſchen Wandgemälden, wie ich glaube, ſelten vorkommen. Sie geben Luft und Erde und Meer und Architektur, und vor Allem den Menſchen mit den Dingen, mit welchen er zu thun hat, in vollkommenſter Naturwahrheit wieder. Sie malen den Weinſtock und die an Geländen nieder= hängenden Trauben, welche Knaben oder Genien brechen und zur Kelter bringen, aber für den Wald oder auch für den einzelnen Baum geben ſie uns immer nur einen oder ein paar Stämme mit ein paar kaum belaubten Zweigen, mit leicht zu zählenden Blättern, ſo daß man es wirklich nur für das Symbol eines Baumes gelten laſſen kann.

Dagegen ſind in dem Hauſe der Livia in dem als Speiſeſaal bezeichneten Zimmer Glasgefäße eigenthümlicher Form, mit Früchten angefüllt, ſehr gut erhalten und gemalt; und überall iſt die Eintheilung und Benutzung der Fläche ſo geſchickt gemacht, daß ſie das Auge angenehm beſchäftigt.

Dieſer nämliche gute Geſchmack, oder dies Gefühl für die richtige Vertheilung und Benutzung der Wände, ſetzt ſich durch die Jahrhunderte fort. Von den Loggien und Stanzen des Vatikans, durch die Paläſte der Fürſten, durch die Villen in der Campagna, bis in die Speiſeſäle der Gaſthäuſer und bis in die Deckenverzierungen meiner Stuben kann ich das ver= folgen.

Für uns, die wir gewöhnt ſind, uns in Zimmern zu bewegen, deren Wände von oben bis unten mit meiſt häßlichen, halbweg geometriſchen Linien, mit den ſich wiederholenden

Figuren und Schnörkeln der Tapeten bedeckt sind, von denen man in gesunden Tagen beleidigt wird und in kranken Tagen zu leiden hat, wenn das Auge in fiebernder Hast die ewigen Wiederholungen zu zählen unternimmt, während es an den kahlen Decken haltlos hin und wieder irrt, für uns hat es etwas das Auge Erquickendes, innerhalb der Zimmer nicht nur durch angehängten, sondern durch einen Bildschmuck gefesselt zu werden, der dem Raume eignet.

Es hat mir, ja wie soll ich's nennen? es hat mir ein Gefühl von geistiger Vornehmheit gegeben, so oft ich im Laufe dieses Winters in den Sälen des Palazzo Costagutti an der Piazza della Tartaruga der Gast einer deutschen Familie gewesen bin, die, im Sommer auf ihren Gütern in der Heimath lebend, sich in Rom in dem Palazzo Costagutti eine feste Heimath für den Winter eingerichtet hat. Es waren aber nicht die schweren dunkelrothen und kornblauen Seidenstoffe, welche die Wände bedeckten, sondern die großen Deckengemälde von Domenichino und Guercino, die mir jenen Eindruck machten. Das erste dieser Bilder hatte für mich einen wahrhaft bannenden Zauber.

Im weiten Blau eines lichten Aethers zieht der goldgelockte Sonnengott, den Purpurmantel auf den Schultern, von seinem Wagen seine Rosse lenkend, achtlos der Erde, über sie hinweg. Aber unter der von ihm durchmessenen Bahn schwebt eine Frauengestalt, von weißen Schleiern theilweise verhüllt, die, von einer Greisesgestalt verfolgt, eben von ihr ergriffen wird. Das dunkle Gewand, die nächtlichen Flügel und seine andern Attribute kennzeichnen den Gott der Zeit. Er hält die verhüllte Wahrheit in ihrem entschwindenden Fluge auf. Mit fester nerviger Hand hat er sie erfaßt, und mit raschem Griffe reißt er die Schleier hernieder, die ihre strahlende Schönheit verhüllen, während sie das leuchtende

Haupt zum Himmel emporhebt, dessen sonnige Klarheit sie im Widerschein erglänzen macht. Einen schöneren Frauenkörper, ein klareres Menschenantlitz habe ich nicht gesehen; und so oft ich in dem Saale meine Augen zu dem schönen Deckengemälde emporgehoben, habe ich mich der sinnenden Frage nicht entschlagen können, welche Erlebnisse oder Ereignisse es gewesen sein mögen, die den Besitzer des Palastes veranlaßt haben, eben diesen allegorischen Vorgang an der Decke seines Saales zur Ausführung bringen zu lassen? — Man malt, wie Guercino in dem Nebensaale, wohl eine schöne Armida und einen Rinald aus freiem Antrieb, wenn man einen Saal zu schmücken hat; aber jene Allegorie muß, wie ich glaube, einen bestimmten Zusammenhang mit der Geschichte des Hauses und seiner Besitzer haben, und ich bin nicht müde geworden, darüber nachzudenken.

Mehr oder weniger schöne Deckengemälde finden sich in allen diesen italienischen Palästen; und auch in den Schlössern auf dem Lande begegnet man der Wandmalerei. Als wir im Anfang des April einmal zu Wagen eine Landfahrt durch das Albaner-Gebirge über Albano, Arricia, Genzano, Castel Gandolfo, Grotta Ferrata, Marino machten, nahmen wir in Albano unsern Mittag in dem ehemaligen kleinen Palazzo Feoli ein, in welchem im Jahre 1867, zur Zeit der in Albano grauenhaft herrschenden Cholera-Epidemie, die Königin-Mutter von Neapel mit ihren beiden Kindern der Seuche zum Opfer gefallen war.

Jetzt ist dieser Palast in das sehr wohlgehaltene Hôtel de Paris verwandelt, dessen große Säle im Sommer einen sehr angenehmen Aufenthalt bieten müssen. Aber eben diese großen Säle sind vortrefflich gemalt. Große römische Architektur, wie z. B. die Fontana Trevi; Ansichten von anderen Städten und Gegenden bedecken die Wände, und daneben sind über den Paneelen, in den Friesen, in den Fensterbrüstungen, überall wieder diese Arabesken zu finden, die, aus dem tiefen Alterthum kommend, mich auch in meinen Stuben in Rom erheitern. Es hat etwas sehr Anmuthendes, dem Spiel der Phantasie zu folgen, das aus den Kelchen der Blume sich einen hübschen Frauenleib entstehen macht, das Genien auf schwanken Säulchen sich behaupten läßt, das die kleinen Seepferdchen durch die Fluthen führt und sich in ein Getändel von Linien verliert, die nichts Bestimmtes mehr bedeuten und doch unserem Auge wohlthun und es an sich fesseln. Dazwischen finden sich denn in den neuern römischen Häusern neben den herkömmlichen pompejanischen und altrömischen Gestalten von Menschen, Nymphen, Meermännern und Meerweibern, jetzt vielfach landschaftliche, durchaus nicht schlecht gemachte Schilderungen; und so groß ist in diesen Südländern das Bedürfniß nach Farbe und nach festgestalteter anschaubarer Form, daß ich selbst in den schlechtesten Miethswohnungen, zwischen dem Gebälk der Decke, die Räume mit Violinen und Tambourins, mit Köcher und Bogen, mit Blumen und Früchten, mit Vasen und Krügen in ziemlich wahllosem Durcheinander bemalt gefunden habe.

Es ist dies Malenkönnen eine uralte, dem Volke fast zur Natur gewordene Technik, und gerade deshalb ist es mir aufgefallen, daß nach bestimmten Seiten hin die Industrie keinen Vortheil von dieser Geschicklichkeit der Eingeborenen zu machen weiß. So konnte ich z. B. zur Weihnachtszeit, als ich ein paar Kleinigkeiten nach Deutschland zu senden wünschte, nicht einen Bilderbogen mit römischen oder italienischen Landschaften, mit Scenen aus dem römischen und italienischen Volksleben, ja nicht einmal in Italien gemachte Bilderbogen mit italienischen Soldaten in den Läden finden. Dafür gab es billige kleine Hefte mit photographirten Ansichten und eben solche mit italienischen kolorirten Volkstrachten, die man eben nur noch in der Photographie und in der Malerei zu sehen bekommt. Es wäre schade, wenn auf diese Weise die Maschine und die Chemie am Ende dem Geschick der Menschenhand seine Fähigkeit raubten. Aber ein Werkführer aus einer unserer Bilderbogenfabriken könnte, wie ich glaube, in Rom bald geschickte Hände finden und wahrscheinlich auch vortreffliche Geschäfte machen.

Dreiundzwanzigster Brief.
Die Antiken-Galerie des Fürsten Alexander Torlonia.

Rom, 27. April 1878.

„Mit Rom wird man nicht fertig, wenn man auch noch so lange dort lebt und seine Zeit noch so fleißig benutzt, es kennen zu lernen!" pflegte unser Freund, der jetzige deutsche Gesandte in Washington, Freiherr Kurd von Schlözer, zu sagen, als er noch Legationsrath und in Rom war, das er liebte, und verstand, wie es geliebt und verstanden zu werden verdient.

Die Erkenntniß dieser Wahrheit und das natürliche Gefühl, sich vor dem Nichtzuüberwältigenden zu bescheiden, haben mich, so oft und so lange ich das Glück gehabt habe, in Rom zu verweilen, immer sehr ruhig im Genießen desjenigen gemacht, was die ewige Stadt einem gebildeten Menschen zu bieten hat. Gegenüber der jetzt möglich und üblich gewordenen Hast, mit welcher man die Welt durchjagt und mit welcher die Leute Rom in vier Wochen, oder gar in zehn und vierzehn Tagen „absolviren", habe ich mir manchmal mit Verwunderung eingestehen müssen, daß diese unermüdlichen Beseher, die das

Besehen wie jeden anderen Sport als Kraftäußerung betreiben, mitunter in ihren wenigen Tagen Vielerlei abgethan hatten, was mir im Laufe der drei Winter, welche ich in Rom verlebt hatte, fremd und unbekannt geblieben war. Wenn sie mir von der oder jener, nur an einem Tage in jedem Jahre geöffneten Kirche, von der oder jener neuen Ausgrabung als von einem Höchsten, Wundervollsten, berichteten, so habe ich ihnen immer ruhig zugehört und mir gesagt: so viele Jahrhunderte waren vor mir, so viele werden nach mir sein. In der Endlichkeit und der Beschränktheit, die unser Loos ist, ist Beschränkung und Ergründung dessen, was uns eben genehm und werth ist, sicherlich das Fruchtbringendste für die innere Befriedigung; und es hat mich dann niemals angefochten, wenn ich von einem Kunstwerk, einer Kirche u. s. w. einzuräumen hatte, daß ich sie nie gesehen. Ich hatte dabei ein ganz ruhiges Gewissen. Ich hatte auf meine Weise mein Theil von Rom gehabt und ich hielt mich an das Wort von Goethe: Sehe Jeder, wie er's treibe!

Heute aber befinde ich mich einmal in dem Falle, den zahlreichen Rom=Besuchern unter meinen Lesern die Frage vorlegen zu können: „Haben Sie das Museum Torlonia in Trastevere gesehen?" Und ich glaube, es werden nicht Viele sein, die diese Frage bejahen können, denn Fürst Alexander Torlonia, der als gegenwärtiger Besitzer der Villa Albani diese letztere nach altem Herkommen allwöchentlich einmal den Besuchen des Publikums öffnet, hält die andere noch bedeutend größere Sammlung von Antiken, die er besitzt, ganz und gar verschlossen. Sie ist der großen Menge der Fremden nicht zugänglich. Selbst von den Einheimischen haben nur wenige sie gesehen und es bedarf immer einer ganz besonderen persönlichen Vermittlung, den Eintritt in dieselbe zu erwirken.

solche mit italienischen kolorirten Volkstrachten, die man eben nur noch in der Photographie und in der Malerei zu sehen bekommt. Es wäre schade, wenn auf diese Weise die Maschine und die Chemie am Ende dem Geschick der Menschenhand seine Fähigkeit raubten. Aber ein Werkführer aus einer unserer Bilderbogenfabriken könnte, wie ich glaube, in Rom bald geschickte Hände finden und wahrscheinlich auch vortreffliche Geschäfte machen.

Dreiundzwanzigster Brief.
Die Antiken-Galerie des Fürsten Alexander Torlonia.

Rom, 27. April 1878.

"Mit Rom wird man nicht fertig, wenn man auch noch so lange dort lebt und seine Zeit noch so fleißig benutzt, es kennen zu lernen!" pflegte unser Freund, der jetzige deutsche Gesandte in Washington, Freiherr Kurd von Schlözer, zu sagen, als er noch Legationsrath und in Rom war, das er liebte, und verstand, wie es geliebt und verstanden zu werden verdient.

Die Erkenntniß dieser Wahrheit und das natürliche Gefühl, sich vor dem Nichtzuüberwältigenden zu bescheiden, haben mich, so oft und so lange ich das Glück gehabt habe, in Rom zu verweilen, immer sehr ruhig im Genießen desjenigen gemacht, was die ewige Stadt einem gebildeten Menschen zu bieten hat. Gegenüber der jetzt möglich und üblich gewordenen Hast, mit welcher man die Welt durchjagt und mit welcher die Leute Rom in vier Wochen, oder gar in zehn und vierzehn Tagen "absolviren", habe ich mir manchmal mit Verwunderung eingestehen müssen, daß diese unermüdlichen Beseher, die das

Besehen wie jeden anderen Sport als Kraftäußerung betreiben, mitunter in ihren wenigen Tagen Vielerlei abgethan hatten, was mir im Laufe der drei Winter, welche ich in Rom verlebt hatte, fremd und unbekannt geblieben war. Wenn sie mir von der oder jener, nur an einem Tage in jedem Jahre geöffneten Kirche, von der oder jener neuen Ausgrabung als von einem Höchsten, Wundervollsten, berichteten, so habe ich ihnen immer ruhig zugehört und mir gesagt: so viele Jahrhunderte waren vor mir, so viele werden nach mir sein. In der Endlichkeit und der Beschränktheit, die unser Loos ist, ist Beschränkung und Ergründung dessen, was uns eben genehm und werth ist, sicherlich das Fruchtbringendste für die innere Befriedigung; und es hat mich dann niemals angefochten, wenn ich von einem Kunstwerk, einer Kirche u. s. w. einzuräumen hatte, daß ich sie nie gesehen. Ich hatte dabei ein ganz ruhiges Gewissen. Ich hatte auf meine Weise mein Theil von Rom gehabt und ich hielt mich an das Wort von Goethe: Sehe Jeder, wie er's treibe!

Heute aber befinde ich mich einmal in dem Falle, den zahlreichen Rom=Besuchern unter meinen Lesern die Frage vorlegen zu können: „Haben Sie das Museum Torlonia in Trastevere gesehen?" Und ich glaube, es werden nicht Viele sein, die diese Frage bejahen können, denn Fürst Alexander Torlonia, der als gegenwärtiger Besitzer der Villa Albani diese letztere nach altem Herkommen allwöchentlich einmal den Besuchen des Publikums öffnet, hält die andere noch bedeutend größere Sammlung von Antiken, die er besitzt, ganz und gar verschlossen. Sie ist der großen Menge der Fremden nicht zugänglich. Selbst von den Einheimischen haben nur wenige sie gesehen und es bedarf immer einer ganz besonderen persönlichen Vermittlung, den Eintritt in dieselbe zu erwirken.

Von allen meinen diesjährigen römischen Bekannten war Niemand in die Galerie gekommen, und doch hatte ich im Laufe der Jahre ab und zu von den in dem Museum Torlonia befindlichen Kunstwerken mit großer Bewunderung sprechen hören. Aber da wir Menschen alle mehr oder minder geneigt sind, das, was wir vor Andern voraus haben, zu überschätzen, so hatte ich mir gesagt: was kann denn neben den Sammlungen des Vatikans, des Kapitols, der Villa Borghese, der Villa Albani, noch so gar Bedeutendes vorhanden sein? Und ich hatte mich dann auch wieder bereits beschieden, das Museum Torlonia nicht zu sehen, als die Güte der dauernd in Rom lebenden und mit dem Fürsten Torlonia befreundeten Fürstin Caroline von Sayn-Wittgenstein mir freundlich die Möglichkeit eröffnete, jene Sammlung wiederholt in aller Muße zu betrachten. Und sie ist es, nach alle dem was Rom besitzt, im höchsten Grade werth, gesehen und womöglich von gründlichen Kennern studirt zu werden.

Weit abgelegen von dem Mittelpunkte der Stadt, nahe bei dem Palazzo Corsini, jenseit der Tiber, fährt man in eine enge Gasse hinein und hält vor einer jener unscheinbaren römischen Mauern, hinter denen sich ein Palast, ein Kloster, eine Stellmacherwerkstatt, oder wie in dem orientalischen Märchen von der Höhle Sesam eine Wunderwelt verbergen kann, und in diesem Falle in der That verbirgt.

Man klopft, die schwere hölzerne Pforte thut sich auf, man tritt in einen kleinen im Blütenduft schwimmenden Orangengarten. Ein langes barackenartiges, wie eine große Bildhauerwerkstatt anzusehendes Gebäude zieht sich längs dem Hofe hin. Marmorblöcke rechts, Skulpturfragmente links! Hier ein Stück Akanthusfries, dort ein Stück von einer Säule. In dem Vorraum restaurirte Torsen, eine weibliche als Diana dargestellte Portraitstatue. Der Raum so schlicht als möglich gegen das Innere des Gebäudes mit dunklem, grünem Leinwandvorhang abgetheilt. Man hebt ihn auf, und eine lange, lange Fernsicht thut sich auf, an deren Ende man eine schöne sitzende Frauenstatue erblickt.

Man sieht sich um, und schon die höchst einfache Einrichtung des Museums hat etwas ganz und gar Eigenthümliches und Besonderes. Nichts von Mauern, nichts von Säulen oder irgend einer prunkenden Architektur. Vorhänge von grüner, grober Leinwand theilen den Bau, der ein zweckmäßiges Oberlicht hat, in lange Galerieen. Jede dieser Galerieen ist durch eben solche Vorhänge, die derartig zurückgebunden sind, daß sie eben nur die Längenaussicht auf den Anfang und das Ende der Galerie gestatten, in mäßig große, viereckige Gemächer gesondert, und in jedem dieser Gemächer sind in der Regel zwei große Statuen und vier kleinere, oder zwei Statuen und vier Büsten aufgestellt. Diese Abgrenzung, diese jedesmalige Beschränkung, geben eine Ruhe, die sehr wohlthuend wirkt und in keinem andern Museum so zu finden ist. Das Auge wird durch Nichts beirrt, wird nicht durch rastlos verlockende Neugier von dem Gegenstande der jedesmaligen ·Betrachtung abgezogen. Einfache Stühle laden überall zu ruhigem Verweilen ein. Jedes einzelne Kunstwerk ist für sich selber da; jedes spricht gesondert für sich selbst zu uns. Es ist Alles so einfach als zweckmäßig, und es ist wohl zu verstehen, wie der Gründer dieser Sammlung gerade auf diese Weise in ihr einen Schatz und eine Gesellschaft besitzt, die er, so lange er lebt, nur für sich selbst genießen, an der er seine ausschließliche, nur von Wenigen, denen er es gönnt, getheilte Freude haben will. Man kann das, ich wiederhole es, sehr wohl verstehen, wie sehr man auch Andern die großen und schönen Eindrücke wünschen mag, deren man selber in dem Museum theilhaftig geworden ist.

Die Sammlung setzt sich aus fünfhundertundsiebzehn Stücken zusammen. Fast der vierte Theil derselben, nämlich einhundertfünfzehn Stücke, und es sind die schönsten Werke darunter, entstammen der Galerie Giustiniani, welche, wenn ich nicht irre, schon der Vater des Fürsten Alexander an sich gebracht hatte. Dreißig Kunstwerke, unter ihnen einige der kolossalen, durch ihre Reliefs berühmten Vasen, sind der Villa Albani entnommen, die der Fürst Alexander Torlonia im Jahre 1866 von der Familie Castelbarco kaufte. Verschiedene andere Statuen und Büsten kommen aus den Sammlungen Cavaceppi und Vitali; aber eine große, vielleicht die größere Zahl sind neue Funde, welche durch Ausgrabungen in den weit verbreiteten Besitzungen des Fürsten, in Porta, in der Villa des Claudius, in der Villa der Quintilier, in der Villa Torlonia auf der Via Nomentana ans Tageslicht gefördert, oder, sofern sie auf andern Gebieten, wie in der Villa des Hadrian oder in Roma Vecchia und an zahlreichen andern Orten gefunden, von dem kunstliebenden Fürsten für seine Sammlung erworben worden sind.

Alle diese Kunstwerke sind, und das wird vielleicht von den eigentlichen strengen Archäologen bedauert werden, vollständig, aber sehr geschickt und sehr gewissenhaft restaurirt. Ein erklärender Katalog von P. E. Visconti gibt zugleich die Fundorte an; und man geht auf diese Weise wohl geführt aus einem der Räume in den andern, in genießendem Erstaunen über eine Zeit, in welcher durch das ganze Land hin, bis in die Villen und bis in die kleineren Städte, Kunstwerke in solcher Fülle und von solcher Schönheit verbreitet waren, wie wir sie auch in dieser höchst merkwürdigen Galerie in so überraschend großer Anzahl beieinander finden.

Zu dem Eigenartigsten, was mir von antiker Plastik, soweit es den Vorwurf betrifft, überhaupt vorgekommen ist, gehört der aus der Galerie Giustiniani stammende Prometheus, ein vollendetes Werk der schönsten griechischen Zeit. Völlig unbekleidet steht die etwas über sieben Fuß hohe, schlanke Männergestalt auf ihrem Sockel da. Sich auf der Spitze des einen Fußes leicht erhebend, um die natürliche Größe, das Emporreichen zu vermehren, hat sie die beiden Arme hoch über ihrem Haupt erhoben. Der linke, etwas gebogene Arm hält die Fackel an ihrem unteren Ende fest gefaßt, während der noch höher erhobene rechte Arm sie an ihrem oberen Ende mit schöner Handbewegung stützt; und das edle, charaktervolle Haupt zurückgebogen, blickt der Titan mit wartendem Verlangen zu den Bereichen hinauf, von denen er den zündenden göttlichen Funken hernieder zu führen denkt, in die noch unvollendete Gestalt des von ihm ge= schaffenen Menschen, der in hermenartiger Gebundenheit, ihm kaum bis an des Schenkels Hälfte reichend, sich an seine linke Seite anlehnt. Von welchem Standpunkt man den feinen, schlanken und doch so kraftvollen Männerkörper auch betrachtet, immer erscheint er in gleicher Schönheit. Die Art, in welcher der Leib sich von den Hüften aufwärts emporhebt, die Bildung des ganzen Rückens, der Ansatz des Nackens und des krauslockigen Kopfes, den ein weicher, eben= falls krauser Vollbart einschließt, sind von unvergleichlicher Schönheit. Selbst die etwas langen Beine tragen dazu bei, den Ausdruck des gewaltigen Emporstrebens noch zu steigern. Jeder Muskel, jeder Nerv sind gespannt und auf das eine Ziel, auf die Erreichung des Zweckes gerichtet, und doch ist Nichts gewaltsam in dem Akte. Man meint, diese Gestalt, dieser Mann brauche nur zu wollen, um sich über die Erde emporzuschwingen, zu dem Urquell des Lichtes und des Feuers, brauche nur zu wollen, um zu erreichen, was er be= gehrt. Es ist kein Riese, kein Herkules, es ist eben ein

Titan. Der ganze Körper erscheint nur als die Hülle eines göttlichen, selbstgewissen Geistes, als der Ausdruck des mächtigsten, leidenschaftlichsten Wollens und Vermögens. Man kann sein Auge nicht losreißen von der Gestalt; und nie zuvor habe ich vor einem anderen antiken Bildwerk es so lebhaft empfunden, als vor diesem Prometheus, welches die Elemente sind, die das vollendetste Können der fernen Vergangenheit mit unserem tiefsten Erkennen und Empfinden eng und sympathisch verbinden. Es ist ein erhabenes, in seiner Art einziges Werk, abgesehen davon, daß es, so viel ich weiß und von Unterrichteteren gehört habe, die einzige Prometheus=Statue ist, die auf uns gekommen. In Gemmen soll ein ähnliches Motiv vorhanden sein.

Eben so einzig in ihrer Art, wenn schon nicht griechische, sondern römische Arbeit aus später Zeit, ist die schöne, ebenfalls über Lebensgröße, sitzende Gestalt einer Frau, unter deren Sessel eine große Dogge gelagert ist. Nur von der Seite sichtbar, hebt des Thieres starker Schweif an der einen Stelle das Gewand der Ruhenden ein wenig in die Höhe, und bringt auf diese Weise eine anmuthige Bewegung in den sonst ganz regelmäßigen und ruhigen Faltenwurf des Kleides. Ich glaube nicht, daß noch eine ähnliche Darstellung vorhanden ist.

Eine Venus aus der Galerie Giustiniani, in keuschem, leichtem Zusammenschauern; die Statue des Hortensius in seiner Villa zu Laurentum gefunden; eine sitzende Livia als Kaiserin thronend, das Diadem auf dem Haupte, den Schemel unter den fein gekreuzten Füßen; der aus der Sammlung der Caetani Ruspoli stammende, sogenannte Filosofo di Ruspoli (eine sitzende, griechische Männergestalt) sind nie zu vergessen, wenn man sie einmal in sich aufgenommen hat. Aber während ich mich in diesem Augenblicke erinnernd in die

Stunden zurückversetzte, die ich in den stillen, einfachen und von der Kunst geweihten Räumen verweilen konnte, finde ich, daß es eben unmöglich ist, in flüchtigen Skizzen, wie ich sie Ihnen bringen kann, auch nur annähernd eine Vorstellung von demjenigen zu geben, was man selber in dem Verlauf von ein paar Vormittagen kaum in sich aufzunehmen fähig war.

Die Hauptsache ist, daß durch den Kunstsinn des fürstlichen Sammlers in Rom eine neue höchst merkwürdige Antiken-Galerie zusammengebracht, daß herrliche Werke der alten Kunst für die beglückende Betrachtung der kommenden Geschlechter aufbewahrt worden sind.

Dabei hat das Durchwandern dieses Museums mir den Gedanken gegeben, daß vielleicht in keinem anderen, so wie in diesem, die Mittel vorhanden wären, es nachzuweisen, wie in den späteren Zeiten mehr und mehr das Individualisiren nicht nur der Göttergestalten, sondern auch das Ausdrücken des Persönlichsten in und an den Portraitstatuen zugenommen hat, bis jener Uebergang sich vollzogen hatte, den man in der Malerei als das historische Genre zu bezeichnen pflegte. Selbst die herrliche Statue des Prometheus mit der neben ihr stehenden halbfertigen Menschengestalt, vor deren Füßen noch ein Theil des Thonklumpens sichtbar ist, aus dem ihr Schöpfer sie geformt hat, ist wohl dieser Auffassnng entsprungen.

Ein Apoll hat neben dem schlangenumwundenen Dreifuß, den Bogen, den Greif zur Seite. Eine außerordentlich schöne Minerva, herber und jungfräulicher im Ausdruck des feinen Kopfes als die kapitolinische und die vatikanische, die in Gypsabgüssen zur Vergleichung neben ihr aufgestellt sind, hat einen volllaubigen Oelbaum zu ihrer Rechten, in dem die Eule nistet. Ist dieses Letztere nicht eine Restauration,

welche man dem ursprünglich vorhandenen Stamme des Oel=
baumes aufgesetzt hat, so wäre diese Ausschmückung eben so
auffallend, wie der unter dem Sessel der vorhin erwähnten
Frauengestalt hingelagerte Hund. Eben so eigenthümlich ist
eine Herkulesgestalt. Sein trotzig zur linken Seite erhobenes
Haupt ist mit dem Löwenfell derart bedeckt, daß die Löwenzähne
ihm einen Stirnreif gleich einer Krone bilden, während er
auf und in dem Löwenfell, das ihm über den linken Arm
hernieberhängt, den Sohn trägt, der sich fest und sicher auf
ihn stützt.

Es ist eine Fülle neuer, höchst anziehender und zum
Nachdenken einladender Eindrücke, die man aus dem Museum
Torlonia mit nach Hause bringt. Aber — in zwei, drei
Tagen gehe ich fort von Rom. Meine Zeit ist mir heute
schon sehr knapp bemessen.

Wenn das Blatt in Ihre Hände kommt, habe ich Rom
bereits verlassen; und wenn ich von Nizza niederschaue auf
das blaue Meer, wird es, wie in dem italienischen Volks=
liebe, auch für mich wohl heißen: col pensiero in Roma
sto! (Mit dem Gedanken bin ich in Rom), und ich kehre
auch mit meinen Mittheilungen sicher noch oftmals dorthin
zurück.

Vierundzwanzigster Brief.
Längs dem Ufer.

Nizza, im Mai 1878.

Es war Mittag und heller Sonnenschein, als ich am 1. Mai den Wagen bestieg, der mich in Rom von meinem Hotel nach dem Bahnhof bringen sollte. Am Ende der Straße streifte das Licht den Obelisk, der auf dem Monte Pincio oben an der spanischen Treppe aufgerichtet ist. Weil ich ihn alle Tage gesehen hatte den ganzen Winter hindurch, fiel mir's kaum ein, daß ich ihn am nächsten Morgen nicht mehr sehen, daß ich ihn vielleicht nie mehr wieder sehen würde. Ich fühlte mich mit Rom so eng verwachsen, daß mir gar nicht zu Muthe war, als ginge ich wirklich fort. Nimmt man es doch als einen unverlierbaren Gewinn in seiner Seele für alle Zeiten mit sich.

Der Zug war aus dem Bahnhof hinausgefahren, die Freunde, die mich geleitet hatten, waren zurückgeblieben. Eine um die andere entschwanden die mächtigen Kirchen, die schönen Villen, in denen ich so oft geweilt, vor meinen Blicken. Es rührte mich gar nicht. Ich fühlte mich immer noch in Rom; und rührend ist Nichts an Rom, dazu ist es zu ernsthaft.

Die weite Ebene der Campagna that sich vor uns auf. Das hohe Gras wogte leicht im Winde. Hier und da ein verfallenes Castell, hier und da ein antiker Grabstein, ein antiker Trümmerhaufe. Hier und da eine aus Canna gebaute Hütte, die eben so gut in Lappland oder unter dem Aequator stehen könnte. Große Herden weißer Rinder, die ihre mächtig gehörnten Köpfe langsam nach dem vorüberbrausenden Zuge

wandten. Ziegenherden, Schafherden, große Herden von
Rossen, die in wildem Laufe über die Fläche jagten, wenn
das Schnaufen der Locomotive ihr Ohr erreichte. Ein Hirt
mit der Lanze in der Hand, vor einem alten Gemäuer schla=
fend; ein anderer Hirt auf raschem Pferde, von seinen lang=
haarigen Hunden in weiten Sprüngen gefolgt — und tiefe,
tiefe Stille! Das war immer noch Rom!

Allmählich aber erhob sich der Boden zur Rechten. Hügel
mit Gestrüpp besetzt, Eichen, Pinien in verkrüppelter Gestalt.
Auf dem dunklen Grün des Mastix und Wachholders dicke
Büsche goldig gelben Ginsters. Zur Linken zog mit weißlich
grauen Wolken feuchte Luft heran. Canna wuchs aus sum=
pfigem Boden hoch empor, und ganze Flächen waren übersäet
mit den bräunlich und weißgestreiften Glocken des Asphodelos,
der Todtenblume der Alten, von der mir Freunde einmal im
Winter ein Exemplar aus den Wäldern von Ostia mitge=
bracht hatten.

Der Himmel hatte sich bewölkt, als wir uns dem trau=
rigen, grauen Civita=Vecchia nahten. Das Meer that in
fahlem Glanze sich vor uns auf. Es fing zu regnen an, Luft
und Meer verschwammen ineinander. Der Abend war her=
niedergesunken, es war kalt und schaurig. Wir schlossen die
Fenster des Waggons. Es regnete die ganze Nacht. Die
Rufe der Conducteure: Orbitello, Livorno, Pisa! klangen
durch das Dunkel. Nun fiel mir's auf das Herz. Ich war
schon fern von Rom, und ich war traurig, recht von Herzen
traurig!

Da, mit dem ersten hellen Tagesscheine leuchtete das
Meer vor meinen Blicken auf! Das Mittelländische Meer,
aufathmend in leise sich hebenden Wellen dem jungen Tag
entgegen, in lichtdurchfunkelter Bläue. Und wenn auch fern
von Rom, schön war es dennoch auf der Welt!

Das war La Spezia, das war Nervi mit der schönen Villa Gropallo, in der wir einst, Stahr und ich, einen ganzen Nachmittag, auf umgelegtem Bote sitzend, in frohem Naturgenuß still verträumt. Nun stieg sie empor, die Meerbeherrscherin Genova la Superba, auftauchend aus den Fluthen, sich erhebend am Bergesrand mit ihren Kirchen aus zweifarbigem Marmorgestein, mit ihren buntbemalten Häusern, mit ihren von Cypressen umgebenen Palästen, mit den rosenroth getünchten Villen und mit den Olivenwäldern, die sie rings umgeben. Das war der Palazzo Doria. Das war Pegli, mit der phantastischen orangenfarbenen Villa Palaviccina. Ach, es war Alles wie vordem, nur schöner noch, denn ich hatte Genua nur immer im Hochsommer und im Herbstesanfange gesehen, und jetzt schmückte der Frühling es mit seinem Glanze!

Wie im Fluge ging es vorüber an Savona, auf das die Schneegebirge der Apenninen niederschauten; an San Remo, Borbighera, an Mentone, alle hingelagert an dem langsam sich erhebenden Gestade, alle umflutet von des Meeres Hauch, von dem Duft der blühenden Orangengärten, alle voll schmucker Villen, voll glänzender Hotels, alle lachend und zum Verweilen labend.

Dann auf stolzem einzelnen Felsblock in das Meer hineinragend, das feste Schloß von Monaco mit Wällen und mit Thürmen, und endlich Nizza, funkelnd in der Mittagssonne Glut!

Man hatte mir von Nizza viel erzählt, hatte es mir in jedem Sinne angepriesen, ich hatte Ansichten von Nizza oft genug gemalt gesehen, aber ich fand weit mehr, als ich erwartet hatte. Zwei, drei Tage hatte ich zu verweilen gedacht, und fast drei Wochen vergingen, ehe ich mich von Nizza trennen konnte. Tag für Tag meinte ich, heute sei es am

schönsten und morgen war's noch schöner. Man athmete ein=
mal den Süden und die Meeresfrische und den Blumenduft
in aller ihrer Herrlichkeit.

Der Golf, an welchem Nizza liegt, ist in weitem Bogen
von zwei Vorgebirgen eingeschlossen, die ihn wie Arme rund
umspannen. Auf dem östlichen Vorgebirge liegt das befestigte
Villafranca, auf dem westlichen das ebenfalls befestigte Antibes.
Die Feuer in den beiden Leuchtthürmen machen den Halbkreis
auch am Abend kenntlich. Hinter Nizza steigt das reich be=
waldete Vorgebirge auf, überragt von den schneebedeckten
Gipfeln der Apenninen, und von den Bergen kommen die
Ströme, der Palione mitten durch die Stadt, der Magnan
im Westen derselben, und weiterhin der Var, der früher die
Grenze zwischen Frankreich und Italien bildete, zum Meer
hernieder, während weit im Westen die breite Felsmasse der
Esterelles das Auge festhält, schön gezeichnet und gezackt wie
der Monte Pellegrino bei Palermo.

Das alte Nizza, das Nizza, in welchem Oelhandel und
Schifffahrt ihren Sitz haben, das am Hafen und um den=
selben gelegen ist, sieht der Fremde wenig. Es hat etwas
bürgerlich Wohlhabendes, etwas häuslich Behagliches mit ent=
schieden französischem Gepräge. Es liegt beträchtlich tiefer
als die neue Stadt, die, ganz auf und für die Fremden ein=
gerichtet, diesen einen Luxus und Bequemlichkeiten bietet, wie
sie, so dicht, so mit Vorbedacht aneinander gestellt, vielleicht
an keinem andern Orte zu finden sind. Und außer der
Villa Reale in Neapel, deren Baumgänge und Statuen am
Meere eben einzig sind, mag es kaum einen herrlicheren
Spaziergang am Meere geben, als den Quai von Nizza, die
Promenade des Anglais und die Promenade du Midi mit
ihren Palmbäumen längs des Weges, mit den in allen
Blumenfarben schimmernden öffentlichen Gärten in ihrer

Mitte, mit der langen Reihe der Gasthofs=Paläste und Prachtvillen, mit den Bänken und Sitzen, die überall zum Ruhen, zum Verweilen laden, wenn gegen den Abend hin die Musik im Jardin Publique ertönt, während die blauen Wellen, leise an das Ufer schlagend, über die Kiesel hin verrinnen.

Jetzt im Mai waren die Gasthöfe am Meeresufer und am Quai Massena, waren die fremden Luxusmagazine sammt und sonders geschlossen, denn die Kurgäste verlassen Nizza in der Mitte des April. Die lange Reihe der auf das zierlichste und zweckmäßigste eingerichten Seebadeanstalten, die mit ihnen zusammenhängenden warmen Bäder und Turnanstalten, die Wasserheilanstalten, die Schwimmschulen für Männer und für Frauen, die Fechtschulen, Skating=Rings und irischen Bäder, waren nur wenig besucht. Die Bäckereien, die englisches und „echt russisches" Brod backen, hatten ihre Läden geschlossen. Aber da die Stadt an sich belebt ist, war sie mit allem Wünschenswerthen wohl versehen, und man hatte das Reich, man hatte die bezaubernde Gegend, man hatte all das Blühen und Duften halbwegs für sich allein. Und was Blühen und Duften heißen will, habe ich erst in Nizza recht erfahren.

Aus meiner frühen Kindheit war mir ein Bild im Gedächtniß geblieben von der Dekoration der längst vergessenen französischen Operette: Aline, Königin von Golkonda. Es war gewiß eine recht geringe Dekoration gewesen, aber meine kindliche Phantasie hatte sich an ihr berauscht, und ich meinte, so etwas Herrliches an Blumenpracht könnte es auf der Erden= welt nicht geben. In Nizza und an der Riviera von Villa= franca bis über Cannes hinaus, namentlich aber von Nizza bis Monaco und dem Spielort Monte Carlo hinauf, habe ich ein neues Bild für Blumen und Blüthenpracht gewonnen, das alle meine bisherigen phantastischen Vorstellungen weit hinter sich zurückgelassen hat.

F. Lewald, Reisebriefe.

Eines Morgens fuhr ich mit dem Berliner Landschafts=
maler Albert Härtel, der mich auf seinen Studientouren
freundlich mit sich nahm, in das Gebirge hinaus. Es steigt
dicht hinter der Stadt in Felspartieen rasch empor, die an
Großartigkeit und romantischer Bildung nur mit dem Sabiner=
gebirge zu vergleichen sind, vor denen sie noch den Ausblick
auf das Meer voraus haben. Die Wege sind vortrefflich
gehalten, die zeltüberdachten, offenen, aus Korbgeflecht gemachten
Wägelchen recht für die Fahrt geeignet. Wir wollten nach
Villafranca hinunter. Gleich hinter Nizza steigt der Weg
empor. Orangengärten, so weit das Auge reicht, durchweg
mit Hecken von rothen, weißen, gelben Rosen eingefaßt. Hier
Orangenblüthen, dort reife Früchte in den Zweigen. Oel=
bäume, Palmen, Eukalypthusbäume, Weingerank, blühender
spanischer Flieder und Jasmin, japanische Blüthenbäume, die
ich nie gesehen, mit dunkelvioletten Blumen überladen; das
deutsche Maßlieb und die Wolfsmilch in großen Büschen und
mit großen Blüthen, kaum als Altbekanntes zu erkennen, und
alle Wände an den Wegen, jegliches Gestein wie übersäet mit
den handgroßen, afterartigen, in allen Farben schillernden
Blüthen der verschiedenen Cactusarten.

An schönen Landsitzen vorüber, durch wildes Steingeklüft,
von welchem dunkle Pinienwälder ernsthaft niedersehen, geht
der Weg steigend und sich senkend auf und nieder, bis man
plötzlich das kleine, freundliche Villafranca mit seinem
Hafen dicht vor seinen Füßen hat, und in rascher Fahrt am
Ufer hält. Zwei amerikanische Kriegsschiffe lagen in der Bucht
vor Anker. Office of the United States paymaster war auf
einem Schilde über der Thüre eines Hauses zu lesen, von dem
das Sternenbanner flatterte. Unter einer Veranda von Wein=
laub und Glycinien, zwischen denen die Landesblume, die
Rose, nicht fehlte, saßen wohlgenährte amerikanische Marine=

Offiziere in ihren tüchtigen, dunkelblauen Uniformen beim Weine. Amerikanische Matrosen trugen in Körben Lebensmittel nach den Booten; rothhosige Soldaten gingen nach dem Takt der Blechmusik zu ihren Verschanzungen hinauf. Offiziere ohne Degen, mit Stöcken und Gerten in den Händen, standen auf der Straße an ein paar geöffneten Fenstern, mit Frauenzimmern plaudernd, während Fischer, an hellen Wachholderholzfeuern zwischen ihren braunen Netzen auf dem Boden kauernd, sich ihr Mittagsmahl bereiteten. Ein Maler hätte die Scene nur abzuschreiben brauchen, um ein sehr anmuthiges Bild zu gewinnen.

Den nächsten Tag nach Monte Carlo, dem letzten Zufluchtsort des privilegirten Spiels. Wie in die Gärten der Armida, so verlockend führen die blühenden Wege von dem rosenumrankten Stationsgebäude nach dem Plateau hinauf, und man sagt mir, daß während der Saison halb Nizza in beständigem Auf und Nieder diesen Pfad zum Tempel der Fortuna wandere. Schatten, Sonne, Blumen, Springbrunnen in reizendstem Wechsel überall. Einige große, prächtige Hotels und die Spielhäuser: das ist Monte Carlo. Die Lage, die Vegetation, sind schöner als es sich beschreiben läßt. Die Spielhäuser und die dazu gehörenden Anlagen und Säle bleiben hinter dem, was Baden-Baden und Wiesbaden der Art in ihrer Zeit besaßen und als Erbe derselben noch besitzen, weit, sehr weit zurück. Ein Konzert, das wir hörten, war kaum mittelmäßig, der Saal nicht elegant, das Kaffeehaus gut versehen, doch nicht eben lockend. Es waren nicht mehr viel Leute da, aber man spielte doch noch stark. Unten, als wir auf der Station des Zuges warteten, saß eine etwa fünfzigjährige Frau von noch immer auffallender Schönheit neben uns. Ihre Toilette, die geschickte Art, in welcher sie den Resten ihrer Schönheit mit Kunst zu Hülfe gekommen war,

21*

ließen vermuthen, daß sie bereinst wohl auch am Spieltisch des Lebens großes Spiel gespielt. Ihre Wangen, ihre Augen glühten in zorniger Röthe, ihr Busen hob sich unruhig. Neben ihr saß ein junger Mann mit ziemlich nichtssagendem Gesicht und sah stumm in die Weite. Er schien ihr Sohn zu sein. Mit einem Male fuhr sie auf: In der Weise, in der Du's treibst (sie sprach französisch) la fortune des Rothschild s'épuiserait! Er antwortete nicht darauf. Ein eleganter älterer Mann, der auch nach Nizza zurückkehren wollte, trat zu den Beiden heran. Nun, fragte er, haben Sie „Chance" gehabt? Eine schöne Chance, entgegnete die Frau, der Unglückliche hat in einer Stunde fünftausend Francs verspielt! Das war Monte Carlo. — Der Zug brauste heran. Wir fuhren fort, sie auch; vermuthlich um am nächsten Tage zurückzukehren und die bessere „Chance" zu erwarten.

An einem der folgenden Tage ging es hinein in das Thal von St. André. Gleich am Eingang desselben liegt wohlgeschützt und wohlgehalten die Abtei St. Ponse, weiterhin die ebenso herrschaftliche Abtei von St. André, von der abwärts sich die Schlucht immer mehr verengt, bis zu der eigentlichen Grotte des heiligen Andreas, aus welcher, wenn ich mich nicht irre, ein wunderthätiger Quell entspringt. Es hat mit dieser Anachoretenhöhle nicht viel auf sich, doch sieht sie immerhin ernsthafter aus, als die kindische Nachbildung der Grotte von Lourdes, welche Pius IX. in den vatikanischen Gärten hat ausführen lassen.

Oben von der Höhe des Monte Calvo sehen die Ruinen, Häuser, Thore, und die Kirche von Villeneuve herab, einer wegen Wassermangels von den Bewohnern verlassenen Stadt. So öde, so kahl, so einsam ist die Gegend da oben, daß man, wer weiß wie weit von Nizza, weit von aller Civilisation zu sein glaubt, und daß man erstaunt ist, wenn man sich gleich da=

neben wieder in bewalbete Gehege versetzt findet, wenn man das Städtchen Falicone, ein echt italienisches Gebirgsstädtchen, auf seinem Wege findet, und nun bald wieder, umschattet von Wallnußbäumen, Platanen, Eichen und Pinien, rasch gen Cimié hinabkommt, um abermals zwischen Orangengärten und Rosenhecken einzuziehen in die blühenden Bereiche von Nizza.

Nur der Wassermangel in den Strömen, der sich in Norditalien so vielfach bemerklich macht, ist auch in Nizza traurig anzusehen. Der Magnan ist so völlig ausgetrocknet, daß man in ihm spazieren gehen könnte. In dem Palione, der Nizza durchschneidet und dessen breites Bett majestätische Brücken überspannen, klopfte man Teppiche und Möbel aus, während an den wenigen Stellen, in welchen das Wasser sich spärlich gesammelt, Wäscherinnen im Flußbett still und gemächlich ihr Wesen trieben und gleichzeitig auf den Kieseln ihre Wäsche trockneten und bleichten.

Dafür aber geht es am Morgen an dem linken Ufer des Palione, an dem von herrlichen Platanen beschatteten Boulevard Charles Albert und Boulevard du Pont-Neuf, der sich gegenüber dem Quai Massena hinzieht, um so munterer zu. Nizza ist die Vaterstadt Massena's und hat ihm auf einem nach ihm genannten Platze eine Statue errichtet. Auf diesen beiden Boulevards wird alltäglich, selbst am Sonntage, der Blumen= und Gemüsemarkt von Nizza abgehalten, und ihn zu besuchen ist eine immer neue Lust. Sträuße von einer Pracht und Herrlichkeit, wie selbst Paris und London sie nicht kennen, die Fülle aller Rosenfarben und ganze Bündel von Orangenblüthen naturwüchsig zusammengebunden, mit Blumen aller Art gemischt, kauft man für so viel Centimes als man bei uns Mark und mitunter auch Thaler dafür bezahlen würde. Für einen halben Franken kann man seine Zimmer der Art mit Blumen überfüllen, daß man es in ihnen kaum ertragen kann; und zwischen den Rosen und Nelken und zwischen den Blüthen der Akazien und den Blüthen des Eukalyptus, die wie Passionsblumen anzusehen sind, liegen sie in dieser Jahreszeit aufgestapelt die Artischoken, die grünen Erbsen, die Bohnen, der Salat, die Kirschen, die Orangen, die Erdbeeren aus Garten und aus Feld, die getrockneten Feigen und der grüne Kohl, die Traubenrosinen und der Spinat, die feinen getrockneten Pflaumen und der Riesenblumenkohl, der Broccoli und die Frucht des Brodbaumes und die Cocosnuß. Hier reicht Einer die langen, an Schnüren aufgereihten, wie Apfelsinen großen Zwiebeln und den weißglänzenden Knoblauch her, dort bietet ein Andrer Körbe voll Ananas und Datteln zum Kaufe an, und das Alles ist so frisch, das Alles ist jedes in seiner Art so vollkommen ausgebildet und so billig, daß das Herz einer Hausfrau seine Freude daran hat und das Auge sich nicht satt daran sehen kann, während man in dem Duft der Blumen schwelgt, die man in den Händen mit nach Hause trägt.

Abends ist es jetzt, wenn die Musik im Jardin Public zu Ende ist, am Meeresufer still und einsam. Auf den Bänken am Quai des Anglais sitzen nur wenig Leute, man kann die Stadt vergessen, in der man sich befindet. Nur das Meer hat man vor Augen. Kein Schiff zieht vorüber an dieser Seite, kaum daß eine Barke sich auf den Wellen schaukelt. Der Mond stand in diesen Tagen immer hell am Himmel, leichtes Gewölk durchziehend, wenn er aufstieg. Man sagte, da wo das Gewölk sich sammelt, da liegt Corsica, und weiter hin in fernen Bogen ziehen die Schiffe, die das Meer befahren, nach Afrika, nach Indien, weit, weit fort, und die Leuchtthürme zeigen ihnen ihren Weg, die Leuchtthürme — und die Sterne, die wir so gern unsere Gefährten, unsere treuen Gefährten nennen, weil wir zu ihnen hinaufgeschaut in der Sehnsucht unserer Jugend, in Glück und Leid, weil wir nach einem

Festen, einem Dauernden verlangen, in der Vergänglichkeit, der sie unterliegen so wie wir. Es träumt sich sanft im Mondenlicht am stillen Meeresufer.

Wenn es dann stärker zu rauschen begann vom Meer, wenn die verspritzenden Wellen heller flimmerten im Mondenschein und es kühler ward, daß wir, an den Heimgang gemahnt, uns vom Meere in die Stadt zurückwandten, so sahen wir, wenn wir in die Rue du Parabis eintraten, quer über der Straße an Schnüren, die von einer Häuserseite zu der andern hinüberreichten, bunte Papierlaternen aufgehängt. Die Lichter spielten an den Wänden, Knaben brannten kleine bengalische Flämmchen auf dem Boden ab. Die ganze Straße war voll kleiner Buben und voll kleiner Mädchen, junge erwachsene Frauenzimmer mischten sich unter sie. Man sang, man tanzte einen Abend wie den andern in harmloser Lust. Die Bürgersleute und ihre Frauen standen vor den Häusern und sahen dem Spiele zu.

Man tanzte, sich in großem Kreise bei den Händen haltend, la Ronde, man sang in provenzalischem mir unverständlichem Dialekt die Rose und die Nachtigall in immerwiederkehrenden Refrains, denn: Voyez-vous, Madame, c'est le mois de Mai! Sehen Sie, Madame, es ist der Monat Mai, sagte man mir auf meine Frage.

Es war der Monat Mai, der Mai in Nizza, hart an der Grenze der Provence, der die Minstrels und die Troubadours entstammen! Und sie haben es noch nicht vergessen, daß sie im Lande der Lieder, daß sie die Kinder der Provence, des rosenduftigen Südens sind. Es war „le mois de Mai!"

Fünfundzwanzigster Brief.

Freskenbilder in Rom.

Nizza, den 10. Mai 1878.

Es giebt kaum einen besseren Ort, sich in der Stille auszuruhen, als dies paradiesische Stück Erde an dem purpurnen Meere, wenn die Tausende von Gästen, welche hier während der Wintermonate die Gunst des milden Himmels suchten und genossen, die Stadt verlassen haben, wie in diesem Augenblick.

Stille Straßen, Stille in den von Fremden fast ganz leeren Hotels, am Morgen Stille und Einsamkeit in dem öffentlichen Garten und an dem herrlichen Spazierweg längs dem Meere. Gar Nichts, was uns antreibt unsere Ruhe zu unterbrechen! Keine Kirchen, die man durchaus besehen muß, keine Paläste, keine Museen! keine Ateliers! — Nichts als die große, weite Natur! Aber welch eine Natur! welch ein Licht und welcher Meereshauch inmitten dieser Wärme!

In Rom lebt man eigentlich immer mit einem beschwerten Gewissen und mit dem stillen inneren Vorwurf, seine Schuldigkeit nicht recht zu thun, weil man so viel des Großen und Schönen an sich ungenossen vorübergehen lassen muß. Ja ich habe mich manchmal darauf betroffen, halbwegs zufrieden zu sein, wenn irgend eine Galerie verschlossen oder nicht mehr für die Fremden zugänglich war. Das galt namentlich von der Galerie im Palazzo Sciarra auf dem Corso, in welchem sich unter anderen Schätzen der herrliche Violinspieler von Rafael und die Bella di Tiziano befinden, und von der Farnesina, mit ihren wundervollen Fresken von Rafael und Soboma.

Früher konnte man die Galerie im Palast Sciarra in jeder Woche einmal sehen, und die Farnesina war den Fremden an dem ersten und fünfzehnten jedes Monats zugänglich. Was die Familie Sciarra, die durch Erbstreitigkeiten und Zwistigkeiten in sich vielfach beunruhigt sein soll, bewogen hat, den Kunstfreunden den Zutritt zu ihrer Sammlung zu erschweren, weiß ich nicht. Aber es bedarf jetzt einer besonderen Fürsprache von Personen, die mit dem fürstlichen Hause befreundet sind, um den Einlaß zu erhalten, der mir und den Meinen denn auch einmal, und natürlich zu unserer großen Freude, gewährt worden ist.

Mit dem spanischen Herzoge von Ripalta, dem gegenwärtigen Besitzer der schönen Farnesina, hat es aber ein anderes Bewandtniß. Man hat ihm, und wie er behauptet unnöthiger Weise oder mindestens sehr vorzeitig, den schönsten schattigsten Theil seines bis zu dem Tiber hinunterreichenden Gartens exproprirt, weil man ihn für die Tiber=Regulirung zu bedürfen geglaubt hat. Dafür rächt sich der Herzog an den Stadtbehörden von Rom, indem er sein Eigenthums= und Herrenrecht in seinem Hause strenger als die früheren Besitzer desselben geltend macht.

Verdenken kann man es Niemandem, wenn er das, was er als freies Eigenthum für sich erworben, für sich allein und auf seine Weise genießen will. Aber wo ungewöhnliche Mittel und ein sie begünstigendes Zusammentreffen von Umständen einem einzelnen Menschen, oder einer Familie, einen ganz einzig dastehenden Besitz zugänglich machten, ist es eine Pflicht jener Gesittung, die wir, viele Vorstellungen in dem einen Worte zusammenfassend, als Humanität bezeichnen, auch anderen Menschen jenen flüchtigen und doch so nachhaltigen und fruchtbringenden Mitgenuß dieses Schönen zu verstatten, wie die Betrachtung desselben ihn gewährt, ohne dem Besitzer

Etwas damit zu rauben. Sich mittels der Abweisung der Fremden an den Stadtbehörden von Rom zu rächen, ist immer eine sonderbare Logik. Da jedoch alle Regeln nur um der Ausnahmen willen gegeben zu werden pflegen, so macht auch der Besitzer der Farnesina zu Gunsten der Fremden eine gelegentliche Ausnahme und erlaubt ihnen den Besuch seines Palastes, wenn Personen seines näheren Bekanntenkreises sich bereit finden lassen, diese unter ihren Schutz zu nehmen und sie selber nach der Farnesina hinzuführen.

Der freundliche Schutz von Frau von Heimerle ist es gewesen, der mir in den letzten Wochen, während deren ich in Rom verweilte, den Eingang und Zutritt in die Farnesina auch in diesem Jahre eröffnete, und ich hatte dabei Gelegenheit, eine mir neue und wichtige Erfahrung zu machen.

Als wir in dem Winter von 1845 bis 1846 und dann wieder in dem Winter von 1866 bis 1867 in der Farnesina gewesen waren, hatte sie sich noch im Besitz des Königs von Neapel befunden, der sie auf neunzig Jahre an den spanischen Herzog von Lema vermiethet hatte, und sie war damals in traurigem Verfall gewesen. Ich erinnere mich nicht irgend ein mit Geräth versehenes Zimmer in der ganzen Villa bemerkt zu haben. Die Säle und Galerien waren öde und leer wie die Erde am Tage ihrer Entstehung, oder wie die St. Paulskirche in London, die mir immer als ein trostloses Urbild von Leere vorgekommen ist. Wände, deren ursprüngliche Farbe nicht mehr zu erkennen war, und von denen die Verputzung niederfiel. Die Fußböden ausgetreten, die Fenster verblindet. Und mitten in diesem Verfall, in der Vorhalle und in dem ersten Saal des Erdgeschosses, Rafael's Galathea und seine Geschichte der Psyche. In dem oberen Stockwerk, in Zimmern, in denen mit Ausnahme der Deckenverzierungen auch Alles fürchterlich verwüstet war, Giulio Romano's herrlicher ovidischer Fries und Sodoma's entzückende Hochzeit Alexander's und Roxanens. Der Abstand konnte gar nicht größer sein!

In einer der Täuschungen, in welche man so leicht verfällt, wenn man „glaubt und meint", wo man gesehen haben müßte, wenn man an Eindrücke, die mit den Sinnen aufgefaßt sein wollen, mit dem Verstande herantritt, hatte ich mir damals eingebildet, die Kunstwerke müßten, eben in diesen leeren Räumen, neben den grauen Wänden, ohne irgend eine Umgebung, welche von ihnen abziehen konnte, uns noch schöner, noch leuchtender erscheinen, als die Gäste Agostino Chigi's sie bei den Festen gesehen hatten, welche jener kunstliebende Handelsherr, der Bankier Leo's X., der sich diese Villa zu Anfang des sechzehnten Jahrhunderts erbaute, in derselben mit königlicher Pracht zu veranstalten gewohnt war.

Stahr aber schüttelte zu meinen damaligen Vermuthungen ablehnend das Haupt. „Die Leute wußten, was sie thaten!" sagte er. „Vergiß nicht, daß sie in einer Farbenpracht und Farbenfülle lebten, von denen unser in schwarzer und grauer und mißfarbiger Kleidung verblaßtes Zeitalter keine Vorstellung mehr hat. Dieses dunkelrothe Gewand der Galathea, die rothen Rücken in den Deckengemälden, die uns hier in den verfallenen Räumen als Uebertreibungen von Giulio Romano erscheinen, werden anders gewirkt haben in jenen Tagen, in denen sie noch die Umgebung hatten, für die sie bestimmt gewesen sind. Ich möchte diese Galerie, diese Säle gesehen haben, gegen den erleuchteten Garten hin geöffnet, lichterhell oder im hellen Glanz des Tages; belebt durch eine Gesellschaft, die sich in farbiger Tracht und reichem Schmuck genug zu thun wußte, belebt von einer Gesellschaft, wie sie uns in den Bildern von Veronese vor die Augen tritt! Da diese göttlichen rafaelischen Gebilde trotz des elenden Hintergrundes noch auf uns so bezaubernd zu wirken vermögen, bin ich gewiß, daß diese Wirkung früher noch eine unendlich verschiedene und größere gewesen sein muß!" —

Er hat leider die Farnesina in ihrer Wiederherstellung nicht mehr gesehen, aber ich habe mich überzeugen können, wie richtig er geurtheilt hatte. Denn obgleich es fast lächerlich klingt, daß die Kunst eines modernen Tapeziers, daß nicht eben schöne vergoldete Sessel, mit farbigen Seidenstoffen überzogen, daß eigens für die Farbe dieser Räume gewirkte Teppiche, daß Bronzekronen und Auffrischung der Bronzen und des Nebensächlichen in der Stukkatur- und Wandverzierung den Bildern eines Rafael zu Gunsten kommen können, so ist das doch in der That der Fall. Vieles, was früher in denselben gegen die Nacktheit der Wände in der Farbe hart und zu grell erschien, wird durch die farbige Umgebung gemildert. Aber unverkennbar bleibt es trotzdem, daß hier durch die Jahrhunderte hindurch starke Uebermalungen und vielleicht in verschiedenen Zeiten durch verschiedene Meister immer neue Uebermalungen stattgefunden haben müssen. Das ist ja auch natürlich. Denn wie mild das Klima von Rom im Verhältniß zu dem unseren uns auch erscheinen mag, so hat es seine nassen Zeiten, hat es im Laufe von viertehalb Jahrhunderten seinen Schnee und seine Witterungsunbill gehabt, die an den Fresken der bis vor wenig Jahren offenen Halle ihr Zerstörungswerk geübt haben. Ich glaube selbst die Galathee in der zweiten Halle, an welcher Rafael die Hauptgestalt ganz und vollständig selber gemalt haben soll, ist von der Zerstörung und der durch sie bedingten verschiedentlich wiederholten Uebermalung ebensowenig frei geblieben, ja von ihnen vielleicht mehr noch betroffen worden als manche Theile in den Darstellungen aus der Geschichte der Psyche.

Die Komposition in ihrer Meerluft athmenden Fröhlichkeit und naturwüchsigen Frische ist dadurch glücklicher Weise nicht angetastet; indeffen fo ketzerifch es klingen mag, ich kann mir nicht vorstellen, daß das rothe Gewand, welches, vom Windhauch geschwellt, segelartig sich um Galathea aufbauscht, zu Rafael's Zeiten und unter seinen Augen so schwermassig ausgesehen haben soll als jetzt, wo es eines Sturmes bedürfte, um dies Gewand in Bewegung zu setzen. Ich kann mir nicht vorstellen, daß die Luft so wenig hell und luftig, das Meer so einförmig grau und so wenig flüssig ausgesehen haben sollen, daß die Füße der Seeroffe kaum eine merkliche Spur in dem Wasser hervorbringen. Und selbst an dem Kopf der Galathee müssen, wie mich bedünken will, wenn ich ihn mit anderen Köpfen von Rafael vergleiche, die mir in der Erinnerung sehr deutlich sind, Uebermalungen vorgenommen worden sein. Es ist für mein Auge — aber ich bescheide mich leicht, daß mich dieses trügen kann — in dem Kopf der Galathee etwas Kantiges, was z. B. die Nereide nicht hat, und das selbst in den Köpfen der von Rafael gemalten Matronen nicht leicht zum Vorschein kommt. Ich glaube, daß man sich vor allen Freskobildern, wenn sie obenein wie diese in den Hallen der Farnesina den Einflüssen der Luft ausgesetzt gewesen sind, zunächst an den Gesammteindruck zu halten hat; denn von dem, was sie gewesen sein müssen, an dem Tage, da sie zum ersten Male das Auge der Betrachter erblickte, kann nur ein schwacher Abglanz noch für uns erhalten sein.

Aber in allen Kompositionen von Rafael begegnet man der wahrhaft griechischen Sinnesart, die nicht durch die Massen Eindruck machen, sondern, in der gesonderten Gruppe die Gesammtheit kennzeichnend, durch Beschränkung den Eindruck nub die Wirkung zu erhöhen weiß. Es ist das — neben all dem Anderen — eines der Kennzeichen, welches die neuere, auf Rembrandt als ihrem großen Vorbilde fußende Realistenschule, die in Delacroix einen der größten Meister aller Zeiten fieht, von den Idealiſten unterſcheidet, die in Rafael und ſelbſt in den vorrafaeliſchen Malern ihre Vorbilder ſuchen.

Ich bin auf dieſe verſchiedene Art zu ſehen gleich wieder bei meiner diesmaligen Ankunft in Rom durch einen unſerer bedeutendſten deutſchen Maler hingewieſen worden, der eine Zeit hindurch in Rom verweilte. Auf das Urtheil franzöſiſcher Kunſtkritiker und Touriſten geſtützt, nannte er Rafael, nicht nur im Vergleich zu Rembrandt und zu deſſen Nachfolgern, ſondern ſelbſt im Verhältniß zu den neuen Franzoſen und namentlich im Vergleich zu Delacroix, „unbelebt und kalt“. Rafael ſollte nur Akte gemalt haben, nirgend ſollte ſich in ihm wirkliche Handlung, nirgend der Ausdruck großer Leidenſchaft finden, nirgend ein Ereigniß mit der ganzen Fülle der Natur= wahrheit wiedergegeben ſein. — Der ganze Delacroix=Fanatismus, der im Jahre 1855 zur Zeit der erſten großen franzöſiſchen Ausſtellung in Paris im Schwange geweſen war, und alle die oft ſehr heftigen Erörterungen jener Tage kamen dabei wieder zur Sprache.

Das eigentliche Hauptſtück der damaligen Delacroix=Aus= ſtellung war ein Gaſtmahl bei irgend einem Herzog oder Biſchof von Brabant, der bei dieſem Gelage ermordet wurde. Ein wildes, wüſtes, vor Qualm= und Lichteffekten kaum zu unter= ſcheidendes Durcheinander war es in der That. Man ſtand verblüfft davor und ſah es an; und ward noch verblüffter vor der Kritik, die von einem Bilde zu deſſen höchſtem Lobe ſagen mochte: „Cela égare, cela brule, cela sue, cela pue!“ Grade auf dies Bild wird von den Realiſten auch jetzt noch hingedeutet, um zu beweiſen, daß die Conſtantins=Schlacht, in der ein ſo wunderbar bewegtes Ringen herrſcht, während das Auge doch die geſchickte Gliederung der Maſſen bald durch= ſchaut, gar keine Vorſtellung von einem Kampfgewühle gebe; daß in den Stanzen im Brand des Borgo Alles unglaublich gelassen und friedlich vor sich gehe; daß die ganze Masse des Volkes, die dabei betheiligt sei, sich aus einem Dutzend Figuren zusammensetze, und daß von dem Feuer eigentlich gar Nichts zu merken sei. —

Aber wirkt denn Viel in Wahrheit viel? — und was ist es, das der gebildete Mensch von der Kunst erwartet? oder soll man sagen, was die Menschheit überhaupt für ihre Bildung von der Kunst zu erwarten hat? — Und damit sind wir denn gleich wieder auf dem Punkt angekommen, der die beiden Richtungen von einander trennt. Ich aber brauche wohl nicht zu sagen, wohin mein Sinn sich neigt.

Wenn man vor manchen von Rafael's Arbeiten die maßvolle Bescheidenheit der Mittel, welche er anwendet, mit der Wirkung vergleicht, die er auf die Menschen durch Jahrhunderte hervorgebracht hat, so sollte man denken, dies spreche klar und entschieden dagegen, daß das Höchste in der Kunst durch die direkteste Wiedergabe des wirklichen Vorganges geleistet werden könne. Wäre das Letztere der Fall, so würde der wahrscheinlich nicht ausbleibende Nachfolger Daguerre's, der es zu Wege brächte, einen Vorgang, während er geschieht, in voller Lebensgröße farbig zu photographiren, der größte Künstler aller Zeiten sein. Die todte Maschine würde die Stelle des künstlerischen Genius einnehmen, der größte Chemiker würde der größte Künstler sein. Und befremdlich ist mir eine solche Anschauungsweise gar nicht, seit mir ein eifriger junger Physiolog einmal auseinander setzte, daß man aufhören würde, Gedichte zu machen und Romane zu schreiben, wenn die Erkenntniß erst eine allgemeine sein werde, daß all unser Denken, Empfinden, Lieben, Hassen und Begehren gar Nichts wären als physiologische Vorgänge, von denen es gar nicht der Mühe verlohne, viel Aufhebens zu machen, weil alle Geschöpfe, wenn auch in geringerem Maße, sie mit uns gemein hätten. Und er schien nebenher von dieser Erkenntniß einen großen Fortschritt für die Entwickelung der Menschheit zu erwarten.

Mir ist es vor den antiken Statuen und Reliefs, namentlich aber vor den Bildern von Rafael immer vorgekommen, als offenbarte sich in ihren Werken am deutlichsten jenes eigentliche Wesen der Kunst, das darin besteht, mit maßvollstem Aufwande von Mitteln in unserer Seele die vollständige Vorstellung des Vorganges zu erwecken, der die Seele des Künstlers beschäftigte, und uns in den immerhin beschränkten Andeutungen desselben die ganze Fülle dessen, was der Künstler innerlich erschaute, nachempfinden zu machen. Ja ich glaube, daß man mit dem Wiedergeben der vollen Wirklichkeit, welches jene oben erwähnte Photographir-Maschine denkbarer Weise leisten könnte, die menschliche Phantasie allmählich zu Grunde richten würde, wie der Kanonendonner einer Schlacht das Gehörvermögen lähmt. Die Kunst, welche uns die Wirklichkeit so ganz und voll vor Augen stellte, daß wir sie nur anzusehen, anzustaunen hätten, würde uns jenes unbewußten Mitschaffens berauben, welches das von dem Künstler idealistisch erfaßte und darum idealistisch wiedergegebene Bild des Lebens in uns anregt. An die Bilder der modernen Realisten denkt man, je nachdem, mit Lust oder Unlust zurück; aber wenn ich von mir auf Andere oder auf die mit mir gleich Empfindenden schließen darf, deren es ja wohl geben wird, so beschäftigen sie uns weniger als die Darstellungen maßvoller Schönheit; und eben darum behalten wir diese fester in der Erinnerung, vergessen wir jene leichter.

Es ist ganz gewiß, daß die Mehrzahl der gegenwärtigen Maler eine Feuersbrunst anders darstellen würde, als Rafael es in den Stanzen gethan hat. Das:

„Alles rennet, rettet, flüchtet,
Taghell ist die Nacht gelichtet"

würde mehr zur Geltung gebracht werden. Aber einmal hatte Rafael nicht bloß die Aufgabe eine Feuersbrunst, sondern die Beschwichtigung derselben durch den wunderthuenden Papst zu schildern; und der nackte Jüngling, der sich in der Noth von der Mauer hernniederläßt, die Frau, die ihrem Manne aus dem brennenden Hause das Kind zuwirft, der Sohn, der den Vater aus den Flammen, die man hinter der Mauer aufschlagen sieht, hinwegträgt, diese Einzelheiten geben uns die Vorstellung des Vorgangs, ohne uns quälend in ihn hineinzuziehen. Wir erleben eine Feuersbrunst, ohne ihre Pein mit zu erleiden; sie wirkt auf uns, geläutert von dem Qualm und von dem Rauch, von der Angst und Noth derjenigen, die in ihr zu Grunde gingen. Irre ich mich nicht, so ist diese maßvoll geläuterte Wiedergabe der Wirklichkeit die eigentliche Aufgabe der Kunst; denn wirklich all die Tausende zu malen, die in solchen Augenblicken der Noth verzweifelt durcheinander stürmen, vermag kein Künstler. Horace Vernet in dem gewaltig großen Schlachtbild der Smala kann die Tausende von Menschen, die dort kämpften, Delacroix in dem Gelage in Brabant kann die Hunderte, die einander dort die Köpfe einschlugen, doch auch nur andeutend wiedergeben, und wenn man den Begriff „der Reinigung der Leidenschaften durch die Kunst" auf die bildende Kunst übertragen darf, so kommt es mir vor, als ob dies neben den Alten Niemand vollständiger geleistet habe als Rafael.

Wenn man, um bei Rafael zu bleiben, z. B. seine jetzt in der Galerie des Palast Borghese befindlichen Fresken, die Hochzeit Alexander's und Roxanens darauf betrachtet, so ist auch diese mit sehr geringen Mitteln uns geschildert, und doch wie anmuthvoll und wie natürlich! — Ich habe diese Fresken bereinst noch an den Wänden des kleinen Hauses gesehen, das man, vielleicht irrthümlich, die Casa Rafaela nannte, und das man sich gefiel, als den Ort zu bezeichnen, in welchem er mit der Fornarina sein Liebesglück genossen haben sollte. Die Belagerung Roms im Jahre 1849 zerstörte das kleine Haus, die Fresken wurden durch einen glücklichen Zufall verschont und in die Galerie Borghese hinüber gerettet.

Der Gestalten sind, wie gesagt, nur wenige auf dem Bilde. Der schöne gliederschlanke Held in frischer Mannesjugend wird von dem Freunde und dem Gott der Ehe zu dem Brautgemache geführt. Er hat die Waffen abgelegt, Liebesgötter treiben ihr Spiel damit. Roxane, die in dem Besieger ihres Volkes und Landes den eigenen Besieger zu empfangen hat, der ihr die Krone bietet, wird von anderen Liebesgöttern entkleidet. Das ist alles so sprechend, so wahr, so unschuldig dargestellt, daß man die reine freudige Erregung mitempfindet, die alle diese lebensvollen, lebensfrohen Gestalten wie ein inneres Sonnenlicht durchleuchtet und erwärmt. Man lächelt, wie Hephästion lächelt, man blickt bewundernd zu Alexander hinüber, wie Roxane es thut; und wenn man daneben vor diesen und anderen, der heidnischen Welt angehörenden Darstellungen Rafael's sich seine christlich mythologischen Gestalten vergegenwärtigt, wie bleibt sich in allen, welchem Geschlecht und welchem Alter sie angehören mögen, trotz der Verschiedenheit des Gegenstandes und der Auffassung, das Gefühl für die Schönheit an sich, für das Maß und die geistige Keuschheit durchweg gleich.

Die Schönheit in allen Köpfen des Rafaelischen Sposalizio in der Brera zu Mailand, die Madonna von Foligno in der Bildersammlung des Vatikan, die Sixtinische Madonna in Dresden, die jetzt nach Petersburg verkaufte Madonna aus dem Hause Conestabile Staffa in Perugia, die Gestalten auf der Grablegung in der Galerie Borghese, selbst die Köpfe der älteren Sibyllen, und wieder die Porträts, wie das des schönen Violinspielers in der Galerie Sciarra, sie alle sammt und sonders prägen sich uns durch ihre frische, volle, lebenswarme Schönheit unverlöschbar in das Gedächtniß; und denken wir an sie zurück, so ist es wie das holdeste Erinnern an Jugend, an Unschuld, an Liebe und an hoffnungsreiches Glück. Man badet sich die Seele rein in dem Betrachten der Werke Rafael's. Er erhebt und adelt uns indem er uns entzückt.

Und von dieser Keuschheit der Auffassung ist das vorher erwähnte Gemälde Sodoma's die Hochzeit Alexander's und der Roxane, in dem oberen Stockwerk der Farnesina auch ein erfreulicher Beweis. — Rafael hatte den Gegenstand ganz antik gedacht und ihn für das kleine Kasino auch ganz antik, fast mit der Einfachheit der pompejanischen Wandmalereien ausgeführt. Sodoma hatte ihn für einen großen Raum in einem Palast darzustellen. Er hatte ein großes Gemälde zu machen, das obenein von zwei gegenüberliegenden großen Fenstern sein scharfes Licht erhält. Das forderte mehr und lebensgroße Figuren, forderte eine andere Komposition, eine reichere Ausschmückuug und prächtigere Farben.

Das bräutliche Lager auf dem Sodoma'schen Bilde ist mit königlicher Pracht geschmückt. Unter schwerem Thronhimmel auf üppigen Polstern, reich gekleidet harrt die Erwählte des Königs. Er tritt ein. Sie richtet sich empor und wendet sich nach ihm hin, ihn zu empfangen. Die lebhafte Bewegung macht die Schleier niedersinken, die sie über sich geworfen hat; aber der Genius der Liebe hat das zarte Gespinnst eben so schnell ergriffen, und mit zierlicher Hand verhüllt er den Busen und die Schulter, welche die Ueberraschung der Jungfrau dem Blick des Siegers, ehe er es begehrte, Preis gegeben hatte.

Es muß ein großes Glück sein, dauernd in Räumen zu

wohnen, welche mit solcher Schönheit ausgestattet sind. — Manche der neueren Zuthaten und Erwerbungen des jetzigen Besitzers, wie z. B. große, an sich nicht häßliche lebensgroße und farbige Statuen in englischer Terrakotta, stechen nicht zu ihrem Vortheil von der alten Herrlichkeit des Hauses ab. Es sind aber auch einige werthvolle alte Gemälde und mancher schöne alte Hausrath in den Wohngemächern; und jeden Falls ist der Gesammteindruck, den man jetzt empfängt, wohlthuender als jener, den man vor einem Menschenalter aus der Verfallenheit der Farnesina mit nach Hause nahm. Damals mußte man den Untergang der sämmtlichen Fresken fürchten. Jetzt hingegen darf man hoffen, diese Werke Rafael's noch der Bewunderung kommender Geschlechter erhalten zu sehen, welche ohne das Dazwischenkommen des gegenwärtigen Besitzers der Zerstörung in nicht zu ferner Zeit sicher entgegengegangen wären.

Sechsundzwanzigster Brief.

Atelier-Einrichtungen und das Atelier von Simeratzky in Rom.

Nizza, den 16. Mai 1878.

Was ich Ihnen in dem vorigen Briefe von dem Einfluß der Umgebung auf die Wirkung eines Bildes hervorgehoben habe, das bringt mich auf Erörterungen zurück, die in Rom oftmals zwischen uns zur Sprache gekommen sind.

Es ist eine Reihe von Jahren her, daß man an allen Schauläden Kupferstiche aushängen sah, welche die Ateliers von Leonardo da Vinci und von anderen großen Malern darstellten. Ich weiß im Augenblicke nicht von welchen. Die Künstler erschienen in denselben in schön verzierten Räumen wohlgekleidet. Sie malten vornehme Leute, Könige und Fürsten; prächtig anzusehende Männer und Frauen leisteten ihnen bei ihren Arbeiten Gesellschaft. Es war ein Leben, wie man es sich gefallen lassen und wünschen konnte. Wenn man es mit den Werkstätten verglich, in denen man gewohnt war, die befreundeten Maler gelegentlich aufzusuchen, so gefiel es Einem nur noch besser, und man kam auf die Sage zurück, nach welcher Buffon sich immer in ein großes Kostüm geworfen haben sollte, so oft er sich vor seinem Schreibtisch zur Arbeit an seinem großen Werke niedergesetzt.

Ganz unbedingten Glauben hatte man nicht daran, daß Rafael immer im Sammetrock und im Barett, daß Rembrandt und Rubens gerade immer im Federhute und mit großem Kragen vor der Staffelei gestanden haben würden. Man dachte sich wohl, daß Rubens, der seine schöne Helena Formann so fröhlich auf den Knieen gewiegt, doch bisweilen auch mit aufgelöstem Haar und offener Brust es sich in seiner Werkstatt bequem gemacht haben würde; aber wenn man die kahlen, ganz grauen, oft auch schmutzigen Wände der zeitgenössischen Malerwerkstätten betrachtete, und die bisweilen recht vernachlässigte Kleidung der Meister vor Augen hatte, so fiel Einem wohl der Ausspruch ein, daß „der Stil der Mensch sei", und man war geneigt, dem Satze die rückbildende, gewiß berechtigte Wendung zu geben, „so wie der Mensch, so ist sein Stil".

Nun kam dazu die immer wiederkehrende Klage der Maler gegen die Kunstausstellungen, in denen ein Bild das andere todtschlüge, in denen kalt und farblos erschien, was daheim in der Werkstatt warm und farbig gewirkt hatte; und unberechtigt waren diese Klagen nicht. Aber wie das oft geschieht, man klagte, obschon man wußte, daß an der Art der Ausstellung nichts Wesentliches zu ändern sein würde, da es ja unmöglich war, jedes Bild für sich selber und in einem besonderen Gemach zur Geltung zu bringen; und trotzdem verging eine lange Zeit ehe einer der Maler darauf verfiel, seine Werkstatt und die Ausstellungsräume einander versuchsweise so weit möglich anzuähnlichen. Es war eine Geschichte wie mit dem Ei des Columbus!

Jeder hätte sich es sagen können, daß Bilder, die auf kahler grauer Fläche entstanden und auf dieser farbig genug erschienen waren, blaß und fahl und lichtlos und schwach erscheinen mußten, wenn sie von starken Farben in allen ersinnlichen Tönen und Abstufungen umgeben wurden. Nichtsdestoweniger hatte jener Maler eine große Entdeckung und einen wesentlichen Fortschritt zur Erhöhung und Vertiefung der Farbe in den neueren Malerschulen gemacht, der darauf verfallen war, die Wände seiner Werkstatt in einem tiefen pompejanischen Roth anstreichen zu lassen. Wenn man nur wüßte, wer dieser Entdecker gewesen sein mag! —

Was aber auf dem rothen Grunde sich gut ausgenommen hatte, kam in der Ausstellung oder in dem Saale des Bilderkäufers neben einem Gemälde zu hängen, in welchem vielleicht blaue oder gelbe Farbentöne die Herrschaft hatten; und — den ersten Schritt aus dem farblosen Atelier in das farbige einmal gethan, war der zweite leicht gemacht. Man fing an, die Ateliers wie Säle auszuschmücken, alte Gobelins, alte Waffen, allerlei bunter Kram wurden zusammengetragen, man malte mitten unter Farben aller Art. — Die alten Maler von der leeren, grauen, strengen Observanz schrieen Zeter und Wehe über den hohlen, aufgebauschten Charlatanismus der sogenannten Koloristen und ihrer Werkstätten, die wie Tröblerbuden anzusehen wären. Aber obgleich ich, wie ich Ihnen später vielleicht noch auseinanderzusetzen denke, weit davon entfernt bin, zu der Fahne derjenigen unter den neueren Malern zu schwören, denen das Motiv gleichgültig und nur die Naturwahrheit und die Farbe wichtig sind, ist es nicht abzuleugnen, sondern es ist höchst erfreulich anzuerkennen welche außerordentlichen Fortschritte die Malerei seit einem Menschenalter in Frankreich und Belgien gemacht hat, wie Italiener, Deutsche und Engländer ihnen rüstig nachfolgen, und wie unter den jüngeren Spaniern sich ebenfalls eine neue und bedeutende Malerschule hervorthut.

Daß hierauf, soweit es die Vertiefung der Farben betrifft, die farbig aufgeputzten Werkstätten von großem Einfluß gewesen sind, glaube ich so gewiß, als daß man vielleicht es bald nicht mehr nöthig haben wird, jeder Werkstatt einen solchen farbigen Hintergrund zu geben, wenn unser Auge, d. h. in diesem Falle vor Allem das Auge der Künstler, sich wieder an kräftige Farben gewöhnt haben wird.

Wie sehr man von der Farbe abgekommen war, das ist mir z. B. immer vor den Landschaftsbildern von Hackert, von Blechen, ja vor allen Porträts und selbst vor den historischen Bildern der Zeit aufgefallen, in welcher die Düsseldorfer und Münchener Schule neues Leben in die deutsche Kunst hineinbrachten; und es ist höchst charakteristisch, daß der größte Meister dieser Schule, daß Peter von Cornelius von der Farbe eigentlich gering dachte. Erst in seinen letzten Lebensjahren soll er größeren Werth auf das eigentliche Malen und auf die Farbe zu legen angefangen haben. Als wir gegen das Ende der vierziger Jahre ihm einmal bei einem Gange durch den Thiergarten in Berlin begegneten und auf gemalte Statuen zu sprechen kamen, meinte er, das sei doch wohl die roheste Darstellungsweise in der Kunst. Die Skulptur habe schon an und für sich etwas sehr Materielles, indem sie mit fester Masse die ganze volle Form in ihrer massigen Wirklichkeit wiedergebe. Die Malerei, welche auf der Fläche, durch die Kunst, den Schein der Wirklichkeit darstelle, sei schon geistiger; aber eine vollkommene Zeichnung leiste im idealen Sinne der Kunst doch das Höchste und wirke eben deshalb auch am reinsten und idealsten.

Solche Aussprüche darf man in der Regel nicht als Glaubensartikel aufnehmen, da sie oft von augenblicklichen Stimmungen erzeugt werden; sie bleiben jedoch Kennzeichen der Sinnesrichtung, wie jedes Extrem. Abzustreiten ist es nicht, daß man jetzt auf dem Wege ist, die Werthschätzung der Farbe im Kunstwerk, und ebenso auch die Ausschmückung der Ateliers zu übertreiben, daß man hie und da nahe daran ist, aus derselben eine Hauptsache zu machen, und daß in Rom verschiedentlich die Frage an mich gerichtet worden ist, ob ich dieses oder jenes Malers Atelier gesehen habe, das so und so viele ganz prächtig eingerichtete Zimmer enthalte? Von den Bildern war dabei nur in zweiter Reihe die Rede, obschon sie in erster Reihe genannt zu werden verdient hätten.

Dies Letztere galt im wahrsten Sinne auch von dem polnischen Maler Siemieratzky, der im März in seiner Werkstatt die Bilder ausgestellt, welche er für die Pariser Ausstellung bestimmt hatte. Es war seiner Zeit in Berlin viel von seinem großen historischen Bilde, von den „Fackeln des Nero", die Rede gewesen, das zu sehen, Krankheit mich gehindert hatte. Ich ließ es mir also in Rom doppelt angelegen sein, die Bilder des Meisters kennen zu lernen, denn mit einem Meister hat man es in Siemieratzky in der That zu thun.

Sein Atelier liegt in der Via Margutta, einer der Straßen, die wie Via und Vicolo di S. Nicolo di Tolentino im Erdgeschosse Haus bei Haus eine Bildhauerwerkstatt, und

in den übrigen Stockwerken ebenso Haus bei Haus Maler=
ateliers enthalten. Da wird geklopft, gesägt und gemeißelt;
da riecht es nach Oelfarbe und nach Firniß; da liegen Mar=
morblöcke, Gyps= und Thonklumpen, stehen Kisten in jeder
Form und Größe, da merkt man es, daß man sich in der
Stadt befindet, die eine der großen, wenn nicht die größte
Kunstwerkstatt der Erde ist.

Zu Siemieratzky's Atelier steigt man durch einen der
wunderlichen, vielgetreppten, mit kleinen Bäumen bepflanzten
terrassirten Winkel hinauf, denen man außerhalb Italiens
selten einmal begegnet. Wir öffneten die Thüre, und in
einem sehr reich mit persischen Teppichen behängten, mit
Divans, mit Sesseln und vielen Bric à Brac=Herrlichkeiten
versehenen Raume stand im Mittelpunkt desselben das große
Bild vor uns, das — selber eine Bric à Brac=Sammlung
aus der antiken römischen Zeit — unter dem Titel des „an=
tiken Kunstfreundes" in der diesjährigen römischen Gesellschaft
einen der Gegenstände des Tagesgesprächs bildete und große
Anerkennung fand.

Mitten in einem noch reicher ausgestatteten Raume als
derjenige, in welchem wir uns befanden, sitzt ein Römer, eine
schöne Gestalt in reifen Mannesjahren, ein feiner ausdrucks=
voller Kopf. Er hält eine Vase von seltener Masse und
eigenartiger Form in seinen Händen. Kunstwerke, Statuetten,
Lampen, Papyrus=Rollen, Krüge aller Art, sind an den Wän=
den und neben ihm auf dem Tische aufgehäuft. Zur rechten
Seite des Bildes, ein wenig in den Hintergrund gerückt, steht
ein Jüngling in farbigen Gewändern, das eine Knie auf den
von ihm geschaukelten Sessel gestützt. Man sieht, beide
Männer waren mit der Betrachtung der Vase beschäftigt ge=
wesen, die, ein seltenes Stück, vielleicht aus fernstem Osten
stammend, ein Händler dem Sammler eben zum Verkaufe

dargeboten hatte. Aber ein Zwischenfall hat die ruhige Prüfung des Kunstwerks unterbrochen. Von der linken Seite des Bildes ist ein anderer Händler eingetreten. Auch er rechnet auf den Schönheitssinn, auf die Besitzeslust und auf das Geld des reichen Römers. Er führt ihm eine junge schöne Sklavin zu. Mit dreister Hand dem sich sträubenden Mädchen das Gewand von den Schultern nehmend, während es mit unwillkürlicher Bewegung des erhobenen Armes dasselbe zurückzuhalten oder sich mit dem Arme zu verdecken trachtet, entblößt er den reizenden Körper der Sklavin vor dem Blick der beiden Männer. Sie sind Beide von der Schönheit des Mädchens überrascht und geblendet. Der Kunstfreund hält die Vase in der Hand, schwankend, für welchen Gegenstand, für welchen Ankauf er sich entscheiden solle, doch meinen wir ihm anzusehen, daß die Vase den Sieg behaupten werde. Die Wahl des Jünglings würde, nach seinen leuchtenden Blicken zu schließen, wahrscheinlich eine andere sein, aber das Auge des Sklavenhändlers hängt forschend und ausschließlich an des älteren Mannes Mienen, auf dessen Wohlgefallen an der Sklavin er seine Rechnung gemacht hat. — Das ist Alles sehr schön gemalt. Der Ausdruck in den Köpfen der verschiedenen Personen ist, bis auf die in allen solchen Darstellungen unberechtigte und übertriebene Verschämtheit der Sklavin, sehr bezeichnend. Man vergißt den Kopf des antiken Kunstfreundes nicht leicht; man erinnert sich wahrscheinlich des Raumes, in dem er sich befindet, lange. Man hat mit dem Bilde möglicher Weise eine auf ernsten Studien beruhende Darstellung aus der alten Welt erhalten. Das theegrüne Gewand des Jünglings sticht hübsch gegen das Untergewand und den jugendlichen Kopf und Körper ab. Die Sklavin ist ein schöner Mädchenleib, der Arm, den sie emporhebt, ist so plastisch und so rund her=

vortretend, daß man ihn anfassen zu können meint und sich kaum wundern würde, wenn er sich bewegte. Aber — in sich wahr dünkt mich der Vorgang nicht, und darum glaube ich ihn für die Dauer auch nicht fesselnd. Es ist ein mit Meisterschaft gemaltes, mit Absicht zusammengestelltes Allerlei. Die Menschen in dem Bilde, so schön sie sind, gehören mit in die Ausstaffirung. Der Vorgang ist erfunden, um solche Menschen in solche Umgebung hineinmalen zu können. Dem Bilde liegt kein zusammenhängender, kein uns ergreifender Gedanke zu Grunde, und die Größe der Gestalten macht die Kleinheit und Geringfügigkeit des gemalten Gegenstandes nur noch fühlbarer. Trotz all seiner Farbenherrlichkeit kommt das Bild mir geistig leer vor; und ganz dasselbe möchte ich von dem zweiten Bilde behaupten, das ebenfalls für Paris bestimmt war.

Eine vornehme Römerin, auch aus der altrömischen Welt, ist bereit, in eine reich geschmückte Gondel einzusteigen. Eine andere noch jüngere Schöne sitzt bereits in der Barke und sieht unter dem Zeltdach mit einladendem Blicke zu dem Beschauer hinaus. Ein Knabe lagert auf dem Geländer am Hafen. Ein Bettler, eine Tafel um den Hals gehängt, welche die Leidensgeschichte des Schiffbruchs darstellt, den er erlitten hat, spricht die vornehme Dame um ein Almosen an; und das blonde Haupt mit den halbgeschlossenen Augen ein wenig nach ihm hingewendet, schreitet sie an ihm vorüber. Wie das erste Bild durch die Tiefe der Farben wirksam ist, so ist es das zweite durch sein helles Licht und durch die fast durch= sichtige Klarheit desselben. Indeß auch dies Bild kommt mir für sein Motiv zu groß vor. Es gehört für Denjenigen, der in einem Kunstwerk mehr zu finden verlangt als einen an= genehmen Eindruck auf die Sinne, in den Bereich der schönen, farbigen Schaugerichte. Man erinnert sich ihrer, erinnert sich ihrer sogar gern, ohne daß sie irgend Etwas in uns gefördert oder wachgerufen hätten.

Ein drittes nicht vollendetes Bild, mit Gestalten, die kaum halbe Lebensgröße haben, hatte für mich einen bei weitem größeren Reiz, weil Inhalt und Umfang einander besser entsprachen. Eine Gesellschaft von Männern — ebenfalls altrömischen — sind in der weinumrankten Veranda vor einer Villa, die, irre ich nicht, auf das Meer hinausschaut, um ein Mahl gelagert, und sehen dem zierlichen Gliederspiel einer, nur mit einem Schurze bekleideten schönen Sklavin zu, die sich zwischen den in dem Boden aufgesteckten Messern in geschicktem Tanze mit sicherer Anmuth ihren Weg sucht. — Wenn die Ausführung, wie das bei Siemieratzky nicht anders zu erwarten ist, der Arbeit ihren letzten Glanz verleiht, wird dies Bild ein sehr gefälliges werden. Alle diese Bilder sind jedoch, obschon man sich darin gefällt, sie als historische Bilder zu bezeichnen, so weit ich es verstehe, trotz ihrer Größe, Genrebilder. Es ist nicht der Umfang, sondern die Art des Gedankens, die einem Bilde das historische Gepräge giebt. Das Porträt Bertin de Vaux's, des Begründers der Débats, von Ingres gemalt; Adolf Menzel's „Friedrich der Große und seine Tafelrunde" sind, obschon das erstere nur ein reines Porträt ist, und die Figuren auf dem andern nur klein sind, fraglos historische Bilder. Daß aber Siemieratzky, der sich für die Pariser Ausstellung in solchen großen Genrebildern aus der antiken Welt erging, auch des wirklichen historischen Erfassens fähig ist, das konnte man mit wahrhafter Genugthuung an dem untermalten Christusbilde erkennen, welches, vorläufig noch dem Auge der Besuchenden ferngerückt, hoch oben von der Seitenwand herniedersah, und meine Blicke gewaltsam an sich festhielt, während unten rund um mich her eine elegante Gesellschaft vornehmer Männer, schön gepuzter

Frauen, Offiziere und Geistliche, mit und ohne Ordenszeichen, mit und ohne Augengläser, in aller Länder und Völker Sprachen das Lob des in der That sehr tüchtigen Meisters verkündete. Ein Buch war neben einem Schreibzeug auf einem mit persischer Decke behängten, reich mit schönen Geräthschaften und frischen Blumen bestellten Schreibtisch aufgelegt. Eine kostbare Schaale daneben war für die Visitenkarten bestimmt. Man schrieb seinen Namen ein oder gab seine Karte ab. Der Meister hatte „Empfang" nach neuer römischer Künstlersitte, ohne, wie es sonst wohl geschieht, in Person zu empfangen. — Es war so Etwas, wie in den Bildern von Leonardo's und der anderen Maler Ateliers, wie in den Kupferstichen, deren ich zu Anfang dieses Briefes gedachte.

Während ich nun so da stand und mir die Herrlichkeiten der Werkstatt und die vollendeten und unvollendeten Bilder und die bunte Fremdengesellschaft betrachtete, drängte sich mir innerlich, durch eine sehr natürliche Gedankenverbindung, die Frage auf: Worin liegt es, daß die Bilder von Veronese, daß seine Festgelage, daß seine Hochzeit von Cana, die doch auch nichts als ein Festgelage, als eine Art von Vorwand für die Darstellung schöner Menschen in reicher Kleidung innerhalb architektonisch schöner Umgebung ist, worin liegt es, daß diese Vorwürfe entschieden anders auf uns wirken als diese neueren, an sich ganz vortrefflichen Bilder? Daß es uns nicht einfallen kann, sie genrehaft zu finden, daß wir sie unbedingt als historische Bilder betrachten? Daß es uns kaum auffällt, geschweige denn stört, wie der Heiland in seinem traditionellen Gewande mitten unter den schön gekleideten Venetianern an der Tafel sitzt? Daß dieses Absehen von der historischen Wirklichkeit, neben der anderweitigen Ueberlegtheit und Durchdachtheit des Bildes und seiner Aus=

führung, unsern Genuß durchaus nicht beeinträchtigt? Worin liegt es, daß diese Bilder uns, so wie sie sind, naturwüchsig erscheinen, und daß wir sie auf uns eben deshalb unbefangen wirken lassen?

Vor den Nerobildern von Kaulbach und von Piloty, vor den Bildern von Tadema und von Siemieratzky fragen wir uns, vielleicht eben weil ihnen die genauen historischen Studien der Künstler zum Grunde liegen: war es denn damals so? sah es so aus, wie sie es schildern? — Es wird ein historisches, ein ethnographisches Interesse in uns angeregt. Dem Studium des Künstlers, das wir nicht übersehen können, tritt unser prüfendes Urtheil, tritt der Zweifel entgegen; und gelingt es dem Bilde, diesen in uns zu überwinden, so sind wir in erster Linie mit dem Wissen des Malers und mit unserer Belehrung zufrieden. Vor der historischen Unbekümmertheit der alten Meister fragen wir uns gar Nichts. Es ficht uns nicht an, wenn die Tracht der Kriegsknechte, die den Heiland umgeben, eine völlig ungehörige ist; wenn auf den Bildern die Juden wie italienische Bürger gekleidet sind; wenn der schöne Jüngling der auf dem Rafaelischen Sposalizio den Stab über seinem Knie zerbricht, die Tracht eines ritterlichen Pagen trägt. — Wir nehmen es einfach, wie sie es bieten. Wir glauben, wie sie glaubten. Was ihnen die Hauptsache war, wird dies auch für uns; und vielleicht ist es gerade die Unbefangenheit, mit welcher die ganze Kraft ihrer Phantasie auf ein Ziel, auf ihr bestimmtes Ziel gerichtet ist, die unsere Phantasie in Banden schlägt und uns dazu bringt, uns nach dieser Seite hin kritiklos und rein genießend ihnen hinzugeben.

Siebenundzwanzigster Brief.
Die Ateliers von Vertunni, Antokolski und Ezekiel in Rom.

Nizza, den 20. Mai 1878.

In dem Rückerinnern an das alte, unvergleichliche, geliebte, ungesunde Rom habe ich Ihnen neulich von der Werkstatt eines nicht deutschen Künstlers gesprochen; ich will auf dem Wege fortfahren und Ihnen, heute noch, ehe ich gen Norden ziehe, von eines Italieners, eines Russen und eines Deutsch-Amerikaners Atelier ein paar Worte sagen.

Zunächst von Vertunni, der sein Atelier auch in der Via Margutta hat. Er ist, nach dem Urtheil seiner Landsleute und der anderen Künstler, der erste unter den italienischen Landschaftern, und daneben ein feiner, geistreicher und sehr gebildeter Mann auf des Lebens schöner Mittelhöhe. Er hat sich, wie fast alle neueren Italiener, nach den Franzosen gebildet, aber mir erscheint seine Auffassung der Landschaft, soll ich sagen, lyrischer oder sinniger als die der Franzosen, so weit ich dieselbe kenne. Er hat viel von der Welt gesehen, hat mit verständnißvoller Hingabe an die Natur ihre wechselnden Erscheinungen in sich aufgenommen. Land und Meer, Berg und Thal, Sturm und Sonnenschein weiß er, immer stylvoll und immer deutlich zu uns sprechend, fein und kraftvoll wiederzugeben. Ich habe orientalische Bilder von ihm gesehen, die in ihrer gewagten farbengewaltigen Nachahmung augenblicklicher Beleuchtungen an Hildebrand erinnerten, und daneben so sanfte, vom Sonnenlichte kaum durchdrungene Frühnebel auf dem Meere, daß ein alter

Niederländer ober daß Dücker sie auf seinen träumerischen Marinen nicht naturwahrer gemalt hat. Dazu ist er auch nicht einförmig in dem Format, ich meine nicht in der Größe seiner Bilder, obschon nicht allen Malern so wie ihm kleine und große Arbeiten gleich gut gelingen. Aber es liegt in der Art und Weise der üblichen, regelmäßig oblongen Landschaftsbilder zuletzt, ohne daß man sich dessen immer klar bewußt wird, etwas Ermüdendes. Es langweilt schließlich, immer die Bilder von 4 Fuß Länge und 3 Fuß Höhe, oder dies nämliche Verhältniß auf größere Dimensionen übertragen, vor Augen zu sehen; und wenn dies auch nicht das Wesentliche an der Leistung und dem Werthe eines Kunstwerkes ist, ist es nicht ohne Einfluß auf den Antheil, welchen wir an demselben nehmen.

Es begegnet uns ja oftmals bei unserm Wandern, daß wir durch eine mäßige Weitung einen überraschenden und eben, weil er eng umrahmt ist, um so schöneren Ausblick in das Freie gewinnen. Es kommt vor, daß wir von einem bestimmten Standpunkte eine verhältnißmäßig lang ausgedehnte Strecke vor uns sehen. Gelingt es dem Maler, uns dies in einem Bilde, das beträchtlich höher als breit ist, oder in einem Bilde, das, von der Regel abweichend, beträchtlich länger als hoch ist, zu verdeutlichen, so trägt er zur Belebung dessen, was wir in der Wirklichkeit gesehen haben, ganz entschieden bei, und erspart uns die Langeweile des ewigen 4 Fuß zu 3 Fuß.

Vertunni hat diese Abweichung von dem Herkommen, das so leicht handwerksmäßig wirkt, in vielen der Bilder, die ich in der Reihe von Sälen gesehen habe, welche sein Atelier ausmachen, mit großem Glücke ausgeführt. Auch in anderen Werkstätten, wie in der unseres Landsmanns Lindemann-Frommel, habe ich verschiedenformige schöne Bilder gesehen, die nach Karlsruhe und nach Paris gegangen sind. — Leider waren durchweg in diesem Jahre in den Ateliers mehr Bilder anzutreffen, als den Künstlern lieb sein konnte, so sehr es uns zu Statten kam. Die Zahl der Fremden war geringer als in anderen Zeiten. Die Russen und ihre südwestlichen Grenznachbarn fehlten. Auch Amerikaner waren weniger als sonst in Rom, und die politischen Verhältnisse machten die Leute zu Ausgaben nicht geneigt, die unterlassen werden konnten. Dazu winkte aus der Ferne die Pariser Kunstausstellung, und nach dieser sind denn auch viele der Bilder hingesendet worden, an denen wir im Winter uns in Rom erfreuen durften.

Abgesehen aber von seinen Gemälden ist Vertunni's Werkstatt eines der ausgewähltesten Museen für das Kunsthandwerk, für das er Vorliebe hat, und dessen Herunterkommen in den letzten Jahrhunderten er auf die gesammten politischen und sozialen Verhältnisse zurückführt. Die Unterhaltung über diesen Gegenstand, in die wir uns völlig ungesucht und zufällig mit dem uns damals noch fremden und tiefdenkenden Manne verwickelt fanden, zog mich eben so sehr als seine Bilder an. Er hat seiner Zeit mit seiner Person für die Befreiung seines Vaterlandes eingestanden, hat, wie so Viele von uns, an die Möglichkeit geglaubt, große soziale Umgestaltung durch guten opferfreudigen Willen rasch vollbracht zu sehen, und steht jetzt, wieder ebenso wie Viele von uns, mit schmerzlichem Zweifel vor den großen Fragen, deren Lösung, vor den Hoffnungen, deren annähernde Verwirklichung die Zukunft der Menschheit noch zu bringen hat.

Ich habe in diesen Briefen schon einmal von der durch die Jahrhunderte vererbten Handgeschicklichkeit, von der Kunstfertigkeit und dem feinfühligen Schönheitssinn der Römer gesprochen. Vertunni's Sammlungen sind dafür ein herrlicher Beleg. Denn von dem Betrachten seiner Arbeiten und seiner Kunstschätze, seiner Truhen, seiner inkrustirten Möbel, seiner schönen Teppiche und Waffensammlungen kommend, findet man die Fortsetzung dieses künstlerischen Könnens an allen Ecken und Enden. An allen Ladenfenstern hängen Bilder, Aquarelle und Oelgemälde jeder Art, von Italienern gemacht, zum Kaufe aus. Es ist meist Mittelgut, es sind meist Vebuten, kleine Genrebilder, einzelne Figuren in dem und jenem Kostüm. Indeß die ganze große Menge dieser malerischen Fabrikarbeiter — ich weiß sie nicht anders zu bezeichnen — hat eine große Leichtigkeit im Skizziren, und auch im fabrikmäßigen Kopiren sehr viel Sicherheit. Die Preise dieser Dinge sind nicht hoch, selbst für unser Einen nicht, und die Sachen sind doch immer danach angethan, in unseren grauen Wintern uns das Auge zu vergnügen. Ihr Himmel, ihre Farbenfülle giebt den Leuten kecke Farben. Wenn ich manchmal Abends, an den Kunsthandlungen in der Via Condotti vorübergehend, die dort ausgestellten, mit blendendem Gaslicht effektvoll beleuchteten Bilder angesehen habe, haben ihre dreiste Frische, ihre Farbe und die Gegenstände mich erfreut — obgleich ich sehr viel bessere Sachen kannte und solche vielleicht an dem nämlichen Tage erst gesehen hatte. Ich dachte dann immer an Regen und Schnee, an lichtlose Wochen und Monate, und wie solch ein bischen Farbe mir bei 10, 12 Grad Kälte die Seele erwärmen würde!

Und nicht allein die Maler, auch die Tischler, Holzschnitzer, Inkrusteure, Stuckateure, die Bronzearbeiter und Mosaikisten, die Gemmen- und Kameenschneider sind sehr geschickt und arbeiten außerordentlich billig. Bilderrahmen, Porträts in Muscheln geschnitten, wie alle in diesen Bereich schlagende Dinge kauft man nirgend besser als in Rom. Selbst die Leute aus dem Gebirge bringen die eigenartig gestickten oder gewirkten, halbwollenen Sciuciaren=Schürzen, die sich zu kleinen Teppichen und Decken gut verwenden lassen, für geringes Geld zu Markte; und wie der Verkäufer von Apfelsinen oder Oliven und Kürbiskernen, aus angeborner Lust am bunten Schmuck, ein paar grüne Zweige, ein paar Hahnenfedern oder einige frische Blumen an seinen Korb und an die Wagschale befestigt, so weiß jeder Verkäufer in Rom seine geringsten Sachen so gut auszulegen, daß man vor ihnen stehen bleibt und — trotz aller Besonnenheit und gewohnter Ueberlegung immer mehr kauft, als man beabsichtigt hat, weil Alles so hübsch, weil es billiger als zu Hause ist, und weil sie sich zu Hause doch darüber freuen werden.

Die Bildhauer haben es nicht nöthig, so wie die Maler an den farbigen Hintergrund für ihre Arbeiten zu denken. Thon und Gyps und Marmorstaub verbieten die Herrlichkeit der Teppiche von selbst, und die Wände in der Werkstatt des russischen Bildhauers Antakolski außerhalb der Porta del Popolo sind grau und leer, wie sich's von selbst versteht.

Ich war im Winter einmal hingegangen, seinen sterbenden Sokrates zu sehen, von dem man mir gesprochen hatte. Antakolski selber lebt gegenwärtig in Paris, läßt aber in Rom seine Marmorarbeiten ausführen.

Das ist ein sehr merkwürdiges Werk. Eine sitzende Statue über Lebensgröße. Auf einem breiten antiken Sessel eine mächtige, breitbrüstige Gestalt, die Kopfbildung streng nach der schönen Sokrates=Büste in der Villa Albani. Das Gift hat seine Wirkung zu thun begonnen, der schalenartig geformte Becher ist der erstarrenden Hand entsunken. Er liegt an der rechten Seite des Sessels auf dem Boden. Der Sterbende ist im Sessel etwas herabgesunken. Die Beine, von dem Gewand verhüllt, strecken sich weit nach vorn aus, die Füße, breit von einander abstehend, sind auf die Fersen gestützt, so daß die Sohlen der Sandalen sichtbar werden. Der Kopf senkt sich auf die Brust, ein wenig nach der linken Schulter hin. Der linke Arm hängt schlaff zur Seite des Sessels nieder. Die rechte, im Erstarren leise zusammengekrümmte Hand ruht auf dem Polster des Sessels. Das weite Gewand, das vom Oberkörper herabgesunken, denselben bis unter die Brust entblößt zeigt, ist in wenigen flachen Falten über den Leib und die Kniee gebreitet. Der Ausdruck des Kopfes zeigt den fürchterlichen Ernst des eben eintretenden Todes.

Es ist ein Werk von ganz ungewöhnlicher Kraft, erschütternd bis in das Mark. Man verstummt vor dieser Naturtreue und Wahrheit, und wer es einmal gesehen hat, vergißt es niemals, wie ich glaube. Der Körper ist fast plump zu nennen, der Kopf ist eben unschön, die Behandlung von allem geflissentlichen Gefallenwollen ganz und gar absehend. Es ist ein Naturereigniß mit nackter Naturwahrheit wiedergegeben, und darauf beruht die Wirkung, die es macht. Ich erinnere mich nicht einer ähnlichen Arbeit, einer solchen trockenen, kalten, man möchte sagen, grausamen Wiedergabe der Natur durch einen Bildhauer. Aber der vielfachen Süßlichkeit gegenüber ist diese Behandlungsweise ebenso beachtenswerth als lobenswerth. Antakolski ist ein selbstständiger und eigenartiger Geist. — Auch seine anderen Arbeiten geben davon Zeugniß. An zweien derselben paßt sich seine strenge, harte Behandlungsweise dem Gegenstande ganz vorzüglich an.

Das eine ist die ebenfalls sitzende Statue Jwan's des Schrecklichen. Die russische Tracht mit ihrer halborientalischen Mütze, an die Dogenkleidung mahnend, macht sich, so wie sie hier benutzt ist, ganz vortrefflich. Die Figur ist lebensgroß. Ein aufgeschlagenes Buch auf dem rechten Knie, die eine Hand auf dem Buche liegend, den scharf geschnittenen Kopf voll harter Züge tief gesenkt, die Brauen zusammengezogen, sitzt der Czar im finstersten Brüten ganz in sich versunken da. Es ist eine merkwürdig einheitliche Arbeit, und eigentlich ist es sehr auffallend, daß von dieses Künstlers Werken, so viel ich weiß, gar keine Photographien bei uns bekannt geworden sind.

Eine Büste Peters des Großen, im dreispitzigen Generals= hut, in voller Uniform ist sehr schön gemacht. Außerordentlich schön aber dünkte mich ein Grabmonument, das man eben dabei war, in Marmor auszuführen. Und auch dieses war ganz eigenthümlich. Auf der obersten von drei einfachen Treppenstufen sitzt eine junge Russin. Der Nationaltypus ist unverkennbar. Ein ganz schlichtes, hembartiges langes Ge= wand ist unter dem feinen Busen einfach gegürtet. Es läßt den Hals frei und die Arme, die in müder Traurigkeit über die Knie zusammengelegt sind. Die Hände sind inbrünstig und fest in einander gefaltet, das liebliche schwermüthige Haupt geneigt, das glatte Haar fließt an den schmalen Wangen lang hernieder.

Noch jetzt, da ich die Worte niederschreibe, kommen mir die Thränen in die Augen. Ich weiß mir kaum eine rüh= rendere Grabfigur zu denken. Es ist Shakespeare's „Geduld auf einem Monument!" und eine so einfache, liebliche Gestalt, wie sie dem Künstler nur in dem glücklichsten Augenblick einmal gelingt. — Von Antakolski ist vermuthlich noch Bedeutendes zu erwarten. Freilich weiß ich von ihm selber Nichts. Nicht einmal, ob er noch jung oder ob er schon seit lange in so ausgezeichneter Weise thätig ist.

Ein Bildhauer=Atelier ganz anderer Art, und an sich auch eine Merkwürdigkeit, die eben nur in einem Orte wie Rom u Stande kommen kann, ist die des jungen amerikanischen Bildhauers Ezekiel.

Ezekiel stammt von jenen einst aus Portugal vertriebenen Juden ab, die in Holland Zuflucht fanden. Die Erinnerungen und Verbindungen seiner Familie reichen an Spinoza hinan. Aber die Familie ist ausgewandert, hat in — ich glaube Virginia — sich eine neue Heimath gegründet, und der junge, von Eltern und Großeltern für den Handel bestimmte Mann hat, sechszehnjährig, den Krieg in den Reihen der Südstaaten mitgemacht. Nach Beendigung desselben hat er, da er jeder Neigung für den ihm zugedachten Beruf entbehrte, während sein ganzer Sinn auf die Kunst, auf die Bildhauerei gestellt war, es endlich durchgesetzt, daß man ihn seinen Willen haben und nach Europa reisen ließ, wo er in Berlin der Schüler von Siemering wurde und sich den Preis der Meyerbeer=Stiftung errang. Das machte es ihm möglich, nach Rom zu gehen, und dort hat er seit mehreren Jahren festen Fuß gefaßt und sich die originellste Werkstatt ausgefunden.

Wenn man vom Quirinal und der Via di quattro Fontane kommend, die Via del Venti Settembre durchschritten, die Aqua Felice mit der Fontaine, an welcher Moses das Wasser aus dem Fels hervorzaubert, zur Linken gelassen hat, und an dem Theil der Diokletiansthermen vorübergegangen ist, in denen sich die Kirche von St. Maria degli Angeli mit dem dazu gehörigen Karthäuserkloster befindet, welches jetzt das Blindenhospital geworden ist, so befindet man sich auf der Piazza di Termini. — Der Platz, halbwegs noch ungepflastert und eine Art von Anger, ist mit Bäumen bepflanzt, die, tüchtig in die Höhe gewachsen, schon angenehmen Schatten geben. In der Mitte des Platzes, den man mit Bänken versehen hat, sprudelt, auf gut römisch, ein kräftiger Wasserstrahl aus weitem Becken hervor, in das er mit lautem Plätschern niederfällt. Der Platz ist immer voll Soldaten, voll spielender Kinder; auch Geistliche ergehen sich dort viel oder sitzen lesend unter den Bäumen.

Vor sich hat man den Bahnhof, rechts daneben die noch stehenden Einfassungsmauern der einstigen Villa Negroni, in der wir noch vor zwölf Jahren allerlei sehr interessante, aber schon äußerst verfallene Malereien sahen. Weiter zur Linken thun sich die großen Straßen und Plätze der Neustadt auf, die, auf dem Grund und Boden der früher den Jesuiten gehörenden Vigne Macao gebaut, bis an die Stadtmauer reicht, durch deren eisernes Gitterthor zwischen und über den Pinien die blauen Berge der Campagna in die Stadt hineinsehen.

Wendet man sich dann von diesem verlockenden Schauspiel ab, so hat man einen von den riesigen uralten Mauern gebildeten halbrunden Winkel der Diokletiansthermen hinter sich, in dem, auch auf gut römisch, das tägliche Leben und Gewerbe es sich bequem gemacht haben. Höhlen oder Wölbungen, in denen große Holzniederlagen sind; Höhlen, in denen Fiaker und andere Kutscher auf gut Glück und ohne darin etwas zu bauen oder zurecht zu machen, ihre Remisen und Stallungen haben.

Dann rechts in diesem Winkel mit einem Male ganz unerwartet die Spuren einer ordnenden Menschenhand. Eine Art von neuer Aufmauerung, eine Treppe, führt zu einem oberen Stockwerk der Thermen empor. Unter dieser Treppe hat ein Weinwirth seine Osterie errichtet. Auf Bänken vor der Thür sitzt meist viel Volk: Kärner, Kutscher, deren Wagen auf dem Platze halten, und viel Soldaten. Denn die Piazza d'arme und eine der Kasernen sind in der Vigne Macao, und es ist Alles leere Redensart, was von der großen Mäßigkeit der Römer gefabelt wird. Sie essen sehr stark, wenn sie es dazu haben, Männer sowohl als Frauen, und die Männer trinken sehr viel.

Ueber der Osterie, auf den ziemlich hochgemauerten Wangen der Treppe, ragt allerlei Grün hervor. Ein paar junge Bäume, einige der großen hier in Kübeln leicht gedeihenden Pflanzen, gucken über die Treppenwand hinüber. Ein Marmorbruchstück hier, ein anderes dort auf dem Simse, ein drittes, ein viertes eingemauert in die Wand. Man blickt hin, man wird neugierig, man steigt die mit kleinen Steinen korbonatenartig gepflasterte Treppe in die Höhe, und wieder begegnet man hier einem Stück von einem antiken Torso, daneben einem Apollokopf von Gyps. Nun steht man vor einer neuen Thüre in dem alten Bau. Ein großes Fenster, aus kleinen runden Scheiben mittelalterlich zusammengesetzt, zeigt, daß der alte Bau bewohnt ist. Man klingelt, die Thür öffnet sich — und der phantastischste Anblick thut sich vor uns auf. Hoffmann und Callot und die orientalischen Märchen hätten kein eigenthümlicheres Durcheinander erfinden können, als es die Laune des Bewohners dieser Höhle hier zusammengebracht hat. Denn es ist, so wie es ist, durchaus eine riesige Höhle, nur keine unterirdische, sondern eine über der Erde, in welcher Ezekiel wohnt und seine Werkstatt hat.

Der Raum ist sehr groß! hoch, sehr hoch! Es sind eben die Maßstäbe der römischen Kaiserzeit in einem ihrer größten Bauwerke. Nackte, kahle, graue Wände, wie die Zerstörung durch die Zeit und durch Erdbeben und durch Kämpfe aller Art sie uns anderthalb tausend Jahre nach der Gründung der Thermen in den Resten des alten Baues hinterlassen hat.

Der kleinen Eingangsthür gegenüber ist ein dem Raume angemessener, von Karyatiden getragener Kamin mit hohem, breitem Sims und Rauchfang. Es ist kein Schornstein dahinter. Der Besitzer hat ihn aus Thon und Gyps erbaut und mit Farbe dem Farbenton seiner Höhle glücklich angepaßt. In der Außenwand eben das große Fenster mit den runden Scheiben; von der Decke niederhängend ein mächtiger alter Kronleuchter aus Messing, der einst, wer weiß es welchen Fürstensaal erleuchtet hat. Amerikanische Flaggen über dem Kamin; ein Gobbelinteppich an dieser, ein anderer an jener Seite. Ein Thronbett aus der Zeit Napoleon's I. mit verblaßten, grünseidenen Gardinen, dann wieder ein breites, ehrliches Schlafsopha. Alte Schränke mit so viel Hausrath, als ein Junggeselle nöthig hat, eine Anzahl anspruchsloser Freunde zu bewirthen. Alte Truhen, alte Tische, alte Stühle und Lehn=sessel. Schöne kleine und größere Oelgemälde, Geschenke von Freundeshand. Hier Nachbildungen von Antiken, dort wieder Gypsarbeiten, die der Künstler sich zur Schmückung dieses Raumes skizzenhaft gemacht hat: Kindergestalten, Thier=köpfe zwischen allerlei Spielereien. Von der Krone nieder=hängend ein Luftballon als Feuerzeug, den junge amerikanische Freundinnen diesem Durcheinander einverleibt. — Es ist ein wahres Kaleidoskop von Andenken, ein Ding, das, wenn man es vollständig zergliedern wollte, sich in Nichts auflösen würde, und das, so wie es vor uns als ein Ganzes dasteht, uns als ein Einziges überrascht und wohlgefällt, und an das man mit Heiterkeit zurückdenkt.

Ich für mein Theil würde freilich in einer derartigen innerlich zusammenhanglosen Umgebung weder zu leben noch zu arbeiten fähig sein. Ich glaube, meine Phantasie hielte nicht dagegen aus. Ich würde um mich her Alles lebendig werden sehen mit wachen Augen, und in der Nacht erst recht nicht Ruhe finden, wenn alle die einstigen Besitzer aller dieser hier zusammengebrachten Herrlichkeiten sich mir dar=stellen und zwischen ihrem Eigenthum herumwanken und herum=huschen würden. Aber der junge Sohn des fernen Westens hat andere, festere Nerven als eben ich. Er hält es ohne Menschenfurcht und ohne Scheu vor Gespenstern in diesem ganz abgeschiedenen Bau schon seit Jahren einsam aus. Der kleine, breitschulterige, krausköpfige Mann mit den schwarzen, flammenden Augen, mit den energischen Gesichtsformen und dem festen Mund und Kinn sieht eben aus, als stände er im Nothfall seinen Mann; und er weiß auch, was er will.

Auf dem Hintergrunde dieser im eigentlichen Sinne romantischen Werkstatt erscheinen die Statuen und der klare weiße Marmor für mich wie ein ganz Frembdes. Eine verkleinerte Nachbildung des Denkmals der Religionsfreiheit, das der junge Künstler für Philadelphia ausgeführt hat, nimmt die Mitte seiner Werkstatt ein. Die Idealgestalt der Freiheit breitet ihre Hand schützend und segnend über den an ihrer Seite stehenden Knaben aus, der mit erhobenen Armen sein Gebet gen Himmel richtet. Die Stellung und Geberde des letzteren mahnt an den Adoranten im Berliner Museum, aber ich bin sehr weit davon entfernt, dies tadeln zu wollen. Der Jünger in der Kunst thut wohl, sich an die großen Vorbilder zu halten, die er vorgefunden hat, und Niemand mehr als gerade die großen alten Meister haben dies gethan. Die beiden Gestalten sind wohl gegliedert, gut durchgeführt, und die des Knaben ist besonders fein. Nur die Vorliebe Ezekiel's für ausgebreitete Hände, wie die Gestalt der Freiheit und der Knabe sie Beide zeigen, die erstere sie senkend, der andere sie erhebend, will mir nicht gefallen, und um so weniger, als annähernd die ähnliche Bewegung in der Gestalt einer Eva sich wiederholt, welche Ezekiel, nach der Bedingung seines Stipendiums, im verwichenen Jahre an die Akademie nach Berlin zu senden hatte. Solche sich ausbreitenden Hände haben, wenn sie nicht sehr vorsichtig und geschickt behandelt werden, etwas von den

Blättern einer Fächerpalme, und wirken namentlich in der erstgenannten Gruppe, wo sie in der Wiederholung nebeneinander sind, nicht günstig.

Die Eva ist eine schöne, sitzende Frauengestalt, keusch in der Nacktheit. Die Schlange ist von der linken Seite an sie herangeschlichen und erhebt sich neben der Erschreckenden, die in angstvoller Abwehr, eben mit ausgebreiteten Händen, sich von ihr wendet. Die Bewegung ist entsprechend und lebhaft, der Ausdruck richtig und nicht übertrieben; und wenn der junge Künstler auf diesem Wege fortgeht, wird er seinem Vaterlande, das sehr bedeutende, ja große Bildhauer unter seinen Bürgern zählt, einst wie diese, Ehre machen. Aber Amerika beschäftigt seine jüngeren Talente auch. Gerade in diesem Augenblicke hat man Ezekiel vier große Statuen für die Ausschmückung eines Museums aufgetragen: die Statuen Michel Angelo's, Rafael's, und ich weiß nicht welcher beiden anderen Meister.

Ein paar Marmor-Reliefs, für einen deutschen Privatmann bestimmt, ein kleiner weinender Merkurkopf in Marmor, nach Art der weinenden Kinderköpfe von Fiamingo, waren hübsch und würden zu besitzen sehr angenehm sein; und der Entwurf zu einem Reiterdenkmal des General Lee, an welchem Ezekiel aus freiem Antrieb arbeitete, als ich ihn zum letzten Male besuchte, war vielversprechend.

Zum letzten Male? Nein! das letzte Mal, das ich in der Märchengrotte war, in welcher der frohsinnige, gastfreie junge Mann den ganzen Winter hindurch bald seine amerikanischen, bald seine deutschen Genossen und Freunde in schlichter römischer Weise bewirthete, bis seine deutschen Freunde sich gewöhnten, die uralte Halle als das Lokal für alle ihre improvisirten Zusammenkünfte und Picknicks zu benutzen — das letzte Mal galt es einem Abschiedsfeste.

Ein Theil der deutsch-römischen Künstlergesellschaft hatte das Fest zu Ehren meines Schwagers, des Landschafters Professor Louis Gurlitt, veranstaltet, der mit seiner Familie, wieder einmal ganz als deutsch-römischer Künstler unter den jungen deutschen Künstlern lebend, den Winter in Rom zugebracht hatte.

Für ein solches Künstlerfest war die phantastische Höhle wie geschaffen. Es fügte sich in diesen Rahmen recht hinein, in dem das Unerwartetste bei einander zu finden man ohnehin gewohnt war.

Sie paßten auch in diesen Saal der Thermen gut hinein, alle die Männer und Frauen in bunt-phantastischer Tracht, alle, Künstler und Nichtkünstler, Mann und Weib, Jung und Alt mit epheuumkränztem Haupte. Es fiel in dieser Umgebung nicht besonders auf, als man auf ihrem Hintergrunde unter den Klängen der Musik mit einem Male die Fontana Trevi sich enthüllen sah, in welcher jeder Deutsche, der von Rom zu scheiden hat, eine Opfergabe hineinzuwerfen pflegte, seit Goethe nach dem Abschied von der Geliebten, eine Rose der Nymphe dieser Quelle dankbar weihte.

Und sie waren schön anzusehen, dieser Gott des Wassers, dieser Neptun, diese Nereiden und Tritonen aus Fleisch und Bein; daneben diese Seerosse und Delphine, die Künstlerhand in wenig Tagen aus dem Nichts hervorgezaubert hatte. Sie waren recht schön, die Worte, welche in guten Versen Neptun den Scheidenden als Segenswünsche auf den Weg gab. Sie klangen gut, die Lieder, die von kunstgeübter, mächtiger Stimme durch den Saal ertönten, und jene anderen guten deutschen Lieder, welche die muntere Schaar bei ihren Umzügen durch den Saal vernehmen ließ. Lust, Licht, Freundschaft, Frohsinn, Reden, Gegenreden bei dem vollen Glase überall. Heiterkeit von einem Ende der mit schlichter Kost besetzten Tische bis zum

anderen; und zum Schluß die Bilder der Gefeierten, wiederum
Mann und Weib und Sohn und Tochter in Transparent=
Gemälden, mit Jubel bekränzt und mit Jubel begrüßt.

Ich war lange in meiner stillen Stube, als es dort noch
sang und klang!

Wenn er es hätte ahnen können, der römische Welt=
beherrscher, der seinem Volke in dem Prachtbau die herrlichen
Bäder, die begehrten Genüsse und Spiele bereitet hatte, wie
harmlos, wie fröhlich und wie poetisch die nordischen Barbaren
und die Bewohner ungekannter Welten sich eine phantastische
Welt in den Trümmern all der untergegangenen römischen Herr=
lichkeit erschaffen würden!

Aber derlei kommt in solcher Weise eben auch nur in
dem alten, immer neuen und eben darum auch ewigen Rom
einmal zu Stande!

Achtundzwanzigster Brief.

Letzte Tage im Süden.

Marseille, 23. Mai 1878.

Ich erwähnte schon neulich, wie sehr in Nizza für alle
Bequemlichkeit der Reisenden gesorgt sei, aber daß für die
Kurzeit, d. h. für die Zeit vom October bis zu Mitte des
Mai, besondere Eisenbahnzüge eingelegt werden, habe ich zu
erwähnen vergessen. Sie verbinden nach Osten hin Nizza
mit den andern Kurorten, mit Mentone, Borbighera, San
Remo, mit Monaco und San Carlo; nach Westen hin mit
Cannes und den Hyerischen Inseln.

Die Fahrt von Nizza nach Cannes währt eine Stunde. Bald hart am Meere, bald ein wenig landeinwärts fahrend, überschreitet man den breiten, wasserlosen Var, den ehemaligen Grenzfluß zwischen Frankreich und Italien. Vorüber an dem hoch und malerisch wie eine echt sabinische Gebirgsstadt gelegenen Canges, an Antibes mit seinem Leuchtthurm und seinem befestigten Hafen vorüber, wendet und windet der Zug sich in und durch das braunrothe Gestein des mit niedrigen Pinienwäldern bedeckten Gebirges. Der rothe, aus dem tiefen Blau des Meeres in schroffen Formen emporsteigende Fels, die dunklen Wälder und die unter dem leuchtenden Himmel von ferne herüberschimmernden schneebedeckten Bergesgipfel vereinigen sich zu einem Landschaftsbilde von großer Schönheit.

So wie man aus dem Gebirge heraus ist, findet man die lachende Ebene mit Landhäusern, mit Villen übersäet, die sich näher und näher aneinander reihen, bis man, fast ohne zu merken, wo die Stadt anfängt, an den Bahnhof von Cannes gelangt.

Er ist klein und unansehnlich im Vergleich zu dem von Nizza, dessen Wartesäle schöne Landschaftsgemälde schmücken, und auch Cannes selbst ist klein. Es macht den Eindruck eines kleinen Badeortes. Es ist freundlich, es ist auch mit allen Mitteln für bequemen Lebensgenuß versehen, aber es verhält sich zu Nizza wie etwa Montreux zu Genf. Dafür hat es denn wieder den Vorzug, daß man in Cannes das Leben und Treiben des Hafens stets vor Augen hat, von dem man, obschon der Hafen von Nizza viel beträchtlicher ist, dort in den Fremdenquartieren weit entfernt ist und auf der Promenade Nichts gewahr wird.

In Cannes hingegen zieht sich der Hauptspaziergang in einer Platanen-Allee, am Hafen beginnend, gegen Osten hin,

und die Springbrunnen unter den Platanen, so dicht am
Meeresrande, die hübschen Kaffeehäuser, die ganze Einrichtung
haben etwas Einladendes. Einladend sind auch die kleinen
Wagen, die überall für die Fahrt nach den Bergen, nach der
sogenannten Grande Californie bereit stehen, von der man
eine wundervolle Aussicht auf die beiden dicht vor Cannes
gelegenen Lerinischen Inseln hat, auf St. Marguerite
und St. Honorat. Weshalb der Weg und die Bergeshöhe
aber La grande Californie heißen, ist mir räthselhaft ge=
blieben.

Alle halben Stunden fahren aus dem Hafen von Cannes
kleine Dampfboote nach den Inseln hinüber, und neben der
Lust, das einstige Gefängniß des Mannes mit der eisernen
Maske zu sehen, lockten uns die Meereskühle und die dichten
Pinienwälder der Insel St. Honorat gar sehr dazu, die
Fahrt zu versuchen. Indeß die Hitze hatte uns trotz der
Zeltüberdachung unseres offenen Wagens während der Fahrt
nach der Californie doch sehr ermüdet, wir zogen also die
Ruhe im Kaffeehause am Meere allen weiteren Entdeckungs=
reisen vor, und als ich dann zum zweiten Male auf der
Tour nach Marseille durch Cannes kam, hielt der Zug nur
eben lang genug, um uns auf dem Bahnhofe die Zeit zu
der Bemerkung zu gewähren, daß Cannes an Blüten= und
an Fruchtreichthum nicht zurückstehe hinter Nizza.

Wie in einem der großen Panoramen, die uns Reisen
durch die halbe Welt vorführen und die mir viel genußreicher
erscheinen, als man sie im Allgemeinen findet, flog der inter=
nationale Schnellzug, voll von Wallfahrern zu den Wundern
der Pariser Ausstellung, durch die Tunnel des schönen
waldigen Esterelgebirges, das von Nizza aus allabendlich im
duftigen Schimmer des Sonnenunterganges und in der Ver=
klärung des Vollmondscheines unser Auge entzückt hatte.

Frejus, St. Raphael, der Landungsort des ersten Napoleon, als er aus Aegypten zurückkam, riefen mir die Zeiten meiner Kindheit und ersten Jugend zurück, in welcher die Napoleonslegende noch im Vordergrunde der Geschichte gestanden hatte. Wie weit sind wir jetzt davon entfernt! wie anders hat sich die Welt, hat Deutschland sich seitdem gestaltet!

Es war schon dämmerig, als wir an Toulon vorüberkamen. Als wir Marseille erreichten, war es Nacht.

Vom Bahnhof fuhr man abwärts rasch hernieder. Da mit Einem Male helles, glänzendes Lichtgefunkel. Breite, prachtvolle Alleen, unter den mächtigen Bäumen strahlende Helligkeit. Menschen hier und dort, Singen und Musik! Es war bezaubernd, wie in einem der Märchen der Tausend und einen Nacht! Noch eine kleine Strecke und wir befanden uns in dem Getriebe der wie im Festesglanze strahlenden Rue Cannebière. — Mein Gott, das sieht wie Weihnachten aus! rief die junge Person, die ich mit mir habe. — Ja, wie Weihnachten, aber Weihnachten unter grünen Bäumen, unter offenem Himmel und in warmer Luft. Ich habe selten einen überraschenderen Eindruck durch eine Stadt empfangen. Die Rue Cannebière hat kaum ihres Gleichen, und man kann den Marseillern die selbstgefällige Phrase in der That verzeihen: Si Paris avait une Rue Cannebière, il serait un petit Marseille!

In dem weiten viereckigen Hofe inmitten des Hotel de Noailles plätscherte unter freiem Himmel ein grün umrankter Springbrunnen. Eine Anzahl von Tischen war mit speisenden Männern und Frauen besetzt. Der Seewind, der vom Meere kam, bewegte die Aeste der Bäume in dem geräumigen, von den offenen kleinen Zimmern des Erdgeschosses rings umgebenen Hofe. In vielen dieser kleinen Zimmer tafelte man bei offenen Thüren ebenfalls. Der ganze Anblick war sehr fremdartig und hübsch.

Oben aus meinen Zimmern sah ich die Rue Cannebière entlang. Schöne, große Häuser im Renaissance-Styl, glänzende Läden, vor den Kaffeehäusern Alles voll von Menschen; Musik hier, Singen dort, wie schon auf unserm Wege. Ein Leben wie am Tage, nur lustiger, weil Alles sich dem Genusse und der Muße in der Abendkühle hingab — und es war elf Uhr vorüber. Seit den Tagen, in denen wir vor dem Kriege mit Freunden die Abende auf den Boulevards von Paris genossen, hatte ich ein so heiteres, lachendes Straßenleben nicht erblickt. Ich konnte mich nicht satt daran sehen, konnte den Wunsch nicht unterbrücken, daß unsere Heimat nur einen Strahl dieses fröhlichen Glanzes für uns hätte!

Am nächsten Morgen der gleiche heitere Anblick. Es giebt Städte, welche über die Gebühr bewundert und besucht, andere, die viel zu wenig besucht, viel zu wenig bewundert werden; und zu diesen letzteren gehört nach meinem Ermessen Marseille in erster Reihe.

Die erste Kunde oder Beschreibung, die ich in früher Jugend von Marseille erhalten hatte, war die von Johanna Schopenhauer gewesen. Sie hatte mit ihrem Gatten, einem Danziger Kaufmann, den Süden von Frankreich bereist; und so weit in der Welt herumgekommen zu sein, das war vor jenen 60 bis 70 Jahren eine Sache, die einem Menschen, vor Allem jedoch einer Frau, eine besondere Bedeutung für das ganze Leben gab. Aber Johanna Schopenhauer hatte nicht zu viel gesagt von Marseille. Ich für mein Theil kenne kaum eine eigenartigere Stadt, und wenn man den französischen Städten Beinamen geben wollte wie die italienischen Städte, wie Genova la superba, Firenze la bella, Bologna la grassa sie führen, so müßte man Nizza die blühende und Marseille die schattenreiche heißen, denn von Norden nach Süden, von Osten nach Westen hin sind in Marseille die breiten sich durchschneidenden Hauptstraßen mit doppelten herrlichen Platanen=Alleen besetzt, in denen zu beiden Seiten steinerne Bänke zur Ruhe laden und an den Kreuzungspunkten große Springbrunnen eine wohlthuende Kühlung spenden.

Marseille steigt ziemlich steil vom Meere an dem bergigen Ufer empor, und es gewährt einen schönen, überraschenden Anblick, wenn man von den oberen Stadttheilen kommend, die breite Allee hinuntergeht, an deren Ende die zahllosen Masten im Hafen sich erheben, deren Takelage wie ein ungeheures Netzwerk die ganze Breite der Aussicht bedeckt, daß der Himmel und das Sonnenlicht wie durch Schleier hindurch sichtbar werden.

Die Rue Cannebière ist breit wie die pariser Boulevards, hat wie diese große, stattliche Häuser, breite Trottoirs, reich ausgestattete Läden, große Kaffeehäuser, aber Alles ist südlicher als in Paris. Alles hat für mein Auge einen gewissen orientalischen Anstrich, der nicht nur von all den weit über die Trottoirs ausgespannten, vielfarbigen Zelttüchern, nicht nur von den hier mehr als anderwärts ausgelegten orientalischen Produkten und Waaren herrührt, oder von den Algierern und Orientalen, die man in ihren Nationaltrachten vor den Kaffeehäusern sitzen, die man an sich vorüberfahren oder in ruhigem Schritte ihren Geschäften nachgehen sieht. Ich glaube, es ist die Art, in welcher die Verkäufer in den Läden ihre Sachen aushängen, die uns an den Orient mahnt, wie die Bilder unserer Maler ihn uns kennen lehren.

Der Leinwandhändler hat ein Stück Leinwand in großen Festons vor seinem Hause angebracht und diese mit farbigen

Handtüchern und farbigen Servietten aufgenommen. Der
Strohhutfabrikant hat sein Haus vom Dache bis zu seinem
Magazin mit Strohhüten von allen Arten und von Formen,
die kein Mensch mehr trägt, so dicht benagelt, wie ein
Schweizer sein Haus mit Holzschindeln. Vor den Fleisch=
waarenhandlungen sehen wir schon von Weitem die in Silber=
papier gewickelten Reihen von Würsten und geräucherten
Zungen von Dijon in langen Guirlanden niederhängen.
Korallen und Bernsteinperlen, Pfeifen und Cigarren, Alles,
Alles ist weit hinausgestellt vor die Fenster. Die Früchtever=
käufer haben ihre Waare zum Theil in großen Kiosks feil
und bauen ihre Vorräthe pyramidalisch auf. Ueberall Farbe,
überall die Fülle alles Nothwendigen, alles Wünschenswerthen,
alles Ueberflüssigen. Neben dem Luxus und der Zierlichkeit
von Paris, das Derbe und Kernige, was der Seehandel und
das Bedürfniß des Seemanns für die weite Reise fordern.
Da ich in einer Hafenstadt, einer handeltreibenden Stadt ge=
boren bin, hatte dies Letztere einen großen Reiz für mich.
Man hätte die Schätze Monte Cristo's haben mögen, der von
einer der vor Marseille gelegenen Inseln einst entfloh, um zu
kaufen, zu kaufen und noch einmal zu kaufen, um mitbringen
zu können recht nach Herzenslust.

In Nizza, wo man von der Promenade nur selten und
nur in weiter Ferne ein Segel, nur selten einmal die Rauch=
säule eines Dampfers gewahr wird, erscheint das Meer nicht
so wie in Marseille als das länderverbindende Element. Aber
hier, wo dichtgedrängt die Schiffe aus allen Ländern neben=
einander liegen, wo sich in dem Theil des Hafens, den man
La Joliette nennt, die großen Dampferstationen befinden, die
den Verkehr mit Afrika und Indien besorgen, da bin auch
ich noch einmal — alt wie ich bin — auf den Gedanken eines
meiner jungen Freunde gekommen, daß es eigentlich eine Art

von Schande sei, wenn der Mensch, ehe er von hinnen geht, nicht einmal das kleine Stückchen Welt ganz und gar kennen gelernt und umreist hat, das er die Erde nennt und als seine Welt bezeichnet.

Es ist ein eigenes Vergnügen, in einer Hafenstadt zu sein. Die großen Docks, die Lagerhäuser, die prachtvolle Börse unten am Hafen in der Rue Cannebière, die fremdländischen Matrosen, die fremdländischen Produkte, das Alles führt die Phantasie verlockend in die Ferne. Das Binnenland engt die Seele ein; und den Verkehr mit Kaufleuten, die große, überseeische Geschäfte betreiben, habe ich geistig fast immer als einen sehr lohnenden gefunden. Aber nicht nur durch den Hafen zu gehen, ist angenehm. Es ist überhaupt ein Vergnügen durch die Straßen von Marseille zu wandern, da sie, weil die Stadt eben amphitheatralisch gelegen ist, fast überall, nach der Höhe wie nach der Tiefe hin, einen malerischen Abschluß bieten. Das ist namentlich auch bei der Straße der Fall, die den Namen des Cours de Belsunce trägt. Mit Ulmen und Platanen bepflanzt, steigt sie von der linken Seite der Rue Cannebière langsam empor bis zu dem Triumphbogen, der, wie manche der römischen Triumphbogen, mit den gewandelten Zeiten seinen Namen ändern mußte. Ursprünglich dem Herzog von Angoulême errichtet, wurde er später Napoleon gewidmet und steht nun herrlich anzusehen da, während das Kaiserreich niedergeworfen ist.

In der Mitte des Cours de Belsunce befindet sich die Statue des Bischofs, dessen Namen die Straße trägt. Scenen aus den Zeiten der Pest, die zu Anfang des Jahrhunderts Marseille entvölkert, und in welcher der Bischof sich mit großartiger Aufopferung der Krankenpflege hingegeben hat, sind in den Reliefs des Sockels dargestellt. Auch in dem Gesundheitsamte finden sich, in den Bildern großer französischer

Meister, Erinnerungen an jene Tage; aber auffallend war es mir, bei meinen Fahrten durch die Stadt keinem Denkmal, keiner Erinnerung zu begegnen, welche auf die Revolutionszeit hingewiesen hätte, in der Marseille und die Marseiller doch eine so hervorragende Rolle gespielt haben. Nur am Abende meiner Ankunft hörte ich in der Straße von ein paar Männerstimmen die ersten Verse der Marseillaise singen, die mir hier noch ganz besonders klang.

Wenn man ein so heiteres, so blühendes Gemeinwesen wie das von Marseille vor Augen hat, hat man Mühe es sich zu vergegenwärtigen, durch welche Noth und durch welche Leiden es zu Zeiten gegangen ist. Ja man mag kaum daran denken, was Länder, Städte, Menschen ertragen können, ohne zu Grunde zu gehen. Mephisto's Worte kommen Einem unwillkürlich in den Sinn:

> So viel als ich schon unternommen,
> Ich wußte nicht ihr beizukommen,
> Mit Wellen, Stürmen, Schütteln, Brand!
> Geruhig bleibt am Ende Meer und Land:
> — Und immer circulirt ein neues, frisches Blut!

Und blühend und lebensvoll wie die Stadt, ist ihre ganze Umgebung! Schon Frau Schopenhauer hatte mit Erstaunen von der großen Zahl der Landhäuser, der Bastides, gesprochen, von denen Marseille umgeben ist, und der Wohlstand dieses Jahrhunderts hat sie natürlich sehr vermehrt. Gleich von der Rue Cannebière fährt man durch die ebenfalls schöne, mit den reichsten Magazinen versehene Rue Fereolles nach dem Prado, einer herrlichen, wohl eine halbe Meile langen Allee. Villen und Landhäuser liegen zu ihrer rechten wie zu ihrer linken Seite. Schöne Gartenanlagen bilden ihren Anfang, und wo sie sich am Ende gegen das Meer hin öffnet, steht zur Seite des nicht eben großen oder besonders schönen alten Museums für die schönen Künste, eine sehr gelungene Statue des Bildhauers Le Puget. Gegenwärtig befindet sich, wie ich glaube, die Gemäldegalerie nebst den anderen Museen in dem, am Ende des Boulevard Longchamp gelegenen prächtigen Palais Longchamp. Aber mein Aufenthalt in Marseille war nur auf ein paar Tage angelegt, und aus Rom kommend fühlte ich zum Betrachten von Kunstwerken mich um so weniger geneigt, als der Reiz der Stadt und ihrer Umgebung mich völlig gefangen nahm.

An der Corniche hinzufahren, vor welcher die Inseln Chateau d'If, les Iles des Pendus, Pomègue et Ratonneau sich wie Wächter hingelagert haben; hier ein Segelschiff zu sehen, das man mit sichern Ruderschlägen zum Hafen hinausbugsirt, dort ein anderes, das ein Schleppdampfer hinausbringt, während der große, nach Algier gehende Dampfer mit der ruhigen Sicherheit eines Pfadfinders, hinter den Inseln zum Vorschein kommend, seinen gewohnten Kurs einschlägt, ungehindert durch den ihm entgegenstehenden Wind, ungehindert durch das hochgehende Meer, dessen aufgeregte Wogen gegen die Dämme anschlugen und ihren weißen Gischt hoch in die Luft verspritzten — das ist ein herrlicher Anblick, ein wahrhaftes Vergnügen und die Aussicht von Notre Dame de la Garde ist wahrhaft großartig.

Gegen den Abend hin, als das Treiben und Arbeiten im Hafen nachließ, als vor allen Garküchen und Weinwirthschaften in demselben die braunen Matrosen und manche von der tropischen Sonne gefärbte Gestalten die Bänke und Stühle füllten, sah es in der Stadt und in ihren Alleen noch weit lustiger als am ersten Tage aus. Alle Bänke und Hunderte und Hunderte von Stühlen mit Menschen besetzt. Ein fröhliches Umhergehen zwischen ihnen, eine strahlende Helle überall, überall ein Plaudern, Scherzen und nirgend ein Uebermaß, nirgend eine Rohheit, so weit ich es beobachten konnte. Man hätte länger bleiben mögen, als die paar Tage, weil das Land so schön, die frische Meeresluft so warm, der Eindruck des Wohlstandes und der Heiterkeit so gar erfreulich waren.

Aber Zeit und Stunde für die Abreise, für die Ankunft bei den Freunden waren festgesetzt. Spät am dritten Abend ging es fort von der schattigen, der lebensvollen Stadt am Meere, landeinwärts durch die Nacht.

In der Frühe fuhren wir an Lyon vorüber, am Mittag waren wir in Genf. Abends ein Gang durch seine schönen Straßen, über die mächtige Montblancbrücke. Der Bergriese, von dem sie ihren Namen hat, lag im rosigen Abendscheine vor uns. Genf war schön und blühend wie vordem.

Am nächsten Tage eine rasche Fahrt den See entlang, am Nachmittage Bern, die trotzige alte Stadt.

Heute blickt ihr massiger Münsterthurm zu mir hinüber über das rauschende Wasser, der grünen, schnellströmenden Aar, zu dem traulichen, dichtumlaubten Heim, in dem alte, treue Freundschaft mich umgiebt. Und mein dritter, mein einsamer Römerzug ist nun beendet. — — Möchten die Er=innerungen an denselben, die ich in diesen Briefen festzuhalten suchte, Ihnen lieb sein, so wie mir.

Neunundzwanzigster Brief.
Die Frauen in der Familie und der Socialismus.

Hof Ragaz, den 22. Juli 1878.

Der Aufenthalt bei meinen Freunden in Bern war mir sehr erquickend. Das alte Bern mit seinen alten, originellen, aber sicherlich sehr ungesunden Laubengängen vor den Häusern, mit seinem gewaltigen Dom, seinem unvergleichlichen Domplatz auf der Terrasse, und seinen Weitsichten in das Gebirge erfreute mich wie vordem. Nun sitze ich wieder in diesem friedlichen Hause, in den gewohnten sonnigen Stuben.

Es ist jetzt gerade ein Jahr her, daß ich eben in diesem friedlichen Hause und eben in diesen Zimmern die deutschen Frauen gegen die ungerechten Angriffe und Anschuldigungen einer Engländerin zu vertreten unternahm, und schon in früheren Fällen habe ich bei verschiedenen Anlässen zu Ihnen in meinen Briefen zu sprechen versucht, um Ihnen Mancherlei an das Herz zu legen, das mir der Beherzigung werth erschien. Dann wieder bin ich bemüht gewesen, manche Förderung in der Erziehung und in den bürgerlichen Verhältnissen für uns zu begehren, und ich habe zu meiner Genugthuung mich fast immer einer mich ermuthigenden Zustimmung zu erfreuen gehabt.

So hat sich denn für mein Gefühl zwischen mir und Ihnen ein feststehendes Verhältniß ausgebildet, eine der Verbindungen, die uns antreiben, einander in guten und in bösen Tagen zu nahen, und mit einander von demjenigen Erlebten zu sprechen, das eben in dem betreffenden Augenblick den Sinn beschäftigt.

Ich weiß nicht, ob es Ihnen so ergeht wie mir, ob Sie in diesem Falle gleich mit mir empfinden? So oft ich im

Leben innerhalb meines Bereiches ein Unheil habe geschehen sehen, oder wenn mir nach meiner Meinung ein Unrecht widerfahren ist, habe ist immer das Bedürfniß gefühlt, mir zunächst die Frage vorzulegen: hätte ich dieses Unheil durch Vorsicht, durch die richtige Voraussicht abwenden können? Oder: was habe ich meinerseits verschuldet, daß mir dieses Unrecht geschehen konnte? Ich habe dann, wenn es mir gelang, einen Fehler in meinem Verhalten aufzufinden, eine doppelte Beruhigung gefühlt. Denn unverschuldet Unglück zu ertragen, ist ja überall, wo man nicht Naturnothwendigkeiten, wie dem Tode zum Beispiel gegenübersteht, noch härter, als sich einen Fehler einzugestehen, den man in Zukunft vermeiden und verbessern kann, während man dabei die richtige und nothwendige Folge von Ursache und Wirkung, also etwas Vernunft- und Gesetzmäßiges anzuerkennen hat, was immer eine Art von Trost gewährt.

Wir Alle, das ganze deutsche Volk, ist in den letzten Tagen durch Frevelthaten gegen unseren greisen Kaiser erschreckt worden, welche wir innerhalb unseres Vaterlandes für unmöglich gehalten hatten; und gleichviel ob man sie als vereinzelte Verbrechen einzelner entsittlichter Menschen oder als die Folge unheilvoller Irrlehren betrachtet, diese Thaten sind in unserem Volke erzeugt und geschehen. Es tritt also zunächst mit der Frage: wie ist das möglich geworden? die andere Frage an uns heran: was haben wir gethan oder unterlassen, das solche Thaten möglich machen, das Irrlehren annehmbar machen konnte, vor deren Folgen wir jetzt mit Empörung und Erschrecken dastehen. Und was können wir thun, damit es allmählich wieder besser in unserm Vaterlande werde? Denn wo man einem großen Unglück, einem schweren Schaden gegenübersteht, wo man einen Deich von überwältigender Fluth durchbrechen sieht, den man sorglos für unzerstörbar gehalten, bleibt dem Menschen, sofern der Schrecken ihn nicht lähmt und ihm die unerläßliche Besinnung raubt, ja gar nichts Anderes übrig, als Hand anzulegen, um das Zerstörte aufzubauen, um von sich abzuwehren, was nicht allein der Untergang eines Einzelnen, sondern ein allgemeiner Untergang sein würde, wenn er es Herr werden ließe über sich.

Ich habe es in meinen Briefen gegen Sie zum Oeftern und habe es in denselben auch den Männern ausgesprochen, daß nach meiner Meinung die Frauen vom Staate die gleichen Bildungsmöglichkeiten, die gleiche freie gewerbliche Bethätigung wie die Männer zu fordern, daß sie Rechte an den Staat haben, dessen Mitglieder sie sind. Wo man aber Rechte gewährt zu sehen verlangt, hat man auch Pflichten anzuerkennen und zu erfüllen. Und wenn wir die Einen dargelegt haben, müssen wir uns die Andern ebenso klar zu machen und ihnen zu genügen suchen. Denn es ist gerade der Irrthum derer, deren Lehren mit dem Wesen des Staates, mit der Allgemeinheit nicht verträglich sind, daß sie den Besitz der Rechte weit stärker als den Besitz der Pflichten anzuerkennen und zu betonen gewohnt sind.

Daneben müssen wir uns vorhalten, daß der Staat die Gesammtheit der Einzelnen umfaßt, und daß Nichts im Ganzen gut sein kann, was im Einzelnen unvollkommen oder schlecht ist. Der sittliche Werth eines Volkes hängt von dem sittlichen Werthe seiner einzelnen Bürger, und ganz gewiß nicht zum geringsten Theile von dem sittlichen Werth der Frauen, von dem ernsten Sinn der Mütter, von der Tüchtigkeit der Hausfrauen, von der Sinnesreinheit der Mädchen, mit einem Worte, von dem Geiste ab, den die Frauen in der Familie pflegen. Auf dem tüchtigen Geiste der einzelnen Familien beruht die Tüchtigkeit der Gesammtheit. In der Familie wird die Jugend erzogen oder sollte sie erzogen werden. Aus ihr werden die Jünglinge und Männer in das Leben und an jene Gesammtarbeit der Einzelnen hinausgeschickt, aus welcher sich, wie aus den kleinen unscheinbaren Stiftchen einer Mosaik, das festbestimmte, in sich abgerundete Bild eines wohlgeordneten Staatswesens zusammensetzen soll. Aus der Familie trägt der Einzelne seine Gesittung in das Leben hinüber; und je nachdem er in der Familie es gelernt hat, sich den Gesetzen und Nothwendigkeiten der Familie unterzuordnen und anzupassen, je nachdem er ein Beispiel verständigen Zusammenhaltens, verständigen Befehlens und Gehorchens vor Augen gehabt hat, je nachdem wird er sich in die ihm vorkommenden Verhältnisse einzufügen, wird er verständig zu befehlen und zu gehorsamen verstehen. Ein Mädchen, das im Vaterhause ein nützliches Mitglied gewesen, wird eine gute Frau im Hause ihres Mannes sein. Ein Knabe, der ein gehorsamer Sohn, ein verträglicher Bruder, ein ordentlicher Schüler gewesen, wird voraussichtlich auch ein guter Bürger werden. Die Schule kann viel leisten und leistet in der That auch für die Erziehung der männlichen Jugend das Mögliche, namentlich wenn man berücksichtigt, wie überfüllt die Klassen unserer Schulen meist zu sein pflegen. Aber ohne die unausgesetzte Mitwirkung der häuslichen Erziehung vermag auch die Schule ihre Aufgabe nicht zu erfüllen.

Das Alles ist oft genug gesagt, es sind alte im Grunde von Niemand bestrittene Wahrheiten. Sie sind so feststehend wie die Lehre, daß eins und eins zwei machen, und daß man drei von zwei nicht abziehen kann. Jedermann weiß das, jedes zehnjährige Kind würde lachen, wenn man ihm dieses als eine neue besondere Lehre verkünden wollte; und doch hätten es manche Erwachsene, manche Familien in den letzten Jahren recht nöthig gehabt, an diese Grundlehren erinnert zu werden und sich nach ihnen einzurichten. Indeß zwischen dem

Erkennen einer Wahrheit und dem Thun und Handeln nach dieser Erkenntniß ist oft ein großer Unterschied.

Dazu ergeht es den Völkern wie den Familien und wie jedem Einzelnen. Sie sind geneigt, nach großen Anstrengungen, nach großen Erfolgen, in müder Zufriedenheit, in gutem, wohlberechtigtem Glauben an sich selbst die Hände in den Schoß zu legen, um in sorgloser Ruhe sich des Gethanen, des Erworbenen zu erfreuen. Sie vergessen, daß es leichter ist, im Drange begeisterter Leidenschaft einen Sieg zu erringen, als sich dauernd auf der Höhe der Kraft, der Tüchtigkeit und der Begeisterung zu erhalten, in welcher man die That vollbrachte. Sie beherzigen in solchen Tagen nicht, daß geistiger Besitz, geistiges Kapital, eben so wie jeder andere Besitz sorgfältig gehütet, sorgfältig gepflegt und vermehrt werden müssen, wenn sie sich nicht vermindern sollen, und daß selbst ein großer Besitz und großes Vermögen durch Sorglosigkeit und Leichtsinn verloren werden, daß Völker wie Einzelne an Werth herunterkommen und zu Grunde gehen können.

Ihre Familie vor solchem Herunterkommen an Wohlstand zu bewahren, sieht jeder einigermaßen verständige Vater, sieht jede solche Hausfrau als ihre Pflicht an. Ihre Familie vor geistigem Herunterkommen, vor Verwilderung zu bewahren, Zucht, Gesittung, Gehorsam, Ordnung innerhalb derselben aufrecht zu erhalten ist aber erst recht eine ernste Pflicht; und wenn wir es jetzt leider zum öfteren in den Zeitungen lesen müssen, wie schon von Kindern aus dem Volke häufig schwere Verbrechen begangen werden, wenn wir es eben jetzt erfahren haben, daß man selbst Kinder der sogenannten gebildeten Stände wegen unehrerbietiger Aeußerungen gegen das Oberhaupt des Staates zur Rechenschaft zu ziehen hatte, so ist es sicher geboten, daß wir darüber ernstlich mit uns selbst zu Rathe gehen; daß wir darüber nachdenken, in wieweit das

Leben innerhalb der Familien Schuld trägt an dem jetzt plötzlich an das Tageslicht tretenden, uns erschreckenden Unheil; daß wir uns überlegen, was die Eltern gethan und unterlassen haben, solche Anmaßung und Zuchtlosigkeit in den Kindern möglich zu machen? Was gethan und verabsäumt worden ist, zwischen den mehr und weniger Besitzenden jene Kluft sich aufthun zu lassen, in welcher das Uebelwollen und die Abneigung der Unbemittelten gegen die Bemittelten wie ein giftiges Unkraut aus dunkler, unermessener Tiefe emporgewachsen und zu einer bedenklichen Höhe aufgeschossen ist? Solche Wucherpflanze kann man nicht mit einem Tritt vertilgen, auch nicht mit einem Male ausroben, selbst mit vereinten Kräften nicht. Der Boden muß aufgerissen, umgepflügt, den Wurzeln des Unkrauts muß beigekommen und reine, gesunde, gute Frucht versprechende Saat muß eingestreut werden in den gereinigten und erneuten Boden. Das ist nicht von heute auf morgen zu leisten, das fordert Zeit, Hingebung und stille geduldige Arbeit, welche nicht gleich auf der Oberfläche sichtbar, die nicht verzeichnet wird mit goldenen Lettern in den Tafeln der Geschichte, und die doch gethan werden muß, weil schon unsere Selbsterhaltung sie erfordert.

Geschehenes kann man so wenig ungeschehen machen, als man sich zurückversetzen, sich zurückleben machen kann in Tage und in Zustände, die eben vergangen sind und bleiben. Wir haben mit den Bedingungen der jetzigen Zeit zu rechnen, unter ihren Bedingungen das Nothwendige zu leisten. Wir müssen uns fragen: sind wir innerhalb ihrer Grenzen auf dem rechten Wege? Und scheint es uns, daß dies nicht der Fall ist, so müssen wir es machen, wie jeder Wanderer, der von dem richtigen Pfade abgekommen ist.

Wir müssen innehalten und uns umschauen. Wir müssen uns fragen: wie kamen wir auf diesen Irrweg und wohin wollen wir gelangen? Wir müssen uns besinnen, wie es an dem Punkte aussah, von dem wir ausgegangen sind, uns fragen: wie möchten wir es finden an jenem andern, den wir zu erreichen wünschen?

Ich für mein Theil kann weit zurücksehen in die Vergangenheit. Von mehr als zwei Menschenaltern habe ich ein deutliches Erinnern an persönliche und an allgemeine Zustände, an das Familienleben und an die großen Ereignisse der Zeit. Ich habe die Erinnerungen einer Hausfrau und zugleich die einer Schriftstellerin, die seit fast vierzig Jahren, mit Guten vereint, bei vielfachem Irren und unter wechselnden Ansichten bemüht gewesen ist, das Gute, das Wahre und das Schöne in ihrem Kreise und in dem Vaterlande fördern zu helfen, so weit ihre Einsicht und ihr Können es ihr möglich machten.

Es war nicht Alles gut vordem. Vieles ist besser geworden, als es war. Vieles war aber auch besser, als es jetzt ist. Vielleicht gelingt es mir, mich mit Ihnen darüber zu verständigen, was wir aus der Vergangenheit in die Zukunft hinüber zu nehmen haben, wenn dieselbe bewahrt bleiben soll vor Ereignissen, wie wir sie jetzt erleben mußten, wenn wir das Lob verdienen wollen: „ein großes Volk und auch ein gutes Volk" zu sein.

Sie denken vielleicht: „nun kommen die Lobpreisungen der vergangenen Zeiten, welche die Alten uns immer aufzutischen pflegen".

Sie irren jedoch, wenn sie glauben, daß ich die mannichfachen Fortschritte nicht gewahrte, welche in unserer Zeit gemacht worden sind, daß ich die veränderten Lebensbedingungen nicht würdigte, welche eben durch diese Fortschritte sich herausgebildet haben, oder daß ich wähnte, man könne rückwärts leben. Das Todte wird nicht lebendig, wie sehr wir's auch ersehnen, und was man aus der Vergangenheit auch nachahmend wieder herzustellen versucht, es wird in der Gegenwart nicht wieder dasjenige sein können, was es vordem gewesen ist.

Der Zustand der Menschheit ist in vielem Betrachte ein anderer, ein besserer geworden als vor hundert Jahren. Die Macht des Absolutismus ist gebrochen, die Sklaverei, die Leibeigenschaft, die Hörigkeit sind aufgehoben. Die Gleichheit der Menschen vor dem Gesetz ist anerkannt, und in Folge der außerordentlichen Erfindungen der neuen Zeit hat das Wohlleben der Menschen sich durchwegs sehr bedeutend gehoben.

Dank diesen Erfindungen, Dank den Maßnahmen der jetzigen Regierungen können Pest und Hungersnoth die civilisirten Länder nicht mehr in dem Grade verwüsten, wie in früheren Zeiten. Selbst der Krieg ist menschlicher geworden, trotz der furchtbarer gewordenen Zerstörungsmittel; und das Gemeingefühl der gesitteten Menschen ist dem Kriege zwischen den Kulturvölkern entschieden abgeneigt. Dem Taglöhner, der jetzt fern von seiner Wohnung in den großen Städten seiner Arbeit nachgeht, erspart die Eisenbahn die Mühe des Weges. Der Handwerksbursche legt seine Wanderschaft zum großen Theile auf ihren Schienen zurück. Er ist besser daran als bereinst sein Großvater, der mit wundgelaufenen Füßen die langen Meilen zu durchmessen hatte. Er ist nicht wie Jener an die Scholle gebunden, er ist besser unterrichtet als Jener es gewesen. Was er erlernt in der Schule wie in der Werkstatt, erlernt er in gesunderen Räumen, in erleichternder Weise. In seinem ärmlichen Vaterhause, in der Hütte des Landmannes, die ihm bei seinen Wanderungen gelegentlich ein Obdach bietet, leuchtet ihm fast immer der Petroleumlampe heller Schein, statt des früheren Kienspans, oder statt der elenden Unschlittkerze, bei deren matten Lichte wir, selbst in bemittelten bürgerlichen Familien, in unserer Jugend, zu Dreien oder Vieren an einem Tische sitzend, unsere Arbeiten zu machen hatten. Vieles, was früher als ein seltener Genuß erschien, ist den Menschen zum täglichen Bedürfniß geworden. Ueberkommt ihn Krankheit, so findet der Unbemittelte jetzt in den Krankenhäusern eine ganz andere Pflege als vordem, denn sie sind mit einer Sorgfalt eingerichtet, von welcher die Vorzeit keine Ahnung hatte. Eine Menge schwerer, kraftverzehrender Arbeit nimmt dem Arbeiter die Maschine ab; und was die Forschungen der Gelehrten, die Fortschritte in den Wissenschaften und die auf denselben beruhenden Entdeckungen und Erfindungen in den letzten hundert, den letzten fünfzig Jahren für die Menschheit geleistet haben, das hat selbst Papst Leo XIII. als Bischof von Perugia in seinen geistreichen Hirtenbriefen, wie ich Ihnen mitgetheilt, mit poetischem Schwunge gepriesen. Er bezeichnet es geradezu als etwas Göttliches, daß der Mensch dem Dampf gebietet, ihm seine Flügel zu leihen; daß er den Blitz zwingt, sein Bote zu werden von einem Welttheil zu dem andern; daß er es Licht werden läßt in der nächtigen Dunkelheit der Häuser, der Städte, der Heerstraßen. Aber — zufriedener sind die Menschen nicht dadurch geworden. Im Gegentheil!

Zum Theil gerade durch die hülfreichen Erfindungen, welche jetzt dem Unbemittelten zur Gewohnheit gemacht haben, was früher dem Reichsten und Mächtigsten nicht erreichbar war, ist der Sinn der Menschen unruhig geworden, und nur in den seltensten Fällen arbeitet die Erziehung diesem gefährlichen Hange entgegen. Schnell wie der Dampfwagen die Menschen von einer Station zu der anderen führt, fliegen sie von Wunsch zu Wunsch, von Begehren zu Begehren, ohne in nachdenkender Rast des Erreichten froh zu werden. Und selbst zugegeben, daß in diesem rastlos vorwärtsstrebenden Begehren sich eine Kraft ausspricht, so fragt es sich doch, welche Ziele diese Kraft sich steckt und mit welchen Mitteln sie dieselben zu erreichen trachtet.

Eben in dem verschiedenen Ziele aber, das sie im Auge hatten und haben, liegt der Unterschied zwischen der Vergangenheit und unserer Zeit, und darin war sie der Gegenwart sittlich überlegen, denn ihr Ziel war ein würdigeres. Sie war idealistisch und glaubensvoll. Ich brauche absichtlich das Wort glaubensvoll, nicht gläubig. Unsere Zeit ist materialistisch und glaubenslos, allein auf das forschende Erkennen, auf den raschen, sinnlichen Genuß gerichtet. Die Hinwendung zur Forschung ist eine folgerichtige Entwickelung des früheren Glaubens, und es ist Großes durch sie geleistet worden. Indeß welchen Einfluß die kritisch forschende Richtung unserer Zeit, die Alles und Jedes, auch die Empfindung, dem prüfenden Urtheil des Verstandes unterwerfen muß, die nicht anerkennen kann, was nicht zu wägen, zu messen, zu begreifen ist, welchen Einfluß der Materialismus auf die Erziehung der Jugend, auf den Zusammmenhang der Menschen hat, die unter verschiedenen Bedingungen neben- und miteinander zu leben haben, und wie weit diese zersetzende Kritik dem Bedürfniß all jener Hunderttausende von Menschen begegnet, deren Natur und Neigung sie zum Glauben, zu einem Idealen hinzieht, das ist gewiß der ernsten Erwägung werth.

Das Erziehen des einzelnen Menschen wie die Erziehung der Menschen im Allgemeinen ist eine Kunst, die ein erkennendes Sondern, d. h. ein genaues Individualisiren fordert. Man darf nicht jedem Alter, nicht jeder Natur das Gleiche bieten, wenn man ihnen gerecht und förderfam werden will. Man darf dem Kinde, dem Unwissenden, den Sprengstoff nicht in die Hand geben, mit welchem man den Erfahrenen, den Unterrichteten experimentiren läßt. Es leben Millionen von Menschen auf der Erde und unter uns, denen nach der Natur ihres geistigen Auges nicht wohl werden kann in dem scharfen Lichte, in welchem der forschende Denker sich behagt, in der schrankenlosen Unendlichkeit, in welcher er, ohne sich haltlos zu fühlen, sich bescheidet zu leben, zu vergehen, sich aufzulösen in das All, dessen Unendlichkeit er zu denken vermag und das ihm deshalb nie Entsetzen einflößt. „Eines schickt sich nicht für Alle!" und ohne idealistisches Glauben kann und darf man die Jugend nicht erziehen. Kein Gärtner setzt den Steckling dem scharfen Sonnenlichte aus.

Man hat uns Deutsche lange Zeiten hindurch Idealisten genannt, hat den Ausdruck gelegentlich wie eine Art von Spott gegen uns gebraucht, und wie weiland die Geusen haben wir, wir wußten wohl weshalb, diesen Namen als Ehrennamen auf uns genommen. Ein Idealist, welcher die Erreichung eines sittlichen Ideals innerhalb der Wirklichkeit für möglich hält und anstrebt, ist kein Phantast. Er ist auch kein Träumer, sofern er damit beginnt, die Verwirklichung seines Ideals zunächst in strenger Selbsterziehung und sich bescheidender Selbstverleugnung gegenüber dem Allgemeinen zu versuchen. Phantasten und Träumer sind weit eher jene Materialisten, welche von einer durch keine sittlich-idealen Gedanken in strenger Gesetzlichkeit zusammengehaltenen Gesellschaft die Befriedigung ihrer persönlichen Wünsche erhoffen, und aus einer Allgemeinheit, in welcher Jeder sich selbst der höchste Zweck ist, das Wohlbefinden jedes Einzelnen gefördert zu finden erwarten. Idealisten, die von sich abzusehen, sich einem Allgemeinen in freiwilliger, gesetzlicher Dienstbarkeit unterzuordnen vermögen, sind zufrieden zu stellen. Materialisten können niemals zufrieden sein, weil ihre Ansprüche sich unablässig erneuern und steigern müssen, so lange die Kraft eines weiteren Begehrens ihnen innewohnt. Genießen wollen die Einen wie die Andern — nur daß das Was und das Wie sehr verschieden in ihrer Wirkung auf sie selbst und Andere sind.

Unsere Eltern waren zum weitaus größten Theile Idealisten

und zugleich gottgläubig. Sie erzogen uns deshalb, bewußt und unbewußt, zum Idealismus und zum Glauben, selbst in den Fällen, in welchen nicht von einem Glauben an die Dogmen des Christenthums oder einer anderen geoffenbarten Religion die Rede sein konnte, und das war ein großer Segen. Denn das Kind und der Mensch im Allgemeinen haben feste, bestimmte, haben personifizirte Vorstellungen nöthig, so lange und überall, wo das Gefühl und die Phantasie in ihnen mächtiger sind als der Verstand.

Wie die Menschheit in ihrer fortschreitenden Entwickelung das Bild des einzelnen Menschenlebens vor uns aufstellt, so wiederholt sich in der Entwickelung und wachsenden Erkenntniß jedes einzelnen Menschen der Gang, den die Menschheit gegangen ist; nur daß der Einzelne für sich in unserer Zeit in kurzen Jahren den Weg durchmißt, den zurückzulegen die Menschheit lange Jahrhunderte gebrauchte. Und da überall eine der ersten Fragen aller Menschenkinder, sobald sie zu denken beginnen, auf den Ursprung der Dinge gerichtet ist, so wurde dieselbe von unseren Eltern mit dem Hinweis auf einen Schöpfer des Himmels und der Erde, auf den persönlichen Gott, beantwortet. Damit wurde dem Kinde der Glaube an ein höheres Wesen in die Brust gesenkt, der Glaube an ein Wesen, das größer, mächtiger, vollkommener war, als das Kind; an ein Wesen, das selbst über die Eltern Gewalt hatte, wie diese über das Kind; an ein Wesen, zu dem man, der Erhörung sicher, beten konnte für Alle, die man liebte, wie für sich selbst, sofern man es mit reinem Herzen that. Frage ich aber heute meine Erinnerungen, die ich keine Pietistin oder gläubige Frau geworden bin, so war das ein sehr beglückendes, unser Dasein heiligendes Gefühl. Es ist auch eine außerordentliche, nicht genug zu schätzende Stütze für den schwankenden Sinn des Kindes, der Jugend, die noch kein Beruhen hat in sich selber — und wie viele sogenannte fertige Frauen und Männer haben dies Beruhen in sich? — an einen Gott zu denken, der in das Verborgenste des Herzens sieht, der nicht nur die That, sondern auch den Gedanken kennt und richtet, der in der Stimme des Gewissens zu dem Menschen spricht, der, wenn auch erst in der fernsten Zeit, am Ende der Tage lohnt und straft. Der Glaube an einen persönlichen Gott, ich stehe nicht an, dies auszusprechen, ist für denjenigen, der ihn in sich lebendig fühlt, ein großes Glück. Denn wie einst Schiller um die entthronten Götter Griechenlands geklagt hat, hat sicherlich mancher der unter uns Lebenden in banger Stunde gepreßten Herzens und mit Sehnsucht der Zeit gedacht, in welcher er noch gläubig sein Auge zum Himmel aufhob, und hat es in seiner Schwäche bedauert, daß er nicht mehr vermochte es zu thun, daß ihm die Welt, in der er lebt, nicht mehr als Gottes Werk erschien, daß er allein auf sich und seine ihm versagende Kraft und Selbsthülfe gewiesen war. Man kann nicht wieder glauben lernen, wenn man aufgehört hat, es zu thun; der in sich beruhende kraftvolle Mensch wird auch nicht danach verlangen. Aber auch nur dieser nicht! und es ist in meinen Augen in der That ein Frevel, dem Menschen zu rauben, was ihm dienet, ihn stützt; und was wir ihm nicht wiedergeben können, wenn ihn doch einmal danach verlangt.

Wir Kinder aber wurden zu unserer Zeit recht eigentlich, um Schiller's Ausdruck zu gebrauchen: „erzogen in der Furcht des Herrn!" und, ich wiederhole es, das war ein Segen und ein Glück, für welche der Hinweis auf den Urbrei und auf die Monade und die Zelle dem Herzen und der Phantasie des Kindes, der Natur von Tausenden von Menschen nicht den entferntesten Ersatz zu bieten vermögen. Wer das verkennt, der kennt die Natur des Kindes nicht; der hat auch die Natur des Menschen nicht unparteiisch und nicht vielseitig genug betrachtet.

Trat dann im Verlauf der Tage an gar Viele der Zweifel unabweislich heran, zerstörte er mit unwiderstehlicher Kraft den Glauben, der sie bis dahin beglückt, so war doch die Sehnsucht nach etwas Höherem als dem bloßen äußern Genuß in den Seelen erweckt worden, und sie blieb lebendig in denselben. Man hatte das Glück des liebenden Verehrens kennen lernen. Man hatte in den meisten Fällen das Bild eines göttlichen, eines Ideal=Menschen in sich aufgenommen. Man hatte in der Gestalt des Heilandes, der sein Leben hingegeben für seine Ueberzeugung, für die Erlösung der Menschheit aus den Banden des Heidenthums, ein erhabenes Vorbild gewonnen. Mit einem Worte, man hatte die großen Gedanken des Christenthums verkünden hören, man war zu einem Idealen hingeleitet worden, und dies eben ist die Hauptsache in der Erziehung des Menschen, das Hauptmittel zur Erhebung des Einzelnen aus der ihn verwildernden Selbstsucht; und eben dadurch auch das Mittel zu der jede Glückesmöglichkeit be=dingenden Versittlichung der Menschheit überhaupt.

Es ist ein gewaltiger Unterschied zwischen dem idealistischen Gebot: liebe Deinen Nächsten wie Dich selbst! — und jenen Gesetzen, die wir in der Natur sich bethätigen sehen. In dem Kampf um das Dasein ist keine Liebe, keine versittlichende Kraft verborgen. Die Annahme, daß man mit dem Unter=richt in den Naturwissenschaften den Menschen, oder sagen wir zunächst das Kind und die Jugend, zu jenem selbstlosen Adel der Gesinnung heranbilden könne, den die Grundsätze der christlichen Morallehre und die großen Beispiele von Vaterlandsliebe, von persönlicher Aufopferung, denen man in der Geschichte begegnet, dem Geiste einprägen, scheint mir auf einem Irrthum zu beruhen.

Voltaire hat es ausgesprochen, daß man zum Heil der Menschheit einen Gott erfinden müsse, wenn es keinen gäbe. Börne ist der Ansicht, daß es dem Menschen heilsam sei, wenn er, wie ich es vorhin angedeutet habe, in sich den ganzen Weg zurücklegt, auf welchem die Menschheit vom Glauben zum Forschen, zum annähernden Erkennen fortgeschritten ist; und ein gelehrter Engländer, der Director der Geological Society, antwortete mir einmal auf meine Frage, wie er es vermöge, bei seinem Wissen von den Dingen den Namen Gottes fortdauernd als Urquell der Dinge zu gebrauchen, wie ich schon erwähnt zu haben glaube: „All unser Wissen ist ein tastendes Suchen. Wohin wir kommen, wie weit wir vordringen, immer stoßen wir auf ein letztes Geheimniß, auf eine letzte unerkennbare Ursache und Kraft, und diese letzte Ursache, die nenne ich Gott!"

Gewiß, wir dürfen der Jugend, deren Erziehung uns anvertraut ist, die Stütze nicht entziehen, deren Kraft und Segen wir an uns erprobt haben. Wir sollen ihr auch die Mühe des eigenen Suchens und Erkennens, die Geistesarbeit nicht ersparen, die wir auf dem Wege vom Glauben zum erkennenwollenden Denken, zum annehmenden Wissen für uns fruchtbringend gefunden haben. Das Glauben und das Prüfen sind beide die Bedingnisse gewisser Naturanlagen, und alle Erziehung, aller Unterricht haben, wie mich dünkt, zunächst die Aufgabe, jedem Menschen die Mittel in die Hand zu geben, mit denen gerade er sich im Leben innerhalb seiner Naturbestimmtheit selber fortzuhelfen und zurechtzusetzen fähig ist.

Die Erziehung kann, nach meiner festen Ueberzeugung, für ein Volk nichts Besseres thun, als des Volkes Jugend in gottgläubigem Idealismus, in der Moral des Christenthums zu erziehen. Was der reife Mensch dann aus sich macht, das hat er selber zu vertreten. Jedenfalls wird es ihm frommen, wenn er an das Leben so idealistisch herantritt, wie wir in unserer Zeit: beseelt von einer bisweilen vielleicht überspannten Sehnsucht nach einer Befriedigung des Herzens und des Geistes, die für uns nicht an äußeren Besitz gebunden war, und so bescheiden in unseren Ansprüchen an diesen äußeren Besitz, daß kein Mehrbesitz der Anderen unseren Neid erregen konnte. Wir waren stolz darauf, bedürfnißlos zu sein. Frühzeitig hatte man es uns als ersten Grundsatz hingestellt, daß nur derjenige wahrhaft frei sei, der sich selbst beherrsche und nicht abhängig sei von zufälligem Besitz. Immer und immer wieder hörten wir es sagen, wer nicht im Leinwandrock und am weißen hölzernen Tische eben so groß denken, eben so zufrieden sein kann als auf Teppichen und in Brokat, der ist eine niedrige Natur. Darin lag eine Art von Uebertreibung, und doch hob es uns und war groß und schön. Die ganze Erziehung war ernst und streng. Ist sie das noch heute? Fragen Sie sich einmal ernsthaft dies selbst!

Dreißigster Brief.
An die deutschen Frauen.

Bergisch-Gladbach, August 1878.

Eine ganze Reihe von Tagen liegt zwischen meinem vorigen und diesem Brief. Ich habe Ragaz verlassen, ein paar Tage in dem schönen, romantischen Inselhotel am See in Constanz verweilt, die neue Schwarzwaldbahn kennen lernen, und mich nach dreizehn Monate währender Entfernung wieder auf deutschem Grund und Boden zu Hause gefühlt. In Heidelberg bin ich wieder gewesen, habe römische Bekannte, die Familie des Baron Verus in dem alten und schönen Stift Neuburg besucht, das um seiner Goethe-Erinnerungen willen an sich eine Reise verlohnte; habe Köln in seinem blühenden Wachsthum angestaunt, und bin dann hierher gegangen in das stattliche Haus einer Freundin, um mit ihr liebe römische Erinnerungen zu genießen. Aber zunächst nehme ich doch den Briefwechsel mit Ihnen wieder auf, weil die Sache, die wir durchsprochen haben, mir sehr am Herzen liegt.

Ich hoffe fest, weil ich es wünsche, daß Sie mit mir einverstanden sind über den religiösen und idealistischen Anhalt, welchen wir der uns anvertrauten Jugend zu bieten verpflichtet sind, und ich rechne zu dieser Jugend nicht allein die Kinder des Hauses, sondern, sofern sie in unsern Häusern leben, auch die jungen Männer und Frauenzimmer, die wir als Dienende neben uns haben. Dazu ist es aber nöthig, daß wir uns einmal in unsern Häusern und Familien, in denen der Bemittelten wie der Unbemittelten, umsehen. Und da ich dies thue und Ihnen schildern möchte, wie es vielfach unter uns aussieht und wie es früher war, fällt mir ein, daß ich das Erstere sehr wohl mit dem Ausspruch eines deutschen Schweizers thun kann, der, ohne dabei an uns zu denken, das Wesen unserer Zeit im Allgemeinen charakterisirt.

Karl Hilty, er ist Professor an der Universität in Bern, sagt in der Einleitung zu seinen ganz neuerdings erschienenen geistreichen „Vorlesungen über die Geschichte der Helvetik": „Der Verkehr unter den Menschen ist vielfach gänzlich fiktiv; ein großer Theil dessen, was unter ihnen gesprochen wird, ist nicht eigentlich im Ernst gesprochen, ja, bei Vielen besteht das ganze Leben in solchem gewohnheitsmäßigen Reden ohne Ernst und Konsequenz eines Handelns danach. Beinahe alle menschlichen Verhältnisse sind unstet und zum Theil falsch geworden. Täglich wechselnde Diener, eher Feinde im Hause statt Freunde

und Gehülfen. Innerlich unfeste Ehen; in Gasthöfen und auf
beständiger Wanderschaft lebende ganze Familien, ein eigent=
liches modernes Nomadenthum. Große Klassen sogenannter
Gebildeter, die blos beschäftigt sind, zu verzehren, was Andere
vor ihnen sammelten, und die sogar darin des Lebens Werth
und eine höhere gesellschaftliche Stufe erblicken. Andere
Klassen dicht daneben, denen es nicht gelingen will, mit aller
Anstrengung des Geistes und des Körpers sich ein menschen=
würdiges Dasein zu gründen. Reisende Kinder, die eigentlich
kein Elternhaus, keine Heimat und keinen Lebenszweck mehr
kennen, oder solche, die in Fabriken aufwachsen und von früher
Jugend an ihren eigenen Eltern Kostgelder bezahlen. Es muß
aus dieser Zersplitterung der menschlichen Verhältnisse aber=
mals, wie vor 1800 Jahren, eine neuere bessere Weltordnung
aufgehen, in welcher der Mensch sich in Verbindung mit dem
Menschen fühlt, in der er in natürlichen Kreisen und unter
natürlichen Vorgesetzten lebt, die er liebt und denen er von
Herzen Verehrung zollt. Denn einen festen Kreis um sich zu
haben, den man liebt und von dem man sich geliebt fühlt,
das ist ein ursprüngliches, durch nichts Anderes zu ersetzendes
Verlangen der Menschennatur. Freilich müssen dazu die Lügen
in erster Linie fort aus der Welt. Aber dann müssen auch
die Wahrheiten sich wieder konstituiren. Die Reformation im
16. und die französische Revolution des 18. Jahrhunderts
stellten sich beide Ziele, aber sie haben bloß das erste, die Zer=
störung der Lüge, zum Theil erreicht, nicht aber die Herstellung
der Wahrheit. Die Aufgabe, einen echt menschenwürdigen und
deshalb allgemein anerkannten und gegliederten Staat und
gleichzeitig eine geistesfrische Religion auf den Trümmern
vieles unwiderbringlich Vergangenen wieder aufzubauen, ist
einer andern, auch für uns noch in der Zukunft liegenden Zeit
anheimgefallen. Weder die Reformation, noch die französische

Revolution haben die Völker frei gemacht. Die Ueberzeugung aber haben sie ihnen fortan unauslöschlich eingeprägt, daß sie zur Freiheit berufen sind."

So weit Karl Hilty. Er bezeichnet in seinem ernsthaften, zuversichtlichen, auf die Möglichkeit besserer Zustände vertrauenden Idealismus das Grundübel unserer Zeit klar genug. Obschon sein Werk nur einen kurzen Abschnitt aus der Geschichte seines Vaterlandes behandelt, trifft er, weil er ein umfassender Geist ist, in der Darstellung des Allgemeinen immer zugleich das Besondere. Auch wir dürfen es uns durchaus nicht leugnen, auch bei uns ist es gar Vielen kein rechter Ernst mit einer verständig in sich zusammenhängenden, auf ein würdiges Ziel gerichteten Lebensführung, welche, indem sie sich selber fördert, zugleich an die Förderung jener Anderen denkt, für die wir mittelbar und unmittelbar zu sorgen und einzustehen haben.

Im Großen und Ganzen meinen die Menschen und meinen die Frauen im Besonderen es gut. Sie sind weit entfernt von der nackten Selbstsucht, in welcher unsere Vorfahren das harte Sprichwort: „Jeder für sich und Gott für uns Alle!" erfanden. Sie denken auch nicht wie die leichtsinnige französische Gesellschaft des vorigen Jahrhunderts: „Nach uns die Sündfluth!" Im Gegentheil! Sie wollen das Gute, vieles Gute, aber sie möchten gern, daß sich das Gute und das Vernünftige beiläufig, so leicht und so bequem ausführen ließe wie eine Stickerei, die man zur Hand nimmt, weglegt, gelegentlich, wenn man gerade sonst Nichts vorhat, wieder einmal zur Hand nimmt und bei der dann zuletzt doch etwas ganz Erfreuliches zu Stande kommt, woran wir selbst und Andere ein Vergnügen haben. Eine verständige Lebensführung ist aber nicht Etwas, was sich gelegentlich abmachen läßt. Sie ist Etwas fest Zusammenhängendes. Sie ist nur möglich, wenn man es keinen Augenblick vergißt, was man zu leisten beabsichtigt. In den Zeiten des letzten Krieges, wie in allen ernsten und schweren Augenblicken, haben die Frauen es meistens auch bewiesen, daß sie etwas Folgerechtes, Tüchtiges zu leisten, daß sie großer Anstrengungen, daß sie große Opfer zu bringen fähig sind. Weil sie aber bei ihrer Erziehung nur selten zu einem andauernden, streng zusammenhängenden Arbeiten und Thun angehalten werden, zeigt sich dann später auch in ihrer die Lebensführung der Familie bestimmenden Art und Weise eben der Mangel eines ernsten zusammenhängenden Wollens und Handelns, und zwar nach meiner Erfahrung nirgend schlimmer als in den rasch zu Reichthum emporgekommenen Familien und unter deren Frauen.

Ich wage es nicht, an den übertriebenen Kleiderluxus zu erinnern, der die kostbarsten Stoffe durch den Staub und Schmutz der Straßen schleppt. Ich weiß, die Freiheit, dies zu thun, gehört zu den Menschenrechten dieser Art von Frauen, daran darf man nicht rühren. Ich habe mich aber des Gedankens niemals entschlagen können, daß die mannigfache prahlerische, den Geldwerth der Sachen ganz geflissentlich nicht mehr beachtende Schaustellung des Reichthums, welcher man in diesen Kreisen wohl begegnet, daß deren Lust, es Jedem in jedem Augenblicke darzuthun, „ich bin reich und kann Geld ausgeben so viel und wofür ich eben will", viele weniger Bemittelte verletzen mußte. Und ich bin gewiß, daß dieses Gebahren der Reichen sehr wesentlich dazu beigetragen hat, die Aermeren mit ihrem Lose unzufriedener zu machen, als sie es ohne jenes prunkende Schaustellen des Besitzes gewesen sein würden; daß diese öde Prahlerei eben die bittere Mißgunst, ja, recht eigentlich den nicht genug zu beklagenden Klassenhaß erzeugt haben, den wir jetzt plötzlich mit Erschrecken wahrnehmen, obschon er nicht seit gestern entstanden, sondern allmählich großgezogen worden ist.

Es liegt in der That etwas Empörendes darin, Summen völlig sinnlos vergeudet zu sehen, von denen ein sehr kleiner Theil ausreichen würde, das Wohlbefinden mancher fleißigen und sparsamen Familie für die Dauer begründen zu helfen. Es nützt nicht, sich zu sagen, daß der Luxus vielen Arbeitern und Gewerbetreibenden Beschäftigung giebt. Das mag von jenem ebleren Luxus gelten, der die schöne Gewerbthätigkeit, die Kunstindustrie befördert. Aber wem nützt es zum Beispiel, als dem einen verbotenen Handel treibenden Billetverkäufer, wenn man zehn, zwanzig Thaler und mehr, auf die Eitelkeit verwendet, dem ersten Auftreten einer berühmten Sängerin, der ersten Aufführung einer Oper beizuwohnen, die bei dem ersten Male nichts Anderes und nicht besser als bei dem zweiten Male sind, während das der Eitelkeit geopferte Geld eine kleine, arme Familie mit Feuerung für Monate versehen könnte? Welchen Einfluß diese Art des Luxus aber auf die Erziehung der Kinder, auf das Verhalten aller der dem Hause Dienenden hat und haben muß, davon spreche ich heute noch nicht.

Eigentlicher böser Wille, ich wiederhole es, war und ist diese auf den Augenblick gestellte Genußsucht, die kaum eine nachhaltige Befriedigung hinterläßt, nur in den seltensten Fällen, obschon es auch vorkommt, daß man denkt: „Ich will den Andern zeigen, was sie nicht können und was ich mit meinem Gelde kann!" Es sind meistens Unbildung und Gedankenlosigkeit, die also prunken. Welche Mißgriffe, welche thörichte Dinge dadurch aber unternommen werden, wie man mit möglichst größtem Aufwande gerade das Gegentheil von demjenigen thut, was die Natur der Sache fordern würde, das würde zu betrachten oft belustigend sein, wenn's nicht so verkehrt wäre, daß es verständigen Menschen mitunter leid thun kann.

Denken Sie einmal, um mit dem Anfange zu beginnen, in welcher Weise in den reichen sogenannten gebildeten Ständen das Leben einer neu zu gründenden Familie gegenwärtig eingeleitet zu werden pflegt.

Meta's Eltern z. B. sind reiche Leute, Rudolf ist das auch, oder er hat ein Amt, ein Gewerbe, eine Stellung, die ihm Ansehen geben, ihm verhältnißmäßige Lebensfreiheit gestatten, und die Beiden lieben einander und ersehnen ihre Verbindung, ihr gemeinsames Glück im eigenen Hause, in ungestörtem Beisammensein am eigenen Herd. Handwerker, Mobehändler, Kleider- und Luxusmagazine werden in Thätigkeit gesetzt. Man kauft Uhren, Vasen, vielleicht auch Bilder, aber Bücher nur selten und noch seltener in großer Anzahl, für den neuen Haushalt. Man bringt darauf, daß Alles, aber auch Alles zum bestimmten Termine fertig sei. Der Hochzeitstag wird — was mir von meiner frühesten Jugend an immer als etwas recht Ungehöriges vorgekommen ist — nicht in der Stille des Familienkreises, sondern mit möglichst viel zerstreuender Unruhe, mit möglichst vielem Essen und Trinken gefeiert. Man hätte die Angehörigen des Hauses, aus dem die Tochter austritt, die Freunde des Kreises, in den sie eintritt, eben so gut und schicklicher acht Tage vorher zu einem glänzenden Feste versammeln und den ernstesten Schritt des menschlichen Lebens mit der innerlichen Sammlung und Feierlichkeit begehen können, welche in der Trauungsstunde auch das Herz des oberflächlichsten Menschen bewegen. Man hat jedoch das übliche lärmende Hochzeitsfest gefeiert, das neue Haus mit all seinen Herrlichkeiten steht bereit und offen da, Meta und Rudolf können es kaum erwarten, sich selber überlassen, mit einander allein zu sein — und sie steigen mit zwei ober mit fünf andern, ihnen völlig fremden, nicht immer angenehmen Leuten in einen Eisenbahnwagen, fahren stundenlang, landen in irgend einem Gasthof, und das Glück des ersehnten ungestörten Beisammenseins, das Zusammenleben, das sich ineinander Einleben des jungen Paares beginnt nicht in der häuslichen Stille, nicht am eigenen Herde mit der liebevoll vorsorgenden Geschäftigkeit der jungen Hausfrau für den neuen Hausherrn, sondern mit einem möglichst raschen Durchjagen weiter Strecken Landes.

Die Amerikaner, denen man gesunde Vernunft nicht absprechen kann, geißeln und verspotten auch bereits seit einiger Zeit diese entstellte Nachahmung einer an und für sich berechtigten Sitte. Die Hochzeitsreisen waren ein Brauch in den reichen grundbesitzenden Kreisen des am Hofe und in der großen Welt lebenden französischen und englischen Abels, aus dessen Mitte ein neu verbundenes Paar sich in die alten Familiensitze zurückzog, um die ersten Wochen der Ehe sich selber ganz allein zu leben. Das war begreiflich und war schön. Was geschieht indessen gegenwärtig? Das junge Par ist heute hier und morgen dort; und fast überall, wo die Beiden sind, sind sie in ihrer neu erregten, gar nicht zu verbergenden Zärtlichkeit der Gegenstand des Spottes für die Kellner, des Lächelns für die meisten andern Reisenden. So reine, gesunde, natürliche Freude und Verhältnisse, wie man sie am eigenen Herde haben würde, kommen dabei natürlich nicht heraus. Die neuen Lebensverhältnisse, das Reisen und wieder Reisen, das Galerieenbesehen und Bergeerklettern machen Meta müde, machen sie nervös. Rudolf, der sie von Herzen liebt, denkt mit Sorge, aber nicht mit Vergnügen, daß sie doch lange nicht so kräftig sei, als er geglaubt und als er sich die Frau gewünscht hat. Er sorgt für sie, bedient, behütet sie mit völliger Selbstverleugnung; sie findet das sehr angenehm. Sie hat Nichts zu leisten. Sie nimmt das Bedientwerden, das Behütetwerden in das Register ihrer Rechte auf, und er hat Nichts dagegen, denn sie ist so niedlich. Er hatte freilich die Vorstellung gehegt, daß die Ehe auf die Gegenseitigkeit der Leistungen gegründet sei, indeß er sagt sich, zu Hause werde sich das finden. Er denkt wie Mephisto:

> Ich will mich hier zu jedem Dienst verbinden,
> Auf Deinen Wink nicht rasten und nicht ruhn;
> Wenn wir uns drüben wieder finden,
> So sollst Du mir das Gleiche thun.

Vier, sechs, acht Wochen gehen vergnüglich hin. Jeder Tag bringt von außen so viel neue Anregungen an das junge Paar heran, daß man sie kaum zu bewältigen vermag. Endlich wird der Rückweg angetreten und man kommt nach Hause — froh zu Hause zu sein! Man hätte dieses Gefühl eher, billiger und zufriedenstellender genießen können; denn nach der langen, müßigen Reiselust will die Arbeit nicht gleich schmecken. Rudolf muß ins Comptoir, auf die Parade, in die Praxis. Er hat viel versäumt, viel nachzuholen, Manches mühsam ungeschehen zu machen. Er hat seinen Kopf voll, hat nicht so viel Zeit für seine Frau als auf der Reise. Sie kann sich's nicht wegleugnen, der Bräutigam, der junge Gatte in den Flitterwochen waren heiterer, und sie wird mit Erstaunen inne, daß es wirklich Flitterwochen giebt und daß sie einmal enden. Man hat sich mit der Hochzeitsreise, die viel Geld gekostet, eine ermüdende Zerstreuung — und den Anlaß zu der ersten Enttäuschung eingekauft. Indeß das Leben ist heiter und ist schön. Die Equipage rollt auf den Gummireifen fröhlich durch den Park, Gesellschaften, Theater füllen die Abende aus, man stellt bei den ersten großen Festen, die man giebt, die neue, prächtige Einrichtung zur Schau. Man fühlt sich glücklich, beneidenswerth. Man wird beneidet, und das geht so fort, ohne daß man irgend zu einer ernsten Besinnung kommt, ohne daß man an etwas Anderes als sich selber denkt, bis das ersehnteste Ereigniß, die Geburt des ersten Kindes, einen beglückenden Stillstand in dieses Treiben bringt und die Gedanken der jungen Mutter von sich selber ab, und auf ein anderes Wesen hinlenkt.

Nun hat sie, was ihr Herz begehrt. Sie ist glücklich, wenn der Vater bei der Arbeit ist, denn er schafft ja für den Sohn. Es freut sie, wenn er mit dem Kinde tändelt und nicht mehr mit ihr, wie auf der Reise. Es ist Alles auf das Beste, wie es ist, und ihr Sohn soll auch besser als alle anderen Kinder, er soll auf das Beste erzogen werden. Darin sind die jungen Eltern einig. Zunächst aber soll er hübscher aussehen, besser gekleidet sein als alle andern Kinder, damit gleich ein Jeder es von ferne sieht, das ist reicher Leute, das ist Meta's kleiner Junge! Das arme, kleine Menschenwesen, das die Augen kaum dem Licht erschlossen, das von sich selber noch Nichts weiß, wird der Gegenstand, an welchem die Prunksucht und das Scheinenwollen, dieses unselige Verlangen der Unkultur, sich ihr reichliches Genüge thun.

Die junge Frau ist leider nicht so glücklich, dem Kinde die erste Nahrung selber gewähren zu können, die rasche Hochzeitsreise hat sie zu sehr mitgenommen. Man muß also eine Amme nehmen, und des kleinen Lieblings Amme muß doch hübsch aussehen. Man schafft reiche westfälische, uckermärkische Bauernkleider für sie an, und man nöthigt in solchem Falle meistens ein armes, entehrtes Mädchen, das man allen Grund hätte vorsichtig in die Bahn der Bescheidenheit zurückzuführen, durch eine auffallende Tracht auf Gassen und auf Spaziergängen die Blicke der Männer begehrend auf sich zu ziehen. Aber das ist nicht genug! Auch das Kind muß angesehen werden. Man behängt den Kinderwagen mit gestickten

Decken, das Kind mit kostbaren Hütchen, Kleidern, Bändern, die nothwendig im Augenblick verdorben werden. Indeß, was hat das auf sich? Man ist ja reich genug, morgen und übermorgen Ersatz dafür zu kaufen. Das Kaufen, das Besorgen für das liebe Kind ist unterhaltend, ist ein Vergnügen! Und dicht daneben geht eine arme, blasse Frau, ihr fünftes, sechstes Kind an der müden, welken Brust. Sie kann der vielen Kinder wegen keine erwerbenden Arbeiten machen; sie wäre glücklich, ein warmes Tuch für sich, ein warmes Röckchen für ihr Kind zu haben. Mit dem Gelde, das man für die Maskentracht der Amme, für die seidene Decke auf dem Kinderwagen und die breite Schärpe des speienden Säuglings ausgegeben — wie viele arme Kinder könnte man damit warm bekleiden? Und Ihr Säugling, schöne Meta, was würde er entbehren, wenn Ihre Amme bürgerlich bescheiden angezogen wäre, wenn eine einfachere, waschbare Decke ihn bedeckte? Glauben Sie, daß alle die Unbemittelten, die an Ihrem so verschwenderisch geputzten Kinde vorübergehen, diesen Gedanken nicht hegen so wie ich? Glauben Sie, daß sie Ihren aufgeputzten Säugling mit der Liebe, mit dem Wohlwollen betrachten, das wir sonst, wenn wir nicht bösens Herzens sind, jedem kleinen Kinde entgegenbringen? Ich glaub's nicht! Und kann es Sie freuen, durch den Luxus, den ich den herausfordernden, den beleidigenden nenne, das Uebelwollen, die Mißgunst hinzulenken auf das schuldlose Geschöpf, das Sie zum Spielzeug Ihrer Thorheit machen? Ganz gewiß nicht!

Es hilft nichts, sich zu sagen: wir sind Mitglieder des Vereins, der die Wöchnerinnen pflegt; wir tragen zur Unterhaltung der Kinderbewahranstalten bei; wir kümmern uns um die Unterbringung verwaister Kinder; wir gehen selber uns nach ihrer Haltung umzusehen. Das ist Alles gut und schön!

Aber so lange Sie daneben einen Luxus zur Schau stellen, der gar keinen Sinn hat als diese Schaustellung, so lange wird man Ihnen mit Recht sagen können: Ihr könntet das Doppelte, das Dreifache thun, wenn Ihr dieser übeln Gewohnheit entsagtet.

Ich spreche mit diesen Urtheilen mein Empfinden, meine eigene Erfahrung aus. Ich habe erwerben müssen, was ich brauchte, habe mich beschränken, mich lange, lange Jahre sehr beschränken müssen, um mir die Lebensnothdurft für die Jahre sicher zu stellen, in denen das Arbeiten mir nicht mehr möglich sein wird. Glauben Sie, daß ich mich nie gefragt habe: was kosten diese Kleider, mit denen jene Frauen die Straßen kehren? Was kosten die üppigen Mittagbrode der Handelsgrößen, deren Speisekarten die Zeitungen als Merkwürdigkeiten berichten, ohne sich zu fragen, ob diese Berichte nicht fast unter den Bereich des Gesetzes fallen, das die Aufreizung der Stände gegeneinander bestraft? Ich habe mir, und ich war idealistisch, war nicht begehrlich nach Prunk und Schlemmerei, ich habe mir in jenen Zeiten oft genug gedacht: mit dem, was solch ein Mittagbrod kostet, könntest du durch viele Monate sehr reichlich leben. Und diese Empfindung, dieser Gedanke blieben ganz dieselben, wenn ich selber an solchem Mittagbrode später Theil nahm, und die Weine und die Herrlichkeiten aus aller Welt Enden mir recht gut schmeckten. Denn geistreicher, unterhaltender, fröhlicher waren diese Feste nicht, als wir es in guter, gebildeter Gesellschaft bei zwei, drei Schüsseln stets zu sein pflegten. Man kam nur müder und erhitzter davon heim!

Falstaff's „Denk'st du, weil du tugendhaft bist, soll es keinen Braten und keinen süßen Sekt mehr geben?" (ich glaube, so lautet der Ausspruch) fällt mir dabei ein. Gewiß, es soll Genuß geben von aller Art, und der Knausernde, der

trübselig Sparende, der unnöthig Geizende sind ebenso wider=
wärtig als der prahlende Verschwender. Wir sollen aber,
meine ich, im Genießen es nur nicht vergessen, daß Andere
entbehren. Wir sollen die mitfühlende Gemeinschaft mit den
weniger Begüterten sorgfältig pflegen. Wir sollen ihnen mit
persönlicher Theilnahme, nicht nur durch die Hülfe von Vereinen,
nahe bleiben; und vor Allem sollen wir Kinder nicht in der
Gewohnheit des Luxus, nicht in dem Glauben erziehen, als
hinge das Glück, das eigentliche Glück des Menschen allein
vom Reichthum ab. Wenn die Kinder der Reichen in diesem
Glauben erzogen werden, was sollen denn erst die Kinder
der Armen von dem durch nichts auszugleichenden Werth des
Reichthums denken?

Ich glaube, es giebt keine Mutter und keinen Vater,
welche nicht die ehrliche Absicht hegen, ihre Kinder gut zu er=
ziehen. Die Eltern sind sich nur nicht immer klar darüber,
wozu der Mensch erzogen werden soll; und noch häufiger
meinen sie, wenn man sein Kind die Klassen der Schule durch=
machen lasse, und ihm außerdem noch Lehrer für Dieses und
Jenes halte, so habe man es erzogen. Sie übersehen, daß
man viel Wissen und daneben keinen Charakter haben, daß
man sehr gut unterrichtet und doch für seine Nächsten wie
für die Gesammtheit weniger brauchbar sein kann, als mancher
weit unwissendere Mann; und sie bedenken es nicht genug,
daß sie das Kind nicht nur zu ihrer Freude, nicht nur zu
seinem eigenen Besten, sondern im Zusammenhange mit der
Gesammtheit und für dieselbe zu erziehen haben.

In der Geschichte der Helvetik, deren ich schon neulich
erwähnte, weil sie mich viel beschäftigt hat, findet sich auch
der französisch geschriebene Brief eines frère Cordelier,
G. Girard, über die Erziehung, welche der Jugend innerhalb
der helvetischen Republik gegeben werden soll. In demselben

heißt es: „Aus den Händen der Natur kommend, ist das Kind Anfangs nur eine vegetirende Pflanze, die allmählich zum Thier wird und aus der wir einen Menschen machen sollen. Man muß seinen Geist erleuchten, sein Herz dem Guten zuwenden, damit die menschliche Gesellschaft in ihm ein gesellig verträgliches Wesen und der Staat einen Bürger finde." Der Ausspruch bezeichnet das Nothwendige richtig und genau. Das Erziehen des Menschenkindes fängt aber schon mit seinem ersten Tage an, und wir haben es dabei allerdings in Anschlag zu bringen, welche Kräfte und welche Schwächen, welche Eigenschaften und welche Fehler das Kind als voraussichtliches Erbe des Geschlechtes, dem es entstammt, mit sich auf die Welt bringt.

Irre ich nicht, so war es Dr. Berthold Sigismund, ein fein beobachtender Arzt, ein erfahrener Lehrer und dazu ein trefflicher Dichter, der in seinem Buche „Kind und Welt" die Ueberzeugung aussprach, daß das ganze Wesen des Menschen sein Gepräge in der frühesten Kindheit erhalte, daß die eigentliche Erziehung des Menschen schon in seinen ersten fünf, sechs Jahren festgestellt werden müsse. Einige Jahre, ehe Stahr und ich diesen trefflichen und lange verstorbenen Mann in Rudolstadt kennen lernten, hatte ich mit einer mir befreundeten englischen Schriftstellerin den englischen Philanthropen Samuel Bamford in seinem kleinen, ärmlichen Häuschen in der Umgegend von Manchester aufgesucht. Er war ein feldarbeitender Tagelöhner gewesen, hatte nicht lesen, nicht schreiben lernen, dankte seine ganze Bildung ausschließlich sich selbst; und obschon die Besten seines Landes zu ihm kamen, seine Meinung anzuhören, wo es sich um Volkserziehung handelte, war er selbst ein ganz schlichter Mann geblieben, der, kinderlos, mit seiner alten Frau jede Handarbeit des Hauses selbst verrichtend, in den allerbeschei=

denften Verhältniſſen lebte. Als ich nach längerem Geſpräch ihm die Frage aufwarf, was er für die erſten Bedingniſſe der Erziehung halte? antwortete er mir mit kurzer Entſchieden=
heit: Reinlichkeit und Gehorſam! — und zwar, wie er dann im weiteren Geſpräch auseinanderſetzte, für die frühe Jugend völlig bedingungsloſen Gehorſam!

Das hat mir ſehr eingeleuchtet, da ich an mir ſelber in Haus und Schule den Vortheil dieſes unbedingten Gehorchen=
lernens erfahren hatte. Seitdem, es iſt faſt ein Menſchen=
alter her, daß ich bei Samuel Bamford war, habe ich oft an ihn gedacht, wenn ich es zu beobachten hatte, wie wenig man in unſeren begüterten, auf den äußeren Lebensgenuß geſtellten Familien die Kinder zum Gehorſam gewöhnte, und wie man den erſten Grundſatz der Erziehung verkannte und ſeine Aus=
übung verabſäumte. Dieſer Grundſatz iſt, das Kind von Anfang an unter das Geſetz zu ſtellen, ihm von Anfang an klar zu machen, daß es gewiſſe Dinge thun, gewiſſe Dinge unterlaſſen müſſe, gleichviel ob ihm das recht ſei oder nicht; daß gegen das gegebene Geſetz gar kein Einwand möglich ſei, daß es auf des Kindes Willen in dieſen Fällen gar nicht an=
komme, daß es ſich den ihm auferlegten Geboten zu fügen habe, auch wenn es nicht verſteht, weshalb es ſich ihnen unter=
ordnen müſſe. Das Kind muß gehorchen, weil es ihm von denjenigen befohlen wird, die ihm zu gebieten haben: vom Vater, von der Mutter, die für das Kind die Macht, die Kraft, die Allwiſſenheit und die Allgüte darſtellen; und

> Iſt Gehorſam im Gemüthe,
> Wird nicht fern die Liebe ſein.

Der „Vater und die Mutter" ſtellen dieſe höchſte Würdig=
keit für das Bewußtſein des Kindes dar. „Papa und Mama" thun das durchaus nicht. Es iſt vielmehr ein Zeichen der un=
zweckmäßigen Tändelei, welche ſeit dreißig, vierzig Jahren

unter uns zur Gewohnheit geworden ist, daß wir in unserm Familienleben die edlen Worte Vater und Mutter, die das Kind, so oft es dieselben aussprach, an sein Verhältniß zu denjenigen erinnerte, an welche es sie richtete, daß wir, den Ehrennamen des Vaters, der Mutter umgehend, die Eltern von den Kindern mit den lallenden Silben anrufen lassen, welche dem Säugling als Nothbehelf dienen. Von den Lippen eines solchen sind sie rührend, von dem Munde eines älteren Kindes sind sie geschmacklos, und geben dem Verkehr der Kinder mit den Eltern einen falschen Ton. Sie haben etwas Nachlässiges, sie sind ein Sichgehenlassen, Sichsbequemmachen, das den Kindern den Eltern gegenüber nicht geziemt.

Meine Mutter pflegte uns zu erzählen, wie die französirende Gewohnheit des vorigen Jahrhunderts häßlich gewesen sei, nach welcher man seine Eltern, nicht wie es sich gehöre, Vater und Mutter genannt, sondern sie mit Papa und Mama angeredet habe, und wie das „Gottlob ganz abgekommen sei, nachdem die Franzosen als Feinde im Lande gewesen, und durch die Freiheitskriege aus dem Lande vertrieben worden wären."

Unseren Vater Papa zu nennen, wäre uns so unnatürlich, ja, so sündhaft vorgekommen, wie den Namen Gottes zu mißbrauchen. Auch bin ich nicht die Einzige, welche diese Tändelei der Kinder mit ihren ersten Vorgesetzten, mit den Personen, die lebenslang der Gegenstand ihrer verehrenden Liebe zu bleiben bestimmt sind, als etwas Ungehöriges und Achtungsloses ansieht.

Fräulein Jenny Hirsch hat den Gegenstand einmal in dem kleinen von ihr redigirten Blatte, das der Lette-Verein herausgiebt, in dem „Frauen-Anwalt", sehr richtig in dem Satz gekennzeichnet: „Wir haben kein Papa-Land und keine Mama-Sprache, sondern ein Vaterland und eine Muttersprache."

Und ich füge hinzu: „Am Zeichen hält der Geist die Welt!" Wer zur rechten Zeit, wenn er die Worte auszusprechen vermag, mit dem rechten Sinne Vater und Mutter sagen lernt, wer dahin gewöhnt wird, diese Worte nie zu brauchen, ohne ihnen das Beiwort lieber, liebe, vorzuschicken, bei dem hat man es nicht schwer, den Gehorsam und die Liebe zu erwecken; denn Gewöhnung wird zur Natur. Wer aber im rechten ehrfurchtsvollen Sinne mit fünf und mit zehn Jahren lieber Vater und liebe Mutter gesagt hat, der sagt mit zwanzig Jahren auch in dem gleichen Sinne: mein Vaterland! und der weiß, was seine Muttersprache werth ist. In die Familien des tüchtigen Mittelstandes und in die Häuser der Handarbeitenden ist, so viel ich bemerkt habe, jene spielende Unsitte noch nicht eingedrungen. Die weitaus größere Mehrzahl der Helden, die mit todesmuthigem Ernst die Wacht am Rhein gesungen, die hatten nicht Papa und Mama gesagt, die hatten von „Vater und Mutter" Abschied genommen, hatten den Segen von „Vater und Mutter" erhalten und wußten, was sie gelobten mit den Worten: „Lieb Vaterland kannst ruhig sein!"

Gewöhnen Sie Ihren Kindern, Ihren heranwachsenden Söhnen und Töchtern das spielrige Papa und Mama mit festem Willen ab, wenn Sie es ihnen bis jetzt nachgesehen haben. Halten Sie darauf, daß die Kinder ihrem Vater diesen Ehrennamen geben; lassen Sie sich von ihnen nicht anders als Mutter nennen, und es wird Sie das, ich bin deß sicher, selber häufig antreiben, sich dieser Ehrennamen in neuem und ernsterem Sinne werth zum machen. Der Vater und die Mutter werden sich leicht möglich vor ihren Kindern mancher Thorheit schämen, die der liebe Papa und die kleine süße Mama sich durchgehen ließen, weil die Kinder sie nicht oft genug daran erinnerten, daß sie Väter, daß sie Mütter und als solche verantwortlich, den Kindern, dem Staate, dem Vaterlande, der Menschheit verantwortlich waren.

Und was weiter? Was verstehen Sie unter den Gesetzen, unter welchen man schon das kleine Kind zu stellen hat? höre ich Sie fragen — sofern es Sie nicht abschreckt, daß man ernsthaft zu Ihnen spricht, wo Sie es vielleicht zu hören nicht erwarten — oder auch nicht lieben.

Goethe sagt, man soll nicht am Verbieten Freude haben — und das soll man sicherlich nicht; aber man soll eben so wenig sich das Vergnügen bereiten, einem Kinde Alles zu gewähren, was zu wünschen ihm einfällt, weil es so angenehm ist, das Gesichtchen fröhlich zu sehen. Ein Kind ist zum Beispiel gewiß nirgend besser aufgehoben, als in dem Zimmer und unter den Augen seiner verständigen Mutter. Das Kind muß innerhalb des Hauses auch seinen Theil Freiheit des Bewegens und des Waltens haben. Es muß dabei aber von Anfang an sehr genau wissen, daß es zu bestimmten Stunden nicht bei der Mutter sein kann, daß es keinen Anspruch an die Eltern zu erheben hat, wenn diese mit Anderen, mit Fremden beschäftigt sind; daß es das Spielzeug, welches es frei durch die Zimmer des Hauses herumgetragen, selbst und ohne erst daran gemahnt zu werden, an den Ort und die Stelle in aller Ordnung zurückzutragen hat, an die es hingehört. Und ganz eben so muß das Kind von früh an lernen, daß es unweigerlich fortzugehen hat, wenn man es entfernen will.

Man führt sichs lange nicht genug zu Gemüth, welche erziehende Kraft in dem Festhalten an diesen einfachsten Regeln liegt; was es für alle Zukunft werth ist, wenn ein Kind frühzeitig denken und sagen lernt: das muß ich thun, dies darf ich nicht thun! Man kommt dadurch nicht beständig in die Lage, verbieten, tadeln, unnöthig erklären zu müssen.

Man erspart die üble, meist vor Fremden aufgeführte Nothlüge, dem Kinde vorzureden, daß es ein folgsames Kind sei, wenn es selber sehr gut einsieht, daß es eben ein unfolgsames ist; und man verhindert oft ein Unglück, wo eine plötzlich drohende Gefahr von dem Kinde nur durch sein rasches Gehorchen auf das erste Wort abgewandt werden kann.

Wie dem Lehrer in der Schule und dem Kinde in gleichem Maße das Leben erleichtert wird, wenn es, an Gehorsam und Unterordnung gewöhnt, in die Schule eintritt, das bedarf gar keiner besonderen Erwähnung.

Ein anderer Erziehungsfehler, der häufig begangen wird, besteht darin, daß die Eltern es nicht genug bedenken, wie schädlich es auf die Sinnesart des Kindes wirkt, wenn man es dazu verleitet, sein Theil haben zu wollen von allem, was es Andere, zunächst die es umgebenden Erwachsenen, haben und genießen sieht. Ich habe es oftmals in falsch verstandener Liebe von zärtlichen Eltern sagen hören: Ich esse nichts am Tische, wovon die Kinder nicht ebenfalls genießen! Das ist die Weisheit der alten Kinderfrauen, die auch behaupten: „Wenn der Kleine nicht von Allem etwas abbekommt, fällt's ihm auf's Herzchen!"

Man muß vielmehr dem Kinde sagen: Das ist nicht für dich! Das ist nur für die Eltern, für die Großen! Du darfst noch nicht von Dem und Jenem genießen! Du mußt nicht Alles haben wollen, was du vor dir siehst! Warte, die Reihe kommt nachher an dich! Und in dem, was man ihm nachher gewährt, mag man ihm das ihm Liebste geben.

Ueberall das Kind in seiner Schranke, ihm überall das Bewußtsein zu erhalten, daß ein großer Unterschied besteht zwischen ihm und den Erwachsenen; überall das Kind zu einem ruhigen Verzichten zu gewöhnen, das sind sehr wesentliche Schritte zu seiner Versittlichung. Kindern eine fröhliche Kind=

heit zu bereiten, ihnen, soweit man es irgend kann, die Freuden zu verschaffen, die ihrem Alter angemessen sind, das ist eine Pflicht. Kinder frühzeitig an die Genüsse der Erwachsenen zu gewöhnen, ist ein Unrecht, das nur zu oft begangen wird.

Ein Knabe, den man mit zwölf Jahren an die Leckerbissen gewöhnt, die auf dem Tische seines Vaters mehr oder weniger oft erscheinen, hält sich nach dieser Seite hin dem Vater gleich. Mit fünfzehn Jahren gelüstet es ihn nach der Cigarre, mit siebzehn nach dem Pferde — denn der Vater raucht und der Vater reitet — und der Vater thut und hat noch Dies und Das. Warum soll der Bursche sein Theil nicht davon haben, da der Vater es bezahlen kann, so gut wie die Austern und den Champagner und Burgunder, wovon das liebe Kind sein kleines oder auch sein reichlich Theil gehabt hat?

Klar bewußt ist sich die Jugend des neidenden Begehrens, zu dem sie systematisch angeleitet wird, nicht immer; aber solche Fälle kommen doch vor. Ich ging vor ein paar Jahren einmal auf dem Spaziergang hinter einer Mutter und deren etwa dreizehnjährigem Sohne her. Ich kannte die Leute oberflächlich, sie waren durch die Tüchtigkeit des Mannes rasch emporgekommen, reich geworden, sie wünschten sich zu bilden und die Kinder ganz besonders. Der Vater hatte mir den Dreizehnjährigen als ein „merkwürdiges Kind" gerühmt mit dem Zusatz, „daß sein Junge seinen Faust wie Einer lese!" An dem Tage, als ich hinter ihnen herging, flog ein Wagen, dessen Räder mit Gummi überzogen waren, lautlos und rasch an uns vorüber. „Mama, sagte der Bursche, warum haben wir keine Gummiräder? Wir müssen auch Gummiräder haben!" Ich dachte mir mein Theil bei dem Faustlesen wie bei den Gummirädern.

Wie soll ein Knabe sich erhoben fühlen in dem Gedanken an spartanische Erziehung, oder angewidert von der Schlemmerei eines Lucull, wie soll ihm die starke Mannhaftigkeit seiner Altvordern zum Beispiel werden, mit welchen Gefühlen soll er Körner's Schwertlied von „den Buben hinter dem Ofen" an sein Ohr schlagen hören, wenn er dabei an Champagner, persische Teppiche und an Gummiräder, als an das Ziel seiner Wünsche denkt? Und abgesehen von ihm selber, dessen Begehrlichkeit die Eltern zu vertreten haben! Aber solche Gesinnung wirkt schlimmer als das Scharlachfieber, das am meisten ansteckt, ehe man merkt, daß ein Kind davon ergriffen ist. Freilich, die Ueppigkeit solch eines jungen Burschen ist dem Sohne des tüchtigen Beamten, den seine Standesehre schadlos hält für die große Beschränkung seiner materiellen Lage, nicht gefährlich. Er verspottet sie in der Regel, denn er ist meist idealistisch erzogen. Sie ficht auch den Sohn des soliden Bürgers nicht sonderlich an, denn dem ist's wohl in der gefesteten Behaglichkeit und in dem stetigen, wenn auch langsamen Vorwärtskommen in seinem Vaterhause. Aber sie reizt des Hauswarts Sohn, der vielleicht neben ihm in der Schule sitzt; sie regt diesem die Phantasie auf, denn das Wissen, das er erwirbt, wird mit seinem Leben durch kein sittliches Element vermittelt; und wie sollte er nicht beneiden, nicht leidenschaftlich begehren, nicht als das Erstrebenswertheste Dasjenige betrachten, was er jene Genußsüchtigen höher schätzen sieht als den Erwerb der Kenntnisse, die er nur erringen kann, wenn er und die Seinen sich durch lange Jahre harte Entbehrungen dafür auferlegen?

Das Beispiel einer maßvollen, sparsamen Häuslichkeit, einer strengen und einfachen Kindererziehung in den begüterten und gebildeten Familien ist eben so sehr eine verdienstliche That für das Vaterland und ein Segen, als das Beispiel des verwöhnenden Luxus unrecht und ein Unheil ist. Welch guter Geist und welche böse Dämonen aus unseren Wohnungen ungesehen von uns, hinabsteigen in des Hauswarts Stube, in die Stuben der Hinterhäuser, auf die Höfe und in die Dachkammern über uns, das vergessen wir — bis wir sie als menschgewordene Erscheinungen uns erschreckend und feindlich fordernd, gegenübertreten sehen.

Der kostbare Flitter, mit dem die Frauen sich und selbst ihre Kinder behängen, noch ehe diese auf den Füßen stehen können, führt die Dienerinnen des Hauses, führt die Töchter der unbemittelten Nachbarn aus eitler Nachahmungssucht zu Schimpf und Schande. Der Schulbube, der sich Gummiräder wünscht, reizt den Schreiberlehrling in der Dachstube, auf dem Miethsgaul als Sonntagsreiter sein Glück zu versuchen, und treibt ihn, ohne es zu ahnen zu dem Gedanken, daß es nicht so übel wäre, mit den Besitzenden zu theilen. Die Familie, die ihre Kinder streng erzieht, von welcher der brave Handwerker, die sparsame Näherin ihren Kindern sagen können: „sieh oben die Kinder der reichen Leute an, wie die fleißig, wie die bescheiden sind" — die macht sich verdient um die Gesammtheit!

Und noch Eines hat das Kind nöthig von frühesten Tagen an. Es muß laut beten lernen, ehe es sein Auge für den Schlaf zumacht.

Ich hatte in diesem Sommer in Ragaz eine Engländerin mit ihrem kleinen Kinde neben mir. Sie wußte von mir so wenig, als ich von ihr; aber allabendlich rührte es mich zu hören, wie sie dem Kinde das Gebet vorsprach, wie die Kleine es ihr nachsprach: „Segne meinen guten Vater, Herr, und meine gute Mutter, und segne uns Alle! Und ich will ein gutes Kind sein und will morgen nicht unartig sein!"

Wenig Worte, wie es umfaßte, enthielt das kleine Gebet eben doch den Aufblick zu einem Höheren, das Absehen von dem Zeitvertreib und Spiel des Tages, das Anerkennen des Guten, welches man besitzt, und den ausgesprochenen Vorsatz, seine Schuldigkeit zu thun. Und das Alles hat das Kind, hat der Mensch, haben wir Alle nothwendig. Adolf Stahr hatte die Gewohnheit, jeden Abend, ehe er sich niederlegte, ein paar Seiten aus den Goethe'schen oder aus Anderer Sinnsprüchen und Gedanken zu lesen. „Man muß seinen Sinn rein waschen von der Zerstreuung des Tages!" pflegte er zu sagen, und er hatte Recht! Ob wir dieses Seelenbad mit den Werken eines Geistes an uns vollziehen, dem wir uns als Schüler unterordnen, ob wir es mit eigener Sammlung, ob mit den Worten und Gedanken thun, die uns das Judenthum und Christenthum in der Bibel aufbewahrt haben, immer ist es das Anerkenntniß, daß es ein Höheres gibt, als den bloßen sinnlichen Genuß des Daseins, einen Aufblick zu einem Idealen, das uns erst des Menschen=Namens werth macht.

Lehren Sie Ihre Kinder sich beherrschen und gehorchen; lehren Sie sie entbehren und nicht begehren; lehren Sie sie die Augen zu einem Ideal erheben und sich ihm in freier Erkenntniß unterordnen — und sie werden aus ihrem engen Kreise hinaus mitarbeiten an der Auferbauung des Anhalts, dessen wir nicht entrathen können in der haltlosen Verirrung der Geister, die sich uns in furchtbaren Zeichen offenbart hat.

Das klingt alles kurz und hart und scharf zugespitzt! ich weiß das wohl. Aber ich habe eben nur in flüchtigen Briefen zu Ihnen zu sprechen und muß zufrieden sein, wenn Sie sich aus diesen abgerissenen Sätzen zu Ihrem Besten entnehmen, was Sie für sich brauchen können. Die Wirksamkeit all dessen, was ich Ihnen sagte, habe ich an mir selbst und an Anderen erprobt. Und da vielfache Zuschriften mir in diesen Wochen es dargethan haben, daß Sie mich über diese Dinge hören mögen, daß es Ihnen daran liegt, „Ordnung um sich her zu schaffen", so sprechen wir auch mehr davon.

Einunddreißigster Brief.
An die deutschen Frauen.

Haus Kalbenhof bei Hamm in Westphalen.

Ein brieflicher Verkehr, wie der meine mit Ihnen, kann nicht ein umfassendes oder gar abschließendes Ganzes bieten. Er kann aber um so weniger daran denken, es zu thun, wenn es sich, wie in unserem Falle, dabei um Fragen und Neugestaltungen handelt, deren Lösung und Feststellung, wenn sie überhaupt möglich ist, jedenfalls einer wahrscheinlich noch sehr fernen Zukunft vorbehalten sein dürften. Ich wiederhole es deshalb also, daß ich mit diesen Briefen Nichts beabsichtige, als hier und da ein Streiflicht über unsere Zustände fallen zu lassen, damit auch Sie durch diese Beleuchtung sehen mögen, was mir aufgefallen ist; damit Sie selber über dasjenige nachdenken, was der Erwägung werth ist, und Hand an die Aenderungen legen mögen, wo solche nothwendig sind und in Ihrer Macht stehen.

Wenn ich von den Wohnungen der Reichen in die Wohnungen unserer unbemittelten handarbeitenden Mitbürger hineinblicke, und deren jetzige Lebensweise mit jener vergleiche, welche man in diesen Volksschichten vor fünfzig Jahren führte, so sind die Ansprüche an dieselbe sehr wesentlich gestiegen und haben auch nach vielen Seiten hin Befriedigung finden können. Ein junges Ehepaar muß jetzt schon sehr unbemittelt, ja leichtsinnig und aussichtslos in die Ehe treten, wenn es sich mit dem zweischläfrigen Bett, mit einem Tisch, einem Kasten, einigen Stühlen, einem kleinen Stück Spiegel und dem allerunentbehrlichsten Küchengeräth begnügen soll, wie das vordem der Fall war. Denn so ganz nothdürftig habe ich es in manchen der übrigens sehr reinlich gehaltenen Wohnungen unserer Königsberger Milch= und Gemüsehändlerinnen, in den Wohnungen von manchen der Arbeiter gesehen, die in meines Vaters Weingeschäft gehalten wurden, und bei vielen der Handwerker, die für unseren großen Haushalt arbeiteten. War damals der Zuschnitt hier und da ein besserer, so hatte das Bett eine Gardine von karrirter Leinwand, man hatte einen Kleiderschrank, und ein sogenannter Schragen an der Wand trug besseres Eß= und Küchengeräth, einige Fayenceteller, zinnerne Löffel und gemusterte Kaffeetassen. Aber freilich waren die Anforderungen an Hausrath vor jenen Jahren im Allgemeinen geringer als jetzt, wennschon die einzelnen Stücke besser sein mochten. Einer unserer großen Gelehrten erzählte mir, daß ein Freund seines Vaters diesem seine Ver= lobung, vor 60 bis 70 Jahren, mit der Schlußbemerkung ge= meldet habe: „Meine Braut ist ein gar liebes und hübsches Frauenzimmer, und sie besitzt eine schöne große Kommode voll Wäsche und recht hübsches Zinngeräth!" Der Bräutigam war aber kein Proletarier, sondern ein junger, später berühmt ge= wordener Arzt. Eine Kommode, ein Kleiderschrank, Gardinen an den Fenstern, die jetzt unerläßlich sind, waren vor fünfzig Jahren nur bei den Meistern anzutreffen, und auch bei ihnen stand der „Tisch" zwischen den Fenstern unter dem Spiegel. Der Spiegel trug den Kalender und die Briefschaften in sei= nem Rahmen, und von einem Sopha war auch bei ihnen nicht die Rede. Welches Dienstmädchen aber, das in die Ehe tritt, mag es jetzt entbehren, ein kleines Sopha und seinen Tisch davor zu haben?

An die Möglichkeit, die Fluren und Treppen der Häuser, in denen sie wohnten, irgendwie erleuchtet zu finden, an Wasserleitungen dachte man so wenig wie an die kalten oder warmen Bäder, die man jetzt für wenig Geld erlangen kann. Volksküchen für den Unverheiratheten, Consumvereine für die Familien, Fortbildungsschulen und unentgeltliche Vorlesungen für beide Geschlechter, und alle jene Erleichterungen, mit denen die als Pflicht allgemein anerkannte Vorsorge der Bemittelten für die Unbemittelten diesen gegenwärtig wirksam zu Hilfe kommt, waren nicht vorhanden; ebensowenig wie die Krippen und Kinderbewahranstalten, in welchen die auf Arbeit gehende Mutter ihr Kind jetzt fast ohne Entgelt von gebildeten Personen behüten und unterrichten lassen kann. Das ist Alles ein großer Fortschritt. Es ist auch gut, daß die Ansprüche an das Wohlbefinden sich nach dieser Seite hin gesteigert haben, sofern sie mit jenem auf das ruhige Erwerben und sparsame Zusammenhalten des Erworbenen gepaarten Sinne verbunden sind, in welchem die Franzosen, trotz ihrer Lebhaftigkeit, vor allen Völkern als unerreichte Vorbilder dastehen; und, so wie mir es schien, auch die Engländer die Deutschen häufig übertreffen. Daß der Franzose wie der Engländer das große Gardinenbett, die beiden großen Stühle am Kamin, den Topf mit Fleisch und Gemüse auf seinem Heerd oder das Stück Fleisch auf seinem Rost nicht mehr entbehren können; daß die Engländerin überzeugt ist, ohne den kleinen Teppich — und wäre er von Stroh — vor ihrem Kamin, und ohne den zinnernen Theetopf und ohne Dies und Jenes gehe es einmal nicht, das macht den eifrigen Erwerb dieser Unerläßlichkeiten nöthig, das steigert zum Vortheil des Volkes den Verbrauch und die Gewerbthätigkeit. Es erhöht den ganzen Zuschnitt der Lebensweise, und in deren andauerndem Verlauf auch die Gesittung und die Bildungsmöglichkeit der Nation, sofern das behaglichere Haus den Bewohner, den Herrn desselben, häuslicher macht. Ob aber die Häuslichkeit der Männer in diesen Ständen nicht eher abgenommen als zugenommen hat, seit so und so viel Vereine ihnen den Anlaß geben, so zu sagen von Amtswegen außer dem Hause ihre Abende hinzubringen, das ist die Frage. Eine andere Frage ist es, in wie weit es der bürgerlichen Gesellschaft im Großen und Ganzen fördersam ist, daß man jetzt in den Vorstädten eine Art von abgesonderter Städte gegründet hat, in denen meist nur Unbemittelte und Ununterrichtete ein von den übrigen Bürgern abgeschiedenes Leben führen.

Daß die Leute, welche wenig Miethe zahlen konnten, auf den Böden, in den Höfen und in der Kellerwohnung der in den Hauptstraßen und Mittelpunkten der Städte gelegenen Häuser oft schlecht wohnten, daß ihre Kinder des Spielraumes entbehrten, daß das nahe Zusammenwohnen mit ihnen, daß der Zusammenhang der uns Dienenden mit jenen Familien große Unzuträglichkeiten hatten, ist nicht zu leugnen. Hier und da gab auch der Luxus der Reichen und manche Unsitte unter den Unbemittelten nach einer und der andern Seite ein recht übles Beispiel. Es war eben viel in jenen früheren Gewohnheiten unzuträglich und der Versuch einer Neuerung und Aenderung nothwendig. Ich habe mich denn auch in verschiedenen Orten von Deutschland, in Fabrikstädten und anderwärts, habe mich in Manchester und London und wo ich es immer konnte, in den für die Arbeiter gebauten neuen Stadtvierteln umgesehen, um mich über die Zustände in denselben zu unterrichten; aber neben all dem Guten, das die Gründer und Förderer dieser Arbeiterquartiere mir für dieselben anzuführen wußten, blieb mir immer ein gewisses Widerstreben gegen dieselben. Die Freunde, die mich dorthin führten, haben mich darauf aufmerksam gemacht, wie das Nebeneinanderwohnen der unter gleichen Verhältnissen lebenden Familien ein lobenswerthes Verlangen unter ihren Frauen errege, einander in einer gewissen Sauberkeit zu übertreffen; wie sie untereinander sich helfen könnten und auch wirklich helfen, wie die Kinder in den nahe gelegenen Schulen es besser hätten, wenn sie nur unter ihres Gleichen wären. Ich habe das Alles gesehen, habe in London zum Beispiel die trefflich eingerichteten Familienhäuser mit Wohnungen von einer bis zu drei Stuben — die eben so gut eingerichteten Häuser für unverheirathete Arbeiter mit ihren Lehrsälen, Badekammern u. s. w. gesehen — aber das beängstigende Gefühl, daß man mit dieser Absonderung der Weniger- und der Mehrbesitzenden einen Kastengeist, eine Klassenscheidung herbeiführe, ist mit jedem Jahre in mir gestiegen. Und je mehr ich darüber nachdenke, um so mehr glaube ich, daß das frühere Verhältniß der Menschen zu einander ein natürlicheres war, weil jener Zusammenhang zwischen den Reichen und Unbemittelten, zwischen Gebildeten und Ungebildeten dabei aufrecht erhalten werden konnte, der sich auf das gegenseitige Kennen, auf den gegenseitigen guten Willen, auf das gute Herz des Menschen gründete.

Abgesehen davon, daß dem Einen durch das Beisammenleben manch kleiner Nebenerwerb zufiel, daß dem Andern gelegentlich eine Bequemlichkeit geboten wurde, hatte man Verkehr von jeder Art. Der Scheuerfrau im Hofe, deren Kind erkrankt war, konnte man so leicht an jedem Tage die Suppe schicken, — dem alten Schlosser und seiner Frau, die, in der nächsten Straße wohnend, nicht mehr recht zu arbeiten vermochten, Sonntags das Essen besorgen. Die einsame Näherin, deren Fenster am Weinachtsabend dunkel blieben, war leicht hinübergerufen. Es fand sich immer Etwas, das sie brauchen konnte. Und wie man ihnen Etwas leistete, leisteten uns die Andern es auch. Hatte man in einem Nothfall einen Gang zu schicken, so verließ man sich auf den guten Willen des Schuhmachers im Hofe, der seinen Jungen gehen lassen werde. Ward ein dienendes Mädchen im Hause krank, so fand sich eine Person, die für daſſelbe gern eintrat. Man wußte es eben, daß man einander brauchen, nützen konnte, man „ſprang einander im Nothfalle bei", wie man es hieß. Dieſes Gefühl der natürlichen Zuſammengehörigkeit geht unter den gegenwärtigen Lebensverhältniſſen nothwendig verloren. Das iſt aber ein unerſetzlicher Verluſt, iſt vielleicht eine der mitwirkenden Urſachen, aus denen ſich der jetzige oft ſo feindſelige Kaſtengeiſt erzeugt hat.

Die öffentlichen Weihnachtsbeſcheerungen in den verſchiedenen Bezirken, die man vielfältig veranſtaltet, erſetzen es nicht, daß man von Perſon zu Perſon, von Familie zu Familie einander nahe trat. Sie ſind ein Abfinden, und ſind nebenher nach meinem Begriff eine Beeinträchtigung des Familienlebens in den Häuſern Derjenigen, die man beſchenken will. Man ſoll den Müttern geben, was man ihrem Hausſtande zudenkt, und ſie in ihren Stuben die Beſcheerung für die Ihren ſelber machen laſſen. Und ſo iſt es nach allen Seiten hin.

Der Dienſtmann, aus dem Dienſtmanns-Inſtitute, den ich in jedem Augenblicke haben, bezahlen kann, iſt ganz bequem; aber er weiß nichts von mir, nichts von dem Kinde, um deſſen willen ich ihn beſchwöre, raſch zum Arzt zu laufen. Der Nachbar im Hofe wußte von uns, kannte das Kind, hatte Mitleid mit uns, und wir dankten es ihm, vergaßen es ihm nicht, wenn ſeine Bereitwilligkeit uns in ſchwerer Stunde aus der Noth geholfen hatte. Es hatte ſich in ſolcher Stunde mehr als ein bloßes Lohnverhältniß, es hatte ſich ein veredelndes, ein dauerndes menſchliches Verhältniß zwiſchen uns gebildet. Es war nicht das kalte, abgelohnte Nebeneinander, nicht jene Scheu davor, von einander abzuhängen, der man jetzt in dem falſchverſtandenen Begriff von Unabhängigkeit ſo oft begegnet. „Ich will von Niemandem abhängen!" Das klingt ſehr ſtolz und groß, und iſt ſo leicht geſagt wie thöricht. Als ob irgend Einer außer allem Zuſammenhange mit den Anderen, als ob irgend Etwas unabhängig für sich selbst bestände oder bestehen könnte!

Dieses meist falsche Streben nach möglichster Unabhängigkeit hat viele Bande gelockert, deren mannigfach nützliche Wirkung auch noch nicht ersetzt ist; es hat z. B. das Verweilen der Lehrlinge, der Gehülfen, in den Häusern ihrer Lehrherren und „Chefs" aufgehoben. Die jungen Männer wollen nicht mehr in den Familien Derjenigen leben, denen sie dienen und von denen sie zu lernen haben. Die Familien und namentlich die Frauen, wollen auch lieber unabhängig von Pflichterfüllung sein. Sie scheuen die Mühe, die Verantwortung, welche ihnen erwächst, wenn sie die Lehrlinge des Meisters, die Handlungsgehülfen des Hauses bei sich wohnen, an ihrem Tische essen lassen, für sie sorgen, sie in Krankheit pflegen und sich um sie kümmern sollen, wo und wie es eben Noth thut.

Das Geld, die Bezahlung ist fast durchweg an die Stelle der persönlichen Leistung getreten, und das ist ein Unglück, denn es hebt den veredelnden Zusammenhang zwischen den Menschen auf.

„Ich will keinen Hausarzt, dem ich ein Jahrgeld gebe und der dabei den ungebetenen Hausfreund spielt!" habe ich sagen hören. „Der Arzt dient mir mit seinem Wissen, wie jeder Andere mit seiner Waare. Ich will dem Hausarzt nicht hundert Thaler bezahlen, wo ich für zwanzig Thaler Leistung empfangen habe, und bei dem ich mich dann vielleicht für mein Geld im nächsten Jahre für mehr empfangene Leistung unnöthig bedanken soll. Klare Rechnung ist das Beste." — „Es ist eine zu große Last," sagt die Kaufmannsfrau, „die Handlungsdiener im Hause, diese Statisten, am Familientische zu haben, wenn ich mit den Meinen allein sein will, und vollends wenn ich Leute bei mir habe. Mein Mann macht das mit Geld gleich im Gehalte ab." — „Gott soll mich vor der

Gesellschaft der Inspektoren und der Wirthschafter bewahren!" heißt es auf den Gütern. „Die verdingen wir auswärts." — „Das sollte mir fehlen, mich mit den Gesellen zu schinden, die jetzt gar nicht mehr wissen, was sie verlangen sollen. Dafür sind die Schlafstellen und die Volksküchen!" erklärt die Meisterin. „Einem unbemittelten Primaner oder Studenten Freitisch zu geben, ist ja drückend für ihn! hört man sagen, man kann ihn ja anderweit unterstützen, und es ist doch immer eine hindernde Verpflichtung, die man mit solchem Freitisch übernimmt!" — Wo das Herz sich freundlich regen sollte, klappert der Thaler, wenn er es thut! Wo man die Hand reichen, die Hand des Andern ergreifen sollte, drückt man ihm ein Papiergeld in die Hand. Aber daß der Handlungsdiener, der Handwerksgesell, wenn sie in der Familie lebten, es sahen und merkten, wenn schlechter Verdienst die Familien zu Einschränkungen nöthigte, daß sie nicht daran denken konnten zu fordern, was der Arbeitgeber sich selber versagen mußte: das wird übersehen.

Wenn ich solche Vorstellung mache, so heißt es oftmals: Was wollen Sie? Wir leben eben in unserer Zeit, in der neuen Zeit! All diese Erscheinungen haben ihren nothwendigen inneren Zusammenhang!

Der Mensch, der mit 21 Jahren mündig, der früh Staatsbürger, Wähler wird, will sich nicht abhängig machen von den Launen seines Herrn und denen der ganzen dazu gehörenden Sippschaft. Er will nicht falsche Gefühls-Komödien spielen. Arbeit und Lohn sind positive Dinge, die einander ausgleichen und decken müssen, und damit holla! — Ich rechts! Du links! Abends 8 Uhr sind Herr und Diener geschiedene Leute und einander gleich!

<blockquote>
Wenn man's so hört, möchts leiblich scheinen,
Steht aber doch immer schief darum!
</blockquote>

Müssen der Arbeitgeber und der Arbeitnehmer denn durchaus geschiedene Leute sein? Kann der Herr dem Dienenden nicht ein Berather, ein gutes Vorbild sein? Muß man es denn dem Studenten drückend machen, an dem fremden Familientische zu sitzen? Kann man es ihm nicht freundlicher und angenehmer machen, als er's in dem öden Speisehause findet, in dem er an unsauberem Tische und für seine paar Groschen sicherlich nicht gut ißt? Und sind die Hausfrauen denn einzig und allein für sich, für ihre Bequemlichkeit und für die nächsten Ihren da, die sie mit Selbstsucht lieben, weil sie ein Theil von ihnen selber sind?

Freilich hatten es die Hausfrauen vordem schwerer als jetzt in jenen gebildeten und nicht eben reichen Familien, auf deren Tüchtigkeit in allen Ländern die eigentliche Kraft des Volkes beruht. Sie, und eben so die Meisterin, mußten sich sehr plagen, und es war z. B. in meinem Vaterhause durchaus nicht immer angenehm, neben der Familie von acht Kindern noch vier Handlungsgehülfen und einen Lehrling zu versorgen. Man that das auch nicht zum Vergnügen! Man that eben seine Schuldigkeit, erfüllte seine Pflicht; und es ist keineswegs gleichgültig für die Gesittung eines jungen Mannes, der doch auch einmal Hausherr und Familienvater werden soll, ob er Jahr aus Jahr ein in einer gesitteten Familie eine gesittete, mehr oder weniger gebildete Hausfrau und deren Töchter vor Augen hat, oder ob er Mittags und Abends in wechselnder, zufälliger Gesellschaft mit Schenkmädchen, die ihm leicht zu Willen sind, im Wirthshause verkehrt. Man steigt leichter hinunter als hinauf. Es ist keineswegs gleichgültig, ob ein junger Mann frühzeitig mit seiner ganzen Lebensführung sich selber überlassen ist, oder ob das Auge eines Lehrherrn, eines Handlungsherrn, mehr oder weniger achtsam über ihm offen ist und eine Hand ihn gelegentlich zurückhält, ein mahnendes

Wort ihn anruft, wo er sich zu sehr vom rechten Pfade zu
entfernen scheint. Ich weiß nicht von all unseren „Herren
vom Comptoir" was aus ihnen geworden ist. Viele habe ich
aus den Augen verloren; aber wo ich Einem von ihnen im
Laufe des Lebens begegnet bin, hat es ihn und mich gefreut.

Einmal, als ich vor Jahren mit meinem Manne in Florenz
in das große Magazin an Ponte della Trinità eintrat, wo er
einen Einkauf zu machen wünschte, hatten wir ein angenehmes
derartiges Erlebniß. Wir standen und besahen und behandelten
verschiedene Gegenstände. Mit einem mal tönte aus dem
entgegengesetzten Ende des Magazins der laut und mit
freudigster Ueberraschung ausgestoßene Ruf: „Herr Gott,
Fräulein Fanny!" an mein Ohr — ich war eine Frau mit
weißem Haar — und Herr Sonnemann, ein früherer Reisender
meines Vaters, hatte meine Hände ergriffen, und uns Beiden
kamen die Thränen in die Augen in der Erinnerung an
„den Herrn Stadtrath, an den Herrn, an die Mutter und an
den großen Eßtisch in der Hinterstube"! Und so oft ich nachdem
in Florenz gewesen bin, habe ich an dem Tische von Herrn
Sonnemann gesessen, hat er mir erzählt, wie er sich bemüht,
seine Kinder nach dem Beispiel unseres Hauses zu erziehen,
und ich habe in seinem Rückerinnern immer ein paar gute
Stunden voll segnenden Gedenkens an meine trefflichen Eltern
genossen.

In diese patriarchalischen Verhältnisse können wir leider
nicht mehr zurückkehren. Aber grade den Frauen liegt die
Pflicht ob, durch werkthätige Theilnahme von Person zu Person,
die Entfremdung der Menschen untereinander zu verhüten.
Wie dies anzufangen ist, darüber muß jede in ihrem besonderen
Kreise und unter ihren besonderen Verhältnissen selber mit
sich zu Rathe gehen. Es hat mich oft erschreckt, wenn ich
gutwillige Frauen der reichen Leute vor Personen aus den

ärmeren Klassen sich so ungeschickt, so unbehülflich, so ohne richtige Kenntniß der Sachlage betragen sah, als wären sie in ein fremdes Land verschlagen, dessen Sprache sie nicht verständen. Sie flößten Abneigung ein, wo sie Gutes thaten oder thun wollten; und mehr als einmal habe ich von ihnen sagen hören: ich weiß mit den Leuten nicht zu reden, sie sind mißtrauisch, es ist ihnen schwer beizukommen. Ist das der Fall, nun, so bleibt doch wahrhaftig gar nichts Anderes übrig, als es zu lernen wie man's macht, ihnen angenehm zu sein und ihr Zutrauen zu gewinnen, um — ich wiederhole den Ausdruck immer wieder — den richtigen menschlichen Zusammenhang zwischen den durch ihre Verhältnisse im Leben ungleich gestellten Menschen ausgleichend herzustellen.

Wie wir dies, um immer mit dem Nächsten anzufangen, in unsern Häusern mit den uns dienenden jungen Frauenzimmern vielleicht bewerkstelligen können, darüber habe ich mich einmal in den „Osterbriefen für die Frauen" ausgesprochen, die seinerzeit bei Otto Janke in Berlin erschienen sind und auf die ich Sie verweise, wenn die Frage Sie beschäftigt. Mancherlei, was ich in dem Sinne versucht, ist mir geglückt. Anderes zu versuchen, habe ich aus jener Bequemlichkeit unterlassen, von der Keiner von uns frei ist — und ich hatte auch immer viel Unerläßliches zu thun.

In zweckmäßiger Werkthätigkeit für das Allgemeine sind, so wie der französische Kleinbürger als Ersparer, die Engländer für uns ein großes Vorbild. Was die Männer der hohen englischen Aristokratie, was unverheirathete begüterte und unbemittelte, alte und junge Engländerinnen für das Gemeinwohl mit großer Selbstverleugnung gethan haben und thun, davon auch nur ein Annäherndes zu leisten, sind wir weit entfernt. Die elendeste Abendunterhaltung, die gleichgültigsten geselligen Gewohnheiten, der unnützeste Singverein sind bei uns leider immer noch die Gründe, welche gegen jede Uebernahme werkthätiger Verpflichtungen für das Allgemeine, oder auch für dauerndes regelmäßiges Leisten im besonderen Falle, angeführt zu werden pflegen.

Daß jede Hausfrau und Mutter zunächst ihre Schuldigkeit in ihrer Familie zu thun hat, darüber haben wir uns schon vor Jahren in den „Briefen für und wider die Frauen" verständigt. Aber es leben unter uns so viel müßige Frauen und Mädchen, die sich mit allen möglichen Vergnügungen vor der ödesten Langeweile nicht zu retten wissen. Warum legen diese nicht, wie in England, Hand ans Werk: es ist viel zu lernen jenseit des Kanals!

Zweiunddreißigster Brief.
An die deutschen Frauen.

Haus Kalbenhof, den 2. September 1878.

Wir hatten heute nach Hamm auf den Schießplatz fahren wollen, der Feier des Sieges von Sedan beizuwohnen, aber das Wetter war uns nicht günstig, wir mußten davon abstehen. Indeß wir hatten sie doch gesehen, die schwarz-weiß-rothen Fahnen, die von den Giebeln der Häuser niederhangend im Winde flatterten, und die kleinen Jungen, die mit ihren Fähnchen an der Eltern Hand umherzogen in allen Straßen der alten guten Stadt, die sich verschönt und verjüngt hat, rund um ihren vierschrötigen Dom umher, vor dem das Kriegerdenkmal steht, und die viel freundlicher geworden ist seit den zehn Jahren, in denen ich sie nicht wiedergesehen hatte.

Wenn sie auferstehen könnten, dachte ich, jene Genossen meiner Jugend, die Brüder, die jungen studirenden Freunde, die in den Tagen der traurigen Zersplitterung von Deutschland, in treuem, muthigem Glauben und Hoffen das alte schöne Lied der deutschen Burschenschaft und in ihm die Verse von des alten Reiches Farben feierlich wie ein Gelöbniß zu singen geliebt hatten:

> Wie Flammen golden sei der Brüder Zeichen,
> Roth wie die Liebe, die im Herzen glüht;
> Und daß wir auch im Tode selbst nicht weichen,
> Sei schwarz das Band, das unsre Brust umzieht!

Damals war es ein Verbrechen, an die Aufrichtung des Deutschen Reichs zu denken, ein Verbrechen, die alten deutschen Farben hochzuhalten. Jetzt ist das neue Deutsche Reich erstanden, die deutschen Fahnen fliegen frei und stolz durch die Lande und auf den Meeren. Dank dem deutschen Volk und seinen Führern hat Deutschland den Tag von Sedan und den 18. Januar des Jahres 1871 in Versailles erlebt.

Ach, die jetzige, in dem geeinten Deutschen Reich heranwachsende Jugend kann es kaum ermessen, was jenes Lied der Burschenschaft, was Körner's, Arndt's, Schenkendorf's Lieder uns gewesen sind! Wie in dem traurigen Verfall von Deutschland die Liebe für das Vaterland in uns lebendig war, wie fest unsere Hoffnungen auf seine einstige Wiederherstellung gerichtet waren! Gewiß, die Vaterlandsliebe ist ein durchaus religiöses, das Wesen des Menschen veredelndes Gefühl, und es ist heilige Pflicht, ihren Kultus in den Familien aufrecht zu erhalten; den Kultus jener reinen Vaterlandsliebe, die eben so fern von Selbstverblendung als von Ausschließlichkeit oder gar von Abneigung gegen die anderen Völker ist. An dem häuslichen Herde muß sie großgezogen werden, die rechte Liebe für das Vaterland, dort muß die heilige Flamme —

wie in dem Hause der alten Deutschen — lebendig gehalten
werden für und für. An diesem Altar sind die Frauen
Priesterinnen.

Ueberliefern Sie Ihre Kinder, Ihre Söhne und Töchter
dem Lehrer, der in den überfüllten Klassen unserer Schulen
sie fortzubilden hat für das weitere Leben und für die Ge=
sammtheit, genährt mit jener Vaterlandsliebe, in welcher der
Einzelne sich nur als ein dienendes Glied in dem großen
Ganzen empfindet, und die zu fühlen ein Glück ist. Sie
werden dem Lehrer damit einen großen Theil an Arbeit er=
sparen, Sie werden ihm gefügige, sich selber gut vorwärts=
kommende Söhne und Töchter damit erziehen. Erziehen Sie
die deutschen Kinder in der Verehrung vor dem Kaiser, der,
unter der begeisterten Zustimmung des Volkes an die Spitze
des Vaterlandes gestellt, in seiner Person das Vaterland und
das Gesetz darstellt, welches das Volk sich gibt, und das es
unter seinen, unter des Reiches Schutz stellt. In keiner
Kinderstube, in keiner Schulstube, in keinem Arbeitssaal, in
keiner Werkstatt sollte man sie fehlen lassen, die Bilder der
Germania und des Reichsoberhauptes. Die katholische Kirche,
diese vollendetste und berechnetste Organisation, weiß sehr
wohl, was sie fördert, wenn sie das Bild des Gekreuzigten
und der göttlichen Jungfrau den Menschen immer vor dem
sinnlichen Auge vorführt, wenn sie die Kinder täglich zur
Kirche geleitet. Lehren Sie Ihre Kinder die großen vaterländischen Gesänge und die hübschen deutschen Lieder von
Kindesbeinen an. Kinder sind für Musik und Poesie weit
früher empfänglich, als man es voraussetzt. Das einfache
kleine Liedchen von der Feldflasche — ich weiß nicht von wem
es ist, das jede Strophe mit dem Verse beschließt: „Mein
König trank daraus!" tönt mir heute noch mit dem rührenden
Stimmklang meiner Mutter in der Seele, mit der wir es,

unter andern ähnlichen Liedern, bei all unsern Spazierfahrten zu singen pflegten; und fünfjährige Kinder habe ich entzückt und gerührt gesehen, wenn sie das „Steh ich in dunkler Mitternacht so einsam auf der stillen Wacht!" mit ihren Eltern sangen.

Das deutsche Lied ist nicht, wie Herr v. Beust es einmal sehr zur Unzeit aussprach, des Deutschen Zukunft. Deutschland hat sich seitdem Größeres und Höheres zu erobern gewußt, als nur das deutsche Lied. Aber das deutsche Lied ist ein großes Element in der deutschen Erziehung, denn Dichtung und Musik klingen lebhaft an in deutschen Herzen. Mit Gesängen aus den Possen, mit Offenbachiaden aber erzieht man Kinder und Völker nicht zu dem sittlichen Idealismus, der sie groß und edel macht.

Und hier komme ich zu dem Gegenstande zurück, dessen ich schon vor einem Jahre einmal in meinen Briefen Erwähnung that. Halten Sie Ihre Häuser und sich selber frei von Schriften, Bildern u. s. w., die der Sittlichkeit zu nahe treten; halten Sie die früh erregbare Neugier und Phantasie der Kinder rein.

Daß der Schriftsteller, seit wir unsere Arbeiten keiner staatlichen Zensur mehr zu unterwerfen haben und seit wir obenein unsere Dichtungen in den Zeitungen drucken lassen, die in jedem Hause Jedermann, dem heranwachsenden Knaben und Mädchen wie dem Hausknecht und der Magd, zu Händen kommen, daß der Schriftsteller jetzt die Zensur an sich selbst zu üben hat, daß er verantwortlich ist für die Saat, die er mit seinem Schaffen in die Herzen seines Volkes streut, das ist für mich ein Glaubensartikel, den ich gleichfalls schon mehrfach ausgesprochen und über den ich freilich schon oftmals gegen anders Denkende zu streiten gehabt habe. Wir brauchen deshalb keine „bloßen Kinderschriften" und nicht blos „Bücher für die reifere Jugend" zu schreiben. Das Erlaubte und das Unerlaubte, das Schöne und Häßliche sind überall nur durch eine Linie unterschieden, die einzuhalten in meinen Augen ein Verdienst, die zu überschreiten ein Unrecht ist.

Erinnern Sie sich an die französische Romanliteratur von 1830 bis auf diesen Tag und fragen Sie sich selber, welche Früchte sie in ihrem Vaterlande, und auch unter uns getragen hat, trotz der außerordentlichen Geschicklichkeit und des großen Talents, mit welchem jene Dichter schufen. Ich habe eben in diesen Tagen Mittheilungen über dieses Thema in Max Jordan's „Aus dem wahren Milliardenlande" angetroffen, die mir völlig richtig und wahr erschienen sind. Daß z. B. Daudet ein großes Talent ist, wer könnte daran denken, ihm das zu bestreiten? Aber fragen Sie sich selber, was Sie thun, wenn Sie in Ihren Häusern solche Bücher wie die seinen dulden, wenn Sie Ihre Kinder in Possen mit obscönen Liedern, in Offenbachiaden führen, welche die schönen Gestalten der alten Götterwelt in den Schlamm der Gemeinheit hinabziehen? Fragen Sie sich selber, was Sie für die ethische Bildung der Ihren — und Ihrer selbst — gewinnen, an Dichtungen und Komödien, deren wesentliches Verdienst darin besteht, daß sie aufregen, daß sie spannen, daß sie einen prickelnden Reiz haben, mit einem Worte, daß sie, wie der Kunstausdruck dafür lautet, Sensationsromane sind. Halten Sie sich diese Worte in ihrem eigentlichen Wortlaut und Wortsinne vor die Augen, und ich glaube, Sie werden sich selber wundern, was sie aussagen, und daß man die Jugend und die Halbbildung eben so sehr vor dieser Art von Schriften, wie vor den aus dem Französischen übersetzten Schauspielen und vor der Mehrzahl der modischen Possen sorgfältig zu bewahren hat. Kindern frühzeitig die Meister=

werke unserer großen Dichter auf der Bühne zugänglich zu machen ist sicher heilsam. Es giebt ihnen große Bilder, große Vorstellungen, Liebe für die vaterländischen Dichter, Freude an dem Adel unserer Sprache; aber welche Eindrücke, welche Ausdrücke bringen sie aus der Mehrzahl der Possen heim? Welch eine Verrohung hat sich durch das aus jüdischen und Wirthshausredensarten gemischte Kauderwelsch, das sich dort vielfach breit macht, selbst in den sogenannten gebildeten Kreisen eingeschlichen! Das „furchtbar nett!", welches ihrer Zeit das sehr gewandte Fräulein Schramm auf dem Wallner= Theater in Mode brachte, war der schwache Anfang all der sinnlosen und ungewaschenen Redensarten, welche man jetzt von sehr sauber behandschuhten Personen wieder und wieder zu hören bekommt. Es hat Vieles bei uns der Verbesserung vonnöthen.

Wir stehen bei der diesjährigen Feier des Sedantages in einem Zeitpunkt, der uns zu tiefem ehrlichem Einblick in unser inneres Sein und Wesen zwingt. Wir haben es als ein fast wunderbares Glück zu segnen, daß wir diesmal den Tag von Sedan nicht in Landestrauer zu begehen haben, daß wir ihn nicht zu begehen haben beladen mit der untilg= baren Schmach, daß der erste Deutsche Kaiser des neuerstan= denen Reiches von der Hand deutscher Meuchelmörder den Tod empfangen hat. Denn die frevelnde Hand deutscher, dem Gemeingefühl des Volkes entfremdeter Männer hat in der Person des Deutschen Kaisers das Symbol des Reiches, den Schützer der Reichseinheit und der Reichsgesetze zu zer= stören getrachtet, hat zu zerstören getrachtet, was mit dem blühenden Leben, was mit dem Herzblut von Tausenden und Tausenden aufgerichtet und zusammengeschweißt worden ist. Und leider waren jene Handlungen die Folgen einer Welt= anschauung, die sich offen und unumwunden der Gesittung

— 431 —

und den ganzen Zuständen feindlich erklärt, in welcher wir uns auf dem Boden der antiken Kultur und des Christenthums durch die Jahrtausende zu der gegenwärtigen Staatsgesellschaft entwickelt haben. Daß die Staatsgesellschaft, wie sie jetzt besteht, die vollkommenste sei, die möglich ist, wer wollte das behaupten? Daß sie einer Verbesserung fähig sei? Wer wagte das zu bestreiten! Und wer kann es leugnen, daß man von allen Seiten bemüht ist, zu ändern, zu bessern, zu entwickeln und auszubauen, wo dies gefordert wird? aber zu bessern und aufzubauen mit vorsichtig schonender und stützender Hand, damit nicht einstürze, was des Erhaltens würdig ist, damit auf dem tüchtigen, guten Grunde noch Besseres erwachse als bisher, damit uns das Haus, in welchem wir vor der rohen Gewalt des Egoismus mehr oder weniger gesichert wohnten, nicht über dem Haupt in wildem Zerstörungstrieb zertrümmert werde, ehe man ein besser gesichertes für uns bereit hat; damit es nicht mit uns zugleich, die von den Jahrtausenden liebevoll gepflegte gute Frucht vernichte.

Die Reichsregierung bereitet strafende Gesetze vor, dem unter uns herrschenden Uebel, wo es sich in verderblichen Thaten kennzeichnet, entgegenzutreten. Aber gegen die Wandlung des Sinnes, aus welchem jene Missethaten hervorgegangen sind, gegen den Mangel an sittlichem Idealismus in des Wortes weitester Bedeutung, hat sie keine Macht, kann das Strafgesetz nicht helfen. Hiergegen hat jeder wie bei einer großen Feuersbrunst, die das eigene Haus bedroht, wie in Zeiten des Krieges, wenn der Feind ins Land fällt, selbst die Hand mit anzulegen. Wir haben — und nicht allein bei uns, sondern auch in den andern Ländern — eine innere Mission zu vollziehen, eine Mission, die Jeder in sich selbst, die jede Familie in ihrem Hause zu üben hat, und die nicht zum kleinsten Theile den Frauen zu leisten obliegt. In einer Zeit, in welcher man von Seiten einer Sekte die Ehe aufheben, die Familie auflösen möchte, ist es an den Frauen, die Ehe in ihrer Würdigkeit, die Familie in ihren segensreichen Folgen darzustellen und zu pflegen.

„Die Menschen lernen nur durch sehr wiederholte Erfahrungen und halten trotz aller noch so schweren gegentheiligen Erlebnisse hartnäckig an der Selbsttäuschung fest, daß es für die Nationen Freiheit und Glück auch ohne Hochsinn und Anstrengung geben könne. Vaterlandsliebe ohne Opfermuth ist ein Wort ohne Sinn!" (Karl Hilty.)

Als nach den Zeiten des Tilsiter Friedens Preußen zerschmettert am Boden lag, als die französische Tyrannei das Land in entehrender Knechtschaft hielt und die Gesinnung hier und da eine schwankende geworden war, da traten sie zusammen, die Männer und Frauen, in deren Herzen die Liebe für das Vaterland in stiller, heißer Flamme brannte, und reichten einander die Hände, sich und die Ihren neu zu erziehen und aufzuerbauen, und aus engem, fest durch Tüchtigkeit verbundenem Kreise in immer weitere Kreise den rechten Sinn, die rechte Treue zu verbreiten. Man gab das Beispiel für die Lehre, die man wirksam machen wollte. Man entsagte mit bewußter Entschlossenheit der Ueppigkeit und dem Luxus, man gab unnütze, geisttödtende Zerstreuungen auf, man suchte sich zu sammeln. Man ward häuslicher, als man es lang gewesen war, man erzog die Kinder nicht nur für die Gesellschaftswelt, nicht nur für ihren Broderwerb; man bemühte sich, ihren Sinn edel und rein zu erhalten, sie zu guten Menschen, zu guten Söhnen des Vaterlandes heranzubilden. Und damals war es zum großen Theil der Adel, der in diesen Bestrebungen voranging, der die Gleichgesinnten aus allen Bereichen der Gesellschaft an sich heranzog, um sie — nicht im mystischen Geheimbunde — aber in menschlich adelnder Verbrüderung aneinander zu ketten für den einen großen Zweck. Aehnliches zu thun liegt auch uns jetzt ob.

Ich bin weit davon entfernt, Ihnen Lebensregeln geben zu wollen. Jeder hat seine eigenen Nothwendigkeiten und hat diesen gerecht zu werden. Aber gewöhnen Sie sich, um mit dem Anfang anzufangen, ernsthaft an die Frage: Was ist wirklich nöthig und was nicht? Wenn Sie sich diese Frage oft genug vorlegen wollten, würden Sie zu Erkenntnissen kommen, daß Sie überraschen würden.

Ihre Lory muß eine rosa Schärpe für so und so viel Thaler haben, weil Ihrer Freundin kleine Eugenie eine solche Schärpe hat. Wie wäre es, wenn Sie Beide für Ihre Kinder darauf verzichteten? Die Taillen würden nicht weniger hübsch sein mit einem schlichten Gürtel. — Sie müssen die wissenschaftliche Vorlesung des großen Naturforschers hören, der so gefällig ist, sich zu dieser Leistung herzugeben, weil alle Ihre Bekannten hingehen, die wahrscheinlich, so wie Sie und ich, nicht die Hälfte von dem verstehen, was wir hören; denn uns fehlt die ganze Vorbildung, die jenem Gelehrten als etwas Selbstverständliches erscheinen muß. Vergnügen, Vortheil haben Sie davon, wie ich bemerkt zu haben glaube, selten. — Wie wäre es, wenn Sie und Ihre Freundinnen sich dahin vereinten, den unnützen Putz, die „ersten Aufführungen" in den Theatern, den für Sie oft so unfruchtbaren Zeitvertreib zu meiden? — Wenn Sie von so manchen völlig unnützen Vereinen, in welche es Mode ist zu gehen, fern, und statt dessen zu Hause blieben, um mit den Ihren gemeinsam ein Buch zu lesen, das Sie allesammt verständen, das in Ihren Kindern edle Gedanken wachruft, ihre Phantasie in schöner Weise anregt? — Ihr Herr Gemahl, wenn er sicher wäre, Sie zur rechten Zeit zu Hause zu finden, bliebe vielleicht dann gleichfalls lieber bei Ihnen und den Kindern als im Klub; und mit dem Gelde, das Sie für die Schärpen, für die Ihnen unverständlichen Vorlesungen, für die „ersten Vorstellungen" nothwendig zu haben glauben, könnten Sie viel Bücher für die Ihren kaufen und Bücher für das Volk. Aber freilich mit den Phantasmagorieen von Jules Verne, die angeblich belehren sollen, während sie die Vorstellungen wie im Opiumrausche durcheinander werfen, erzeugt man weder Ernst noch Edelsinn; und man soll nicht spielend lehren. Die Arbeit soll von frühester Kindheit an ein ernstes Thun, soll Pflichterfüllung, das Spiel soll völlig freie Muße sein. Halbheit ist in allen Dingen stets vom Uebel!

Ich sagte vorhin: Sie könnten Bücher kaufen für das Volk. Ich bin Ihnen schuldig, zu erklären, was ich damit meine. Ich habe in England und in der französischen Schweiz es beobachtet und es in meinen Reisebüchern aus jenen Ländern vor achtundzwanzig und vor zehn Jahren bereits ausgesprochen, wie viel sich mit der unentgeltlichen Verbreitung kleiner Druckschriften von zwanzig bis dreißig kleinen Seiten wirken läßt; und ich habe andererseits von dem bedruckten Umschlagblatt eines Buches in Italien gelernt, mit wie viel Umsicht die Italiener sich das, was im Auslande für Volksbildung geschehen ist, durch Uebersetzung anzueignen wissen, wie ihre guten Schriftsteller selber sich dafür in eigenen Schriften Mühe geben. Alles, z. B. was Smiles geschrieben hat, die Lebensgeschichten der Männer, die sich selbst emporgeholfen haben u. s. w., haben sie übersetzt und verkaufen sie zu den billigsten Preisen. Es ist das ein wirksames Gegengift wider das Begehren, zu genießen, wo man nicht gearbeitet hat, die Frucht zu theilen, welche Andere säeten.

Ich weiß nicht, ob wir solche Biographieen besitzen. An den Vorbildern fehlt es auch nicht unter uns. Das

Leben der Borsig und ihres Gleichen müßte man schreiben. Bis das geschehen ist, thun Sie sich zusammen in Vereinen, zu denen die Männer Ihnen sicherlich gern die Hand bieten werden, und lassen Sie Volksschriften drucken für das Geld, das Sie sonst sinnlos auszugeben pflegen. Sehen Sie — wenn Sie ordentliche Buchführerinnen sind — in Ihren Ausgabebüchern ernsthaft nach. Die Summen, welche frei werden würden auf diese Weise, würden in kaum einem Haushalt fehlen, und in manchem von erschreckender Größe sein.

Beginnen Sie damit, nach erhaltener Erlaubniß des Verfassers die einzelnen Biographieen von Smiles aus dem Buche „Hilf dir selbst" übersetzen, einzeln drucken und in Hunderttausenden von Exemplaren unentgeltlich vertheilen zu lassen. Es wird nicht allzu theuer sein, nicht mehr verschlingen, als Sie Jahr aus Jahr ein unnöthig auszugeben pflegten. Ein Buch zu lesen nehmen die herumtaumelnden Lehrlinge, nimmt die müde Näherin, der zerstreute Geselle, der müde Arbeitsmann sich nicht die Zeit. Solch ein Ding von wenig Seiten, das man ihnen wie die Anzeige von Seifen- oder Kleiderhandlungen unentgeltlich in die Hand gesteckt, das sehen sie schon aus Neugier an, das bringt der Vater der Mutter und den Kindern mit nach Hause; und wie mancher schöne Baum im Walde ist erwachsen aus dem Samen, den der Wind anscheinend verwehte.

Ich habe bei Freunden in diesem Sommer die Reiseskizzen eines protestantischen Pastors Funke in Händen gehabt, und andere Biographieen aus den Zeiten vor Deutschlands Wiedergeburt, von deren Verfasser der Name mir leider entfallen ist. Beide Schriftsteller standen auf einem religiösen Standpunkt, der nicht der meine ist; aber beider Schriften haben mich gerührt und erhoben durch die Innigkeit der Empfindung und die Tiefe ihrer Liebe für das Vaterland.

Auch dieser Männer Erlaubniß müßte man zu erlangen suchen, um die einzelnen Aufsätze als Traktätlein in den Straßen, auf den Eisenbahnen, in den Schulen, in den Kasernen, ja, überall da zu vertheilen, wo man es nöthig findet, das Eindringen zerstörender Schriften zu verhindern. Diesen Weg einmal betreten, würden die besten unter unseren Schriftstellern, die noch in der Kraft des raschen Schaffens sind, es an sich nicht fehlen lassen, ihr Festhalten an dem Vaterlande, an seiner Sitte und Zucht, in kleinen Flugschriften zu bethätigen, welche die Frauenvereine kaufen und unentgeltlich vertheilen müßten. Und wir haben unter uns Schriftsteller, die wie Meissonnier in seinen Bildern, gerade ihr Vortrefflichstes leisten, je enger der Rahmen ist, in welchen sie ihre dichterischen Gestalten hineinkomponiren. Denn Dichtungen, plastisch gestaltete Bilder, nicht Abhandlungen wirken auf den Sinn der Jugend und des Volkes.

Es ist dies nur ein Vorschlag. Vielleicht scheint er Ihnen so ausführbar und zweckmäßig als mir. Und mit diesem Vorschlage will ich schließen.

Seien Sie Hausfrauen und Mütter in dem Sinne des Wortes, der das Große stets im Auge behält und das Kleinste nicht zu gering hält für seine Beachtung. Adeln Sie Ihr Leben durch Ernst, um ein edles Geschlecht heranzubilden, und erhalten Sie mit eifriger Beflissenheit einen hülfreich fördernden persönlichen Zusammenhang zwischen sich und den weniger gut gestellten, weniger bemittelten, weniger gebildeten Leuten innerhalb Ihres Hauses, und so weit die Hand und das Auge einer Jeden reichen, ohne die Pflichten im eigenen Hause darüber zu versäumen, auch außerhalb desselben. Ein Mann, der ein rechtschaffener Herr in seinem Hause ist, eine Frau, die einem solchen Manne in Gehorsam sich freiwillig unterordnet, die erziehen gute Kinder, gute Dienstboten, wirken durch ihr Beispiel weiter, tiefer als sie glauben. Sie bilden gute Bürger heran und auferbauen in der neuen Generation das Vaterland, wo ihm jetzt Gefahren drohen durch Selbst= sucht und durch Leichtsinn. Und somit Jeder an seinem Platze freudigen Muthes an die Arbeit!

Ob ich mit diesen Briefen an Sie das Richtige ge= troffen? Mein Wille wenigstens war gut, und hiermit will ich zugleich all den mir persönlich unbekannten Männern und Frauen recht von Herzen danken, die, diesen guten Willen anerkennend, mich während der Veröffentlichung dieser Briefe durch ihren schriftlichen Zuspruch zu ihrer Fortsetzung er= muthigt haben. — Besten Dank!

Dreiunddreißigster Brief.
Der neugierige Robby.
Eine Geschichte für die Enkel erzählt.

Haus Kalbenhof, den 6. September 1878.

Wenn man immerfort für die Großen erzählt und schreibt, so muß man doch bisweilen auch an die Kleinen denken; und weil ich heute am lieben Sonntag hier im Hause eine sehr merkwürdige Geschichte gehört habe, soll der Sonntag Euch zu Gute kommen, und ich will Euch die Geschichte erzählen, und den Brief ganz allein für die Kleinen schreiben, weil ja viele Großen auch ihre eigenen Kleinen haben. Paßt denn nun auf!

Hoch oben, im Nordwesten von Deutschland, liegen in der Nordsee die Inseln Norderney und Borkum, nach denen sehr viele Leute im Sommer hinreisen, um dort die Seebäder zu brauchen, wie Eure lieben Eltern und Ihr in Misdroy. Aber in Norderney hat sich die Geschichte nicht zugetragen, auch in Borkum nicht, sondern auf der dazwischen liegenden Insel Juist, die so klein ist, daß Ihr sie vielleicht gar nicht auf der Landkarte finden werdet.

Es leben nur wenig Menschen auf der Insel Juist, in kleinen schlechten Häusern, die treiben Fischfang und nähren sich kümmerlich, und schlecht und recht. Gasthöfe giebt es dort noch nicht. Badegäste kommen auch nur selten, und nicht viele, hin. Es ist dort noch nicht viel zu haben, auch nur schlechtes Unterkommen, und die Fremden, die nach Juist reisen und sich dort aufhalten, sind meistens Männer, welche die Jagd lieben. Denn weil es eben noch still und ruhig auf der Insel ist, bauen sich dort die Möwen und die Regenpfeifer und die hübschen kleinen Seeschwalben und viele andere Vögel ihre Nester lieber als auf den großen Inseln, wo sie nicht so sicher vor den Menschen sind. Zu Tausenden und Tausenden sitzen sie in Juist und brüten ihre Jungen aus. Auch die Delphine, wenn sie in die Gegend kommen, nahen sich dem Lande mehr als anderwärts, und vor Allem haben die Seehunde dort ihr eigentliches Absteigequartier. Wenn sie lang genug im Wasser gewesen sind, und einmal eine Abwechslung haben wollen, gehen sie nach der Insel Juist an's Land. Sie platschen sich dann mit ihren Flossenfüßen aus dem Wasser in die Höhe, schicken eine Schildwache voraus, die sich umsehen und auf=paßen muß, daß ihnen die Menschen nicht zu nahe kommen, und wenn Alles sicher ist, legen sie sich nieder, wühlen sich in den warmen Sand ein, und betrachten sich in aller Gemüth=lichkeit das Meer und den Himmel einmal vom Lande aus.

Die Seehunde sind nämlich ein sehr kluges Völkchen. Das sieht man ihnen gleich an den schönen Augen an, die einen Blick haben, so sanft und verständig, wie eines guten

Menschen Auge. Sie wissen sehr wohl, daß auf die Menschen kein Verlaß ist, daß der Mensch mit den Thieren kein Erbarmen hat, wo es seinen Vortheil gilt; und zu brauchen ist das Seehundsfell sehr gut. Man macht Kofferüberzüge und Schultornister davon, auch Stiefel und viele andere Dinge, denn wasserdicht ist das Seehundsfell, das könnt Ihr Euch ja denken. Die Seehunde sind also, wie ich Euch gesagt, ihres Lebens vor den Menschen gar nicht sicher, denn Seehunde zu fangen und zu schießen, das ist für die Jäger auf der Insel das eigentliche Hauptvergnügen, obschon es den Seehunden keinen Spaß macht, geschossen zu werden. Sie nehmen sich gut in Acht vor den langen Schießgewehren, die sie kennen, und vor dem Geruch des Pulvers, den sie wittern wie die Thiere in Wald und Feld.

Einmal, vor ungefähr vierzehn Tagen, war ein schöner warmer Sonntag. Es hatte die ganze Zeit in einem fort geregnet, der Himmel war so grau gewesen wie das Meer, und die kugligen Wolken waren hin- und hergezogen wie des Meeres Wellen. Es war also ordentlich eine Freude, als die Sonne eines Tages endlich zum Vorschein kam, um mit ihren Strahlen die Wolken zu vertreiben und wieder einmal hell und freundlich auf Land und Wasser hernieder zu sehen, damit Menschen und Thiere, damit Alles, was lebt und kreucht und fleucht, es einmal wieder inne würden, daß die Sonne noch da sei, daß der gute alte Herrgott noch da oben das Regiment führe, und zu rechter Zeit seine Sonne wieder scheinen lasse über die von ihm geschaffene schöne Welt.

Den Menschen auf der Insel Juist ging das Herz vor Freude in dem schönen Wetter auf. Die Seehunde aber, denen das ewige Regnen, das Wasser von oben und Wasser von unten, auch zu viel geworden war, dachten, den Sonnenschein habe der liebe Gott eigens für sie bestellt, damit sie ihr

Fell einmal gründlich trocknen könnten; und da sie ordentliche Leute sind, die ein anständiges, verträgliches Familienleben führen, so wollten sie das Geschäft des Trocknens auch Alle zusammen betreiben, und dem lieben Herrgott Sonntags, wie es sich gehört, auch für die Wohlthat danken.

Sie steuerten denn auch, der Altvater voran, auf die Insel los. Der Alte rumpelte sich zuerst aus dem Wasser in die Höhe, guckte sich um, horchte mit den großen Löchern, die die Seehunde statt der Ohren haben, nach allen Seiten hin, und wie er sich überzeugt hatte, daß keine Gefahr vorhanden sei, winkte er zwei= dreimal mit seinem breiten Fischschwanz, und sie kamen nun Alle nach: seine Söhne und Töchter, seine Kindeskinder, und auch seine jüngste Tochter, der sie vor wenig Monaten den Mann weggeschossen hatten. Die hatte natürlich ihren kleinen Robby mitgebracht, den sie sehr verzog, weil er ihr einziges Kind war. Sie nahm ihn an dem Sonntag zum ersten Male auf das Trockne mit. Es waren ihrer sechzehn oder siebzehn von der Familie auf die Insel gegangen, und sie waren seelenvergnügt allesammt.

Sie guckten sich nach den Seeschwalben und Regenpfeifern um, wie die mit den langen dünnen Beinchen so flink im Sande umhertrippelten; sie wälzten sich nach rechts, wälzten sich nach links, streckten die rundlichen Leiber langhin aus, klatschten vergnüglich mit den Schwänzen auf den festen Sand, und fühlten es recht wohlig, wie die heiße Sonne ihnen auf die Rücken brannte, wie das Fell ihnen so schön trocken wurde, wie die Wärme sie ganz und gar durchströmte, daß sie dar= über allmählich alles Andere vergaßen. Erst machte die Großmutter die Augen ein bischen zu, dann fiel der dicken Tante der Kopf etwas nach vorne in den Sand; darauf ließ der lange Onkel, der Größte unter Allen, der erst in der Nacht von Borkum herübergeschwommen und müde war, die langen Barthaare hängen, und endlich hatte das Augenschließen etwas Ansteckendes.

Die Sonne schien so prachtvoll, man konnte sehen wie die Wärme zitterte in der Luft über dem heißen glänzenden Sande. Die Mücken spielten und schwirrten in der Luft. Millionen von Funken glitzerten in dem Wasser, hoben sich mit den Wellen, versanken mit ihnen in die Tiefe, und kamen dann wieder wie aufsteigende Leuchtkugeln mit der nächsten sich aufbäumenden und verspritzenden Welle in die Höhe, um im Schaum auf dem Ufersande zu verrinnen.

Es war mit den Augen gar nicht dagegen Stand zu halten, man mußte sie schließen. Nachmittag war es auch. Jeder hatte seinen Theil Fische im Magen, und die Kirchenglocken von Juist klangen so sanft und gleichmäßig und träumerisch durch die tiefe, stille Einsamkeit. Dem fiel dies ein, und Jenem das; und es dauerte also gar nicht lange, da schliefen sie fast Alle. Der Onkel träumte von Island, wo er einmal zur Sommerfrische gewesen war; uud die schöne weißfleckige Cousine träumte von der Insel Wight, wo sie, weil es dort wärmer war, und weil die vornehmen englischen Seehunde immer dorthin gingen, ihre Winter zuzubringen liebte. Kurzum, Jeder schlief und Jeder träumte. Nur der kluge Alte träumte nicht, sondern wachte und hielt die Augen offen, und der kleine Robby wachte auch, denn der konnte sich nicht satt sehen, an all' dem Neuen und Fremden um ihn her.

Er war ein ganz besonders hübsches, kleines Thier, recht wie ein Aal geschmeidig, und neugierig wie Einer. Er merkte Alles was um ihn her geschah. Was er noch nicht gesehen hatte, das fiel ihm schnurstracks auf. Von Allem wollte er wissen, wie es gemacht werde und wie es zugehe; und weil es hier dicht am Meere auf dem kleinen Eilande schon so schön war, dachte er in seinem glatten runden Seehundskopfe, wenn er nur erst größer sein, und die Mutter ihm nicht mehr immer so dicht an der Seite schwimmen und so auf ihn aufpassen würde, so wolle er schon mehr von dem trocknen Lande sehen, als hier das Stückchen Ufer und das Stückchen Düne, von dem der Windhafer ihn mit seinen schwachen Fingern winkte, als wolle er ihn einladen, dort drüben nach den Häusern hinzukommen, von denen der Rauch aufstieg wie von den Dampfern, und nach dem Kirchthurm hin, von dem die Glocken tönten mit so hellem, süßem Klingen.

Er war grade dabei es zu versuchen, ob sich's wohl auch ohne Füße auf dem Trocknen gut vorwärts kommen ließe, da schlug der Alte mit dem Schwanze dreimal auf den Sand, so daß es klatschte. Alle fuhren erschrocken in die Höhe und waren mit einem Satz am Wasser und kopfüber hinunter in die Tiefe.

Robby! Robby! rief die Mutter in ihrer Herzensangst, da kommen Menschen!

Menschen? dachte Robby, die muß ich mir doch ansehen!

Robby! Robby! komm geschwind! rief sie noch einmal ängstlich. — Aber weil Robby so verzogen war, dachte er nicht daran, ihr zu gehorchen auf das erste Wort. Er meinte, so eilig werd' es wohl nicht sein, die Mutter würde schon noch warten Da — was war das?

Ein Blitz! ein Knall! — Es fuhr ihm durch den ganzen Leib vor Schrecken. Er kniff die Augen zu, er konnte nicht von der Stelle; und wie er dann endlich wieder zu sich kam und wieder umsah, war auch die Mutter fort.

Ein breiter rother Streifen zog sich von dem Platze, an dem sie gelegen hatte, bis zum Meere hin. Er wußte nicht, was das zu bedeuten hatte, und zum Ueberlegen hatte er keine Zeit, denn es standen zwei Wesen vor ihm, wie er sie noch nie gesehen hatte; und der Eine hatte ihn schon am Schwanz und hielt ihn in die Höhe, ehe er sich noch recht besinnen konnte.

Es war ein wettergebräunter alter Mann, mit grauem Haar und großen buschigen Augenbrauen. Er hatte eine Theerjacke an, einen getheerten aufgekrämpten Nordwester auf dem Haupte, und es war Robby gar nicht wohl zu Muthe, wie die feste Faust ihn so gefangen hielt, und Miene machte, ihm mit raschem Hiebe den Garaus zu machen. Er zappelte, er wehrte sich, er probirte, ob er nicht beißen könne, aber der Alte wußte, wie man so ein junges Ding zu fassen hatte, und Robby schlug das Herz vor Angst. Er hätte jetzt auch gern bei der Mutter unter dem Wasser sein und von der Erde und all' ihren Herrlichkeiten Nichts mehr sehen mögen. Daß die gute Mutter um seinetwillen angeschossen war und sich im Wasser todtgeblutet hatte, davon wußte der arme unfolgsame Robby nichts.

Zu seinem Glücke legte aber der andere Mensch sich in das Mittel. Oh! nicht doch Jansen, sagte er. Laß das kleine Thier doch leben! Wir haben's ja in Sicherheit!

Was wollen Sie denn damit machen, Herr Doktor? es ist ja zu nichts nutze! entgegnete der alte Fischer, und warf Robby wieder auf den Sand.

Gott Lob! dachte Robby und athmete voll Hoffnung auf! Er sah sich den Doktor an. Das war ein großer, schlanker Mensch, mit langem, röthlichbraunem Bart, mit braungelocktem Haupthaar, und mit so guten blauen Augen, daß Robby völlig frischen Muth bekam.

Der Mensch, der ist nicht schlimm! Der thut Dir, der thut Keinem was zu Leibe, dachte er. Dabei sah er den Doktor freundlich an, und platschte schmeichelnd mit dem Schwanze, obschon ihm der Schwanz von der schweren Faust des Fischers weh genug that. — Zu reden traute er sich noch nicht, er meinte, der Doktor würde ihn am Ende nicht verstehen.

Der Doktor lachte, als Robby also schön that. — Ist das ein närrischer Kerl! sagte er. Was ich mit ihm machen will, fragt Ihr mich, Jansen? — Für's Erste nehmt ihn einmal mit. Ihr habt ja einen Strick an der Tasche hängen, an dem schleift ihn immer mit. Heut Abend geht das Boot in See. Einen Korb finden wir bei Euch. Morgen bei Sonnenaufgang ist das Boot in Norden. Von da bis Emden ist es auch nicht weit, und von Emden kann er mit der Eisenbahn zu meinem Jungen nach Westfalen reisen. Der Fritz wird seine Freude an ihm haben, und Robby mag's probiren, wie es ihm bei den Eltern in dem alten Schlosse und bei meinem Jungen, im Süßwasser, in schöner deutscher Sommerwelt behagt.

Was man so sagt verstanden — verstanden hatte der Robby das nicht recht; und das Anbinden und das Nachschleifen im Sande, während Jansen und der Doktor rüstig über die Düne hin schritten, war gerade auch nicht angenehm zu nennen. Aber was er von der Rede so aufgeschnappt hatte, von Welt besehen und schönem Sommerwetter, das kam ihm sehr gelegen. Und so ließ er sich denn gebuldig fortschleppen, ohne viel zu zappeln, bis sie vor des Jansen Haus anlangten, wo er losgebunden und in eine große Butte voll Seewasser geworfen wurde.

Reinlich hatte ihn die Mutter stets gehalten, er spülte sich also flink ab, so gut er konnte, und wie er wieder dachte, jetzt bist du so blank, daß du dich sehen lassen kannst, streckte er den Kopf auf den Rand der Butte, und meinte: Nun will ich abwarten, was nun geschehen wird! Einer wird mich doch wohl holen kommen.

Er sah sich während dessen das Haus an, und die großen braunen Netze, die davor zum Trocknen an langen Stangen hingen, und die Häringe und Flundern und Schollen, welche der Jansen sich von der Sonne für den Winter an den langen Seilen dörren ließ. Bis auf das Haus kannte er das Alles: die Netze und die Häringe und die Schollen. Unter dem Wasser hatte es aber Alles anders ausgesehen.

Darüber kam der Doktor wieder vor die Thüre. Er hatte sich die Cigarre angesteckt und sah sich's an, wie sich der Robby putzte. — Den müssen sie reinweg vergessen haben! sagte er.

Das wollte der Robby nicht auf sich sitzen lassen, es kam ihm gegen seine Ehre vor. Nein, sagte er, die Mutter hat nach mir gerufen.

I! der Tausend, kannst Du sprechen? rief der Doktor ganz verwundert.

Ja! aber nur plattdeutsch und ein Bischen! entgegnete der Robby schüchtern.

Immer besser als Nichts! lachte der Doktor fröhlich. Da er bisher die Seehunde immer todtgeschossen, wenn sie ihm zu Gesicht gekommen waren, hatte er noch keinen Verkehr mit ihnen haben können. Daß Du hier zu Lande auf den Inseln nicht hochdeutsch lernen konntest, das versteht sich. Aber warum bist Du denn nicht mitgegangen, als man Dich gerufen hat? fragte er.

Robby zog die Nüstern in die Höhe. Daß er ungehorsam gewesen, wollte er nicht gerne sagen, und daß er in des Doktors Händen und Gewalt war, das zu merken war er klug genug. Er besann sich also eine kleine Weile, dann sagte er, halblaut wie jeder Junge, der ein schlecht Gewissen hat und sich mit halber Wahrheit und halber Lüge durchzuhelfen sucht: Ich wollte gern die schöne Erde sehen und mit Menschenkindern spielen!

So? das wolltest Du? — Nun dazu kann Rath werden! rief der Doktor, obschon Du ein kleiner, schlauer und verlogener Schlingel bist, denn was weißt Du von Menschen=

Kindern? Aber unter den Menschen wirst Du schon gehorchen lernen! Also frisch vorwärts, Jansen! In den Korb geht er gut hinein. Packt ihm ein Theil Stinte bei, damit er nicht verhungert. Macht den Korb fest zu mit Stricken und hängt ihn dann vorn an's Boot. Den Schein gebt auf der Post ab, und wenn ich erfahre, daß Robby in meines Schwiegervaters Haus bei meinem Jungen gut angekommen ist, so giebt es einen steifen Grog und ein gut Trinkgeld obenbrein.

Während dessen hatten sie Robby in den Korb gepackt, hatten ihm was zu essen mitgegeben, der Doctor selber legte ihn in dem Korb noch orbentlich zurecht, und wie ihn der Robby darauf ansah, sagte er: Nun nimm Dich in Acht! folge auf das Wort. Diesmal bist Du mit Deiner Neugier noch gut davon gekommen, immer geht's nicht so! Und nun marsch fort! und grüß mir den Fritz und all' die Anderen auch.

Damit legten sie ihm den dichten Deckel über den Kopf — und aus war der Spaß! — Sie bastelten und rumpelten an ihm herum; hier stieß er an, und auf der andern Seite wieber, dann trugen sie ihn weg. Darauf war er im Wasser, ohne daß er schwamm. Zu sehen war Nichts, nicht oben und nicht unten. Die Sache wollte ihm nicht in den Kopf. Indeß was wollt' er machen? Großvater hatte oft gesagt: Bist darvör, mußt ock dör!*) Also: Dör!

Wie lange er so im Wasser gebaumelt, er wußte es nicht. Daß es Tag wurde, merkte er endlich wohl, benn es schimmerte heller durch das Korbgeflecht; aber was weiter mit ihm vorging, konnte er nicht unterscheiden. Balb wurde er sorgfältig getragen, bann schmiß ihn Einer, daß er krachte, durch die Luft zur Erde. Er hörte ein Horn blasen, Räber rollen, klingeln, pfeifen, daß es ihm die Ohren fast zerriß, und rattern

---

*) Bist Du davor, so mußt Du durch.

und rattern, und schütteln und schütteln ohne Ende, daß er
dachte: Wenn das der Menschen Freuden auf der Erde sind,
da war mir besser in dem kühlen weichen Wasser bei der
Mutter, unter all' den Fischen, die so köstlich schmecken, und
über den Wäldern von schönem Seetang, der im Wasser seine
grünlichbraunen langen Arme ausstreckt. — Er dankte seinem
Schöpfer, wenn das Gerasle eine Weile innehielt, und ein
Strom von kaltem Wasser sich, er wußte nicht von wannen,
über ihn ergoß, denn er war am Verschmachten; und er
weinte, wenn er an die Mutter dachte. Indeß es war zu spät!

Und wieder wurde es finster und noch einmal ward es
hell, und das gräuliche Gequitsche und Gepfeife und Gerasle
und Geschüttle hatte nachgelassen. Da setzten sie ihn endlich
auf den Boden.

Ein weicher warmer Duft drang durch seinen engen
Käfig zu ihm ein. Er hörte Stimmen, hörte fröhliches
Lachen, auch Glocken klangen wie am Sonntag, als es auf
der Insel so schön gewesen war; und wie sie ihm den Deckel
von seinem Korbe abnahmen, und er die Augen aufmachte,
traute er ihnen nicht — denn es war Alles gar zu herrlich,
gar zu wundervoll.

Unten im Meere, wenn es einmal recht still gewesen
war, und die Sonne oder der Mond ihre goldenen Brücken
von Juist nach Borkum herübergespannt hatten, daß der
Widerschein durch das Wasser leuchtete, und man tief herab=
gesehen hatte auf den Grund, auf dem die geäderten Quallen
und die feuerrothen Seesterne zwischen dem Tangwald es sich
wohl sein ließen, hatte die Mutter wohl gesagt: ganz unten,
in der untersten Tiefe, wo die schöne Seekönigin mit den
Seejungfern in ewiger Jugend ihr Reich regierte, da sei es
noch viel schöner. Dahin würde sie ihn einmal mitnehmen,
und ihm die Schätze von goldigem Bernstein und von purpur=

rothen Korallen zeigen. Aber was war das Alles gegen die Herrlichkeit rund um ihn her!

Er wußte nicht was er sah, nicht wo er war. Aber es wehte so feucht und frisch aus der Tiefe herauf, die Frische kannte er. — Das war Wasser, schönes, helles Wasser, das war seine Element! Und rasch hinunter glitschend an dem weichen, glatten Rasen, war er mit einem Satze mitten und tief unten in dem Teiche.

Er ist fort! fort! rief der kleine Fritz, der mit der Mutter und mit den Großeltern am Teiche gestanden und zugesehen hatte, wie man die Stricke von dem Korbe abgebunden, wie der Robby zum Vorschein gekommen war, und mit weit offenen Augen so verwundert um sich gesehen hatte.

Fort! fort! rief er mal auf mal, und wollte schon zu weinen anfangen. Da tauchte jedoch der Robby blank und lustig wieder auf, und tauchte unter und wieder auf, und schoß quer durch den Teich, und schwamm rund herum, und schnaufte und schnaufte und pustete. Fritz konnte sich vor Lachen gar nicht lassen. Das war ein Spielkamerad, wie er ihn sich lange schon gewünscht. Sie waren Beide seelenvergnügt, der Robby und der Fritz; und weil der Kleine so viel Freude an dem Robby hatte, ward er auch den Großen lieb. Er hätte es auf Erden gar nicht besser treffen können. Denn wer einmal in diesem Hause war, der blieb da bis an sein Lebensende und hatte vollauf, was er brauchte an allen guten Dingen. Und mit dem Robby hatten sie es eben so im Sinne, denn sie hatten ihn gleich in den großen Teich gesetzt, wo es ihm an gar nichts fehlen konnte.

Es war aber nach dem Abendessen gewesen, als Robby in dem Schlosse eingetroffen war, und da die Zeit zum Schlafengehen herankam, sagte ihm der Kleine gute Nacht, und daß er morgen früh gleich wieder kommen werde. Robby hörte das mit halben Ohren an. Er hörte auch, daß der Großvater Befehl gab, die Schleuse zuzumachen, die nach dem Flusse führte, damit der Robby nicht aus dem Teiche und nicht zu Schaden käme, und den großen Neufundländer einzusperren, damit ihm der kein Leid zufüge.

Zu Schaden kommen! Leid zufügen! sprach er ihm im Stillen nach und lachte. Das sagen die Großen und die Alten immer, wenn sie uns einsperren und nicht von sich lassen wollen. Das hat die Mutter immer gesagt! und hätte ich daran geglaubt und nach ihr gehört, und wäre ich nicht auf dem Lande geblieben, wie sie Alle in ihrer Angst davon geschwommen sind, wo wäre ich denn jetzt? — Immer wieder da unten in dem kalten Wasser, und nicht hier; hier wo es gar so schön ist, so wunderschön. Er kam sich ungemein ge= scheidt und weise vor.

Er hätte schon gern ganz groß, am liebsten ein Walfisch sein mögen, um auch wie der vor Vergnügen hohe Wasser= strahlen in die Luft schleudern zu können; denn er war sehr mit sich zufrieden. Er hatte hier Alles was sein Herz begehrte, und Alles war ihm reizend neu. Die großen Karpfen, die fetten Bleie, die blanken Goldfische, all' das liebe Gethier, das er noch nie gesehen, von dem er essen konnte so viel er immer wollte, und das der liebe Herrgott, wie der Robby meinte, ganz eigens und allein für ihn geschaffen, weil es ihm so sehr gut schmeckte. Das süße Wasser gefiel ihm zur Abwechslung auch nicht schlecht, und zu sehen war so viel, daß er es nicht bewältigen konnte.

Das Schloß mit seinen vielen Fenstern, durch deren buntgemalte Scheiben das Lampenlicht herniederfiel, lag so ruhig da. Große Bäume umstanden seinen Eingang. Ein großer Garten umgab es ringsherum, und durch die Büsche schlängelte sich der Fluß hindurch, der hinabglitt bis zur nächsten Stadt, in die Wiesen und Wasser der Frau Lippe hinein, und mit dieser weit und weiter fort bis in den Rhein und bis zuletzt in's Meer.

Oben am Himmel stand der Mond und betrachtete sich das Alles auch und hatte offenbar auch seine Lust daran. Er leuchtete mild herab von seinem hohen Thron. Er hörte zu, wie es leise in den Zweigen der alten Bäume rauschte, wie der Aeolsharfe geheimnißvolles Klingen sanft die Nacht durchtönte, als der Vogelsang verstummt war. Und Robby gefiel das Alles auch, wenn er schon nicht wußte, was es war. Er wiegte sich auf dem Teiche im hellen Mondenglanz. Er lachte über all' die grünen Frösche, die so drollig quakten; er sah sich die weißen Wasserlilien auf den großen blanken Blättern an, und die funkelnden Glühwürmchen, die durch die Blumenbeete schossen, und die Fledermäuse, die wie Schatten hin und wieder zogen, bis all' das Schweben und Tönen und Sehen ihm den Sinn umstrickte, daß er sich auf den Rasen am Ufer niederlegte, und müde wie der Fritz in seinem Bettchen, seine Augen schloß.

Aber Sommernächte sind nicht lang und junge neugierige Bursche sind früh munter, besonders wenn sie ihre eignen Plane haben, und nach ihrem Sinne ihre eignen Wege zu gehen denken. Wie die Sonne hinter dem großen Walde aufging, daß es röthlich zu schimmern anfing über den Riesentannen, hatte Robby auch schon seine Augen auf. Der fremde Laut, das Krähen des schönen bunten Haushahns, der immer in der großen Esche übernachtete, hatte ihn um Tagesgrauen aufgeweckt, und der Lerchensang machte ihn froh und munter. Er putzte sich wieder grünblich, aß sich grünblich satt, sah sich noch einmal das große Schloß und all' die Herrlichkeiten an, dann machte er aber entschlossen Kehrt; denn hier im Schloß zu bleiben für und für, dazu war er nicht von der heimat=

lichen Insel fortgegangen. In die Welt hatte er gehen wollen, in die weite Welt! Und weiter hinein in die Welt machte er sich nun auf seinen Weg, ehe die Menschen kamen, die ihn daran hindern konnten.

Da hinten — er hatte es wohl gesehen — da hinten, wo der Gärtner auf des Großvaters Befehl das Thor heruntergelassen hatte vor der Schleuse, da hinaus ging's in die Welt; also flink an's Thor. — Aber der Großvater und der Gärtner hatten ihre Sache gut verstanden, das Thor saß fest. Robby duckte tief unter, da war fester Grund. Er versuchte es zur Rechten und zur Linken, die dicken Mauern ließen ihn nicht durch. Was nun thun?

Jenseits, weit hinter dem grünen Rasen, rauschte und plätscherte fließendes Gewässer, dorthin mußte er. Er sah sich die Strecke an: den großen Rasenplatz, die kiesbestreuten Wege, und er sah sich selber an. Auf Gehen war er eigentlich nicht eingerichtet, am wenigsten auf solche weite Wege über Gras und Stein. Aber er mußte ja in die Welt, und er dachte: Wagen gewinnt! dem Muthigen gehört die Welt! — Er wollt' es doch probiren.

Und es ging! langsam freilich! mühsam und beschwerlich! aber doch es ging! Als die ersten hellen Sonnenstrahlen goldig sich ergossen über das im Morgenthau erglänzende Grün, hatte er des Flusses Ufer schon erreicht. Eilig, damit ihn keines Menschen Aug' gewahrte und Niemand ihn zurückhielt, huschte er durch das im Morgenwinde schwankende hohe Schilf, und die Bachstelzchen aufschreckend, die an dem Rande des Wassers badeten, stürzte er sich in die Arme der flinken Wasserfrau, der lustigen Asse, und ließ sich von ihr geschaukelt mitnehmen — wohin? — Er wußte es nicht. Aber gleichviel! mitnehmen in die weite Welt.

Die Asse spritzte hell vor Lachen auf, als das sonderbare

Geschöpf sich ihr an's Herz warf. Ein solcher närrischer Kerl war ihr noch nicht vorgekommen unter allen ihren Insassen. Es war grabe, als wenn ein Mohrenkind hier zu Lande mit einemmal auf offenem Markt erschiene. Die Aale und die anderen Fische kamen staunend herbei, indessen Robby that ihnen kein Harm, denn er hatte sich im Voraus tüchtig vollgegessen, und so gefiel er Allen rund umher; und Frau Asse, ihn freundlich streichelnd mit ihren kleinen Wellchen, fragte ihn: Wo gehörst Du hin, mein Kind? wo kommst Du her mein Sohn?

Weit von hier, von oben her, vom Meere! sagte er stolz und selbstgefällig.

Und was willst Du hier? wo willst Du hin?

Ich bin auf Reisen und will mich erlustiren! Ich sehe, Du gehst dort in's Land hinein, zur Stadt; Du kannst mich mit Dir nehmen! sagte er. — Er warf dazu, wie ein rechter Stutzer, den Kopf vornehm zurück, daß ihm die Barthaare in die Höhe standen, und that grabe als erzeigte er der guten ehrlichen Frau Asse eine Ehre, wenn er einen Dienst von ihr begehrte. Sie ist aber sehr gutmüthig, war an dem Morgen ganz besonders gut aufgelegt, und so meinte sie: Last hab' ich nicht davon! mag der lächerliche Bursche immerhin auf meinen Wellen thalwärts gehen, und sein Glück probiren. Man wird es ja erleben, wo's mit ihm hinaus will.

Und ohne daß er sich viel zu regen brauchte, trug sie ihn in ihren Fluthen mit sich fort, und er lag auf ihnen, wie ein großer Herr in seiner Kutsche, und sah sich Alles an: die Felder, voll von gelben Aehren und blauen Kornblumen und rothem Mohn; die Wiesen mit den schön gefleckten Kühen; die flinken Pferde vor den Wagen, die vorüberrollten; die Häuser und die Menschen und die kleinen Menschenkinder an dem und jenem Ufer; und dahinter wieder die Wälder, aus denen schlank und hoch die Kirchthürme hervorsahen, und die thurmhohen Schornsteine, aus denen die dicken Rauchsäulen kraus wie Wellengebrause in die Lüfte stiegen.

Ihr könnt mich lange suchen in Eurem alten Schloß, in Eurem runden, engen Teiche, in dem Ihr mich festhalten wolltet, grade wie die Mutter in dem Meere, lachte Robby still in sich hinein, denn der Kamm war ihm jetzt sehr geschwollen, weil es Alles so gut ging und gelang, mit seinem Wagniß. Hier ist es am besten! dachte er. Wer ein rechtes Herz und einen offenen Kopf hat so wie ich, der muß es machen so wie ich. Der muß nach Niemand fragen und nach Niemand hören! der muß frei sein und sich umthun als sein eigener Herr nach eigener Wahl! Dann kommt er an das rechte Ziel! — Und damit kam er aus dem Bereich der Frau Affe in der Frau Lippe feuchtes Wasserreich, und an die Brücke in der Stadt.

Er war ordentlich ärgerlich, daß er keine Arme und keine Mütze hatte, und sie nicht vor Vergnügen schwenken und nicht so vor Freude jauchzen konnte, wie die große Menge von Jungen, die von der Höhe der Brücke auf ihn niedersahen, und sich drängten und stießen, als könnte keiner von ihnen rasch genug heran, den sonderbaren Ankömmling zu sehen und zu begrüßen.

Hier, das merkte er, hier war er was werth! hier war er ein Wunder! In dem alten ewigen Meer hatte Niemand sich um ihn gekümmert! Hier war er an seinem Platze!

Häuser standen hier dicht an Häusern, ein alter großer Kirchthurm, ein großer Markt, ein Rathhaus, große Brücken, bunte Soldaten mit klingendem Spiel und blanken Gewehren, und Menschen, Menschen, immer mehr und immer mehr! Er wußte nicht, wo ihm sein Kopf stand.

— 454 —

Er machte alle seine besten Künste, sah hier hin und sah dort hin mit den großen, schönen Augen, und wo er hinschwamm, da schrien sie: Seht, seht die Otter! die schöne Fischotter! seht doch! seht!

Freilich, er ahnte nicht, was Otter und Fischotter bedeuten sollte, aber er merkte, daß es etwas sehr Schönes und Seltenes sein mußte, und daß all' der laute Jubel ihm allein galt.

Oho! sagte er in seinem Innern, Ihr sollt Euer Wunder hören, wenn ich einmal von meiner Entdeckungsreise zu Euch nach Hause kommen werde. Ich habe ganz andere Dinge gesehen und erlebt, als Ihr auf Eurer Insel und da unten in dem Meere; ganz andere Dinge als der Ohm in Island und die Base auf der Insel Wight! Wer hat sich da um sie gekümmert, wo es ihres Gleichen alle Tage giebt? Aber hier, hier in der Stadt! Wo ist je Einer von Euch Allen so aufgenommen worden als ich hier! als der Robby bei seiner ersten Ankunft in der Stadt?

Da: — Piff! paff! — Ein Blitz! ein Knall! — Sie schrien alle laut vor Freude! — All' die Herrlichkeit war aus!

Des Jägers Flinte hatte gut getroffen. Er hatte auf manchem Schlachtfelde in Frankreich sie erprobt. — Der arme Robby, der war hin. Hin und todt für immer.

Mit einem Schifferhaken holten sie ihn aus dem Wasser an das Land, und nun erst sahen sie, was sie geschossen und gefangen hatten, und konnten es nicht begreifen, wie der Seehund in die Lippe und nach Hamm gekommen war, tief in das Westfalenland hinein.

Und wie sie sich in der Stadt verwunderten, daß der Robby da war; so verwunderten sie sich in dem Schlosse, daß er fort war; und der kleine Fritz weinte um ihn seine bitteren Thränen. Aber was konnte das dem Robby helfen? Der war kalt und todt.

Nun haben sie ihn ausgestopft und ihm statt seiner schönen Augen große Glasaugen in den Kopf gesetzt, und so steht er da, vor eines alten Kürschners Laden. Und wenn die Jungen aus der Schule kommen, machen sie vor dem Laden halt, ihn anzugucken und sich zu erinnern, wie patzig er herumgeschwommen an der Brücke in dem Sonnenschein.

Der alte Kürschner aber steht mit der langen Pfeife in dem Munde vor der Thür, und sagt schmunzelnd, während er den Jungen droht: Der konnt' auch nicht gleich pariren! und das hat er nun davon! Marsch fort! thut gut! nehmt ein Exempel dran!

Vierunddreißigster Brief.
Der Münster zu Altenberg und die Ruine zu Lippstadt.

Dessau, den 1. Oktober.

Es ist eine lange Reihe von Jahren her, seit ich einmal auf der Fahrt von Manchester nach Liverpool im Eisenbahnwagen mit einer etwa dreißigjährigen Engländerin zusammentraf, die mir über alle Orte, welche wir mit dem Zuge berührten, und über Alles, was mir während der Fahrt auffiel, so vortrefflichen Bescheid zu geben wußte, daß ich bei meinem Dank für ihre Bereitwilligkeit ihr zugleich die Bemerkung machte, sie müsse eine sehr gute Beobachterin und vermuthlich viel gereist sein.

O ja, entgegnete sie, ich habe meine Augen offen und ich bin auch viel gereist, aber nur in unserem Lande. Ich habe es nämlich immer für eine Thorheit gehalten, in das Ausland zu gehen, so lange man sein eigenes Land und dasjenige, was es Eigenartiges und Schönes in sich schließt, nicht gründlich kennen gelernt hat. Man schafft sich damit eine Bewunderung der Fremde auf Kosten der Heimat, und das ist ungerecht und schädlich!

Sie sagte das einfach wie etwas, was sich von selbst versteht, dadurch machte es aber einen um so tieferen Eindruck auf mich. Es lief auf des Dichters Worte hinaus:

Willst du immer weiter schweifen?
Sieh, das Gute liegt so nah!

Ich nahm mir also vor, sobald es sich thun lassen würde, nach diesem verständigen Beispiel zu handeln, und doch kam es nicht dazu. Wir waren genöthigt, uns bei unseren Reisen von Rücksichten auf die Gesundheit, auf bestimmte Studien u. s. w. leiten zu lassen, und schließlich wirkte das Eisenbahnsystem wie auf die Meisten auch auf uns. Die Eisenbahnen machen den Reisenden gleichsam fernsichtig. Sie machen, daß er über alles Dazwischenliegende hinwegsieht, und lassen ihn, namentlich in seinem Vaterlande, immer nur die großen letzten Punkte, die Wallfahrtsorte der landläufigen Touristen-Reiserei, vor Augen haben.

Fällt es uns gelegentlich, wenn wir unsere Reisepläne entwerfen, dann einmal ein, daß wir Triest und Venedig kennen, aber in Bremen oder in Lübeck und in Danzig nie gewesen sind, sagen wir uns ein andermal, daß wir in Ravenna recht gut Bescheid wissen, aber in Goslar nicht, daß wir Procida besucht haben und die Stubbenkammer auf der Insel Rügen nicht, so helfen wir uns mit dem Troste, daß wir nach Orten, die uns so nahe liegen wie die vaterländischen, in jedem Augenblicke kommen können, daß es dazu immer noch an der Zeit sei, daß diese Orte, wie man so zu sagen pflegt, uns nicht weglaufen. Indeß der Augenblick und die

Zeit für diese Reisen in die Nachbarschaft kommen nach meiner Erfahrung uns sehr selten oder niemals, wenn es nicht einen Besuch zu machen gilt; und weil die Heimat uns nicht wegläuft — was beiläufig die fremden Gegenden eben so wenig thun — laufen wir ihr weg und in die Ferne, und sind dann, wenn der Zufall uns nach einem merkwürdigen Punkte in unserem Geburtslande hinführt, höchst erstaunt über all Dasjenige, was es bei uns zu Hause zu sehen giebt und was wir und die meisten unserer Bekannten doch nicht gesehen haben.

So ist es mir z. B. in diesem Jahr ergangen, als der Wunsch, alte Freunde wiederzusehen und neue Freunde in ihren Behausungen aufzusuchen, mich bei der Rückkehr aus dem Süden die letzten Sommermonate am Rhein und in Westfalen verweilen ließ; und als wir eines Tages von Bergisch-Gladbach aus durch wechselnde gelinde Höhenzüge ein Ende hineingefahren waren in das Land.

Die ganze Gegend hat nichts Auffallendes, nichts Großartiges. Es sind meist wasserreiche Wiesengründe, deren schnellere Bäche im Fabrikbetrieb verwerthet werden, kleine bewaldete Hügel, Fabriken und bei denselben reinliche Arbeiterhäuser, bewohnt von einem hübschen Menschenschlag, dessen gesund aussehende und wohlgekleidet zur Schule gehende Kinder einen erfreulichen Eindruck machen. In solcher Umgebung waren wir etwa eine Stunde fortgefahren, das Schloß und die Kirche von Bensberg, den in eine Kadettenanstalt verwandelten einstigen Sommersitz der Erzbischöfe von Köln, immer auf der Höhe vor unseren Augen; sodann an den Flecken Paffrath und Odenthal vorüber, vorüber an dem sehr romantisch an dunklem Waldesrand gelegenen, dem Fürsten Leo Metternich gehörigen Schlosse Strauweiler. Ein Dichter könnte sich für eine phantastische Novelle keinen geeigneteren

Bau, keinen besseren Hintergrund erfinden. Ein Lord Leicester könnte eine Amy Robsart dorthin flüchten! Und noch war ich mit dieses Schlosses Reiz beschäftigt, als wir, um eine Ecke des Waldes biegend, mitten in einem von baumreichen Hügeln eng eingeschlossenen Thale plötzlich einen der schönsten gothischen Dome vor uns liegen sahen: den aus dem dreizehnten Jahrhundert stammenden Münster von Altenberg.

Cistercienser-Mönche, deren Kloster dicht daneben liegt, haben ihn erbaut; er ist ein Meisterwerk der reinsten Gothik. Als hätten die Baumeister die ihre Aeste gen Himmel erhebenden Bäume des Waldes zum Vorbilde genommen, so schlank und kräftig streben die Pfeiler unverschnörkelt in die Höhe. Alles ist licht und klar in dem herrlichen Bau. Die Fensterbogen sind breit und kühn in ihrer Wölbung zugespitzt; alle Verzierung in demselben, der Natur entnommen. Eichenblätter, Klee und anderes Gerank umgeben als Ausschmückung die Säulenkapitäle. Sie wiederholen sich in den vielfachsten und anmuthigsten Verschlingungen, in zarten, hellen Farben ausgeführt, auch in des mächtigen Baues Seitenfenstern. Dieses Anlehnen an die Natur hat hier in der Waldeseinsamkeit eine ganz besondere Anmuth, und ich entsinne mich nicht, es in einem anderen Baue so durchgehend angetroffen zu haben. Nur das eine herrliche Fenster über dem Portal zeigt figurenreiche historische Darstellungen in der Glasmalerei. Die große, aber nicht schöne Grabstätte eines Grafen von der Mark und seiner Gattin, und ein paar andere Denkmale sind wohl erhalten. Friedrich Wilhelm IV. hat herstellen lassen, was verfallen war, und man besserte auch jetzt noch nach. Aber obschon der Bilderschmuck und jene reichen Zierrathen, welche sonst die katholischen Kirchen für das Auge und den Sinn so wohlgefällig machen, dieser alten Kirche gänzlich fehlen, so ist sie doch von einer so heiteren Erhaben=

heit, wie man sie im Allgemeinen in den gothischen Kirchen selten findet.

Die Romantik des Schlosses von Strauweiler und die schöne Weltabgeschiedenheit der Klosterkirche stimmten wundervoll zusammen. Man konnte es vergessen, wie in der Nähe die Dampfmaschinen keuchen, wie unfern der Zug der Eisenbahn vorüberbraust, und oben in Bensberg Kadetten exerciren. Ich meinte sie hervortreten zu sehen, die Mönche, welche in den fetten, wohlgeschützten Triften, an den klaren Teichen sich den rechten Punkt für ihr Asyl gewählt. Ich meinte, sie würden ihren Umzug halten. Ich lauschte, ob ich nicht das Glöcklein klingen hörte; ich horchte, ob von draußen das Hifthorn nicht erklang, ob nicht der Ritter, die Schöne vor sich auf dem Roß, vorübersprengte nach der Burg hinauf, die ihren Eingang, abgewendet von der Heerstraße, nach dem Walde aufthut, die Kommenden und Gehenden vor dem Auge der Außenwelt zu bergen.

Lägen ein solches Schloß und solche Kirche so nahe bei Paris oder bei London und bei Edinburg, es würden, glaube ich, mehr Deutsche davon wissen, als von dem Münster von Altenberg, einige Stunden nur von Köln.

Es war aber, als sollte ich bei der Heimkehr in Deutschland nicht nur an diesem Tage, sondern immer auf das Neue an die patriotische Weisheit jener englischen Reisenden erinnert werden.

Ein paar Wochen nach jenem Besuche des Altenberger Domes war ich von Hamm aus mit meinen Freunden, an dem uralten Velmer Wald vorüber, nach Lippstadt gefahren, wohin eine Dame uns geladen hatte, mit der und deren Familie ich im Winter in Rom zusammengetroffen war.

Lippstadt ist ein kleines, sehr sauberes Landstädtchen mit breiten Straßen, mit niedern, oft einstöckigen Häusern, die Giebel nach der Straße hingewandt. Dazwischen alte Kirchen mit vierschrötigen Thürmen, aus einem eigenartig grünlichen Sandstein ausgeführt, der im Lande gebrochen wird. Ab und zu ein neues ansehnliches Wohnhaus an großem, wohlgepflegtem Garten, so still, so breit behaglich angelehnt, daß man hätte da bleiben mögen, um die Sinne und die Seele ruhen zu lassen. Es gefiel mir sehr. Da meinte mit einem Mal die Hausfrau, da ich so viel Ruinen in Italien gesehen, so müßte ich doch auch die Lippstädter Ruine sehen. Ich hatte von einer solchen nie gehört. Aber auch die anderen, zum Theil in Westfalen heimischen Gäste wußten von einer solchen nichts — Roslin Chapel in Schottland aber hatten sie gesehen so gut wie ich.

Wir gingen die Hauptstraße entlang, durch eine kleine Straße über eine kleine Brücke in ein flaches, wasserreiches Gartenland hinein, und wie in einem Zauberspiegel lag wieder eine prachtvolle gothische Kirche, ihres Daches beraubt, vor unsern Augen: die Stiftskirche des adeligen Fräuleinstiftes, das, ebenfalls im dreizehnten Jahrhundert oder früher noch gegründet, einst ein Kloster von Augustiner-Nonnen gewesen war.

Nur ein Theil des Baues ist erhalten, aber ein in sich abgeschlossener Theil. Wie und wann die Kirche zerstört worden ist, wie sie zerstört werden und dieser Theil in gerade dieser Weise erhalten bleiben konnte, weiß ich nicht. Man behauptete, daß noch vor fünfzig, sechzig Jahren der protestantische Gottesdienst in derselben gehalten worden sei. So wie sie da steht, ist sie schöner als die Ruine in Heisterbach gegenüber Bonn, schöner als die thüringische Ruine von Paulinzell. Sie ist ein Bild, wie kein Architekturmaler es sich für seinen Vorwurf besser wünschen könnte.

Große Bäume sind innerhalb der wohlerhaltenen Mauern, zwischen den hoch und majestätisch aufrechtstehenden Pfeilerbündeln emporgewachsen. Von den Mauern, die noch bis über die schön geformten Bogenfenster erhalten sind, hängt wucherndes Gestrüpp herab. Glänzender Epheu und purpurrother wilder Wein mischen ihre Ranken und Farben und lassen das Sonnenlicht flimmern durch ihre Blätter, wo sonst die Farben der Glasmalerei das Auge erfreuten. Aus Holunderbüschen sehen alte gothische Steingebilde hervor. Grabsteine der adeligen Fräulein — Beate von Bismark stand auf dem einen zu lesen — sind von Farrenkräutern halb verdeckt; und damit dem natürlichen Vergehen und Werden sein Gegensatz nicht fehle, hat man in dem Chor an wohlgeschützter Stelle einige der alten Heiligen- und Engelbilder aufgerichtet, die aus der Zerstörung geborgen worden sind. Beete voll wohlgepflegter Blumen, Rosen in dunkeln Farben, streuten ihre Wohlgerüche aus, wo sonst der leichte Duft des Weihrauchs zu des Domes Gewölbe aufgestiegen war. Statt der Hymnen, die hier einst erklungen, sangen die Vögel sich zur Ruhe; und mit goldig rothem Schimmer breiteten, von dem Glanz der sinkenden Sonne noch vergoldet, die Abendwolken sich als Baldachin friedlich über die schöne Trümmerstätte aus.

Man konnte sein Auge nicht abwenden von der Stätte. Allein die Sorge, den Zug auf der Eisenbahn nicht zu versäumen, zwang uns endlich, von ihr fortzugehen. — Aber gehen Sie hin, wenn Sie einmal des Weges kommen und diese Ruine noch nicht kennen. Sie werden's nicht bereuen.

Und Sie werden es gewiß auch nicht bereuen, wie ich's lange vorgehabt und jetzt endlich ausgeführt, sich einmal einen Tag aufzuhalten in einer der ältesten Städte von Westfalen, in dem alten Soest.

Fünfunddreißigster Brief.

Ein Tag in Soest.

Dessau, den 8. Oktober 1878.

Wenn man es sich recht deutlich zum Bewußtsein bringen will, welch eine Arbeit die Menschheit überall zu machen gehabt hat, ehe sie sich aus der Barbarei, aus den Schrecken des beständigen Kampfes Aller gegen Alle, aus den Gewaltthaten des Faustrechts und der Feindseligkeiten von Stadt zu Stadt, zu der Eigenthums- und Rechtssicherheit unserer Zeit emporgerungen hat, so braucht man nur die Geschichte der ersten besten alten Stadt zu lesen. Wo immer ich dies gethan habe: bei uns in unserer Mark, oder einmal in der Schweiz, oder jetzt in Westfalen, immer ist es mir klar entgegengetreten, welch ein Frevel es ist, diesen durch die Jahrhunderte mühsam zu Stande gekommenen Bau der geordneten Gesetzlichkeit, in welchem die rohen und selbstsüchtigen Begierden des Einzelnen in Schranken gehalten werden, anzutasten oder gar zu zerstören, ohne daß man ein neues, schützendes, wohlgegliedertes Haus und Dach bereitstehen hätte, in und unter welchem es der Menschheit wohler werden und besser ergehen soll als bisher.

Ich habe bei meinem letzten Aufenthalt in Westfalen die Stadtgeschichten von Lippstadt, von Soest in Händen gehabt, und wieder ist mir ein Schrecken angekommen vor den Zuständen, in denen die Gewaltthat mit neuer Gewalt abgewehrt und gerächt ward, in denen der Friede zum Mythus geworden, in denen der Bauer zuletzt gewaffnet sein Feld bestellte, um sein Eigenthum zu verwerthen; ein Schrecken vor allen Zuständen, in denen das Auge des Gesetzes nicht mehr wacht.

Das jetzt so friedliche kleine Lippstadt, das alte Soest, das schon im 13. Jahrhundert ein Gemeinwesen war und bedeutend genug, sich ein Stadtrecht auszuarbeiten, welches damals mustergültig für viele andere Städte, z. B. für Hamburg und Lübeck, geworden ist, sind durch Zeiten des fürchterlichsten Elends gegangen, und Soest trägt noch davon die Spuren, wie kaum ein anderer Ort. Ich wenigstens wüßte keine Stadt zu nennen, in welcher die einstige Herrlichkeit einer großen, an vierzigtausend Einwohner zählenden reichs=unmittelbaren Hansastadt so furchtbar zerstört worden, und in der doch noch Lebenskraft genug zurückgeblieben ist, um eine neue, wenn auch langsame und bedingte Herstellung möglich erscheinen zu lassen.

Ich hatte bisher Alt=Breisach immer für die am meisten zerstörte Stadt in Deutschland gehalten. Sie ist es auch in so fern, als ihr erneutes Aufblühen unwahrscheinlich ist, wenn ihr nicht etwa eine Bergeisenbahn zu Hülfe kommt, oder der Landesherr sich nicht oben auf dem herrlichen, an die Akro=polis von Bergamo mahnenden Aussichtspunkte eine neue Pfalz als Sommersitz erbaut, was Beides nicht vorauszusehen ist. Aber in Breisach ist Alles klar, übersichtlich, leicht ver=ständlich. Eine Reihe sauberer neuer Häuser bilden dort die Straßen in der Unterstadt und ziehen sich an einem schattigen Spaziergang und am Berge hinauf. Oben steht dem Münster, einem Meisterwerk der Baukunst, an der einen Seite des weiten Platzes, ein Theil der alten Ruinen gegenüber; an der anderen Seite, sich durch lange Straßen fortziehend, das untere Geschoß von Häuserfronten, als letzter Rest der Ge=bäude, zu denen sie gehörten. Durch die oben, eisenvergitterten Fensterhöhlen blickt man in Obst= und Gemüsegärten und weit in die Ferne hinaus. Die Zerstörung in Breisach ist so zu sagen, ordnungsmäßig geschehen, die Erhaltung der Reste eben so. Es sieht sich wie in den Straßen von Pompeji an. Alles ist oben in Breisach Einsamkeit, Abgeschiedenheit und feierliche Stille. Nur dann und wann ging, als wir zu verschiedenen Malen dort oben waren, einmal Jemand durch die Straßen. Ein paar Kinder spielten auf dem sonnigen Plan; ein Schreiber sah von seinem Pulte am Fenster eines der wenigen aufrechtstehenden Häuser, von seiner Arbeit auf und betrachtete uns und ein paar andere Fremden, die auch gekommen waren, sich den Münster, die Gegend anzusehen. Ein Mädchenkopf guckte aus dem Dachstübchen hervor und schaute dem Geistlichen nach, der es grüßte und langsamen Schrittes nach dem Münster ging. Weiterhin, in dem Garten, der den Boden der ehemaligen Pfalz einnimmt, in den Bäumen und Büschen heller Vogelgesang, so hell, so mannigfach, wie in tiefster Waldeinsamkeit. Wir konnten uns kaum losreißen von der Stätte, zu der kein Lärm des Weltgetriebes bringt, wenn nicht von fern her der Ton der Eisenbahnen, in der Luft verhallend, sich vernehmen läßt.

Anders verhält es sich mit Soest. Es hat etwas Unfaßbares für den, der es zum ersten Mal betritt. Die Stadt öffnet ihre hohen, einst mit sechsunddreißig Vertheidigungsthürmen besetzten Umwallungen und Ummauerungen, von denen noch die Spuren vorhanden sind, nach der Seite der Eisenbahn. An den anderen Seiten zieht sich der jetzt als Spaziergang dienende, mit alten Bäumen bestandene Wall um die Stadt hin, so daß sie sich tiefliegend und deshalb immer noch wie eine Festung darstellt. Mitten in der Stadt ein großer, von unterirdischen Quellen gespeister Teich, der sich zu einem mit starker Strömung durch die Stadt fließenden mühlentreibenden Bache verengt. Und nun die Stadt!

Wie in einer Phantasmagorie, wie in einem Traume, der das Verschiedenartigste aus verschiedenen Zeiten an uns vorüberführt, so unvermittelt stellen die Straßen, die Gebäude, die großartigen Kirchen, die zahlreichen Kapellen sich uns dar. Und noch in der Erinnerung weiß ich die Reihenfolge nicht festzuhalten. Nur der wunderbare Gesammteindruck der Stadt und das Bild der einzelnen Kirchen und ihrer Kunstwerke ist mir geblieben.

Hier ein landstädtlicher Straßenanfang mit kleinen einstöckigen Giebelhäusern, in denen Handel und Gewerbe die Erzeugnisse der Gegenwart in reichlicher Auswahl feilbieten. Dann rechts ein von Feldsteinen eingefriedetes Gehöft, und links ein Ende weiter ein eben solches, an die wilden, kriegerischen Zeiten mahnend, in denen die Bauern sich in die Städte flüchteten, und dem Zuge des Westfalen zu gesondertem Wohnen folgend, die Behausung auch in der Stadt abgrenzten wie draußen auf dem Lande, wo sie nach wie vor ihre Aecker bebauten. Man ist in der Stadt Soest, und das uralte Bauernhaus, die Scheunendächer sehen aus dem Feldsteinwall hervor. Nußbäume beschatten es innerhalb des Walles, Busch- und wildes Strauchwerk umgibt es überall. Die Thorflügel der Gehöfte sind weit zurückgeschlagen. Ein Heuwagen wird abgepackt, die Dreschflegel schallen auf der Tenne, die Kühe an den Krippen wenden die Köpfe nach dem vorüberrollenden Wagen. Der Wagen hält nach wenig Schritten und wir steigen aus vor der Wiesenkirche, der alten, herrlichen, im edelsten gothischen Stil erbauten St. Maria in pratis, die jetzt eine protestantische Kirche und in durchgehender Erneuerung begriffen ist. Klar und sauber wie Filigranarbeit zeichnen die dunkeln grünlichen Thürme sich gegen den hellen Himmel ab. Ueber den alten beschatteten Kirchhof schreiten wir auf den ausgetretenen Grabsteinen, die dem Wege zur

Kirche als Pflasterung bienen, in den stolzen Bau hinein, den jetzt Gerüste bis zu seiner Wölbung einnehmen. Klopfen und Hämmern, daß man sein eigen Wort nicht hört. Aber das Auge ermißt die hohe Schönheit des Baues, erkennt in den zum Theil zertrümmerten gemalten Fensterscheiben ihre einstige Schönheit und die kindliche Insichbefangenheit der alten Meister. In der Darstellung des Abendmahls an dem Glasfenster über der großen Eingangsthüre, steht statt des Oster=lammes ein tüchtiger westfälischer Schinken vor dem Heiland auf der Tafel, und ihm zur Rechten stellt einer der Jünger einen Wildschweinskopf mit gewaltigen Hauern auf den Tisch.

Aus der Kirche wieder in den Ansatz einer kleinen Straße hinein. Jedes Haus scheint ein Eckhaus zu sein, jedes macht sich besonders geltend, und plötzlich hält man wieder inne und erstaunt. Nur durch eine ganz schmale Straße von einander getrennt, zwei große alte Kirchen, so dicht, so eng aneinander gestellt, wie man es sonst nur in Italien hier und da zu sehen gewohnt ist. Wie kommen die hierher? fragt man sich und fragt sich gleich danach: wo kommt in diese jetzt so stille Stadt das alte Rathhaus her, mit seinem niederen rundbogigen Laubengang, das auf seine Nachbarn, auf die kleinen alten und neuen Häuser, hierniedersieht wie ein reicher Ahne auf die verarmten Enkel? Eine kleine, kleine Strecke vorwärts! Ein alter Patriziersitz, der in dieser Umgebung doppelt stolz erscheint. Wie die bäuerlichen Gehöfte, ist auch er ganz einge=gränzt. Wohlerhaltene Mauern umgeben das feste, vielstöckige Haus. Die alten Bäume in seinem Garten tragen breite Kronen, Epheu umschlingt sie bis in die Wipfel. Er hängt von den Mauern tief herab, Mauerpfeffer und wildes Gerank und blühendes Unkraut wächst aus den Rissen in der Mauer üppig hervor. Oberhalb der von der Zeit gebräunten Eichen=thüren des Portals, das steinerne Wappen der Erbauer. In

dem Hause, dessen Gast ich war, schöne Treppen mit schweren
Eichenholzgeländen. Das Holztafelwerk an den Wänden der
Flure, an den alten Schränken, mit Blumen, mit Landschaften,
mit Darstellungen aller Art von nicht ungeschickter Hand be=
malt; und auf solchem Hintergrunde ein junger, lebenslustiger
Haushalt, die Bildung, das Wohlbehagen und die Bequem=
lichkeiten, welche durch die Erfindungen unserer Zeit uns das
Haus und das Leben verschönen. Und solcher alten Patrizier=
sitze sind verschiedene vorhanden.

Man kommt aus dem Ueberraschenden gar nicht heraus.
Hier ein langer, mit Gras und mosigem Grün bewachsener
Pfad mitten in der Stadt. Dann eine menschenleere Straße,
in welcher völlig verschlossene, ansehnliche Häuser es verrathen,
daß einst mehr Menschen als jetzt den Ort bewohnten. Nun
ein altes düsteres Schulhaus, dann ein ganz freundlicher Gast=
hof. Ein kleiner landstädtischer Marktplatz, und wie zum Gegen=
satz das massige alte Stadtthor mit seinen Erkern, Vor=
sprüngen, Thürmchen und Altanen, mit der niederen Eingangs=
pforte, durch welche man unter dem schwerfälligen Bau zur Stadt
eingeht. Ein Thor, das von den Schritten des Kriegsvolkes
aus allen Zeiten und aus fernsten Ländern wiedergehallt hat.

Man ist betroffen, wenn man Dampfschornsteine unfern
von solchem Thor, unfern von diesen umwallten Gehöften,
von diesen engen Gäßchen, ihren Dampf ausstoßen sieht. Man
meint die Gewappneten des Kaisers, des Mansfelders, plün=
dernd und mordend aus diesen Mauern hervorbrechen zu
sehen. Man denkt, um die nächste Ecke werde Simplicissimus
einherstolziren in seines Hauptmanns Kleidern, in des Guber=
nators Livrey.

Auch unter dem Portal der schon im 13. Jahrhundert
erbauten Patrokluskirche erwartet man, so düster wie es sich
vor uns aufthut, eigentlich nicht die Menschen unserer Tage.

30*

Man würde sich nicht wundern, wenn der Zug der Geißel=
brüder vor demselben hielte, wenn man die Lieder vernähme,
mit denen sie das Ende der Pest erflehten, die auch hier mit
ihren Schrecken gewüthet hat:

> Nun schlaget Euch sehre,
> Durch Christus Ehre,
> Durch Gott laßt die Ehre fahren,
> So wolle sich Gott über uns erbarm'n.
>
> Nun recket auf Eure Hände,
> Daß Gott das große Sterben wende,
> Nun recket Eure Arme,
> Daß sich Gott über uns erbarme!

In solch umwalltes Gehöft, wie es hier vielfach vorkommt,
gehört Gretchens Kämmerlein hinein! In solchen Mauern muß
der Garten gelegen haben, in dem sie und Faust und Frau
Martha mit dem höllischen Galan lustwandelten! Die ganze
deutsche Vorzeit wird einem lebendig in dem alten Soest, und
hier wie manchmal in Italien habe ich darüber nachgesonnen,
weshalb man von „den Künsten des Friedens" spricht, da ge=
rade die wüsteste Zeit des Kampfes Kunstwerke entstehen machte,
deren Zahl und Schönheit auch in Soest in Erstaunen ver=
setzt und Bewunderung erregt. Und es sind doch nur ver=
einzelte, zerstörte Ueberbleibsel dessen, was hier an Malerei,
an Skulptur, an Holzschnitzerei, an Kunststickerei und Gold=
und Silberschmiedearbeit einst vorhanden gewesen ist.

Was in Soest die langen Fehden', die Reformation, die
Wiedertäufer, der dreißigjährige Krieg nicht zerstört, das zer=
störten die späteren, namentlich der siebenjährige Krieg, nach
dessen Beendigung die einst so volkreiche Stadt auf kaum vier=
tausend Seelen heruntergekommen war. Jetzt zählt sie deren
wieder gegen fünfzehntausend, und die neue Zeit giebt sich in
der alten Stadt in jedem Sinne erfreulich kund.

Die Ackerwirthschaften in derselben gedeihen, die Fabrikation greift um sich. Man ist bemüht die alten Baulichkeiten, die Werke früherer Kunst, soweit sie in den Kirchen und sonst noch vorhanden sind, zu erhalten und auszubessern. Es sind in den Wandmalereien der Kirchen noch so fein empfundene Darstellungen vorhanden, daß man sich daran erfreut. Der gelehrte Kunstforscher Professor Lübke hat vielfach auf die Soester Kunst hingewiesen und sich eingehend mit ihr beschäftigt. Auch der Verein der Alterthumsfreunde im Rheinland hat Umrisse nach den Soester Bildern u. s. w. in seinem Programm zu Winckelmanns Geburtstag im Jahre 1875 erscheinen lassen, die mir vorliegen und mir ergänzen, was der einmalige Anblick in mir nicht festzuhalten vermochte.

Das aber weiß ich bestimmt, Soest besuchen kann Niemand, ohne sich von dem Hauche vergangener Jahrhunderte umwittert zu fühlen und die Schauer der mittelalterlichen Romantik zu empfinden. Niemand kann den echt romanischen großartigen Bau der katholischen Patrokluskirche, Niemand die Wiesenkirche und die Nikolaikirche besuchen, ohne sich an dem zu erfreuen, was unsere Altvordern geschaffen, ohne es zu bedauern, daß die unseligen Kämpfe innerhalb unseres Vaterlandes so viel Herrliches zerstört, und ohne es von Herzensgrund zu segnen, daß jetzt über Deutschland Friede und Gedeihen versprechend, das Gesetz des geeinten Deutschen Reiches waltet.

Sechsunddreißigster Brief.
In meinen vier Wänden.

Berlin, den 15. Oktober 1878.

Seit acht Tagen bin ich wieder zu Hause, wieder in meinen lieben vier Wänden. Ein zwanzigjähriges Erinnern knüpft mich an die stillen Räume, in denen selbst meine

Sorgen, wie Klopstock es so schön genannt hat, „geliebte Sorgen" waren; und einsam wie ich sie jetzt betrete und wiederfinde, spricht Alles, was mich in ihnen umgiebt, vertraut zu meinem Herzen.

Wie viel Augen schauen mich sinnvoll an, aus den Bildern, die auf mich herniedersehen, die sich längst geschlossen haben! Kaum ein Stück nehme ich zur Hand, ohne der Stunde zu gedenken, in der ich es erwarb, in der die Freundschaft mir es gab. Bisweilen zürne ich fast den Sachen, den Mappen, Briefpressen, Statuetten, und all' dem Zimmerschmuck und Kleinkram, weil sie sich so gut erhalten, während kein liebevollstes Sorgen und Wünschen mir Diejenigen zu erhalten vermochte, aus deren gutem Willen und aus deren Hand ich sie bereinst empfing. Die Lebenden und das Leben rauschen an uns vorüber, und das Unbelebte, das Todte ist das Bleibende im Wechsel!

„Die Sachen", welche mich bei der Abreise beschäftigten, beschäftigten mich auch bei der Heimkehr, doch in anderem Sinne. Wenn man in der einen Stunde wünschte, sie nicht zu besitzen, um freier zu sein, so fühlt man in der anderen bald, wie man dies Dauernde im Wechsel nöthig hat, wie es dazu gehört, uns eine Art von historischem Boden in unseren vier Wänden zu schaffen, und welch einen Reiz und Werth ein solche allmählich gewordene Umgebung vor jenen Einrichtungen voraus hat, die mit der Macht des Geldes, wie durch Zauber, in wenig Tagen und Wochen auf Befehl entstehen. Das Neue ersetzt in diesem Fall das Alte nicht so leicht! Wenn man aber selber in Jahren, aus dem alten geliebten Rom in die alte Heimat kommt, so lernt man das Alte doppelt schätzen, wie sehr man mit aller Kraft der Seele auch seine Jugend liebte und sie zurück ersehnt. Freude, Muth, Können, Wollen, Gelingen sind für mich mit dem

Worte Jugend synonim; sie ist recht eigentlich „der goldene Stern", als welchen die Dichtung sie bezeichnet.

Von Berlin hört man oftmals, und gleichsam als einen Tadel sagen, daß es jeden historischen Charakters entbehre. Das ist nicht richtig, und hat mich nebenher so komisch angemuthet, als mache man es der rüstigen Jugend, dem Blondkopf, der mit frischen rothen Backen zu seinem Tagewerk an uns vorüberzieht, zum Vorwurf, daß er nicht nebenher etwelches graues Haar und einige würdige Stirn- und Wangenrunzeln aufzuweisen habe, während er sich seiner bisherigen Arbeit und des in seinen jungen Jahren Geleisteten wohl rühmen darf.

Laßt Berlin nur Zeit! Wenn es Euch auch nicht mit tausendjährigen Erinnerungen, mit gothischen Domen und mittelalterigen Gebäuden aufzuwarten, Euch keine Ruinen vorzuführen hat, sein Stück Historie hat es in den noch nicht vollen siebenhundert Jahren seines Bestehens als Stadt doch bereits geliefert und gemacht. Mich dünkt, selbst in den zweihundert Jahren, die von der Schlacht bei Fehrbellin bis zu dem Siege von Sedan verflossen sind, haben Berlin und seine Beherrscher und Bewohner an Kriegs- und Friedensthaten bedeutender historischer Erinnerungen genug zu verzeichnen gehabt. Freilich sind diese Ereignisse nicht in Denkmalen und Bauwerken überraschend ausgeprägt, man hat sie auch dem Volke leider noch nicht so schön in chronologischer Reihe vorgeführt, wie man es in Dresden in dem Sgraffitobilde mit der Geschichte Sachsens gethan hat. Indeß das Schloß, das Zeughaus, das Brandenburger Thor, die Statuen des großen Kurfürsten, des alten Fritz, Friedrich Wilhelms des Dritten, Stein's und so mancher Anderen stehen doch da, die Vorgänge in der preußischen Geschichte zu bezeichnen, welche Preußen befähigten, der Mittelpunkt des neuen Deutschen Reichs zu werden. Die grelle Siegessäule steht doch da und giebt in ihren ehernen, schönen und verständlichen Reliefs von den Kämpfen und Siegen Kunde, von der Geschichte der Jahrzehnte, welche der Errichtung des Deutschen Reichs vorangegangen sind.

Berlin machte mir, da ich heimkehrte, den wohlthuenden Eindruck der Jugend und des frischen Werdens. Ein Paar junge Deutsche, die in Wien erwachsen, eben jetzt von London und von Rom kommend, meine Gäste sind, zeigten sich zu meiner Genugthuung von Berlin überrascht, das sie so stattlich zu finden nicht erwartet hatten. Und sie hatten vor sieben Jahren mit unseren Heeren Deutschland und Frankreich durchzogen und die Parade in Paris mit durchgemacht.

In Rom that es uns wehe, wenn wir ganze alte Stadttheile in ihrem fast unbegreiflichen Durcheinander zu Boden werfen sahen, um Platz zu machen für die Wagenreihen, die vom Quirinale, von dem Königsschlosse nach dem Corso, von den Eisenbahnen nach dem Tiber ihren Zug zu machen haben. Dort trösteten wir uns, wenn wieder ein Stück der Thermen niedergerissen wurde, unter deren Fundamenten sich noch ältere, einst ebenfalls zerstörte Unterbauten fanden, mit dem sich bescheidenden, entsagenden Gedanken, daß der Tag den Lebenden gehöre, und daß die gegenwärtigen Neubauten für künftige Geschlechter, wenn der kleine Erdball so lange zusammenhält, dereinst auch den romantischen Reiz antiker Trümmer haben würden. Macaulay's bekannter schon einmal gegen Sie erwähnter „Südsee-Insulaner", der auf den Trümmern von London-Bridge die Stätte suchen wird, an welcher die Paulskirche gestanden hat, kam mir dann immer in den Sinn.

Hier aber erinnere ich mich oftmals eines Abends, an dem ich mit meinem nun auch schon seit mehreren Jahren verstorbenen Bruder, auf dem Balkon bei Kranzler unter den Linden sitzend, die Straße vom Brandenburger Thor bis zum Schlosse überblickte — wir Beide jung und ganz auf uns und unsere eigene Kraft gestellt. „Hier ist Platz Etwas zu werden!" sagte ich. Und wir gingen denn auch daran, aus uns, für uns und Andere, eben zu machen, was in unserer Kraft lag.

Auch heute wieder habe ich in Berlin, wenn schon leider nicht mehr für mich, den freudigen Gedanken „hier ist Platz Etwas zu werden!" und noch mehr als die Italiener mit ihrem „l'Italia fara da se!" darf der Deutsche sagen: „Laßt uns Zeit! wir werden es schon machen!" darf Berlin es von sich sagen: „Laßt mir Zeit, ich werde mich sicher so entwickeln, daß ich des Reiches Hauptstadt würdig in mir darstelle!"

Freilich! rasch geht hier Nichts! — Man reißt nicht ganze Stadttheile nieder, wie man in Paris, in Wien, in Rom gethan hat. Wir sind eben Norddeutsche, sind schwerfällig, bedächtig, vorsichtig, wir wollen unsere Sache sicher haben. Graf Moltke's Wahlspruch: erst wägen und dann wagen! ist kennzeichnend für das ganze hiesige Wesen. Heute noch beräth man im Magistrat und in den anderen betreffenden Behörden über Bauunternehmungen, die schon einige Jahre, ehe ich Berlin verlassen hatte, sich in mehrjähriger Erwägung befanden. Ein Berliner muß langlebig sein, um an den Fortschritten in seiner Vaterstadt Freude zu erleben!

Heute noch sehen wir auf dem Platze vor dem Potsdamer Thore die alte kleine Baracke von einer Apotheke, die thatsächlich schon vor zwanzig Jahren niedergerissen werden sollte, die seit zwei Jahren leersteht und den Platz verunziert. Aber hier draußen vor dem Thore, wo im Jahre 1848 die unbeschäftigten Arbeiter mit dem Graben eines unerläßlich nothwendigen Kanals beschäftigt wurden, hier, wo wir damals buchstäblich mit unseren Droschken im Sande stecken blieben, ist in diesen dreißig Jahren eine Stadt von

80 000 Einwohnern entstanden. Villa reiht sich an Villa, Garten an Garten. Kirchen, Marktplätze, Schulen, Krankenhäuser sind errichtet, und es ist hier freundlich und bequem zu wohnen, in Ruhe neben der Bewegung und dem Treiben einer großen Stadt.

Indeß der Druck, den die traurigen Ereignisse des Frühjahrs über das Vaterland geworfen haben, macht sich doch noch sehr empfindlich. Man fühlt es der Stimmung der Leute an, der Boden hat unter ihren Füßen gezittert. Sie haben zu erfahren gehabt, daß ihnen nicht nur von außen, daß ihnen auch mitten aus ihrem eigenen Lande schwere Gefahren erwachsen können, und daß es nöthig sei, sich gegen diese zu wehren, sich in sich selber zu festigen und neu aufzurichten.

Was zu thun sei? das fragt sich jetzt ein Jeder. „Gewarnter Mann ist halb gerettet!" antwortet das Sprüchwort der Deutschen wie der Italiener. Ich aber meine, Jeder von uns hat an sich selber und in sich selber die Fehler aufzusuchen, die er begangen hat, dem großen Allgemeinen gegenüber. Niemand darf Scheu tragen, seine erkannten Irrthümer offen einzugestehen, um Andere zu dem gleichen Insichgehen zu bestimmen. Wir haben Alle, soweit unser Wort und unser Einfluß reichen, die Erkenntniß zu fördern, daß ohne die freiwillige, bewußte Selbstbeschränkung und ohne die Nächstenliebe des Einzelnen, die immer relative Freiheit für Alle eine Unmöglichkeit ist, daß die selbstsüchtige Willkür des Einzelnen den Untergang der Gesammtheit unfehlbar macht — und daß Uneinigkeit im Innern noch überall und zu allen Zeiten die Vernichtung von außen herbeigeführt hat.

Und während ich denn nun mit neuer Freude an der Heimath, die alte Arbeit aufnehmend, meinen kleinen Antheil an der uns ernster als je obliegenden innern Mission, so gut

ich es vermag, fortzusetzen denke, will ich mir und Ihnen ein paar Worte zum Schlusse und zur Ermuthigung hierher=
setzen, die ich in diesen Tagen, von Adolf Stahr's Hand, mit Bleistift auf ein Blättchen Papier geschrieben, in seiner Schreib=
mappe entdeckte. Sie lauten:

„Die einzige Universalmedizin zur allmähligen Hebung aller Schäden der menschlichen Gesellschaft, und zur Förderung ihres Fortschrittes auf allen Gebieten, ist treue, unermüdete Arbeit jedes Einzelnen an sich selbst und im Bereiche seiner Pflicht und seines Berufes — jene treue, stille aber rastlose Arbeit „die nie ermattet" wie unser großer Schiller sie ge=
nannt und zu unser aller Frommen, sie an sich selbst geübt hat!"

Also Muth! und rastlos vorwärts auf dem Wege des deutschen Idealismus, dessen praktische Seite sich uns längst bewährt hat! Thun wir jeder an seinem Platze fröhlich unsere Arbeit, so dürfen wir unserer Zukunft im Deutschen Reiche wohl vertrauen und am Tage den Tag genießend, hoffnungs=
voll in die Zukunft unseres Vaterlandes blicken.

Einen Gruß Ihnen Allen, die Sie mich theilnehmend in meiner Reisezeit begleitet. Bleiben Sie mir auch in der Heimath nahe.

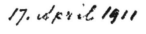

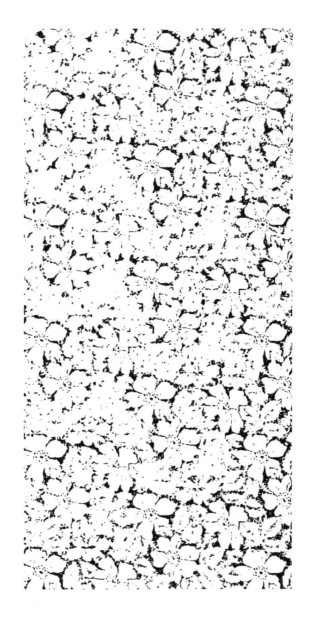

Druck:
Customized Business Services GmbH
im Auftrag der KNV-Gruppe
Ferdinand-Jühlke-Str. 7
99095 Erfurt